国家出版基金项目
NATIONAL PUBLICATION FOUNDATION

大中华文库

سلسلة كنوز التراث الصيني

大中华文库

汉阿对照

سلسلة كنوز التراث الصيني

الصينية – العربية

列子

ليه تسي

（战国）列御寇 著
叶蓓卿 今译
王有勇 阿译

تأليف: ليه يوي كو (عصر الممالك المتحاربة)
تفسير: يه بي تشينغ
تعريب: وانغ يو يونغ (فيصل)

中国人民大学出版社

دار نشر جامعة رنمين الصينية

الطبعة الأولى فبراير 2025

ISBN 978-7-300-33653-4

الناشر:

دار نشر جامعة رنمين الصينية

٣١ شارع تشونغقوانتسون، بكين، الصين

http://www.crup.com.cn

طبع في جمهورية الصين الشعبية

总　序

杨牧之

《大中华文库》终于出版了。我们为之高兴，为之鼓舞，但也倍感压力。

当此之际，我们愿将郁积在我们心底的话，向读者倾诉。

一

中华民族有着悠久的历史和灿烂的文化，系统、准确地将中华民族的文化经典翻译成外文，编辑出版，介绍给全世界，是几代中国人的愿望。早在几十年前，西方一位学者翻译《红楼梦》，将书名译成《一个红楼上的梦》，将林黛玉译为“黑色的玉”。我们一方面对外国学者将中国的名著介绍到世界上去表示由衷的感谢，一方面为祖国的名著还不被完全认识，甚至受到曲解，而感到深深的遗憾。还有西方学者翻译《金瓶梅》，专门摘选其中自然主义描述最为突出的篇章加以译介。一时间，西方学者好像发现了奇迹，掀起了《金瓶梅》热，说中国是“性开放的源头”，公开地在报刊上鼓吹中国要“发扬开放之传统”。还有许多资深、友善的汉学家译介中国古代的哲学著作，在把中华民族文化介绍给全世界的工作方面作出了重大贡献，但或囿于理解有误，或缘于对中国文字认识的局限，质量上乘的并不多，常常是隔靴搔痒，说不到点子上。大哲学家黑格尔曾经说过：中国有最完备的国史。但他认为中国古代没有真正意义上的哲学，还处在哲学史前状态。这么了不起的哲学家竟然做出这样大失水准的评论，何其不幸。正如任何哲学家都要受时间、地点、条件的制约一样，黑格尔也离不开这一规律。当时他也只能从上述水平的汉学家译过去的文字去分析、理解，所以，黑格尔先生对中国古代社会的认识水平是什么状态，也就不难想象了。

中国离不开世界，世界也缺少不了中国。中国文化摄取外域的新成分，丰富了自己，又以自己的新成就输送给别人，贡献于世界。从公元5世纪开始到公元15世纪，大约有一千多年，中国走在世界的前列。在这一千多年的时间里，她的光辉照耀全世界。人类要前进，怎么能不全面认识中国，怎么能不认真研究中国的历史呢？

二

中华民族是伟大的，曾经辉煌过，蓝天、白云、阳光灿烂，和平而兴旺；也有过黑暗的、想起来就让人战栗的日子，但中华民族从来是充满理想，不断追求，不断学习，渴望和平与友谊的。

中国古代伟大的思想家孔子曾经说过：“三人行，必有我师焉。择其善者而从之，其不善者而改之。”孔子的话就是要人们向别人学习。这段话正是概括了整个中华民族与人交往的原则。人与人之间交往如此，在与周边的国家交往中也是如此。

秦始皇第一个统一了中国，可惜在位只有十几年，来不及做更多的事情。汉朝继秦而继续强大，便开始走出去，了解自己周边的世界。公元前139年，汉武帝派张骞出使西域。

他带着一万头牛羊，总值一万万钱的金帛货物，作为礼物，开始西行，最远到过“安息”（即波斯）。公元 73 年，班超又率 36 人出使西域。36 个人按今天的话说，也只有一个排的人数，显然是为了拜访未曾见过面的邻居，是去交朋友。到了西域，班超派遣甘英作为使者继续西行，往更远处的大秦国（即罗马）去访问，“乃抵条支而历安息，临西海以望大秦”(《后汉书·西域传》)。“条支”在“安息”以西，即今天的伊拉克、叙利亚一带，“西海”应是今天的地中海。也就是说甘英已经到达地中海边上，与罗马帝国隔海相望，“临大海欲渡”，却被人劝阻而未成行，这在历史上留下了遗恨。可以想见班超、甘英沟通友谊的无比勇气和强烈愿望。接下来是唐代的玄奘，历经千难万险，到“西天”印度取经，带回了南亚国家的古老文化。归国后，他把带回的佛教经典组织人翻译，到后来很多经典印度失传了，但中国却保存完好，以至于今天，没有玄奘的《大唐西域记》，印度人很难完整地编写印度古代史。明代郑和“七下西洋”，把中华文化传到东南亚一带。鸦片战争以后，一代又一代先进的中国人，为了振兴中华，又前赴后继，向西方国家学习先进的科学思想和文明成果。这中间有我们的国家领导人朱德、周恩来、邓小平；有许许多多大文学家、科学家、艺术家，如郭沫若、李四光、钱学森、冼星海、徐悲鸿等。他们的追求、奋斗，他们的博大胸怀，兼收并蓄的精神，为人类社会增添了光彩。

中国文化的形成和发展过程，就是一个以众为师、以各国人民为师，不断学习和创造的过程。中华民族曾经向周边国家和民族学习过许多东西，假如没有这些学习，中华民族绝不可能创造出昔日的辉煌。回顾历史，我们怎么能够不对伟大的古埃及文明、古希腊文明、古印度文明满怀深深的感激？怎么能够不对伟大的欧洲文明、非洲文明、美洲文明、大洋洲文明，以及中国周围的亚洲文明充满温情与敬意？

中华民族为人类社会曾经做出过独特的贡献。在15世纪以前，中国的科学技术一直处于世界遥遥领先的地位。英国科学家李约瑟说："中国在公元3世纪到13世纪之间，保持着一个西方所望尘莫及的科学知识水平。"美国耶鲁大学教授、《大国的兴衰》的作者保罗·肯尼迪坦言："在近代以前时期的所有文明中，没有一个国家的文明比中国更发达，更先进。"

世界各国的有识之士千里迢迢来中国观光、学习。在这个过程中，中国唐朝的长安城渐渐发展成为国际大都市。西方的波斯、东罗马，东亚的高丽、新罗、百济，南亚的南天竺、北天竺，频繁前来。外国的王侯、留学生，在长安供职的外国官员，商贾、乐工和舞士，总有几十个国家，几万人之多。日本派出的"遣唐使"更是一批接一批。传为美谈的日本人阿部仲麻吕（晁衡）在长安留学的故事，很能说明外国人与中国的交往。晁衡学成仕于唐朝，前后历时五十余年。晁衡与中国的知识分子结下了深厚的友情。他归国时，传说在海中遇难身亡。大诗人李白作诗哭悼："日本晁卿辞帝都，征帆一片绕蓬壶。明月不归沉碧海，白云愁色满苍梧。"晁衡遇险是误传，但由此可见中外学者之间在中国长安交往的情谊。

后来，不断有外国人到中国来探寻秘密，所见所闻，常常让他们目瞪口呆。《希腊纪事》（希腊人波桑尼阿著）记载公元2世纪时，希腊人在中国的见闻。书中写道："赛里斯人用小米和青芦喂一种类似蜘蛛的昆虫，喂到第五年，虫肚子胀裂开，便从里面取出丝来。"从这段对中国古代养蚕技术的描述，可见当时欧洲人与中国人的差距。公元9世纪中叶，阿拉伯人来到中国。一位阿拉伯作家在他所著的《中国印度闻见录》中记载了曾旅居中国的阿拉伯商人的见闻：

——一天，一个外商去拜见驻守广州的中国官吏。会见时，外商总盯着官吏的胸部，官吏很奇怪，便问：“你好像总盯着我的胸，这是怎么回事？”那位外商回答说：“透过你穿的丝绸衣服，我隐约看到你胸口上长着一个黑痣，这是什么丝绸，我感到十分惊奇。”官吏听后，失声大笑，伸出胳膊，说：“请你数数吧，看我穿了几件衣服。”那商人数过，竟然穿了五件之多，黑痣正是透过这五层丝绸衣服显现出来的。外商惊得目瞪口呆，官吏说：“我穿的丝绸还不算是最好的，总督穿的要更精美。”

——书中关于茶（他们叫干草叶子）的记载，可见阿拉伯国家当时还没有喝茶的习惯。书中记述：“中国国王本人的收入主要靠盐税和泡开水喝的一种干草税。在各个城市里，这种干草叶售价都很高，中国人称这种草叶叫‘茶’，这种干草叶比苜蓿的叶子还多，也略比它香，稍有苦味，用开水冲喝，治百病。”

——他们对中国的医疗条件十分羡慕，书中记载道：“中国人医疗条件很好，穷人可以从国库中得到药费。”还说：“城市里，很多地方立一石碑，高 10 肘，上面刻有各种疾病和药物，写明某种病用某种药医治。”

——关于当时中国的京城，书中作了生动的描述：中国的京城很大，人口众多，一条宽阔的长街把全城分为两半，大街右边的东区，住着皇帝、宰相、禁军及皇家的总管、奴婢。在这个区域，沿街开凿了小河，流水潺潺；路旁，葱茏的树木整然有序，一幢幢宅邸鳞次栉比。大街左边的西区，住着庶民和商人。这里有货栈和商店，每当清晨，人们可以看到，皇室的总管、宫廷的仆役，或骑马或步行，到这里来采购。

此后的史籍对西人来华的记载，渐渐多了起来。13世纪意大利旅行家马可·波罗，尽管有人对他是否真的到过中国持怀疑态度，但他留下一部记述元代事件的《马可·波罗游记》却是确凿无疑的。这部游记中的一些关于当时中国的描述使得西方人认为是“天方夜谭”。总之,从中西文化交流史来说，这以前的时期还是一个想象和臆测的时代，相互之间充满了好奇与幻想。

从16世纪末开始，由于航海技术的发展，东西方航路的开通，随着一批批传教士来华，中国与西方开始了直接的交流。沟通中西的使命在意大利传教士利玛窦那里有了充分的体现。利玛窦于1582年来华，1610年病逝于北京，在华二十余年。他把科学作为传教的工具，激起中国一些读书人对西方科学的兴趣。除了传教以外，他还做了两件具有历史象征意义的事，一是1594年前后在韶州用拉丁文翻译《四书》，并作了注释；二是与明代学者徐光启合作，用中文翻译了《几何原本》。

西方传教士对《四书》等中国经典的粗略翻译，以及杜赫德的《中华帝国志》等书对中国的介绍，在西方读者的眼前展现了一个异域文明，在当时及稍后一段时期引起了一场“中国热”，许多西方大思想家都曾注目于中国文化。有的推崇中华文明，如莱布尼兹、伏尔泰、魁奈等，有的对中华文明持批评态度，如孟德斯鸠、黑格尔等。莱布尼兹认识到中国文化的某些思想与他的观念相近，如周易的卦象与他发明的二进制相契合，对中国文化给予了热情的礼赞；黑格尔则从他整个哲学体系的推演出发，认为中国没有真正意义上的哲学，还处在哲学史前的状态。但是，不论是推崇还是批评，是吸纳还是排斥，都对中西文化的交流产生了巨大的影响。

随着先进的中国科学技术的西传，特别是中国的造纸、火药、印刷术和指南针四大发明的问世，大大改变了世界的面貌。马克思说：“中国的火药把骑士阶层炸得粉碎，指南针打开了世界市场并建立了殖民地，而印刷术则变成了新教的工具，变成对精神发展创造必要前提的最强大的杠杆。”英国的哲学家培根说：中国的四大发明“改变了全世界的面貌和一切事物的状态”。

三

大千世界，潮起潮落。云散云聚，万象更新。中国古代产生了无数伟大的科学家：祖冲之、李时珍、孙思邈、张衡、沈括、毕昇……产生了无数科技成果：《齐民要术》《九章筭术》《伤寒杂病论》《本草纲目》……以及保存至今的世界奇迹：浑天仪、地动仪、都江堰、敦煌石窟、大运河、万里长城……但从 15 世纪下半叶起，风水似乎从东方转到了西方，落后的欧洲只经过 400 年便成为世界瞩目的文明中心。英国的牛顿、波兰的哥白尼、德国的伦琴、法国的居里、德国的爱因斯坦、意大利的伽利略、俄国的门捷列夫、美国的费米和爱迪生……光芒四射，令人敬仰。

中华民族开始思考了。潮起潮落究竟是什么原因？中国人发明的火药，传到欧洲，转眼之间反成为欧洲列强轰击中国大门的炮弹，又是因为什么？

鸦片战争终于催醒了中国人沉睡的迷梦，最先“睁眼看世界”的一代精英林则徐、魏源迈出了威武雄壮的一步。曾国藩、李鸿章搞起了洋务运动。中国的知识分子喊出“民主与科学”的口号。中国是落后了，中国的志士仁人在苦苦探索。

但落后中饱含着变革的动力，探索中孕育着崛起的希望。“向科学进军”，中华民族终于又迎来了科学的春天。

今天，世界已经跨入21世纪。分散隔绝的世界，逐渐变成联系为一体的世界。现在，经济全球化趋势日益明显，一个民族、一个国家的历史也就在愈来愈大的程度上成为全世界的历史。当今，任何一种文化的发展都离不开对其它优秀文化的汲取，都以其它优秀文化的发展为前提。在近现代，西方文化汲取中国文化，不仅是中国文化的传播，更是西方文化自身的创新和发展；正如中国文化对西方文化的汲取一样，既是西方文化在中国的传播，同时也是中国文化在近代的转型和发展。地球上所有的人类文化，都是我们共同的宝贵遗产。既然我们生活的各个大陆，在地球史上曾经是连成一气的“泛大陆”，或者说是一个完整的“地球村”，那么，我们同样可以在这个以知识和学习为特征的网络时代，走上相互学习、共同发展的大路，建设和开拓我们人类崭新的“地球村”。

西学仍在东渐，中学也将西传。各国人民的优秀文化正日益迅速地为中国文化所汲取，而无论西方和东方，也都需要从中国文化中汲取养分。正是基于这一认识，我们组织出版汉英对照版《大中华文库》，全面系统地翻译介绍中国传统文化典籍。我们试图通过《大中华文库》，向全世界展示，中华民族五千年的追求，五千年的梦想，正在新的历史时期重放光芒。中国人民就像火后的凤凰，万众一心，迎接新世纪文明的太阳。

1999年8月 北京

تصدير

إن صدور «سلسلة كنوز التراث الصيني» لأمر يبعث فرحنا وسرورنا، وهو في الوقت نفسه، يولد في أنفسنا شعورًا قويًا بالمسؤولية.

وأود أن أنتهز مناسبة صدور هذه السلسلة، لأفصح لقرائنا عن نياتنا وأغراضنا في نشر هذا المشروع الثقافي الكبير.

١

إن الأمة الصينية أمة ذات تاريخ عريق وحضارة باهرة، وإنها لأمنية راودت أجيالًا من الصينيين، وهي أن تنقَل أمهات الثقافة الصينية إلى اللغات الأجنبية، وتقدَّم إلى العالم بصورة منهجية وصحيحة. وقد ظهرت في الماضي، أي قبل عشرات السنين، ترجمات لهذه الكتب تمت معظمها على أيدي مترجمين أجانب، فقد ترجم مثلا عالم في الغرب رواية "حلم المقصورة الحمراء"، ولكنه حول الآنسة لين داي يوي، الشخصية البطلة في الرواية، إلى "اليشم الأسود" في ترجمته! ففي حين أننا نشكر من أعماق قلوبنا هؤلاء العلماء الأجانب على جهودهم الكبيرة في تعريف العالم بالكلاسيكيات الثقافية الصينية، نشعر في الوقت نفسه بالأسف الشديد لسوء الفهم، بل التشويه في بعض الأحيان، الذي تعرضت له هذه الكلاسيكيات. وأذكر أيضا أن بعض العلماء الغربيين كانوا يتحمسون لترجمة الأوصاف الجنسية في رواية "جين بينغ مي" (أو الزهرات الذابلات الثلاث)، مما أثار في الغرب زوبعة كبيرة حول الرواية، حتى زعم البعض أن الصين كانت منبع الإباحية الجنسية، وأن الصين الجديدة ترغب في إحياء هذه التقاليد الإباحية. لم يفتنا أن هناك عددًا كبيرًا من علماء ذوي خبرات وافرة ونيات حسنة، كرسوا

حياتهم في ترجمة وتعريف المؤلفات الفلسفية الصينية القديمة وساهموا مساهمة كبيرة في تقديم الثقافة الصينية إلى العالم، ولكن أعمال بعضهم تفتقر إلى الإتقان والجودة والآراء الثاقبة نتيجة لسوء الفهم أحيانًا، ولقصر باعهم في اللغة الصينية أحيانًا أخرى. وقد قال الفيلسوف الألماني الكبير هيجل، "إن الصين القديمة تمتلك أكمل تاريخ مدون في العالم، ولكنها تفتقر إلى فلسفات بمفهومها الدقيق، فهي في مرحلة ما قبل التاريخ" فلسفيًا. إنه لشيء مؤسف حقًا أن يدلي فيلسوف عظيم كهيجل، بهذا التصريح المغاير للحقيقة تمامًا. والسبب في ذلك أن أي فيلسوف، ولو كان هيجل العظيم، يبقى أسيرًا لزمانه ومكانه وظروفه، إذ إن معارفه، عن التراث الصيني مثلا، مبنية على أساس ترجمات علماء الصينيات. وإذا كانت هذه الترجمات لم تبلغ المستوى المرجو، فليس من الغريب أن يقع هيجل وأمثاله في الخطأ عندما يحكمون على الحضارة الصينية القديمة.

لا يمكن للصين أن تستغني عن العالم، كما أن العالم لا يمكنه أن يهمل الصين. لقد أخذت الصين القديمة من الحضارات الأخرى مقومات ثمينة لتغذي نفسها، كما ساهمت في تقدم البشرية بالعطاء الحضاري الخاص بها. وكانت الصين تسير في مقدمة الموكب الحضاري الإنساني، تشرق شمسها على العالم لمدة أكثر من ألف سنة، ابتداءً من القرن الخامس، وحتى القرن الخامس عشر. فكيف يمكن للعالم في مسيرته إلى الأمام أن يتغافل عن معرفة الصين ومعرفة تاريخها؟

٢

إن الأمة الصينية أمة عظيمة، على الرغم من أنها شهدت في مسيرتها التاريخية أدوارًا من المد والجزر، من الصعود والهبوط، ولكنها تظل أمة تجري وراء المثل العليا، راغبة في العلم والمعرفة، حريصة على السلام والصداقة.

لقد قال المفكر الصيني العظيم كونفوشيوس: "كلما سرتُ مع رجلين، وجدتُ لنفسي أستاذين. من له فضائل فهو قدوتي، ومن له رذائل فهو عبرتي". وهذا

القول السائر إنما يلخص مبدأ تعامل الأمة الصينية مع غيرها من الأمم، أي التعلم من الغير، وهو مبدأ يطبق في التعامل بين الناس كما يطبق في التعامل بين الأمم.

كان الإمبراطور تشين شي هوانغ، مؤسس أسرة تشين الحاكمة، أول من وحد الصين، ولكنه لم ينجز الكثير؛ لأنه بقي في عرشه لبضع عشرة سنة فقط. وفي أسرة هان التي تلت تشين، حافظت الصين على زخم نموها واتجهت إلى الخارج لمعرفة العالم. ففي عام 139 قبل الميلاد، سافر تشانغ تشيان مبعوثًا من الإمبراطور وودي إلى المناطق الواقعة في غربي الصين. وسافر على رأس قافلة تضم عشرة آلاف من البقر والخِراف، إضافة إلى كمية هائلة من الذهب والحرير، كهدايا إلى رؤساء المناطق والبلدان التي قصدها، وقيل إنه قد وصل إلى بلاد الفرس غربًا. وفي عام 73 ميلادية، سافر مبعوث آخر يدعى بان تشاو إلى آسيا الوسطى على رأس وفد يضم 36 عضوًا لزيارة البلدان المجاورة للصين وإقامة الصداقات معها. ومن آسيا الوسطى أرسل بان تشاو زميله قان ينغ لمواصلة مشواره إلى الغرب، وعرفنا من سجلات تاريخية ترجع إلى ذلك العصر، أن الرحالة قان ينغ "وصل إلى أرض العراق وسوريا مرورًا ببلاد الفرس؛ حتى يحط رحاله في شاطئ البحر المتوسط ويسرّح نظره في بلاد الروم". وكان يرغب في عبور البحر، إلا أن زملاءه أصروا على ثنيه عن ذلك. مما يدل على أن للرحالتين بان تشاو وقان ينغ، جرأة ليس لها مثيل، ورغبة شديدة في التصادق والتبادل مع البلدان الأجنبية. أما في أسرة تانغ الحاكمة فقد قام الراهب شيوان تزانغ برحلة إلى الهند؛ لطلب العلوم البوذية مجتازًا كل أنواع المتاعب والمشقات، وبعد عودته إلى الصين نظم جماعة من المترجمين؛ لترجمة الأسفار البوذية التي حملها إلى الصين من الهند. وقد تعرض في فترات لاحقة، كثير من المخطوطات الدينية للاندثار في الهند، ولكنها حُفظت في حالة سليمة في الصين. وكدليل على ذلك، أصبح من الصعب على أهل الهند اليوم، كتابة تاريخهم القديم دون الرجوع إلى "سجلات عن الأقاليم الغربية في أسرة تانغ العظيمة" التي ألفها شيوان تزانغ. وفي أسرة مينغ الحاكمة، قام البحار تشنغ خه بسبع رحلات بحرية إلى جنوب

شرقي آسيا ونقل إليها الثقافة الصينية. أما تاريخ الصين الحديث الذي بدأ اعتبارًا من حرب الأفيون عام 1840، فقد شهد دفعات من الصينيين الذين سافروا إلى الغرب لتحصيل الأفكار والعلوم المتقدمة في الغرب بغية استغلالها لتحقيق النهضة في وطنهم الأم. وكان من بين هؤلاء زعماء الصين الجديدة أمثال تشوده وشو آن لاي ودنغ شياو بينغ، وكبار العلماء والأدباء والفنانين أمثال الأديب كوه موروه، والجيولوجي لي سي قوانغ، والفيزيائي تشيان شيوه سن، والموسيقار شيان شينغ هاي، والرسام شيوي بي هونغ وغيرهم. وهؤلاء الشخصيات المرموقون بما تميزوا من التطلعات والرؤى وما حققوا من إنجازات، يمثلون مفاخر البشرية بأكملها.

إن مسيرة الثقافة الصينية في تشكلها وتطورها هي مسيرة التعلم من الشعب والشعوب الأخرى ومسيرة الإبداع المستمر، ولو لم تتعلم الأمة الصينية من البلدان والأمم المجاورة، العلوم والخبرات، لما استطاعت أن تخلق ماضيها المجيد. فما أجدر بنا أن ننحني شاكرين للحضارات القديمة العظيمة في مصر واليونان والهند! وما أجدر بنا أن نحيي ونحترم الحضارات الباهرة في أوروبا وإفريقيا وأمريكا وأوقيانوسيا وآسيا!

لقد أسهمت الأمة الصينية إسهامات فريدة في المجتمع الإنساني، وكانت الصين تتصدر العالم في العلوم والتكنولوجيا قبل القرن الخامس عشر، وقال في ذلك العالم البريطاني جوزيف نيدهام، إن الصين "كانت تسبق الغرب كثيرًا في المستوى العلمي والمعرفي في الفترة ما بين القرن الثالث والقرن الثالث عشر". كما قال البروفيسور الأمريكي بول كينيدي من جامعة ييل ومؤلف «الصعود والهبوط للقوى العظمى»: "من بين جميع حضارات العالم في عصور سابقة على العصر الحديث ليس هناك حضارة أكثر تقدمًا وتطورًا من الحضارة الصينية".

كان الأجانب من مختلف أنحاء العالم يقصدون الصين للزيارة أو طلب العلم. فتطورت مدينة تشانغآن عاصمة أسرة تانغ إلى مدينة دولية كبرى تدريجيًّا، وجذبت عشرات الآلاف ممن أتوا من بلاد الفرس والروم وكوريا والهند وغيرها،

منهم الأمراء والموظفون والطلاب الوافدون والتجار والموسيقيون والراقصون. وأذكر على وجه الخصوص أن اليابان أرسلت دفعات متتالية من "مرسلين إلى أسرة تانغ"، كان أشهرهم المرسل الذي اتخذ لنفسه اسمًا صينيًّا "تشاو هنغ"، والذي درس في مدينة تشانغآن وشغل منصبًا حكوميًّا فيها وبقي في الصين لمدة طويلة تتجاوز خمسين عامًا، حيث توطدت الصداقة بينه وبين العديد من المثقفين الصينيين. وقيل إنه توفي في حادثة بحرية في طريق عودته إلى اليابان، ولما بلغ الخبر إلى الشاعر الصيني العظيم لي باي، كتب له قصيدة بكائية مشهورة جدًا. وعلى الرغم من أن خبر وفاة تشاو هنغ كان خطأ، فإن هذه الحكاية كانت خير دليل على الصداقة القائمة بين المثقفين الصينيين ونظرائهم الأجانب.

وكان الأجانب الذين يزورون الصين يندهشون دائما بمشاهداتهم في هذه البلاد المتحضرة. فقد سجل باوسانياس في كتابه الشهير «وصف اليونان» مشاهدات يوناني في الصين في القرن الثاني: "يطعم الصينيون حشرة تشبه العنكبوت بحبات الدخن وأوراق القصب حتى يتشقق بطن الحشرة بعد خمس سنوات فيخرج منه الحرير". من هنا نعرف أن الصين آنذاك قد عرفت تربية دودة القز لاستخراج الحرير، مما يشير إلى الفجوة بين الصينيين والأوروبيين حينذاك. وفي منتصف القرن التاسع الميلادي وصل العرب إلى الصين وسجل أحدهم "التاجر سليمان" في كتابه المعنون «سلسلة التواريخ» مشاهدات تجار عرب في الصين أقتبس هنا منها هذه الفقرات:

"ذات يوم، زار رجل من وجوه التجار الأجانب موظفًا حكوميًّا كان الملك أرسله إلى مدينة قوانغتشو، فرأى على صدره خالًا يشف من تحت ثياب حرير كانت عليه، فقدر أنه قد ضاعف بين ثوبين منها، فلما ألح في النظر قال له الموظف: "أراك تديم النظر إلى صدري فلم ذلك؟ فقال له الرجل: "عجبت من خالٍ يشف من تحت هذه الثياب". فضحك الموظف ثم طرح كُم قميصه إلى الرجل وقال له: "عُد ما عليّ منها؟" فوجدها خمسة أقبية بعضها فوق بعض والخال يشف من تحتها. والذي هذه صفته من الحرير خام فقط، والذي يلبسه كبار الموظفين

أرفع من هذا وأعجب".

ويحكي عن الشاي، وهو ما يدل على أن العرب حينها لم يعرفوا الشاي بعد، حيث يقول "وما يختص الملك من الضرائب جاءت من الملح وحشيش يشربونه بالماء الحار ويباع منه في كل مدينة بمال عظيم ويقال له الشاي، وهو أكثر ورقًا من البرسيم وأطيب قليلًا، وفيه مرارة فيغلي الماء ويذر عليه فهو ينفع كل عامة الناس".

"ولهم حجر منصوب وطوله عشر أذرع، مكتوبة فيه شروع في الحجر، ذكرت الأدوية والأدواء -داء كذا دواؤه كذا- فإذا كان الرجل فقيرا أعطي ثمن الدواء من الحكومة".

"فسألناه عن المدينة التي بها الملك. وصفها فذكر سعة البلد وكثرة أهله وأنه مقسوم على قسمين يفصل بينهما شارع طويل عريض، فالملك ووزيره وجنوده وقاضي القضاة وخصيان الملك وجميع الخدم في الجانب الأيمن منه وما يلي المشرق لا يخالطهم أحد من العامة ولا فيه شيء إلا جدول وأشجار منتظمة ومنازل فسيحة. وفي الجانب الأيسر مما يلي المغرب الرعية والتجار والمتاجر والأسواق. وإذا وضح النهار رأيت قهارمة الملك وغلمان داره من بين راكب وراجل قد دخل إلى الجانب الذي فيه الأسواق والتجار، فأخذوا حوائجهم".

وقد كثرت أخبار الغربيين الذين زاروا الصين في الكتب التاريخية في الفترات اللاحقة، ومن المعروف أن الرحالة الإيطالي ماركو بولو ألف كتابًا مهمًّا تحت عنوان «رحلات ماركو بولو» في القرن الثالث عشر، حيث روى فيه أحوال الصين في أسرة يوان الحاكمة، رغم أن بعض الناس يشكون فيما إذا وصل حقا إلى الصين، إذ إن بعض رواياته عن الصين كانت أقرب إلى خيالات أسطورية في نظر الغربيين. وهو أمر إن دل على شيء فإنما يدل على أن بدايات الاحتكاك الصيني الغربي كانت مقرونة بالأوهام والخيالات والاستغراب المتبادل.

ومنذ أواخر القرن السادس عشر، بدأت التبادلات المباشرة بين الصين والغرب، عندما تدفق إلى الصين مبشرون مسيحيون بعد أن تقدمت التكنولوجيا

الملاحية وفُتحت طرق بحرية تربط بين الشرق والغرب. وكان أشهرهم الإيطالي ماتيو ريتشي الذي وصل إلى الصين عام 1582 وتوفي في بكين عام 1610، وطوال فترة إقامته في الصين التي تمتد لأكثر من 20 سنة، لعب دورًا كبيرًا في تعزيز التبادل بين الشرق والغرب. وبالإضافة إلى عمله مبشرًا، أنجز مشروعين ذَويْ مغزى رمزي تاريخي: أحدهما ترجمة الكتب الأربعة، في أمهات التراث الصيني إلى اللغة اللاتينية ووضع شروحات عليها في عام 1594، والآخر ترجم للصينية كتاب «العناصر» للرياضي اليوناني إقليدس بالتعاون مع شيوي قوانغ تشي العالم الصيني من فترة أسرة مينغ.

إن الترجمات الأولية لأمهات التراث الصيني مثل "الكتب الأربعة" التي تمت على أيدي المبشرين والمؤلفات التي ألفها بعض العلماء الغربيين عن الصين مثل "تاريخ الإمبراطورية" الصينية لباري دو هالد، كشفت للغربيين حضارة غريبة عليهم، وأوجدت في الغرب "حمى الصين"، الأمر الذي لفت أنظار مفكريه الكبار. ومنهم من يقدر الحضارة الصينية مثل لايبنتز وفولتير وكيوسناي، ومنهم من يقف من الحضارة الصينية موقفًا سلبيًّا مثل مونتيسكيو وهيجل. لقد وجد لايبنتز في الحضارة الصينية ما يدعم بعض أطروحاته، إذ رأى أن الرموز المستخدمة في «كتاب التغيرات» في أسرة تشو تشبه إلى حد ما، نظام الأرقام الثنائية الذي ابتكره. أما هيجل فكما ذكرنا في البداية، كان يحط من شأن الفلسفة الصينية استدلالًا على حكمه بنظامه الفلسفي. ولكن، سواء أكان موقف الغربيين من الحضارة الصينية إيجابيًّا أم سلبيًّا، بالقبول أم بالرفض، فإن التبادلات الثقافية بين الصين والغرب تركت آثارًا بالغة الأهمية. ومع انتقال العلوم والتكنولوجيا الصينية إلى الغرب وخاصة المخترعات الصينية الأربعة (صناعة الورق والبارود وفن الطباعة والبوصلة)، تغيرت مسيرة تاريخ العالم تغيرًا كبيرًا. ويقول في ذلك كارل ماركس: "إن البارود قد مزق الطبقة الفروسية إربًا إربًا والبوصلة فتحت أبواب الأسواق العالمية وساعدت على إحداث المستعمرات، بينما أصبح فن الطباعة أداة لنشر البروتستانتية، ويمكن القول على الوجه الأعم إنها أصبحت

وسيلة للنهضة العلمية، وأقوى رافعة لتوفير شروط إنماء الروح الخلاقة"، ويقول الفيلسوف البريطاني فرانسس بيكون إن المخترعات الصينية الأربعة "غيّرت وجه العالم بأكمله كما غيّرت أحوال وظروف كل شيء".

٣

أنجبت الصين القديمة للبشرية عددًا كبيرًا من العلماء العظماء، أمثال الرياضي تسو تشونغ تشي، الصيدلي لي شي تشن، الطبيب سون سي مياو، الفلكي تشانغ هنغ، العالم الموسوعي شن كوه، ومخترع فن الطباعة بالمقاطع المتحركة بي شنغ وغيرهم، وأبدعت عددًا لا يحصى من النتائج العلمية والتكنولوجية مثل «مبادئ هامة لرفاهية الشعب»، و«الفصول التسعة لفنون الرياضيات»، و«الحميات والأمراض الأخرى»، و«الخلاصة الوافية في العقاقير الشافية» وغيرها، كما أن من مفاخرها تلك العجائب التي لا تزال تبقى على أراضيها لتبهر العالم: المحلقة الفلكية، ومرسمة الزلازل، ومشروع دوجيانغيان المائي، والكهوف الحجرية في دونغهوانغ، والقناة المائية الكبرى، وسور الصين العظيم... ولكن تصاريف الزمان تتقلب إلى أن أفل نجم الشرق وبزغت شمس الغرب في أواخر القرن الخامس عشر، ولم تمض إلا أربعة قرون على ذلك حتى تحولت أوروبا المتخلفة إلى المركز الثقافي للعالم، وتفتخر بكل جدارة بعمالقة العلم أمثال البريطاني نيوتن، والبولندي كوبرنيكوس، والألمانيين رونتجن وآينشتان، والفرنسية ماري كوري، والإيطالي غاليليو، والروسي مندلييف، إضافة إلى أديسون وفيرمي وغيرهما من الولايات المتحدة وغير هؤلاء ممن حظوا بمحبة واحترام لدى شعوب العالم.

وبدأ الصينيون يتساءلون: ما الأسباب الكامنة وراء صعود وهبوط الأمم؟ ولماذا تعرضت الصين لغزوات أوروبية بالقنابل التي صنعت من البارود، أحد المخترعات الصينية!؟

هكذا أيقظت حرب الأفيون الصينيين من سباتهم، فنادى نخبة من الصينيين

مثل لين تسه شيوي ووي يوان بـ"فتح العيون لمعاينة العالم"، وقاد آخرون مثل تسنغ قوه فان ولي هونغ تشانغ "حركة التغريب". ورفع المثقفون شعار "الديمقراطية والعلم" آملين اللحاق بركب العالم المتقدم. لقد أدرك الصينيون ذوو النفوس الكبيرة أن الصين متخلفة حقًا، ولكنهم وجدوا في التخلف دوافع للتغيير والإصلاح، متطلعين إلى إيجاد سبل تحقيق نهضة جديدة للبلاد. وأخيرًا، توجت جهودهم بحلول عصر جديد يشهد النهضة الصينية مرة أخرى ويتّحد فيه الشعب الصيني تحت شعار "المسيرة قدمًا نحو العلم".

في القرن الحادي والعشرين لم يعد العالم أجزاءً متفرقة كما كان عليه في الماضي، بل أصبح قرية كونية يرتبط كل جزء فيها بجزء آخر ارتباطًا وثيقًا. ويتضح اتجاه العولمة الاقتصادية يومًا بعد يوم. وتدريجيا أصبح تاريخ أمة أو دولة بدرجة كبيرة، جزءًا من تاريخ العالم أجمع. فلن يتحقق تقدم أي ثقافة في عصر اليوم لو لم تؤخذ المقومات الثمينة من الثقافات الأخرى. إن عملية استمداد الغرب من الثقافة الصينية أغذية مفيدة له في العصر الحديث لا تدل على انتشار الثقافة الصينية في الغرب فحسب، بل تدل على قدرة الغرب على الإبداع والنمو أيضا. كذلك، فإن عملية امتصاص الثقافة الصينية من الثقافة الغربية أغذية مفيدة لها، لا تعني انتشار الثقافة الغربية في الصين فقط، بل تعني في الوقت نفسه تحول الثقافة الصينية وتطورها في العصر الجديد. إن ثقافات كل الشعوب على هذه الأرض هي إرث ثمين نتقاسمه جميعا كبشر. وإذا صح القول إن قارات العالم كانت في الماضي السحيق في تاريخ الكرة الأرضية قارة كبرى مترابطة الأجزاء أو قرية كونية متكاملة، فعلينا في عصر الإنترنت، عصر التراكم المعرفي والتحصيل العلمي، أن نبني القرية الكونية الجديدة للبشرية عبر التعلم المتبادل والتنمية المشتركة.

إن الصين تأخذ بسرعة متزايدة، المقومات المفيدة من الثقافات الأخرى، كما أن ثقافات العالم، غربية كانت أم شرقية، تحتاج إلى إثراء نفسها بالأغذية الخاصة بالثقافة الصينية. وانطلاقا من هذا الإدراك، نظمنا نشر «سلسلة كنوز التراث

الصيني» ثنائية اللغة الصينية والإنجليزية أو الفرنسية أو الإسبانية أو الروسية أو العربية أو الألمانية أو اليابانية أو الكورية أي بتسع لغات من العالم، حتى نعطي لقرائنا الأجانب صورة متكاملة عن أمهات الثقافة الصينية التقليدية. ونحن نبغي من خلال نشر هذه الأعمال استعراض النتاج الفكري للأمة الصينية طوال الخمسة آلاف سنة الماضية، كما ننوي نقل رسالة إلى العالم مفادها أن الشعب الصيني كمثل عنقاء تنبعث من تحت الرماد لتطير نحو شمس القرن الجديد.

يانغ مو تشي

أغسطس 1999، بكين

“一带一路”沿线国家语言对照版
序　言

杨牧之

时间如飞,各位读者打开的这批书,已经是《大中华文库》的第三批书了。

一

从 1994 年《大中华文库》经新闻出版署立项开始，到今天，2019 年 10 月，已经过去 25 年。这 25 年,《大中华文库》的出版经历了三个阶段：

从 1994 年到 2016 年，我们用 20 多年的时间完成了“汉英对照版”，总计 110 种图书的译介出版。这是我们国家首次全面、系统地向世界推介中国文化典籍，弘扬中华民族优秀传统文化的国家重大出版工程。这是第一阶段。

第二阶段从 2009 年开始。为了进一步扩大国际影响和受众覆盖面，我们又着手启动“多语种项目”，继续把中文典籍翻译成联合国使用的另外 4 种官方语言，即法、俄、西、阿语，再加上另外 3 种重要语言德、日、韩语，这样，总计就是 7 种语言。我们从汉英对照版 110 种典籍中，选出常用且必备的 25 种典籍，用上述 7 种语言和中文对照出版，总计 175 个品种，目前也已全部完成。

现在这一批书，应该是第三个阶段了。这一阶段主要是配合中央“一带一路”倡议，开展“一带一路”沿线国家语言对照版的翻译工作。第一批涉及29种语言（乌克兰语、柬埔寨语、老挝语、马来语、缅甸语、泰语、印尼语、越南语、孟加拉语、乌尔都语、印地语、哈萨克语、吉尔吉斯语、波斯语、土耳其语、希伯来语、斯瓦希里语、捷克语、匈牙利语、保加利亚语、罗马尼亚语、马其顿语、塞尔维亚语、葡萄牙语、阿拉伯语、法语、俄语、西班牙语、德语等），84种典籍。

千百年来，中华民族从陆上、从海上开拓了举世闻名的丝绸之路。那是一条和平之路，一条与世界交往、广交朋友之路。沿着古老的丝绸之路，中华民族走向世界，创造了举世无双、持续不断的灿烂文明。今天，我们继承这份辉煌的遗产，开始了“一带一路”新的征程。“一带一路”上，国家林立，语言丰富，文化多彩，我们要把《大中华文库》送过去，把他们的灿烂文化学过来。

二

《大中华文库》启动伊始，在封面设计上，我们突出了三个标志性的图案。这三个图案，便是我们编辑这套大书、进行这项工程的志向。

一个是中国传统建筑大门上的“门环”，以此作为本书的标志。门环图案是复制的故宫大门上的“门环”，象征着去叩开中华民族文化的宝库。

二是封面上汹涌澎湃的黄河壶口瀑布。黄河是中华民族的摇篮，源远流长，奔腾向前，最具中国特色。

三是书脊下方的长城垛口图案。当整套书摆在一起的时候，书脊上的长城垛口连接起来，便构成连绵不断的万里长城，象征中国文化如万里长城般巍峨挺立，悠久绵长。

为了不辜负这三个标志，我们制定了编辑《大中华文库》“三个精”的原则，以求达到国家出版水平的高标准。大家从这三个方面保证质量：一是精选书目，二是精细翻译，三是精心印制。

“精选书目”是根本。中国古代典籍约有 20 多万种，从中选出能代表中华民族传统文化的精华是搞好这套《文库》的根本。工作委员会、编辑委员会三次座谈、两次发调查表，征求北大、清华等全国著名高校和中科院、社科院、军科院以及国家图书馆专家的意见，反复论证，最终确定了 110 种典籍。这 110 种典籍，上自先秦，下至近代，内容涵盖哲学、宗教、政治、经济、军事、历史、文学以及科技等各个方面。既有已广为国外所了解的《老子》《论语》《孙子兵法》等经典书目，更多的则是目前没有译本，或没有完整译本，很少为国外所知的经典图书。我们担心优秀的图书漏掉，《文库》全部选题落实后，再一次征求各学科有代表性的专家意见。专家们一致表示，选题涵盖很全面，一流的中国古代典籍基本都入选了。

这 110 种典籍,也是第二期“多语种”工程和第三期“一带一路”工程选题的基础。

“精细翻译”，质量第一。2001 年朱镕基总理、李岚清副总理视察新闻出版总署，听我们汇报这套书时，镕基总理说：“这套书不错，应该很有读者，很有市场啊。”岚清副总理说：“关键是要搞好翻译，保证翻译质量。”他们的意见是很中肯的。我们把他们的意见，作为我们编译工作的指导思想。

《文库》把保证翻译质量作为首要任务，组织中外专家进行翻译审校，中文原文版本也都经过了精心选择、认真校对。一开始是几家做过类似图书的出版社参加，逐渐有近30家出版社加入进来。实施大工程，组织工作是关键。我们设有两个委员会：工作委员会和编辑委员会。工作委员会负责出版社的遴选，签订出版合同，制订出版计划等组织协调工作，从而保证《文库》工作有计划稳步进行；编辑委员会负责版本选择、译者确定、内容审查。在翻译质量上，出版社进行一、二、三审，编辑委员会进行四审和五审。四审主要请外文局的一大批外文专家以及学术界的中文专家论证审稿，五审由编辑委员会总编辑和副总编辑进行，如果不合格就要退回去重新做编辑加工，以确保质量。此外，《文库》约请专家撰写"导言"，编制词目索引，满足海内外读者阅读需要。

"精心印制"，要体现中国出版风格和水平。因为这项工程先后有30余家出版社共同参与，而且图书品种、印制数量庞大，不可能一次印制完成。为了保证全书质量、外观的一致性，保证多批印制纸张颜色、质量的一致性，在工作委员会下设印制小组，主要工作是统一版式、统一纸张、统一印刷、统一装帧，达到四个统一。《文库》是个大工程，由于坚持了质量第一，坚持了四个统一，保证了工程的整体质量。

1999年8月，《大中华文库》汉英对照版第一批15种正式出版。

第一回合的胜利，一批带有故宫门环图标、黄河壶口瀑布图像、连绵不断的长城垛口图案的精美图书摆在我们面前，大大鼓舞了参与工作的全体同志。第一批《文库》图书出版后，先后获得了国家图书奖最高奖"国家图书奖荣誉奖"、全国古籍整理优秀图书一等奖。2011年12月，经中央批准，《大中华文库》出版工程获新闻出版总署表彰。

《大中华文库》以其深厚的文化内涵、优异的出版质量，已成为名副其实的国家名片。2006年4月，胡锦涛主席访问美国，将《大中华文库》作为国礼赠送给美国耶鲁大学；2009年1月温家宝总理访问西班牙，向马德里塞万提斯学院赠送了《大中华文库》；2011年10月李克强同志访问朝鲜，向金日成综合大学赠送了《大中华文库》；2012年4月伦敦书展期间，李长春同志向英国伦敦南岸大学孔子学院赠送了《大中华文库》，并且在他出访印尼、澳大利亚、韩国、新加坡等国时，都选择了将《大中华文库》作为礼物；刘延东同志出访美国赠书，以及在2012年4月的伦敦书展开幕式上，向大英图书馆赠送的也是《大中华文库》。

特别是2014年9月，习近平主席向斯里兰卡政府赠送《大中华文库》汉英对照版图书100种188册。2015年5月，国务院总理李克强出访南美四国，向哥伦比亚总统赠送了《大中华文库》西班牙语系列全套图书，进一步推动了《大中华文库》走向世界的成功实践。

三

回忆25年历程，总结我们的体会，是为了在过去的基础上，把《大中华文库》第三期工程即“一带一路”项目做得更好。

如果说汉英对照版是《大中华文库》的第一个高峰，多语种对照版是《大中华文库》的第二个高峰，那么，这“一带一路”沿线国家语言对照版便是《大中华文库》的第三个高峰。目前已有30余家出版社投入到这个项目中来。

任重而道远，继续向《大中华文库》第三个高峰前进的脚步已经迈出。文化是民族的血脉，是人民的精神家园。文化的软实力集中体现了一个国家基于文化而具有的凝聚力和生命力，以及由此而产生的吸引力和影响力。今天我们继承古代中国丝绸之路精神，将其发扬光大，把我国的发展同“一带一路”沿线国家的发展结合起来，文明互鉴，民心相通，赋予古代的丝绸之路以新的时代内涵。在这个大形势下，实施“一带一路”沿线国家语种的翻译出版，是《大中华文库》在新时代的一次历史性选择，是我们为提升中华文化软实力应做的贡献。如今《大中华文库》“一带一路”工程已被确定为2019年国家出版基金资助项目。我们要发扬精心设计、精心施工的优良传统，牢记使命，不辜负前辈的嘱托，不辜负广大读者的期望，一定要“以伟大的爱国热忱，宽广的世界眼光和严谨的科学态度”，锲而不舍地把这项光辉的事业进行到底。

2019年10月1日 北京

مقدمة الإصدارات ثنائية اللغة بلغات الدول الواقعة على امتداد مبادرة "الحزام والطريق"

يانغ مو تشي

يمضي الوقت سريعًا، والكتب التي بين أيدي القراء الآن، هي بالفعل الدفعة الثالثة من «سلسلة كنوز التراث الصيني».

١

مرت خمس وعشرون عامًا منذ دشنت إدارة المطبوعات والنشر عام 1994 مشروع «سلسلة كنوز التراث الصيني». وخلال هذه السنوات الخمس والعشرين الماضية، مر إصدار «سلسلة كنوز التراث الصيني» بثلاث مراحل:

منذ عام 1994 وحتى عام 2016، استغرقنا أكثر من عشرين عامًا للانتهاء من "الإصدارات الصينية-الإنجليزية"، وأتممنا ترجمة ونشر ما مجموعه 110 عناوين. ويعد هذا هو أول مشروع نشر وطني كبير للترويج المنهجي الشامل للكلاسيكيات الثقافية الصينية عالميًّا، ونشر الثقافة التقليدية المتميزة للأمة الصينية، وكانت هذه هي المرحلة الأولى.

أما المرحلة الثانية فقد بدأت عام 2009. فمن أجل زيادة توسيع التأثير الدولي والوصول إلى عدد أكبر من القراء، بدأنا أيضًا "مشروع اللغات المتعددة" وتابعنا ترجمة الكلاسيكيات الصينية إلى اللغات الأربع الأخرى من اللغات الرسمية الست للأمم المتحدة، وهي الفرنسية والروسية والإسبانية والعربية، بالإضافة إلى ثلاث لغات أخرى على قدر كبير من الأهمية وهي الألمانية واليابانية والكورية، بإجمالي 7 لغات، حيث وقع اختيارنا على 25 كتابًا كلاسيكيًّا مهمًّا ومشهورًا من

بين 110 مؤلَّف نشرت باللغتين "الصينية-الإنجليزية" وأتممنا نشرها باللغات المذكور أعلاها بالإضافة إلى اللغة الصينية، وبلغ إجمالي ما تم إنجازه 175 كتابًا.

وأما المرحلة الثالثة فهي تلك الكتب التي بين أيدينا الآن. وتسعى هذه المرحلة بشكل أساسي إلى الاندماج مع أهداف مبادرة "الحزام والطريق"، لإصدار ترجمات ثنائية اللغة بلغات الدول الواقعة على امتداد مبادرة "الحزام والطريق". وتشمل الدفعة الأولى منها، الترجمة إلى 29 لغة هي (الأوكرانية، الكمبودية، اللاوية، الملايو، البورمية، التايلاندية، الإندونيسية، الفيتنامية، البنغالية، الأردية، الهندية، الكازاخستانية، القرغيزية، الفارسية، التركية، العبرية، السواحيلية، التشيكية، المجرية، البلغارية، الرومانية، المقدونية، الصربية، البرتغالية، العربية، الفرنسية، الروسية، الإسبانية، الألمانية، وغيرها)، بإجمالي 84 كتابًا كلاسيكيًّا.

ومنذ آلاف السنين، شقت الأمة الصينية، الطريقين البري والبحري لطريق الحرير الذائع الصيت عالميًّا. إنه طريق للسلام، طريق للتواصل مع العالم، طريق لتكوين الصداقات. وعلى امتداد طريق الحرير القديم، سارت الأمة الصينية نحو العالم وخلقت حضارة رائعة ممتدة لا مثيل لها. اليوم نتوارث هذا الإرث المجيد، وبدأنا مسيرة جديدة من مبادرة "الحزام والطريق"، حيث هناك الكثير من الدول واللغات الغنية والثقافات المتنوعة على امتداد مبادرة "الحزام والطريق"، ونحن نهدف إلى إهداء «سلسلة كنوز التراث الصيني» إلى شعوب هذه الدول، والتعلم من ثقافاتهم الباهرة.

٢

في بداية إطلاق «سلسلة كنوز التراث الصيني» سلطنا الضوء على ثلاث صور أيقونية في تصميم أغلفة الكتب. وهذه الصور الثلاث تعكس طموحنا من تحرير هذه السلسلة الكبيرة وتنفيذ هذا المشروع.

الصورة الأولى هي "حلقة الباب"، تلك التي على الأبواب الكبيرة في العمارة

الصينية التقليدية، وتعد رمزًا لهذه السلسلة. وصورة حلقة الباب هي نسخة من "حلقة الباب" المعروفة على البوابات الكبرى للمدينة المحرّمة، وترمز إلى فتح باب «سلسلة كنوز التراث الصيني» على مصراعيه.

والصورة الثانية لشلال هوكو الشهير المتدفق على النهر الأصفر. والنهر الأصفر هو مهد الأمة الصينية، وله تاريخ عريق، ويتدفق دائمًا نحو الأمام، ويتميز بسمات صينية فريدة.

أما الصورة الثالثة، فهي صورة بارزة لجزء من سور الصين العظيم، وضعت أسفل كعب الكتب، وعندما تصطف كتب السلسلة معا، تجتمع أجزاء الصور لتشكل صورة مكتملة لسور الصين العظيم الممتد، والذي يرمز إلى أن الثقافة الصينية شامخة وممتدة تماما مثل سور الصين العظيم.

ومن أجل الارتقاء بمستوى هذه الصور الثلاث، فقد اعتمدنا مبدأ "الجواهر الثلاث" خلال تحرير «سلسلة كنوز التراث الصيني»؛ لتحقيق أعلى جودة ممكنة تتوافق مع معايير النشر الوطنية. ولضمان هذه الجودة، التزمنا بثلاثة معايير: الأول هو انتقاء كتب مختارة، والثاني هو الترجمة الدقيقة، والثالث هو الطباعة الأنيقة.

كان معيار "الكتب المختارة" هو الأساس. فهناك حوالي مائتي ألف من الكلاسيكيات الصينية القديمة، وانتقاء الكتب التي تمثل الثقافة الصينية التقليدية هو أساس وجوهر هذه "السلسلة". حيث عقدت لجنة العمل ولجنة التحرير ثلاث جلسات وأصدرت استبيانين، واستطلعت آراء جامعات ومعاهد مشهورة، مثل جامعتيّ بكين وتسينغهوا، وكذلك خبراء من الأكاديمية الصينية للعلوم، وأكاديمية العلوم الاجتماعية، وأكاديمية العلوم العسكرية، والمكتبة الوطنية، وبعد استطلاع كل الآراء، وقع الاختيار النهائي على 110 من الكلاسيكيات. حيث تغطي هذه الكلاسيكيات البالغ عددها 110 حقبًا زمنيةً تبدأ من فترة ما قبل تشين إلى العصر الحديث، وتشمل محتوياتها جميع الجوانب الفلسفية والدينية والسياسية والاقتصادية والعسكرية والتاريخية والأدبية والتكنولوجية. منها كتب كلاسيكية معروفة على نطاق واسع خارج الصين، مثل "لاوتسي"، و"محاورات كونفوشيوس"، و"فن

الحرب لسون تزو"، وغيرها، ومعظمها لم تصدر له نسخ مترجمة حتى الآن، أو لم تصدر له ترجمات كاملة، أو ما هو غير معروف خارج الصين. لقد ساورنا القلق إذا ما كنا قد أهملنا اختيار بعض الكتب الممتازة، ولذلك، فبعد اختيار كل موضوعات "السلسلة"، استطلعنا آراء الخبراء من مختلف التخصصات مرة أخرى، فأجمعوا أن اختيارنا للموضوعات يغطي نطاقًا شاملاً، وأنه قد تم بالفعل اختيار الكلاسيكيات الصينية القديمة المتميزة بشكل أساسي.

هذه الكلاسيكيات الـ 110 هي أيضًا أساس اختيار موضوعات المرحلة الثانية من مشروع "اللغات المتعددة"، والمرحلة الثالثة من مشروع "الحزام والطريق".

"الترجمة الدقيقة" - الجودة أولاً. ففي عام 2001، تفقَّد كل من رئيس مجلس الدولة تشو رونغ جي ونائب رئيس مجلس الدولة لي لان تشينغ، الإدارة العامة الوطنية للصحافة والنشر. وعندما قدمنا تقريرًا حول هذه المجموعة من الكتب، قال رئيس مجلس الدولة تشو رونغ جي: "هذه المجموعة من الكتب ممتازة، ومن المتوقَّع أن تستقطب كثيرًا من القراء وتلقى رواجًا في الأسواق". أما نائب رئيس مجلس الدولة لي لان تشينغ فقال: "الأهم هو القيام بعمل جيد في الترجمة وضمان جودتها". لقد أصابت آراؤهما كبد الحقيقة، ونحن نأخذ بآرائهما على أنها الأيديولوجية التي ننتهجها خلال أعمال التحرير.

تتخذ هذه "السلسلة" من ضمان جودة الترجمة، مهمة أساسية لها، حيث حشدت الخبراء الصينيين والأجانب لإجراء مراجعات للترجمة، كما تم اختيار النسخ الصينية الأصلية بعناية ومراجعتها بدقة. ففي البداية، شارك بضعة من الناشرين الذين أعدوا كتبًا مماثلة، وانضم إليهم تدريجيًّا ما يقرب من 30 ناشرًا. ونحن نعي أن التنظيم هو مفتاح تنفيذ المشاريع الكبرى. وقد شكلنا لجنتين: لجنة للعمل، ولجنة للتحرير. لجنة العمل مسؤولة عن اختيار دور النشر، وتوقيع عقود النشر، وصياغة خطط النشر لضمان تنفيذ "السلسلة" بخطط ثابتة ومستقرة؛ ولجنة التحرير مسؤولة عن اختيار النسخ، وتحديد المترجم، ومراجعة المحتوى. وفيما يخص جودة الترجمة، تجري دار النشر، المراجعات الأولى والثانية والثالثة، وتجري هيئة التحرير، المراجعتين الرابعة والخامسة. وخلال المراجعة

الرابعة يتم استقدام عدد كبير من خبراء اللغات الأجنبية من مكتب اللغات الأجنبية وخبراء أكاديميين في مجال اللغة بشكل أساسي للتحقق من الترجمة ومراجعتها. ويتم إجراء المراجعة الخامسة من قبل رئيس التحرير ونائب رئيس هيئة التحرير. وفي حالة عدم قبولها، تُعاد للتحرير مرة أخرى لضمان الجودة. بالإضافة إلى ذلك، تدعو "السلسلة"، الخبراء لكتابة "مقدمة" وتجميع فهرس للكلمات؛ لتلبية متطلبات القراءة لدى القراء في الداخل والخارج.

إن "الطباعة الأنيقة" يجب أن تعكس طابع ومستوى النشر في الصين. فنظرًا لأن هناك أكثر من ثلاثين دار نشر قد شاركت في هذا المشروع، ولتنوع الكتب وكثافة أعداد الطباعة، كان من المستحيل إتمام الطباعة في وقت واحد. ومن أجل ضمان تناسق وجودة ومظهر الكتب، وتوحيد لون وجودة الطَّبعات المختلفة من الورق المطبوع، تم تشكيل لجنة مختصة بالطباعة متفرعة من لجنة العمل، تمثلت مهامها الرئيسية في توحيد النسق، والورق، والطباعة، والتجليد. إن هذه "السلسلة" مشروع ضخم، ولأنها التزمت بمفهوم الجودة أولًا، وتوحيد كل الخطوات، تم ضمان الجودة الشاملة للمشروع بأكمله.

وفي أغسطس عام 1999، صدرت رسميًّا، الدفعة الأولى المكونة من 15 مؤلَّفا باللغتين "الصينية-الإنجليزية" من «سلسلة كنوز التراث الصيني».

لقد حققنا انتصارًا في الجولة الأولى، وها هي أمامنا مجموعة من الكتب الرائعة تزينها صور حلقة بوابة المدينة المحرمة، وشلال هوكو المتدفق على النهر الأصفر، والأجزاء البارزة المتصلة لسور الصين العظيم، الأمر الذي شجَّع جميع المشاركين في العمل. وبعد نشر الدفعة الأولى من هذه "السلسلة"، فزنا تباعًا بـ "جائزة الشرف الوطنية للكتاب"، وهي أعلى جائزة وطنية في مجال الكتب، والجائزة الأولى لتجهيز الكتب الكلاسيكية الممتازة على مستوى الدولة. وفي ديسمبر عام 2011، حاز مشروع «سلسلة كنوز التراث الصيني» على تكريم من الهيئة الوطنية العامة للصحافة والنشر بعد موافقة الحكومة المركزية.

لقد أصبحت «سلسلة كنوز التراث الصيني» علامة وطنية حقيقية لما لها من دلالات ثقافية عميقة وجودة فائقة في عملية النشر. ففي إبريل عام 2006، زار

الرئيس هو جين تاو، الولايات المتحدة وقدَّم «سلسلة كنوز التراث الصيني» هديةً وطنيةً لجامعة ييل؛ كما زار رئيس مجلس الدولة ون جيا باو إسبانيا في يناير عام 2009 وأهدى «سلسلة كنوز التراث الصيني» إلى معهد سرفانتس بمدريد؛ وفي أكتوبر عام 2011، زار الرفيق لي كه تشيانغ، كوريا الشمالية وأهدى «سلسلة كنوز التراث الصيني» إلى جامعة كيم إيل سونغ؛ وخلال معرض لندن للكتاب في إبريل 2012، أهدى الرفيق لي تشانغ تشون «سلسلة كنوز التراث الصيني» إلى معهد كونفوشيوس في جامعة ساوث بانك بلندن، كما قدَّم «سلسلة كنوز التراث الصيني» هديةً خلال زياراته إلى إندونيسيا وأستراليا وكوريا الجنوبية وسنغافورة وغيرها من الدول؛ وكانت هذه السلسلة هي الهدية التي أهدتها الرفيقة ليو يان دونغ خلال زيارتها إلى الولايات المتحدة، وأيضا هديتها إلى المكتبة البريطانية أثناء حفل افتتاح معرض لندن للكتاب في إبريل عام 2012.

وفي سبتمبر عام 2014، أهدى الرئيس شي جين بينغ 188 مجلدًا من 100 مؤلَّف باللغتين "الصينية-الإنجليزية" ضمن «سلسلة كنوز التراث الصيني» إلى الحكومة السريلانكية. وفي مايو 2015، زار رئيس مجلس الدولة لي كه تشيانغ أربع دول في أمريكا الجنوبية وأهدى مجموعة كاملة للنسخة الإسبانية من «سلسلة كنوز التراث الصيني» إلى رئيس كولومبيا، وهو ما زاد من تعزيز الممارسة الناجحة لنشر «سلسلة كنوز التراث الصيني» عالميًّا.

٣

إن السبب في استعراض خمسة وعشرين عامًا مضت، وتلخيص تجاربنا، هو تنفيذ المرحلة الثالثة من «سلسلة كنوز التراث الصيني»، ومشروع "الحزام والطريق" بشكل أفضل، استنادًا إلى نجاحات الماضي.

ولو قلنا إن النسخة "الصينية-الإنجليزية" هي الذروة الأولى لمشروع «سلسلة كنوز التراث الصيني»، وإن النسخة متعددة اللغات هي الذروة الثانية لهذا المشروع، فإن النسخة القائمة على لغات الدول الواقعة على امتداد مبادرة

"الحزام والطريق" هي الذروة الثالثة لمشروع «سلسلة كنوز التراث الصيني». وقد انضمت أكثر من 30 دار نشر إلى هذا المشروع في الوقت الحالي.

لا يزال الطريق أمامنا طويلًا، وقد خطونا بالفعل خطوات نحو تحقيق الذروة الثالثة لمشروع «سلسلة كنوز التراث الصيني».

إن الثقافة هي شرايين الأمة، والوطن الروحي للشعب. وتجسد القوة الناعمة للثقافة، تماسك الدولة وحيويتها على أساس الثقافة، فضلاً عن الجاذبية والتأثير الناتج عنها. واليوم نتوارث روح طريق الحرير الصيني القديم، ونمضي به نحو الأمام، وندمج تنمية بلادنا مع تنمية الدول الواقعة على امتداد مبادرة "الحزام والطريق". والحضارات تتعلم من بعضها البعض وتتلاقى قلوب الشعوب، مما يمنح طريق الحرير القديم دلالات عصرية جديدة. وفي ظل هذا الوضع العام، يعد تنفيذ مشروع الترجمة والنشر بلغات الدول الواقعة على امتداد مبادرة "الحزام والطريق" خيارًا تاريخيًا لمشروع «سلسلة كنوز التراث الصيني» في العصر الجديد، ومساهمة يتعين علينا تقديمها في سبيل تعزيز القوة الناعمة للثقافة الصينية. واليوم، تم تحديد مشروع "الحزام والطريق" ضمن «سلسلة كنوز التراث الصيني» كمشروع ممول من الصندوق الوطني للنشر في عام 2019. علينا أن نمضي قدمًا في تقاليدنا المتميزة المتمثلة في التصميم المتقن والتنفيذ الدقيق، وأن نضع رسالتنا نصب أعيننا، وألا نخذل آمال أسلافنا، وأن نرتقي إلى مستوى توقعات القراء. وعلينا أيضا أن "نتحلى بحماس وطني كبير، ورؤية عالمية واسعة، وموقف علمي صارم"، لنكمل هذا العمل المجيد حتى النهاية بجد ومثابرة.

الأول من أكتوبر 2019، بكين

前 言

列子，名御寇，亦作“圄寇”“圉寇”，战国郑人。据《汉书·古今人表》，列子在韩景侯、魏武侯之间。钱穆在《先秦诸子系年》中认为，列子生卒年份当为公元前450年至公元前375年，先于庄子，故多为《庄子》所称引。

列子确有其人。《汉书·艺文志》道家类载《列子》八篇，并自注:“名圄寇，先庄子，庄子称之。”但今所传《列子》一书历来争议颇多，大体上被认为并非列子自著，而是后世伪托之作。就具体成书年代而言，大部分学者主张今本《列子》出于魏晋。如钱大昕《十驾斋养新录》卷八云:“《列子》书晋时始行，恐即晋人依托。”姚鼐《跋列子》称张湛作假的可能性很大:“《列子》出于张湛，安知非湛有矫入者乎？”俞正燮说《列子》乃“晋人王浮、葛洪以后书”(《癸巳存稿》卷十)，何治运亦以《列子》为魏晋伪书(见《书列子后》)，李慈铭甚至怀疑《列子》中的部分内容出于张湛之后(见《越缦堂日记》光绪甲申十二月初七日)，马叙伦更是列举二十事以辨《列子》之伪，杨伯峻则从汉语史的角度鉴定《列子》成书于魏晋，陈三立、梁启超、吕思勉、钱锺书等也均主张《列子》成书于魏晋。此外，还有部分学者或以为《列子》始于先秦，或忽略《列子》的具体起始年代，但也都认为《列子》中大部分内容是由后世增补而成。柳宗元怀疑《列子》一书“多增窜，非其实”，只是在总体上仍然认为《列子》“少伪作”(见《辨列子》)。朱熹《观列子偶书》说《列子》中剽掠之处颇多。高似孙和叶大庆都以为《列子》中部分内容由后世荟萃增益而来。黄震怀疑《列子》乃是“杂出于诸家”，未必为真本(《黄氏日钞》卷五十五)。宋濂在《诸子辨》中说“书本黄老言，决非御寇所自著，必后人会萃而成者”。姚际恒也指出今本《列子》基本为后人附益，“然意战国时本有其书，或庄子之徒依托为之者；但自无多，其馀尽后人所附益也”，并连同刘向的《列子新书目录》亦视为伪作(见《古今伪书考》)。持此观点的还有吴德旋、光聪谐等。

今本《列子》所附的刘向《列子新书目录》和张湛《列子序》均言《列子》八篇，与《汉书·艺文志》所载同。古书在流传过程中有所损益是较为普遍的现象，因而常常出现不同的版本。若《列子》先秦已有，流传到魏晋时仍为八篇，而刘序所列的篇目名称及排列顺序又与今本八篇完全相同，那么刘向的《列子新书目录》就很值得怀疑，不能排除是伪托者按照《汉志》有《列子》八篇的记载而广为拾掇，凑足篇目，并伪作刘向序以掩人耳目的可能。

张湛《列子序》曰:“《列子》八篇属辞引类,特与《庄子》相似。《庄子》《慎到》《韩非》《尸子》《淮南子》《玄示》《旨归》多称其言,遂注之云尔。”既然张湛谓《列子》一书多为《庄子》所称引，那么《庄子·天下》篇为何不对列子一派进行总结？另外,《荀子·非十二子》中也未见对列子的评述。若《慎到》《韩非子》等典籍均援引《列子》，那么对于这样一本流传甚广、影响颇深、又被广为转引的著作，志在“究天人之际，通古今之变”的司马迁如何又会不置一辞呢？

先秦时盖有列子一派，亦应有其作品流传,《汉书·艺文志》所载《列子》八篇，东汉之初大约尚存。但因限于篇幅，司马迁无法详细论述道家的各个流派，故而只能选取其中最具代表性的老、庄，为其立传。司马迁以老子“深远”，说其所贵道“虚无，因应变化于无为”，并将其与申、韩同传，勾勒出道、法两家嬗变传承之关系。又附庄子，盖看重其“洸洋自恣以适己”的修身处世之道，还特意列举楚威王聘庄子为相的故事。至《汉书·艺文志》，总结道家思想，认为大体上不过是“知秉要执本，清虚以自守，卑弱以自持，此君人南面之术”和“放者为之，则欲绝去礼学，兼弃仁义”两个支流，前者即黄老，偏于治术，后者言庄子，重在修身。这样看来，司马迁的安排选取颇有见地。位于老子和庄子之间的列子，可能因其主张不够鲜明，亦不足以承上启下，故被司马迁舍弃。

笔者认为，今本《列子》保存了包括古本《列子》佚文在内的若干先秦文献资料，此外也有一部分内容为后世附益而成，应当是由魏晋人在《列子》佚文的基础上多方杂取编订成书。观今本《列子》，其文法宏妙、首尾呼应又自成一体，篇章之间逻辑线索排布较为清晰，基本应成于一人之手，但亦有少部分属于后人补撰。

《天瑞》篇可谓《列子》全书基石，该篇宗旨在其他篇章中多有转承，连缀成体。“虚”是道家的核心思想，《汉书·艺文志》说道家“清虚以自守”，老庄都以虚静为本。《尸子·广泽》《吕氏春秋·不二》亦以为列子贵虚，因而“至虚”确实应当是列子一派的思想主张，这也就使后世伪托者有所凭借。《天瑞》篇中即借列子之口言贵虚之理：“或谓子列子曰：‘子奚贵虚？’列子曰：‘虚者无贵也。’子列子曰：‘非其名也，莫如静，莫如虚。静也虚也，得其居矣；取也与也，失其所矣。’”但《天瑞》篇并未对此展开深入论述，而由“至虚”生发出来的修身之道，则充分体现在《黄帝》篇和《仲尼》篇中。

唐卢重玄解《黄帝》篇曰："此明忘形养神，从玄默以发真智。始其养也，则遗万有而内澄心；发其智，则化含生以外接物。"该篇主要谈养生之道，养生必先遗形忘有，保持内心的澄澈明静，方可顺自然之理，得生性之极。黄帝梦见华胥国之民"不知乐生，不知恶死，故无夭殇；不知亲己，不知疏物，故无爱憎；不知背逆，不知向顺，故无利害"，怡然而得养身治物之道。列子不知彼我是非利害，内外尽矣，五官都同，心凝形释，骨肉都融，而后可以履虚乘风。商丘开心无迕逆，故入火不焦，投水不溺。再如列子之齐、杨朱过宋、纪渻子斗鸡等寓言所喻，养生修身还应当无矜夸之心，去自贵之容。

《仲尼》篇与《黄帝》篇相呼应，亦承至虚无为之旨，如张湛题注云："智者不知而自知者也。忘智故无所知，用智则无所能。知体神而独运，忘情而任理，则寂然玄照者也。"但与《黄帝》篇偏重个人养生不同的是，《仲尼》篇更关注如何处世，如何依循"道"来调谐内心与外物的关系。首先，得让内心保持虚静澄明，譬如龙叔那般"方寸之地虚矣"，誉不以为荣，毁不以为辱，得失、哀乐、穷达、贫富皆不入怀；然后，"体合于心，心合于气，气合于神，神合于无"，无需借助心腹、四肢、六藏、七窍，而能感知介然之形、唯然之音，所谓"有易于内者无难于外"。亦即文中孔子所言"无乐无知，是真乐真知"，抑或像西方圣者那般"不治而不乱，不言而自信，不化而自行"。

《天瑞》篇认为万物的本原在于"不生不化者"。"不生不化者"时时刻刻都在生育化养万物，而其自身则往复无际、不可终穷，即老子所谓"独立不改，周行而不殆"（《老子》二十五章）。由"生生者""化化者"所生化出的"生者""化者”，皆有生有死，“有生则复于不生，有形则复于无形。不生者，非本不生者也；无形者，非本无形者也。生者，理之必终者也。终者不得不终,亦如生者之不得不生”。推而论之，人的生命也是有其始亦有其终。在《天瑞》篇作者看来，死不过是“精神离形，各归其真”，生与死都是人生最为自然的组成部分,“人自生至终,大化有四：婴孩也,少壮也,老耄也,死亡也”(《天瑞》)。之后，作者以孔子游泰山、林类百岁、子贡厌学等寓言，反复言说“死之与生，一往一返”的道理。

“生者不能不生，化者不能不化”，又“终者不得不终，亦如生者之不得不生”,《列子》认为，冥冥之中自有定数，世间万物皆不得不尔，故《力命》篇一推天命。此篇第一则寓言写力与命争功，命曰：“既谓之命，奈何有制之者邪？朕直而推之，曲而任之。自寿自夭，自穷自达，自贵自贱，自富自贫，朕岂能识之哉？朕岂能识之哉？”连命都不认为是自己在制约万物，无论夭寿穷达，还是贵贱贫富，都是自然而然、不得不然的。生命也不会因为贵之贱之而或寿或夭，身体也不会因为爱之轻之而或强或弱，故“贵之或不生，贱之或不死；爱之或不厚，轻之或不薄”。既然生死贵贱已定于命，那么人们如何才能安之若命呢？《杨朱》篇对此作出了回答。

在哲学基础及修身之术上,《列子》与老庄并无二致，但论及面对生死的态度时,《列子》却似歧路亡羊，与上述二家渐行渐远。庄子坦然面对生死：“生也死之徒，死也生之始，孰知其纪！人之生，气之聚也；聚则为生，散则为死。若死生为徒，吾又何患！”(《庄子·知北游》)甚至认为活着实在是一种痛苦，反倒不如死了快乐：“死，无君于上，无臣于下；亦无四时之事，从然以天地为春秋，虽南面王乐，不能过也。”（《庄子·至乐》）面对生死的困惑，庄子的解决途径是“齐生死”，“以死生为一条，以可不可为一贯”（《庄子·德充符》），最终以逍遥的心境超越生死的局限，“若夫乘天地之正，而御六气之辩，以游无穷者，彼且恶乎待哉！”（《庄子·逍遥游》）奈何世人终究不是至人、神人、圣人，又有谁能无所待呢？

《列子》反对贵身长生，从而否定了老子的“深根固柢，长生久视”（《老子》五十九章），也否定了庄子超越生死的逍遥。《杨朱》篇说：“孟孙阳问杨子曰：‘有人于此，贵生爱身，以蕲不死，可乎？’曰：‘理无不死。’‘以蕲久生，可乎？’曰：‘理无久生。生非贵之所能存，身非爱之所能厚。且久生奚为？’…… 杨子曰：‘不然。既生，则废而任之，究其所欲，以俟于死。将死，则废而任之，究其所之，以放于尽。无不废，无不任，何遽迟速于其间乎？’”在“究其所欲”之前，首先要破除名实的局限，为自己的行为在理论上找到合理性。《杨朱》篇第一则寓言就说“实无名，名无实。名者，伪而已矣”，认为凡俗之人为了浮世虚名苦身焦心，实不可取。此后两则寓言再借杨朱之口阐明“死后之名非所取”的道理。当然，《杨朱》篇对于“名”并非一味否定，取舍的边界在于是否会因名累实、伤生害性。“今有名则尊荣，亡名则卑辱。尊荣则逸乐，卑辱则忧苦。忧苦，犯性者也；逸乐，顺性者也。……但恶夫守名而累实。守名而累实，将恤危亡之不救，岂徒逸乐忧苦之间哉？”既然人生终归一死，与其清心寡欲，戚戚然活至百岁千岁，不若纵一身之乐，熙熙然度过一月一年。故曰：《杨朱》一篇，唯贵放逸。

老子祈求长生、庄子混同生死，《列子》则认为，万物出于机，入于机，生则顺之，死则捐之，踏踏实实地落在人间，不求任何虚幻。身前则顺心从欲，不留任何遗憾；死后亦不求珠玉陪葬，一抔黄土掩风流。“生年不满百，常怀千岁忧”，面对充满忧患苦痛的短暂人生，汉末文人要么秉烛夜游，要么登踞要津；到了魏晋时代，看遍了名士少有全者的惨剧，尝尽了人世离合的悲喜无常，士人不再以立德、立功、立言为不朽，他们飘飘然地追求着虚幻的逍遥之境，对生命的忧思也渐渐蜕化成了无所顾忌的肆欲享乐。

天命的无常与神秘加深了人们的困惑，《力命》篇所谓：“不知所以然而然，命也。今昏昏昧昧，纷纷若若，随所为，随所不为。日去日来，孰能知其故？皆命也夫。”人生如梦的幻觉油然而生。于是，有生之气，有形之状，皆成幻化：“造化之所始，阴阳之所变者，谓之生，谓之死。穷数达变，因形移易者，谓之化，谓之幻。造物者其巧妙，其功深，固难穷难终。因形者其巧显，其功浅，故随起随灭。知幻化之不异生死也，始可与学幻矣。”（《周穆王》）既然一切皆由造物者摆布，或生或死，随起随灭，如梦如幻，何不学阳里华子坐忘，无存亡、得失、哀乐、好恶之乱心；或如秦人之子迷罔，有天地、四方、水火、寒暑之倒错。世人皆惑于是非、昏于利害，又何以辨别孰为清醒、孰为迷惘呢？正所谓“生觉与化梦等情”，才是《周穆王》篇真正想要说明的至理。

看清了世事无常，参透了生命的忽来暂往，在所有理想与信念统统破灭之后，道家传统的虚静无为最终幻化成虚妄与荒诞，从背道而驰的迷途绕回到最初“以至虚为宗”的源头。

《汤问》和《说符》两篇，似与“至虚”的主旨关系不大。它们的存在，使《列子》总体思想变得驳杂微妙，也为全书平添了别样风情。张湛于《汤问》篇题注曰：“夫智之所限，知莫若其所不知；而世齐所见以限物，是以大圣发问，穷理者对也。”《汤问》篇试图帮助人们突破自身知识的局限，去认识更为广阔的世界。“殷汤问于夏革”，言说宇宙的无极无限，而后又谈起四海之外的奇闻趣事。合观后文“南国之人祝发而裸”以及“锟铻剑”“火浣布”等寓言传说，恰如《山海经》一般波谲云诡。“偃师造倡”“薛谭学讴”“扁鹊换心”等寓言亦是恢奇怪诞，与魏晋时《神异经》《博物志》等志怪小说如出一辙。至于“大禹治水失途终北”中所描述的境界,则堪称后世桃花源记之祖本。“来丹复仇”,宛如《搜神记》里《三王墓》的故事。而“愚公移山”“夸父追日”“小儿辩日”等寓言,更是耳熟能详、妇孺皆知的常典故识。世界之大，即使博学如孔丘，尚有所不知，世俗之人囿于一己之见而闭目塞听，岂不谬乎？

末篇《说符》，指出世间万物看似纷纭复杂、乱无头绪，但其背后却往往暗藏着某种可循的规律。“符”有“符信”“符验”之意，可以通过对“符”的解说分析，对暗藏的规律加以洞察体悟。如张湛在该篇题注中所言:“夫事故无方，倚伏相推，言而验之者，摄乎变通之会。”当然，这种“符验”只有圣人才能准确地加以把握体察。《说符》篇第一则寓言，列子学持后之道，关尹谓之曰:“慎尔言，将有和之；慎尔行，将有随之。是故圣人见出以知入，观往以知来，此其所以先知之理也。”后则“列子学射”的寓言亦云圣人能够“不察存亡而察其所以然”。然道术精微难察，世人往往不解。列子穷困而拒子阳之食，其妻拊心质问，列子一语道破，“君非自知我也。以人之言而遗我粟，至其罪我也，又且以人之言，此吾所以不受也”。不久子阳果然死于民乱。宋有行仁义之家，父子先后失明，而孔子仍以为吉兆,后父子因疾幸免于战乱,不久又自动复明。此类寓言，于篇中不胜枚举。

纵观《列子》全书，虽系晚出，却不能因此抹煞其文学价值。刘勰《文心雕龙·诸子》称："列御寇之书，气伟而采奇。"柳宗元《辨列子》谓："其文辞类庄子，而尤质厚，少伪作，好文者可废耶？"陈景元《列子冲虚至德真经释文序》赞《列子》曰："辞旨纵横，若木叶干壳，乘风东西，飘飖乎天地之间，无所不至。"高守元《冲虚至德真经四解序》对《列子》亦推崇备至："《庄》《列》二书羽翼老氏，犹孔门之有颜孟。微言妙理启迪后人，使黄帝之道粲然复见，功不在颜孟之下。"洪迈《容斋续笔》云："《列子》书事简劲宏妙，多出《庄子》之右。"陈三立《读列子》说："吾读列子，恣睢诞肆过庄周；然其词隽，其于义也狭，非庄子伦比。"钱锺书对《列子》的文采评价亦颇高："列之文词逊庄之奇肆飘忽，名理逊庄之精微深密，而寓言之工于叙事，娓娓井井，有伦有序，自具一日之长。即或意出挦扯，每复语工熔铸。……能赝作《列子》者，其手笔驾曹、徐而超嵇、陆，论文于建安、义熙之间，得不以斯人为巨擘哉？"（《管锥编》第二册）

历代论家往往将《列子》与《庄子》并称，或抑或扬，偏好不同。其实《列子》《庄子》二书各有轩轾：《庄子》汪洋恣肆，辨理精深，"逍遥""齐物"等命题足以慧泽千秋；而《列子》在理论上虽然建树不多，但其寓言语工句琢而意味深长。《列子》中有许多寓言同于《庄子》，如"列姑射山神人""周宣王之牧正""津人操舟若神"等，但相比之下，《列子》之文情节更加完整，论述也更为充分，似是伪作者在庄子原文基础上踵事增华而成。《庄子》擅长造境，恢奇壮阔，如梦似幻。《列子》寓言固然少了几分诗意，却更长于叙事，恰如洪迈所言"《列子》书事简劲宏妙，多出《庄子》之右"（《容斋续笔》卷十二）。《列子》常将说理与叙事融为一体，如"纪昌学射”先言学射之法，所谓“尔先学不瞬，而后可言射矣”，后纪昌欲弑师以为天下第一，师徒比试不分高下，遂相泣而拜请为父子。此则寓言在结构上开端、发展、高潮、终结四个阶段十分完整，人物形象初备，情节跌宕起伏，引人入胜，颇有小说家笔法。“来丹复仇”自来丹为父报仇引入，再言其求孔周之剑，遂由孔周描述了三把宝剑各自的绝妙之处，而当读者以为来丹复仇即将得手之际，却又揭露此等绝世宝剑本不能杀人。故事一波三折，神乎其神，且结局出乎意料，从而使“物之至精者亦无伤”(张湛注)的道理不言而自见。《说符》篇中白公胜虑乱，贯颐流血，足蹶株坎，头抵植木而不自知，正如《世说新语》中的故事一般，短小精悍却又耐人寻味。《列子》寓言不但继承了先秦寓言善于说理的长处，在叙事上更胜一筹，诸多篇目有小说化的倾向，置之魏晋志人志怪小说中亦是淄渑难辨。

今本《列子》最早的注本是东晋张湛《列子注》，唐卢重玄《列子注》和宋林希逸《列子口义》也各有千秋。今人注本可供参考的有杨伯峻《列子集释》和严北溟、严捷《列子译注》，其中杨伯峻《列子集释》汇集张湛、卢重玄、陈景元等人的注解及释文，并在附录中辑录了历代有价值的序论和辨伪文字，校勘之精当、训释之准确、资料之详尽，堪称《列子》注本集大成者，无论是初学者还是专业研究者，必当读之。

叶蓓卿

2011 年 1 月

مُقدّمة

كان ليه تسي (Lie Zi، عام 450-375 ق.م) اسمُه الأصليّ ليه يو يكو (Lie Yukou)، وهو من مملكة تشنغ في عصر الممالك المتحاربة. وكان يعيش في فترة ما بين حكم الأمير جينغ لمملكة هان (عام 408-400 ق.م) وحكم الأمير وو لمملكة وي (عام 395-370 ق.م)، حسب «قائمة أسماء الأعلام في العصور القديمة والحديثة لكتاب هان»، كما ظنّ المؤرّخ الصينيّ الحديث تشيان مو (Qian Mu) في كتابه «حوليّات الفلاسفة في عصر ما قبل أسرة تشين الملكية» أنّ تاريخ الميلاد والوفاة لليه تسي يجب أن يتراوح بين عاميْ 450 ق.م و375 ق.م، وأقدم من الفيلسوف الصينيّ تشوانغ تسي، الذي كان يُثني عليه، ويستشهد بما جاء في كتابه.

وكان ليه تسي شخصاً موجوداً بالفعل، كما جاء في الباب الطاويّ لـ «كتاب الهان: الفنّ والأدب» أنّ كتاب «ليه تسي» يتألّف من ثمانية فصول، مع التفسير القائل إنّ "اسم ليه تسي ليه يو يكو، وكان يعيش قبل تشوانغ تسي، الذي كان يُثني عليه كثيراً." ولكنّ كتاب «ليه تسي» الذي قد انتقل إلى عصرنا اليوم، لا يزال محطّ الجدل والنقاش، ويُعَدّ في العموم كتاباً ليس مُؤلّفاً بيد ليه تسي، بل مُلفّقاً بأيدي أخلافه، ويُرجّح معظم الباحثين أنّ تاريخ تأليفه يرجع إلى عصر أسرتي وي وجين الملكيّتيْن، كما قال المُؤرّخ الصينيّ تشيان دا شين (Qian Daxin) في المُجلّد الثامن من كتابه «سجلّات قراءة الكتب»: "إنّ كتاب «ليه تسي» بدأ بالظهور منذ عصر أسرة جين الملكيّة، حيث قد يتمّ تأليفُه بأيدي الناس في هذا العصر"؛ وكذلك ظنّ الأديب الصينيّ ياو ناي (Yao Nai) في كتابه «ملحق ليه تسي» أنّ هناك احتمالاً كبيراً في أن تشانغ تشان (Zhang Zhan) قد لفّق الكتاب، قائلاً: "إنّ كتاب «ليه تسي» ألّفه تشانغ تشان، فكيف تعلم أنّ تشانغ تشان لم يدخل إلى الكتاب ما لفّقه؟" وقال يوي تشنغ شيه (Yu Zhengxie) إنّ كتاب «ليه تسي» قد تمّ تأليفه بعد وانغ فو وقه هونغ في عصر أسرة جين الملكيّة (المجلّد العاشر لكتاب «المخطوطات المحفوظة في عام قويسي»)؛ وكذلك كان خه تشي يون (He Zhiyun)

يعتقد أيضاً أن كتاب «ليه تسي» كتاب تمّ تأليفه في عصر أسرتي وي وجين الملكيّتيْن (أنظر إلى ««ما بعد ليه تسي»»)، حتى شكّ المؤرّخ الصينيّ لي تسي مينغ (Li Ciming) في ظهور بعض الأجزاء من كتاب «ليه تسي» فيما بعد تشانغ تشان (أنظر إلى ««يوميّات قاعة يويه مان»» الصادر في اليوم السابع من شهر ديسمبر عام 1884م)، واستشهد ما شو لون (Ma Xulun) بعشرين أمراً ليدلّ على تلفيق كتاب ««ليه تسي»»، وأثبت يانغ بو جون (Yang Bojun) من منظور تاريخ اللغة الصينيّة أنّ كتاب «ليه تسي» قد تمّ تأليفه في عصر أسرتي وي وجين الملكيّتيْن؛ وكذلك الشاعر تسن سان لي (Chen Sanli) والمؤرّخ ليانغ تشي تساو (Liang Qichao) والمؤرّخ ليوي سي ميان (Lu Simian) والأديب تشيان تشونغ شو (Qian Zhongshu) كانوا يعتقدون أنّ كتاب «ليه تسي» قد تمّ تأليفه في عصر أسرتي وي وجين الملكيّتيْن، وذلك بالإضافة إلى بعض الباحثين الذين يظنّون أن كتاب «ليه تسي» بدأ تأليفه في عصر ما قبل أسرة تشين الملكيّة، أو يُهملون التاريخ المُحدّد لتأليف كتاب ««ليه تسي»»، ولكنّهم يظنّون أنّ معظم محتويات الكتاب قد تمّ إكمالها في العصور اللاحقة، حتى شكّ الأديب ليو تسونغ يوان (Liu Zongyuan) في وجود إضافات مزيّفة بعيدة عن الحقيقة في كتاب ««ليه تسي»»، ولكنّه ما زال يعتقد أنّ هذا الكتاب "ليس كتاباً ملفّقاً (انظر إلى كتاب ««الدفاع عن ليه تسي»»). وقال الفيلسوف تشو شي (Zhu Xi) في كتابه ««خواطر عن ليه تسي بعد قراءته»» إنّ كتاب «ليه تسي» فيه كثير من السرقات؛ وكان كلّ من المؤرّخ قاو سي سون (Gao Sisun) وعالم الآثار يه دا تشينغ (Ye Daqing) يظنّ أنّ بعض المحتويات لكتاب «ليه تسي» قد تمّ جمعُها وإضافتها إليه في العصور اللاحقة؛ وشكّ هوانغ تشن (Huang Zhen) في أنّ «ليه تسي» هو كتاب "كان يُكتب بأيدي العديد من الفلاسفة"، وقد لا يكون كتاباً أصليّاً (المجلّد 55 لـ ««سجلات يوميّة للسيد هوانغ»»)؛ وقال الأديب سونغ ليان (Song Lian) في ««الدفاع عن الفلاسفة»» إنّ "الكتاب المتعلّق بأقوال هوانغ دي ولاو تسي ليس كتاباً ألّفه ليه يويكو بنفسه على الإطلاق، بل كتاباً جمعه الناس الذين عاشوا بعده"؛ كما أشار الأديب ياو جي هنغ (Yao Jiheng) إلى أن النسخة الراهنة لكتاب «ليه تسي» هي قائمة أساساً على ما أضافه إليه الناسُ الذين عاشوا بعده، ولكنّ الناس يظنّون أنّها قد وُجدت في عصر الممالك المتحاربة، أو كانت مُعتمدة على تلاميذ الفيلسوف تشوانغ تسي، ولكنّها

مجرّد ما قد أضافه إليها الناسُ الذين عاشوا بعده،" حتى اعتبر «فهرست الكتاب الجديد لليه تسي» لليو شيانغ (Liu Xiang)، كتاباً مُلفقاً أيضاً (أنظر إلى «تحقيقات في الكتب المُلفّقة القديمة والحديثة»). وممّن يذهبون نفس المذهب وو ده شيون (Wu Dexuan) وقوانغ تسونغ كاي (Guang Congkai) وغيرهما.

وقد ورد فيما يلحق بالنسخة الراهنة لكتاب «ليه تسي» من «فهرست الكتاب الجديد لليه تسي» لليو شيانغ و«مقدّمة ليه تسي» لتشانغ تشان قائلاً إنّ كتاب «ليه تسي» متألّف من ثمانية فصول، ومتشابه مع ما ورد في «كتاب الهان: الفنّ والأدب». ونظراً لأنّ الزيادة أو النقصان، التي تعرّضت لها الكتبُ القديمة في أثناء انتقالها من عصر إلى آخر، تُعدّ ظاهرة اعتياديّة جدّاً، أصبحت للكتب القديمة نسخ مختلفة منها دائماً. فإذا كان كتاب «ليه تسي» موجوداً في عصر ما قبل أسرة تشين الملكيّة، وما زال مُتكوّناً من ثمانية فصول بعد انتقاله إلى عصر ويجين، ولكنّ أسماء فصوله وترتيباته التي كانت واردة في «فهرست الكتاب الجديد لليه تسي» لليو شيانغ متشابهة تماماً مع الفصول الثمانية في نسخته الراهنة، فسيغدو كتاب «فهرست الكتاب الجديد لليه تسي» لليو شيانغ مشكوكاً فيه من دون أن يستبعد أنّ المُلفّق كان قد اعتمد على ما ورد في «كتاب الهان» ليجمع فصولاً ثمانية لكتاب «ليه تسي» بقدر الإمكان، وزعم بأنّها جاءت في كتاب «فهرست الكتاب الجديد لليه تسي» لليو شيانغ ليغطّي أغراضه الحقيقيّة.

وقال لتشانغ تشان في «مقدّمة ليه تسي»: إنّ الفصول الثمانية لكتاب «ليه تسي»، نظراً لانتمائه إلى الاقتباسات والاستشهادات، تتشابه مع كتاب «تشوانغ تسي»، فكثيراً ما اقتبست من عباراته فقامت بتفسيرها، العديد من الكتب القديمة بما فيها كتاب «تشوانغ تسي»، وكتاب «شن داو»، وكتاب «هانفي تسي»، وكتاب «شي تسي»، وكتاب «هواي نان تسي»، وكتاب «شيوان شي»، وكتاب «تشي قوي»، ولكنّ كتاب «تشوانغ تسي»، إذا ما اقتبس كثيراً من كتاب «ليه تسي»، كما قال تشانغ تشان، فلماذا فصل "تحت السماء" الوارد فيه، لم يُلخّص شيئاً عن مدرسة ليه تسي الفكريّة؟ وكذلك لماذا فصل "ضدّ اثني عشر فيلسوفاً" الوارد في كتاب «شيوان شي» لم يقل شيئاً عن ليه تسي؟ وإذا كانت كثير من الكلاسيكيات الصينيّة مثل كتاب «شن داو» وكتاب «هانفي تسي»، قد استشهدت بما في كتاب «ليه تسي»، فلماذا لم يقل شيئاً عنه المُؤرّخُ الصينيّ سيما تشيان

(Sima Qian)، الذي كان يطمح إلى كشف الحقائق عن الطبيعة والإنسان والإلمام بالتغيّرات بين الماضي والحاضر، إذا كان يعتبره كتاباً واسع الانتشار وعميق التأثير وكثير الاقتباسات؟

وقد عرف عصر ما قبل أسرة تشين الملكيّة مدرسة ليه تسي الفكريّة، فلا بدّ من انتشار مؤلّفاتها فيه أيضاً، فقد تكون الفصول الثمانية لكتاب «ليه تسي» الواردة في «كتاب الهان: الفنّ والأدب» محفوظة في بداية عصر أسرة الهان الشرقيّة، ولكنّ سيما تشيان كان مُتقيّداً بحجم كتابه، الذي جعله عاجزاً عن وصف كلّ المدارس الفكريّة التي تنتمي إلى المدرسة الطاويّة بتفاصيلها، فأضطرّ إلى اختيار لاو تسي وتشوانغ تسي اللذيْن يُمثّلان المدرسة الطاويّة أكثر، لإنشاء السيرة لهما فقط، إذ إنّه كان يعتقد أن لاو تسي يعجّ بـ "أفكار عميقة"، قائلاً إنّ الطاو التي كان داعياً إليها هي "تحوّل الخلاء والعدم إلى اللافعل من أجل التجاوب مع التغيّرات، وكذلك يقوم بإنشاء السيرة له ولشن بو هاي (Shen Buhai) وهانفي تسي، للتعبير عن علاقات التغيّر والتوارث والتطوّر بين المدرستيْن الطاويّة والقانونيّة، بالإضافة إلى تشوانغ تسي، الذي كان سيما تشيان مُعْجَباً بمبادئه لتهذيب النفس ومعاملة الناس، المتجلّية في لغته التي تشبه الخضم المتلاطم وتناسب حرّيّته الطليقة، والمنعكسة بشكل خاصّ في قصّة الملك وي لمملكة تشو، الذي استقدم تشوانغ تسي ليكون رئيس الوزراء له. أما «كتاب الهان: الفنّ والأدب»، فقد لخّص أفكار المدرسة الطاويّة، قائلاً إنّها في الأساس تتفرّع فقط إلى فرعيْن، أحدهما يتوصّل إلى الإلمام بكيفيّة "التمسّك بالأصل والجوهر، حماية الذات بالنزاهة والتواضع، وضبط النفس بالذلّ والضعف، وذلك من الأساليب التي يعتمد عليها الحاكم"، والآخر يظنّ أن "المُتمسّكين بالحرية الطليقة في حياتهم، حينما يُطبّقون مبادئ الطاويّة، ينقطعون عن الطقوس والمراسم، ويتخلّون عن الرحمة والمروءة". فإنّ الفرع الأوّل يُمثّله هوانغ دي[1] (Huang Di) ولاو تسي، هو يدعو أكثر إلى أساليب الحكم؛ والفرع الثاني يُمثّله تشوانغ تسي، وهو يهتم أكثر بتهذيب الذات. فقد اتّضح من ذلك أن سيما تشيان كان له

1 هوانغ دي المعروف أيضًا باسم الإمبراطور الأصفر أو شي هوانغ، هو أحد الخمسة الإمبراطوريين الأولى، ويعتبر الأب البيولوجي للشعب الصيني. وفقًا للأساطير، كان هوانغ دي ابن الإله العليا، وله رأس تنين وجسم إنسان، وينسب إليه العديد من الانتصارات والفتوحات، التي ساهمت في توحيد الصين والدفاع عنها.

بصيرة في هذا الاختيار، الذي لم يقع على ليه تسي، الذي عاش بين لاو تسي وتشوانغ تسي، لأنّ أفكاره لا تحمل دلالة فارقة، ولا تكفي لتكون همزة وصل بينهما.

وبناءً على ذلك اعتقدتُ أن النسخة الراهنة لكتاب «ليه تسي» قد حافظت على العديد من المصادر والمعلومات في عصر ما قبل أسرة تشين الملكيّة، بما فيها النسخة القديمة الضائعة لكتاب «ليه تسي»، وتشكّلت أيضاً على أساس بعض الإضافات التي قام بها الناس الذين عاشوا بعد ليه تسي، فيجب أن تكون كتاباً مختلطاً، قام أهل ويجين بجمعه من كلّ الأطراف على أساس نسخته القديمة الضائعة. فيمكننا أن نجد النسخة الراهنة لكتاب «ليه تسي» تتميّز بأسلوب رائع، كأنّها كائن واحد، تتجاوب بدايتُه مع نهايته، كما تتميّز بترتيب منطقيّ واضح بين فصولها الثمانية، يدلّ على أنّها تُؤلّف في الأساس على يد كاتب واحد، مع عدد قليل جدّاً من أجزائها، أكملها به الناس الذين عاشوا بعده.

فكان فصل "فؤول السماء"، يُعَدّ حجر زاوية لكتاب «ليه تسي»، ولأغراضه اقتباسات واستشهادات في الفصول الأخرى. ونظراً لأن الخلاء هو فكرة جوهريّة للمدرسة الطاويّة، فقد جاء في «كتاب الهان: الفنّ والأدب» أنّ أهل الطاو كانوا يلتزمون بالنزاهة والخلاء، فلاو تسي وتشوانغ تسي كانا يقيمان أساسهما على الخلاء والسكون، وكذلك ذكر فصل النعم الواسعة لكتاب «شي تسي» وفصل عدم التمييز لكتاب «حوليات الربيع والخريف لأسرة ليوي» أنّ ليه تسي كان يُمجّد الخلاء، فإنّ "الخلاء الأكبر" بلا أدنى شكّ كان ممّا تدعو إليه المدرسة الفكريّة لليه تسي، وممّا كان الأخلاف يعتمدون عليه لتلفيقه. لذا كان فصل "فؤول السماء" قد تحدّث عن تمجيد الخلاء بلسان ليه تسي قائلاً: "قال قائل للمعلّم ليه تسي: لماذا تمجّد الخلاء؟ فأجابه ليه تسي: لأن الخلاء لا نبالةَ له ولا حقارةَ. وأردف المعلّم ليه تسي قائلاً: الرفض للاسم المزيّف لا سبيل ممهّد له إلاّ بالسكون ولا طريق معبّد له إلاّ بالخلاء. فإن السكون والخلاء هما اللذان يُرْشِدان الإنسانَ إلى مقام الطاو؛ والأخذ والعطاء هما اللذان يُفْقِدان الإنسانَ من محلّ الطاو." فرغم أن فصل "فؤول السماء" لم يتعمّق في تفصيل الخلاء، إلاّ أن الطاو لتهذيب النفس التي تترتّب على الخلاء قد وجدت انعكاسات كافية في فصل "هوانغ دي"، وفصل الملك مو لأسرة زو الملكيّة.

وكان لو تشونغ شوان (Lu Zhongxuan) قد فسّر فصل "كونفوشيوس"

قائلاً: "إنّه يهدف إلى نسيان الجسد لتغذية الروح، وتفجير الحكمة الحقيقيّة من السكون السحريّ. فمن بدأ بتغذية روحه، فسيغدو قلبُه طاهراً بعد أن ينسى كلّ الكائنات؛ ومن عمل على تفجير حكمته، فسيحوّل ما في داخله ليتّصل بما في خارجه." وكان فصل هوانغ دي يتركّز في الحديث عن الطاو لتغذية الحياة، التي لا بدّ أن تكون على أساس نسيان الأشكال والموجودات، وإدخال النقاء والصفاء إلى القلب، حتى يتمّ الخضوع لمبادئ الطبيعة والوصول إلى أقصى الغريزة. فكان هوانغ دي قد رأى في حلمه الشعب في مملكة هواشيوي[1]، وهم لا يعرفون الحبّ للحياة ولا الكره للموت، فليس بينهم مَنْ مات شابّاً طريّاً؛ ولا يعرفون الإيثار على أنفسهم ولا الجفاء عن غيرهم، فليس بينهم حبّ وكره؛ ولا يعرفون التمرّد والعصيان، ولا السمع والطاعة، فليس بينهم منفعة ومضرّة؛ حتى وجد هوانغ دي لنفسه الطاو لتغذية الأجسام وتنظيم الكائنات. فحين لم يعرف ليه تسي لنفسه ما هو صائب أو خاطئ وما هو نافع أو ضارّ، وتحقّقت له وحدةٌ بين ما هو باطن وما هو ظاهر، ولا فرق بين عينيْه وأذنيْه وأنفه وفمه، حتى صار قلبُه مركَّزاً، وجسمُه مبدَّداً، وعظامه ولحومه متماسكة متداخلة، بدأ يطأ الخلاءَ ويركب الريحَ. أمّا شانغ تشيوكاي (Shang Qiukai) فلم يكن في قلبه تمرّد وعصيان، حتى لا يختنق حين يغوص تحت الماء، ولا يحترق حين يدوس النار. ويتّضح من رحلة ليه

1 مملكة هواشيوي (Huaxu) كانت دولة فضيلة خياليّة في الأسطورة الصينيّة القديمة، حيث كان فوشي (Fuxi) يتزوّج مع نيويوا (Nüwa) ليخلق منهما كلّ الشعوب.

تسي في مملكة تشي[1]، ورحلة يانغ تشو في مدينة بي[2]، ومرور يانغ تشو بمملكة سونغ[3]، وتدريب جي شنغ تسي[4] للديوك المحاربة أن تغذية الحياة وتهذيب الجسم لا بدّ لصاحبهما من إخلاء التفاخر والتباهي من قلبه وإبعاد الكبرياء والخيلاء من وجهه.

وكان فصل "كونفوشيوس" يتجاوب مع فصل "هوانغ دي"، ويُتابع حديثَه عن أن اللافعل هو أقصى حدّ للخلاء، كما قال تشانغ تشان[5]: "العاقل هو الذي لا يعرف غيره، بل يعرف نفسه. فالذي ينسى عقله لا يعرف؛ والذي يوظّف عقله لا يعجز عن أيّ شيء؛ فمن يعرف جسمه وروحه بل يوظّفهما وحده، وينْسَ سليقتَه ويطلق عقله، يوضّح ما هو غامض في سكون." ولكن فصل "كونفوشيوس" يختلف عن فصل "هوانغ دي" الذي يتركّز في الحديث عن تغذية الحياة، إذ إنه يهتمّ أكثر بكيفيّة التعامل مع العالم وكيفيّة الالتزام بالطاو لتنسيق العلاقات بين القلب والأشياء الخارجيّة، وفي مقدّمتها التزام القلب

---

1 مملكة تشي (Qi) مملكة تقع في مقاطعة شاندونغ (Shandong) حاليّاً؛ ومملكة تشين تقع في مقاطعة شانشي (Shanxi) حاليّاً، وهي بعيدة عن مملكة تشي، بيد أنهما تعدّان منطقة واحدة إن كنت تنظر إليهما من زاوية الكون كلّه.

2 مدينة بي (Pei) تقع حاليّاً في مدينة شو تشو (Xuzhou) من مقاطعة جيانغسو (Jiangsu).

3 مملكة سونغ (Song، عام 1040-286ق.م) كانت إقطاعة لأسرة زو الملكيّة يمتدّ تاريخها لـ755 سنة من عصر أسرة زو الغربيّة وعصر الربيع والخريف إلى عصر الممالك المتحاربة، وعاصمتها في شانغتشيو (Shangqiu). وكان يحكمها 35 ملكاً أوّلهم الملك وي تسي تشي (Wei Ziqi) وآخرهم الملك كانغ (Kang). وكانت مملكة سونغ منبعاً هامّاً للحضارة الصينيّة، وتحتلّ مكانة مركزيّةً في المدارس الفكريّة الأربع وهي الكونفوشيوسيّة والموهيّة والطاويّة والاسميّة، وينشأ فيها الحكماءُ الأربعة وهم كونفوشيوس (Confucius) ومو‌ه تسي (Mo Zi) وتشوانغ تسي (Zhuang Zi) وهوي تسي (Hui Zi).

4 جي شنغ تسي (Jisheng Zi) هو شخصيّة خياليّة فقط.

5 تشانغ تشان (Zhang Zhan) كان مفكّراً صينيّاً مشهوراً في علم الغيْبيّات (ما وراء الطبيعة) في عصر أسرة جين الشرقيّة (عام 317-420م)، وقد خلف وراءه عدداً كبيراً من المؤلّفات، منها «الأسس لتغذية الكائنات الحيّة» (عشر مُجلّدات)، و«الشروح لتغذية الغريزة» (مجلّدان)، و«الأسرار عن تمديد العمر» (اثنا عشر مُجلّداً)، و«التفسير لكتاب تشوانغ تسي»، و«التفسير لكتاب ليه تسي»، الذي كانت أفكاره الفلسفيّة قد أثّرت تأثيراً كبيراً في الفلسفة المثاليّة الكونفوشيوسيّة الشائعة في أسرتي سونغ ومينغ الملكيّتيْن، ولعبت دوراً مُهمّاً في تصيين الدين البوذيّ وأقلمته.

بالسكون والخلاء والنقاء والجلاء، حتى يكون القلب مثل قلب لونغ شو[1] الذي يكون فارغاً من كلّ الشهوات وهو لا يشعر بمفخرة بعد أن أثنى عليه غيرُه، ولا بمذلّة بعد أن افترى عليه غيره، ولا يؤثّر فيه المكسب أو المخسر، ولا الفرح أو الترح، ولا الغنى أو الفقر، حتى يكون جسمه منسجماً مع عقله، وعقله مُنسجماً مع حيويّته، وحيويّته مُنسجمة مع روحه، وروحه منسجمة مع الخلاء، ويقدر على الشعور بأرقّ الأشياء أو أخفّ الأصوات من دون حاجة إلى اللجوء إلى قلبه وبطنه وفتحاته السبع[2] وأطرافه الأربعة وأحشائه الخمسة[3]. وذلك يُسمَّى بأن الإنسان إن يشعرْ بيُسر في داخله، فلا عُسْرَ في خارجه، كما قال كونفوشيوس إن الخالي من التفاؤل والخالي من الإلمام هما المتفائل الحقّ والملِمّ الحقّ؛ أو كما قال الرجل الحكيم في الغرب إنه لا ينظّم مملكته، إلاّ أنها لا تضطرب؛ وإنه لا يتكلّم عن شيء، إلاّ أنه موثوق به من تلقاء نفسه؛ وإنه لا يهذّب أحداً، إلاّ أن تعاليمه شائعة بنفسها.

وكان ليه تسي في فصل "فؤول السماء" يعتقد أن الأصل لكلّ الكائنات هو الذي لا يُولَدُ ولا يُحَوَّلُ، فإن الذي لا يُولَدُ ولا يُحَوَّلُ يلد كلّ الكائنات ويحوِّلها في كلّ وقت، بيد أنه لا حدود له، ولا نفاد له، كما قال لاو تسي: "إن الطاو قائمة بنفسها لا تحُول، ومتعاقبة لا تفنى" (الفصل الخامس والعشرون: «لاو تسي»). فإن الذي يُولَدُ ويُحَوَّلُ له حياة وموت، و"يرجع ما له حياة إلى ما لا حياة له؛ ويعود ما له شكل إلى ما لا شكل له. وما لا حياة له لا يعني أنه لا حياة له في الأصل؛ وما لا شكل له لا يعني أنه لا شكل له في الأصل. وما له حياة لا بدّ أن يكون له نهاية تبعاً لقواعد الطبيعة. وما له نهايته لا بدّ أن يكون له نهاية، وأن ما له حياة لا بدّ أن يكون له حياة أيضاً." ويُسْتَنْتَج من ذلك أن حياة الإنسان لها بداية ولها نهاية أيضاً. وكان ليه تسي يعتقد في فصل "فؤول السماء" أن الموت هو رحيل الروح عن الشكل، ورجوع كلتيْهما إلى ما كان لهما في الأصل، والحياة والموت هما جزءان طبيعيّان تتكوّن منهما حياة الإنسان، إذ إن الإنسان من ولادته إلى وفاته

---

1 لونغ شو (Long Shu) كان رجلاً من مملكة سونغ (Song) في عصر الربيع والخريف.

2 الفتحات السبع في رأس الإنسان هي العينان والأذنان وتجويفا الأنف، والفم.

3 الأحشاء الخمسة هى القلب والكبد والطحال والرئتان والكليتان.

يمرّ بتحوّلات أربعة كبيرة، وهي طفولة ومراهقة وشيخوخة ووفاة. (الفصل الأول: "فؤول السماء") ثم وضّح ليه تسي أن الوفاة والولادة لا تكونان إلاّ ذهاباً وإياباً برحلة كونفوشيوس في جبل تاي[1]، ومئة سنة من عمر لين لي[2]، وضيق تسي قونغ[3] بالدراسة، وغيرها من الحكايات.

ولا يمكن للذي يُولَد ألاّ يتولّد، وللذي يحوَّل ألاّ يتحوّل، فإن التولّد دائم، والتحوّل دائم. والذي له نهايته لا بدّ أن يكون له نهاية، وأن الذي له حياة لا بدّ أن يكون له حياة أيضاً. فاعتقد ليه تسي في كتابه أن في الغيبوبة قدراً لا مفرّ منه لكلّ الكائنات في العالم، فتطرّق إليه في فصل "القوّة والقدر"، حيث بدأ بحكاية تدور حول تنافس القوّة والقدر في المآثر، وأجاب القدر قائلاً: "إذا كان هذا هو القدر، فكيف يكون لها متحكّم؟ فإن أجدْ ما هو مستقيم، أدفعْه إلى الأمام؛ وإن أجدْ ما هو متعرّج، أتركْه وشأنه. وكلّ شيء يعمّر نفسه، ويقصّر نفسه؛ ويورّط نفسه، ويوفّق نفسه؛ ويمجّد نفسه، ويحقّر نفسه، ويُفْقِر نفسه، ويُغْنِي نفسه؛ فكيف أقدر على معرفة ما في ذلك؟ وكيف أقدر على فهم ما في ذلك؟" وإذا كان القدر لا يظنّ أنه يتحكّم بكلّ الكائنات، صار كلّ شيء طبيعيّاً ومحتوماً سواء أكان في حياته أم في موته، وفي نبالته أم في حقارته، وفي ثرائه أم في فقره، فإن العمر لا يكون مديداً أو قصيراً بسبب تمجيده أو تحقيره؛ والجسد لا يكون قويّاً أو ضعيفاً بسبب تثمينه أو تخفيفه. "لذا قد لا تحيى الحيوات بعد أن تكون مكرَّمة، وقد لا تموت بعد أن تكون محقَّرة؛ والأجسام قد لا تقوى بعد أن تكون محبَّبة، وقد لا تهزل بعد أن تكون مخفَّفة." وإذا كان الإنسان في حياته وموته أو في نبالته وحقارته، مقرَّراً بالقدر، فكيف يستطيع أن يقتنع بذلك؟ وقد وجد هذا السؤال جوابه في فصل "يانغ تشو".

كان ليه تسي لا يختلف عن لاو تسي وتشوانغ تسي في أساس الفلسفة وتهذيب

---

1 جبل تاي (Tai) اسم جبل يقع حالياً في مقاطعة شاندونغ (Shandong).

2 لين لي (Lin Lei) كان ناسكاً من مملكة وي (Wei) في عصر الربيع والخريف.

3 تسي قونغ (Zi Gong، عام 456-520ق.م) اسم عائلته دوانمو (Duanmu)، واسم شخصه تسي (Ci) وهو من مملكة وي (Wey) في أواخر عصر الربيع والخريف، وواحد من الفلاسفة العشرة في المدرسة الكونفوشيوسيّة ومعروف ببلاغته وفصاحته، وكان وزيراً لمملكة لو (Lu) ومملكة وي (Wey) وماهراً في التجارة يُعدّ أغنى تابع بين أتباع كونفوشيوس.

الذات، بيْد أنه يبتعد عنهما تدريجيّاً في موقفه عن الحياة والموت، كما قال في فصل شرح الطوالع إن كثرة الفروع في الطريق الكبير تؤدّي إلى ضياع الخروف، وكثرة الفنون تؤدّي إلى غرق المتعلمين للسباحة. أمّا تشوانغ تسي، فكان يواجه الحياة والموت بكلّ هدوء، وقال: "الحياة تَابِعٌ للموت، والموت بادئ للحياة، فمن يعرف نظامَهما؟ إذ إن عمر الإنسان هو تجمُّع الأنفاس، التي إن تتجمّع، يكن الإنسانُ حيّاً؛ وإن تتفرّق، يكن ميّتاً. وإذا كان الموت تابِعاً للحياة، فلم قلقي من الموت؟"(فصل المعرفة تسافر شمالاً: «تشوانغ تسي») حتى ظنّ أن الحياة في الواقع نوع من الألم يأتي بسعادة أقلّ من الموت، قائلاً: "في عالم الموتى لا حاكم في الأعلى، ولا رعيّة في الأسفل، ولا تعب في الفصول الأربعة، بل فيه حرّيّة تتواجد مع السماء والأرض في الربيع والخريف، ولا تتجاوزها سعادة الملك في عرشه." (فصل السعادة الكاملة: «تشوانغ تسي») فصار السبيل الوحيد لتشوانغ تسي أمام حيرته في الحياة والموت، هو مساواة الحياة والموت، كما قال: "الموت والحياة شيء واحد، والمقبول والمرفوض شيء دائم"، (فصل علامات الاستقامة الكاملة: «تشوانغ تسي») والتخلّص من قيود الحياة والموت بقلب حرّ طليق، كما قال: "من يتوافق مع حقائق السماء والأرض، ويتساير مع تغيّرات العناصر الستّة[1]، ليقوم برحلات في عالم بلا حدود، فماذا ظلّ ينتظره ليعتمد عليه؟" (فصل الطواف في حرّيّة مُطلقة: «تشوانغ تسي») لكن عالم الإنسان ليس فيه إنسان أسمى، ولا إنسان مقدّس، ولا إنسان حكيم، فمن يستطيع ألا يعتمد على شيء آخر؟

وكان ليه تسي يرفض تكريم الجسد وتمديد العمر، ويرفض بذلك ما سمّاه لاو تسي من الجذور العميقة والأسس المتينة التي تُعَدّ طريقاً إلى البقاء الخالد والحكم الدائم (الفصل 59 من كتاب «لاو تسي»)، ويرفض أيضاً الحرّيّة الطليقة التي تخلّص بها تشوانغ تسي من قيود الحياة والموت، فقال في فصل يانغ تشو: سأل منغسون يانغ[2] يانغ تشو: "إذا كان رجل يثمّن حياته ويدلّل جسده طمعاً في عدم الموت، فهل ذلك ممكن تحقيقُه؟" فأجابه يانغ تشو: "ليس هناك من لا يموت من حيث المبدأ." وسأله منغسون

1 العناصر الستّة في عيون الصينيّين القدامى هي ين ويانغ والريح والمطر والظلام والنور.

2 منغسون يانغ (Mengsun Yang) كان أحد الأتباع ليانغ تشو.

يانغ مرّة أخرى: "هل يمكنه أن يحقّق بذلك خلود حياته؟" فأجابه يانغ تشو: "لا خلودَ للحياة من حيث المبدأ، وذلك لأن الحياة لا يمكنها أن تكون باقية رغم أنها مثمّنة، والجسم لا يمكنه أن يكون قويّاً رغم أنه مدلَّل، فلِمَاذا الحياة الطويلة؟"... قال يانغ تشو: "أنت مخطئ في هذا القول. وإن تكن على قيْد الحياة، اتركها وشأنها، وأطلِقْ كلّ ما ترغب فيه الحياةُ، لتنتظر الوفاة؛ وإن تقترب من الوفاة، اتركها وشأنها، وأطلِقْ كلّ ما تطلب منه الوفاةُ لينتهي بك الأجلُ. وعندما لا شيء عندك إلاّ يُتْرَكُ، ولا شيء عندك إلاّ يُطْلَقُ، لِمَ الخوْفُ على السرعة أو البطء لما بين الحياة والوفاة؟" فقبل أن يطلق الإنسان كلّ ما ترغب فيه الحياةُ، لا بدّ له من التخلّص من قيوده للشهرة والحقيقة لإيجاد الأسس من المعقوليّة لأفعاله فيها، فقال ليه تسي في أوّل حكاية من فصل يانغ تشو إن "الحقيقة لا شهرةَ لها، والشهرة لا حقيقةَ لها. ولا تكون الشهرةُ إلاّ ما هو زائف"، حتى توصّل إلى أن الإنسان الاعتياديّ لا ضرورة له في إرهاق جسمه وقلبه من أجل الشهرة الزائفة العابرة؛ ثم قال ليه تسي بلسان يانغ تشو في الحكايتيْن اللاحقتيْن، مُوضِّحاً أن الشهرة الزائفة بعد الموت، ليست ما يصبو إليه الإنسانُ، فـ "من يكن له شهرة، يكن نبيلاً شريفاً؛ ومن ليس له شهرة، يكن وضيعاً حقيراً. فمن يكن نبيلاً شريفاً، يكن رغيداً سعيداً؛ ومن يكن وضيعاً حقيراً، يكن كئيباً تعيساً. والكآبة والتعاسة تتخالفان مع سليقة الإنسان؛ والرغادة والسعادة تتلاءمان مع غريزة الإنسان... لكن ذلك ليس إلاّ كرهاً للذود عن الشهرة على حساب الواقع، إذ إن الذود عن الشهرة على حساب الواقع قد يؤدّي إلى القلق الشديد على عدم تخليص ما هو في العالم من الخطر والدمار، فهل ذلك مجرّد ما هو بين الرغادة والسعادة وبين الكآبة والتعاسة؟" ونظراً لذلك توصّل ليه تسي في فصل يانغ تشو إلى أن الإنسان إذا كانت حياتُه ستنتهي أخيراً بالموت، فلِمَ لا يطلق شهواته ليقضي شهراً أو سنة منها بفرح ومرح، بدلاً عن التخلّي عن كلّ الشهوات ليعيش مئة أو ألف سنة بحزن وأسى؟

وكان لاو تسي يدعو إلى العمر المديد، وتشوانغ تسي يختلط بين الحياة والموت. أمّا ليه تسي، فكان يظنّ أن كلّ الكائنات تنبع حياتُها من الطاو العظيمة، وترجع بعد وفاتها إلى الطاو العظيمة مرّة أخرى؛ فإن كانت حيّة، فستتوافق معها؛ وإن كانت ميّتة، فستتنابذ عنها. وإن عاشت في العالم، فلا تكن ساعية لما هو موهوم، بل تخضع في حياتها لما ترغب فيه قلوبها، غيرَ شاعرة بأيّ ندم وأسف، ولا تطمع بعد وفاتها في أن

تُدْفَن مع الجواهر والنفائس، مكتفيةً بإخفاء كلّ مآثره بحفنة من التراب، إذ إنّ "عمر الإنسان لا يتعدّى مئة عام، فلِمَ يُقْلِقُ نفسَه بما بعد ألف عام". لذا كان المثقّفون في أواخر عصر أسرة الهان إمّا يتجوّلون ليلاً في أضواء المشاعل، وإمّا يرتقون إلى أماكن مُهمّة، حينما يواجهون الحياة القصيرة المملوءة ببلاء وعذاب؛ وكان أصحاب المناصب في عصر ويجين قد شاهدوا كلّ المآسي المؤلمة التي أصابت المشاهير منهم، وتذوّقوا كلّ الأفراح والأتراح التي مرّوا بها في اللقاء والفراق بين الناس، فلم يُخلّدوا أنفسَهم بفضائلهم ومآثرهم وحِكَمهم، بل تاقوا بكلّ حرّيّة إلى عالم موهوم غير مُقيَّد بأغلال وسلاسل، وحوّلوا تأمّلاتهم في الحياة بشكل تدريجيّ إلى رغباتهم وشهواتهم، التي أطلقوا لها العنان.

ولكن التغيّر الدائم والساحر الذي طرأ على القدر قد زاد حيرة الإنسان، كما قال ليه تسي في فصل القوة والقدر: "إن يكن ما لا تعرف لِمَ يكونُ كذا هو كذا، فهو قدر؛ وإن يكن ما يظلّ اليوم غائباً غامضاً، ويظلّ محيّراً مضلّلاً، سواء أكنت قد فعلت له شيئاً أم لم تفعل له شيئاً، وأنت غير قادر على معرفة الأسباب المؤدّية إليه، مع أن الأيّام القديمة فاتت والأيّام الجديدة جاءت، فهو قدر أيضاً."وذلك قد أدّى إلى الشعور بأن حياة الإنسان هي حلم، حتى تحوّلت الأرواح التي لها حيوات، والأجسام التي لها أشكال إلى أخيلة وأوهام، كما قال ليه تسي في فصل الملك مو لأسرة زو الملكيّة إن: "البداية للسماء والأرض والتغيّر لـ ين ويانغ، اللذيْن يُسمَّيان بالحياة والموت؛ والتقصّي في القوانين والتوصّل إلى المصادر، والتنقّل مع الأجسام، والتبدّل مع الأشكال، كلُّ ذلك يُسَمَّى بالتحوّل والتخيّل. فإن الذي خلق الكائنات له فنون بديعة وفضائل عميقة، وهو في الأصل لا حدّ له ولا نهاية؛ غير أن الذي يتبدّل مع الأشكال له فنون ظاهرة وفضائل تافهة، وهو ينشأ في أيّ وقت، ويفنى في أيّ وقت. فلا يمكن لأحد أن يبدأ بدراسة فنون السحر إلاّ بعد إلمامه بأن التحوّل والتخيّل لا يختلفان عن الحياة والموت." فإذا كان كلّ إنسان سواء في حياته وموته أو في بقائه وفنائه، مقرّراً بالخالق، فلِمَ لا يقلّد ما فعله يانغ لي هوا تسي (Yangli Huazi)، الذي أصيب بفقدان الذاكرة، حتى نسي السير إن يكن على الدرب، ونسي الجلوس إن يكن في البيت، فلا ينزعج قلبُه بالبقاء والفناء والمكاسب والخسائر والأتراح والأفراح والمحاسن والمساوئ؟ أو لم لا يقلّد الابن لأسرة

بانغ (Pang) في مملكة تشين[1]، الذي أصيب بالاختلال العقليّ فلا يدرك عقلُه، السماءَ والأرضَ، أو الجهات الأربعَ، أو الماءَ والنارَ، أو القرس والقيظَ، إلاّ وهي مقلوبةٌ أو مخلوطةٌ؟ وإذا كان كلّ الناس في الحياة الواقعيّة في الغالب محيَّرين بما هو صائب أو خاطئ، ومُغَشَّيْن بما هو نافع أو ضارّ، فما الضرورة للتمييز بين اليقظة والحيرة؟ وذلك ما يُسمَّى بالمساواة بين اليقظة في الحياة والحيرة في الحلم، وهو ما كان ليه تسي يريد أن يُوَضّحه في فصل الملك مو لأسرة زو الملكيّة.

فتحوّلت أفكارُ المدرسة الطاويّة التقليديّة المُتعلّقة بالسكون والخلاء في نهايتها إلى ما يصدّقه العقلُ من الأوهام والأخيلة، ورجعت من المتاهات المُتخالفة مع الطاو إلى منابعها الأصليّة التي كانت تَرِدُ مياهها منها، وهي في الأصل تدور حول أسمى خلاء، وذلك بعد إلمامها بأن أمور الدنيا مُتقلّبة، وحياة الإنسان مُؤقّتة، وبعد معاناتها من اختفاء كلّ آمالها واندثار كلّ عقائدها؛ بيدَ أن فصل سؤال الملك تانغ وفصل شرح الطوالع، فيما يبدو، لا صلة وثيقة لهما بأسمى خلاء، بل تحوّلت بهما الفكرةُ العامّةُ لكتاب «ليه تسي» إلى ما هو أكثر تعقيداً وغموضاً، ممّا أضفى عليه لوناً جديداً من الروعة والجمال، فقال تشانغ تشان في تفسيره لفصل سؤال الملك تانغ: إن ما يُعْلَمُ ليس خيراً ممّا لا يُعْلَمُ إذ إن العقول لها حدود، بيدَ أن العالم يحدّد الأشياء بتسوية ما يشاهده، حتى كان الحكيم العظيم يطرح عليه أسئلة، يتقصّى بها فيما يُحيّره. فإن ليه تسي حاول في فصل سؤال الملك تانغ أن يساعد الناس على تخلّصهم من قيود معارفهم ليستكشفوا العالم الأرحب والأوسع. فسأل الملك تانغ لأسرة شانغ الملكيّة[2] وزيره شيا جي[3] الذي قال له إن الكون ليس له أطراف وحدود، وحدّثه عمّا هو في خارج البحار الأربعة من العجائب والغرائب، ومنها حكايات عن الناس في الممالك الجنوبيّة القصيرة في أشعارها والعارية من أثوابها، وعن

---

1 مملكة تشين (Qin) كانت إقطاعة في عصر الربيع والخريف وعصر الممالك المتحاربة، وبدأت بإقامة مملكتها في عام 770 ق.م، حتى حقّقت وحدة الصين في عام 221 ق.م لتكون أوّل أسرة ملكيّة مركزيّة في تاريخ الصين.

2 أسرة شانغ (Shang) الملكيّة (عام 1600-1046 ق.م) كان أسرة ملكيّة ثانية في تاريخ الصين، وأوّل أسرة ملكيّة لها تاريخ مدوّن.

3 شيا جي (Xia Ji) كان وزيراً للملك تانغ لأسرة شانغ الملكيّة.

سيف كون وو[1] وقماش هوه هوان (huohuan)، فهي حكايات خرافيّة سحريّة مثل ما جاء في «أساطير الجبال والبحار»[2]؛ ومنها قصص عن صنع يان شي[3] للراقص، وتعلّم الغناء لـ شيوه تان[4]، وتبديل القلب عند بيان تشيوه[5]، فهي قصص غريبة عجيبة ومتشابهة متماثلة مع الروايات الشيطانيّة في عصر ويجين[6] (Weijin) كـ «كتاب الآلهة والغرائب»[7] و«كتاب الكنوز والنفائس»[8]؛ ومنها حكايات عن مملكة تشونغ بي (Zhongbei) التي ضاع دا يوي[9] فيها حين قام بمعالجة المياه والأتربة، وهي تُعَدّ

---

1 كون وو (kunwu) اسم السيف المشهور في الصين القديمة.

2 «أساطير الجبال والبحار» (Legends of Mountains and Seas) تُعَدّ من المؤلّفات القديمة الصينيّة التي تتحدّث عن الأساطير المتعلّقة بالشياطين والعفاريت، وتمّ تأليفها بقلم الشعب من مملكة تشو (Chu) فيما يتراوح بين أواخر عصر الممالك المتحاربة وأواسط عصر أسرة هان الملكيّة، وهي كتاب عجيب غريب يتكوّن من 18 فصلاً، ويحتوي على ما كان شائعاً بين الشعوب من المعلومات الجغرافيّة مثل الجبال والأنهار والممالك والمسالك والأمم والمحاصيل والأدوية والعقاقير.

3 يان شي (Yan Shi) كان ميكانيكيّاً مشهوراً في الأساطير الصينيّة القديمة.

4 شيوه تان (Xue Tan) كان شخصيّة في الأساطير الصينيّة القديمة، وهو حاذق في الغناء من مملكة تشين في عصر الممالك المتحاربة، حتى يقال إن صوته العالي يكبت السحب الطائرة.

5 بيان تشيويه (Bian Que) كان طبيباً مشهوراً في عصر الممالك المتحاربة، ويُسَمَّى أيضاً بـ تشين يويه رن (Qin Yueren).

6 عصر ويجين (Weijin، عام 220-420م) كان عصراً بعد انهيار أسرة هان الشرقيّة، يشتمل على عصر الممالك الثلاث وعصر جين الغربيّة وجين الشرقيّة في تاريخ الصين القديم.

7 «كتاب الآلهة والغرائب» كان مجموعة من الحكايات الشيطانيّة العجيبة في الصين القديمة، وهو يتكوّن من مجلّد واحد فيه 47 حكاية، ويقال إنه كان يؤلّف بيد دونغفانغ سو (Dongfang Su) في عصر أسرة هان الملكيّة.

8 «كتاب الكنوز والنفائس» كان مجموعة من الحكايات الشيطانيّة المتعلّقة بالأساطير الشائعة بين قوميّة هان في الصين القديمة، ويقال إنه كان يؤلّف بيد تشانغ هوا (Zhang Hua، 232-300م) في عصر أسرة جين الغربيّة وهو يشتمل على المعلومات الجغرافيّة المتعلّقة بالجبال والأنهار والأساطير عن الشخصيّات التاريخيّة والأوصاف العجيبة للأعشاب والأشجار والأسماك والحشرات والطيور والحيوانات، والقصص العجيبة للآلهة والخالدين والفنون والمهارات.

9 دا يوي (Da Yu) هو اسم آخر للإمبراطور يوي في عصر أسرة شيا (Xia).

مصدراً لـ «مقدّمة بستان الخوخ»[1] التي كتبها الشاعر تاو يوانمينغ[2] في عصر جين الشرقيّة؛ ومنها قصّة انتقام لاَيْ دَانْ (Lai Dan)، التي تشبه قصّة مقبرة الملوك الثلاثة الواردة في قصص الخالدين[3]؛ أمّا قصّة نقل الشيخ الجاهل للجبل وقصّة ملاحقة الشمس لـ كوا فو[4] وقصّة الجدال حول الشمس بين الطفليْن، فقد صارت معروفة ومألوفة تتردّد على ألسنة كلّ الصينيّين كباراً وصغاراً. فإذا كان هذا العالم كبيراً، أفلا يكون ذلك خاطئاً إذا كانت عامّة الناس تُغمِض عيونَها وتسدّ آذانها مقيَّدة بآرائها الشخصيّة في حين كان كونفوشيوس، وهو عالِم واسعُ المعارف، عاجزاً عن معرفة كلّ شيء في العالم؟

وقد أشار ليه تسي في الفصل الأخير فصل شرح الطوالع إلى أن كلّ الكائنات في العالم يبدو أنها معقَّدة ومتشابكة، إلاّ أن القوانين المعيّنة التي تكمن فيما وراءها يمكننا أن نعتمد عليها، وهي قوانين لا يقدر على استيعابها بطريقة صحيحة إلاّ الحكماء. فجاء في أوّل حكاية من فصل شرح الطوالع أن قوان ين[5] (Guan Yin) قال لليه تسي بعد تعلّمه للالتزام بالتأخّر: إن تكن حذراً في قولك، يكن لك مجيب له؛ وإن تكن حذراً في فعلك، يكن لك متّبع له. لذا يعرف الحكيم ما هو داخل ممّا هو خارج، ويعرف ما هو آتٍ ممّا هو ماضٍ، وذلك هو ما يجعل الحكيم بعيد النظر ونافذ البصيرة. وجاء في حكاية تعلّم

1 «مقدّمة بستان الخوخ» كان عملاً نثريّاً رائعاً للأديب تاو يوان مينغ (Tao Yuanming) وهو مقدّمة لـ «ديوان بستان الخوخ»، حيث كان الأديب يجمع بين الواقع والمأمول معبّراً عمّا يصبو إليه من الحياة الجميلة وعمّا يسخط عليه من الحياة الواقعيّة، على أساس وصفه لما في حياة بستان الخوخ من الأمن والسعادة والحرّيّة والمساواة.

2 تاو يوان مينغ (Tao Yuanming، عام 352-427م) كان شاعراً وأديباً مشهوراً في أواخر عصر جين الشرقيّة وأوائل عصر الأسرة الجنوبيّة، ويُعَدّ أوّل شاعر ناسك حاذق في وصف جمال البساتين.

3 «قصص الخالدين» (Stories of Immortals) كانت مجموعة من القصص الشيطانيّة كتبها قان باو (Gan Bao) من عصر جين، وهي تسجّل ما كان شائعاً بين الشعوب القديمة من الأساطير العجيبة والحكايات الغريبة، وتتميّز بالصفة الرومانسيّة.

4 كوا فو (Kua Fu) يعني رجلاً عملاقاً باللغة الصينيّة، وكان رجلاً في الأساطير الصينيّة.

5 قوان ين (Guan Yin) كان واحداً من عشرة فلاسفة عظماء في عصر ما قبل أسرة تشين الملكيّة، وهو رائد لمذهب لو قوان (Louguan) ومذهب ون شي (Wenshi) من المدرسة الطاويّة، ومفكّر يعاصر الفيلسوف لاو تسي الذي كان يؤلّف كتاب «داو دَ جينغ» (Dao De Jing) أو كتاب «صراط التقوى»، أو كتاب «الصراط المستقيم»، الذي كان يُعْرَف باسم «لاو تسي».

ليه تسي للرماية بالأسهم قولٌ بأن الحكيم يستطيع ألا يتفحّص في ظواهر البقاء والفناء، بل فيما يؤدّي إليهما. لكن الطاو عميقة صعبة، تعجز عامّة الناس عن فهمها، فوضّحها ليه تسي بعبارة واحدة حين كان فقيراً، وهو لم يقبل الحبوب من الملك تسي يانغ[1] لمملكة تشنغ، وقد قال: إن الملك نفسه لم يعرف عني شيئاً، فأوصل إليّ الحبوبَ بعد أن سمع قول غيره فقط. وقد ينسب إليَّ تهمة بعد أن سمع قول غيره أيضاً، وذلك هو ما أدّى إلى رفضي لحبوبه. وما لبث أن تمرّد الشعبُ على تسي يانغ بالفعل، وقضوا عليه. وكان في مملكة سونغ رجل يحبّ أن يطبّق الرحمة والعدالة، مع أنه هو وابنه فقدا بصرهما على التوالي، إلاّ أن كونفوشيوس ما زال يقول لهما إن ذلك سيأتي لهما ببركة، وذلك لأنهما قد نجوا بفضل عميهما من كارثة الحرب، وبعدها عاد إليهما بصرهما بطريقة عجيبة. وهذه قصّة من القصص التي لا تُعَدُّ ولا تُحْصَى في هذا الفصل.

وقد اتّضح من كتاب «ليه تسي» كلّه أن قيمته الأدبيّة لا يمكنها أن تُمْحَى مع أنه كتاب يظهر في العالم متأخّراً، فقال ليو شيه[2] في كتابه «قلوب الآداب ونقوش التنانين»: "إن كتاب ليه يويكو (ليه تسي) عظيم الروح وعجيب اللون". وقال ليو تسونغ يوان[3] في كتابه «الجدال حول ليه تسي»: "إنه يشبه كتاب تشوانغ تسي في التعبير الأدبيّ، إلاّ أنه أكثر منه جودة، وأقلّ منه تكلّفاً، فهل يمكن للمولعين بالنثر أن يهملوه؟" وعبّر تشن جينغ يوان[4] في كتابه عن مدحه وثنائه لكتاب «ليه تسي» قائلاً: "إنه واسع في المعاني والأغراض، كأنه ورقة شجر أو قشرة جافّة، تركب الريح بين الشرق والغرب، وتطير

1 تسي يانغ (Zi Yang) كان ملكاً لمملكة تشنغ، ويقال أيضاً إنه كان رئيس الوزراء لمملكة تشنغ.

2 ليو شيه (Liu Xie، عام 465-520م) كان عالِماً كبيراً في نظريّة الأدب الصينيّ وناقداً أدبيّاً مشهوراً في عصر الأسرة الجنوبيّة والشماليّة، له كتاب يُسَمَّى بـ «قلب الآداب ونقش التنانين»، الذي يتكوّن من 50 فصلاً وقد وضع أساساً قويّاً لمكانته المرموقة في تاريخ النقد الأدبيّ الصينيّ.

3 ليو تسونغ يوان (Liu Zongyuan، عام 773-819م) كان أديباً وفيلسوفاً وناثراً ومفكّراً مشهوراً في عصر أسرة تانغ الصينيّة، وقد خلف وراءه أكثر من 600 عمل شعريّ ونثريّ.

4 تشن جينغ يوان (Chen Jingyuan، عام-1024؟م) كان عالماً مشهوراً للدين الطاويّ في عصر أسرة سونغ الشماليّة، وله مكانة هامّة في تاريخ الدين الطاويّ إذ إنه قد ورث الأفكار الفلسفيّة الرئيسيّة لعلم لاو تشوانغ، وعلم هوانغ لاو، وعلم الغيبوبة في عصر ويجين.

بين السماء والأرض، حتى تصل إلى كلّ مكان." وقال قاو شو يوان[1]: "إن كتاب تشوانغ تسي وكتاب ليه تسي جناحان للاو تسي، كما كان للمدرسة الكونفوشيوسيّة يان هوي[2] ومنشيوس[3]، فهما قد ألْهَمَا من بعدهما بكلماتهما الدقيقة وأفكارهما الرائعة، وأعادا ما كان لهوانغ دي من الأفكار، حتى صار لهما مآثر لا تقلّ عمّا كان ليان هوي ومنشيوس." وقال هونغ ماي[4] في كتابه «خواطر رونغ تشاي»: "إن كتاب ليه تسي يتميّز بالإيجاز والقوّة والرصانة والروعة، حتى يفوق كتاب تشوانغ تسي." وقال تشن سان لي[5]: "إن كتاب ليه تسي فيما أظنّ بعد قراءتي له أكثر من كتاب تشوانغ تسي في التصوّر والتخيّل، لكنه لا يضاهي كتاب تشوانغ تسي في دقّة الألفاظ وعمق المعاني."

وكان المفكّرون الصينيّون في العصور المتعاقبة يذكرون كتاب «ليه تسي» مع كتاب «تشوانغ تسي» في آن واحد منتقدين حيناً، وممتدحين حيناً آخر، إلاّ أن لكلّ منهما ما يتفرّد به، فكان كتاب «تشوانغ تسي» خضمّاً عارماً يعجّ بالأفكار العميقة، بينما كان كتاب «ليه تسي» رغم أنه ليس له كثير من الإسهامات النظريّة الجديدة، عقدة فريدة تُزَخْرَف بالحكايات المُلْهِمَة، التي كانت كثير منها تشبه ما كان وارداً في كتاب «تشوانغ تسي»، مثل قصّة الرجل الساحر في جبل ليهقويه (Lieguye)، وقصّة تربية المواشي

1 قاو شو يوان (Gao Shouyuan) كان عالماً كبيراً في عصر أسرة يوان (Yuan) الملكيّة، وقد خلف وراءه 20 مجلّداً من كتاب التفسيرات الأربعة لكتاب ليه تسي.

2 يان هوي (Yan Hui) كان رجلاً من مملكة لو (Lu) في عصر الربيع والخريف وهو أحد الأتباع لكونفوشيوس.

3 منشيوس (Mencius، عام372-289 ق.م) اسمه الأصليّ منغ كه (Meng Ke)، وهو مفكّر عظيم ومعلّم شهير في عصر الممالك المتحاربة، ورائد ممثّل للمدرسة الكونفوشيوسيّة، حتى يلقّب هو وكونفوشيوس بـ كونغ منغ (Kong Meng) وله كتاب منشيوس الذي يُعَدّ من أهمّ المؤلّفات الكلاسيكيّة الصينيّة للمدرسة الكونفوشيوسيّة، وقد سجّل ما قاله مؤلّفه منغ كه من الأفكار السياسيّة المتعلّقة بتنظيم الممالك والأفكار الأخلاقيّة الملخّصة بأربع كلمات صينيّة وهي الرحمة والعدالة والأدب والحكمة.

4 هونغ ماي (Hong Mai، عام 1123-1203م) كنيته رونغ تشاي (Rong Zhai)، وكان أديباً متعدّد الإنتاج ومشهوراً في عصر أسرة سونغ الجنوبيّة، قد قضى أكثر من أربعين سنة في تأليف كتابه «خواطر رونغ تشاي» الذي يتكوّن من 74 مجلّداً، تتناول الفلسفة والتاريخ والأدب والفنون وغيرها.

5 تشن سان لي (Chen Sanli، عام 1853-1937م) كان يلقّب بآخر شاعر تقليديّ في تاريخ الصين، وهو توفّي في اليوم 14 من سبتمبر عام 1937 بعد إضرابه عن الطعام خمسة أيّام تعبيراً عن مقاومته للغزو اليابانيّ ضدّ الصين.

للملك شوان[1]، وقصّة صاحب المعديَّة الماهر في القيادة، إلاّ أن كتاب «ليه تسي» أكثر شمولاً في حبكته وأوفر في حجّته ممّا كان في كتاب «تشوانغ تسي»، كأن مؤلّفه قد أضاف إليه كثيراً من الزخارف والزراكش، على أساس كتاب «تشوانغ تسي». وكان كتاب «تشوانغ تسي» بارعاً في خلق عالم عجيب كأنه حلم أو خيال؛ أمّا كتاب «ليه تسي»، فرغم أن الحكايات الواردة فيه تخلو من البلاغة الشعريّة، إلاّ أنه ماهر في السرد، كما قال هونغ ماي:"إن كتاب «ليه تسي» يتميّز بالإيجاز والقوّة والرصانة والروعة، حتى يفوق كتاب تشوانغ تسي"، إذ إنه قد جمع بين الشرح والوصف والسرد مثل قصّة جي تسانغ[2] الذي يتعلّم الرماية من معلّمه فَيْ وَي (Fei Wei)، الذي قال له: "تعلّم ألاّ تطرف بعينيْك، قبل أن أحدّثك عن فنون الرماية." فحاول جي تسانغ أن يغتال معلّمه ليكون الرامي الأوّل في العالم، إلاّ أنهما ندّان متكافئان في فنون الرماية، فتبادلا البكاء والاحتناء على الطريق بصفتهما الأب والابن. ويتّضح من ذلك أن هذه القصّة شاملة في تراكيبها، وكاملة في صور أبطالها، ومتّسمة بالمدّ والجزر في حبكتها، كأنها تخرج من قلم الروائيّ الجذّاب الخلاّب. أمّا قصة انتقام لاَيْ دَانْ (Lai Dan)، فابتدأت برغبة لاي دان في الانتقام لوالده، فانتقلت إلى طلبه للسيف من كونغ تشو، ثم أسهبت في وصف كونغ تشو لما تتميّز به السيوف الثلاثة من القوّة العجيبة، وحين خُيّل إلى القرّاء أن لاي دان سيكون ناجِحاً في انتقامه، اكتشفت أن هذه السيوف المنقطعة المثيل في العالم لا تقدر في الأصل على قتل الإنسان، حتى تكون القصّة جذّابة خلاّبة في حركة دائبة مليئة بكلّ المشوّقات مع نهايتها غير المتوقّعة. وقد جاء في فصل شرح الطوالع من كتاب

---

1 الملك شوان (Xuan) كان الحاكم الحادي عشر لأسرة زو الغربيّة الملكيّة خلال عاميْ 828 و783 ق.م.

2 جي تسانغ (Ji Chang) كان رجلاً ماهراً في الرماية في الأساطير الصينيّة القديمة.

«ليه تسي» قصّة أخرى، تقول إن "باي قونغشنغ[1] كان يركّز ذهنه في تدبير مؤامرة، وما زال واقفاً في مكانه بعد انسحابه من البلاط، وهو يأخذ السوط مقلوباً، حتى يخرق مهمازٌ في أعلى ذلك السوط، ذقنَه الذي يسيل الدم منه إلى الأرض، وهو لا يعلم بذلك." وهي قصّة قصيرة مُوحِيَة تشبه ما جاء في «حديث جديد عن حكايات العالم».[2] فيمكن القول بأن الحكايات الواردة في كتاب «ليه تسي» لم ترث فقط ما كانت الحكايات في عصر ما قبل أسرة تشين الملكيّة تتميّز به من المهارات في التحليل الفكريّ، بل تفوّقت عليها أيضاً في السرد القصصيّ، حتى صار من الصعب التفريق بينها وبين القصص الشيطانيّة العجيبة التي كانت شائعة في عصر ويجين.

ويُعدّ كتاب «تفسير ليه تسي» لتشانغ تشان في عصر أسرة جين الشرقيّة أقدم تفسير للنسخة الراهنة لكتاب «تفسير ليه تسي»، ولكلّ من كتاب «تفسير ليه تسي» للو تشونغ شوان في عصر أسرة تانغ الملكيّة وكتاب «التدقيق الإملائيّ لليه تسي» للين شي إي (Lin Xiyi) في عصر أسرة سونغ الملكيّة، ما يتميّز به. أمّا التفسيرات ذات القيمة المرجعيّة لكتاب «ليه تسي» في عصرنا اليوم، فهي «الترجمة والتفسير لكتاب ليه تسي» ليان بيه مينغ (Yan Beiming) ويان جيه (Yan Jie)، و«الجمع والشرح لكتاب ليه

1 باي قونغ شنغ (Bai Gongsheng، عام 533-479 ق.م) كان ابناً للملك بينغ (Ping) لمملكة تشو (Chu)، وقد هرب مع وو تسي شيوي (Wu Zixu) من مملكة تشنغ (Zheng) إلى مملكة وو (Wu) بعد مقتل والده في مملكة تشنغ. وفي عام 487 ق.م، أستدعي ليرجع إلى مملكة تشو (Chu)، وعين كالوزير الذي له إقطاعة في مدينة باي (Bai). وفي عام 491 ق.م، كان يطلب أن يقود جيشه ليغزو مملكة تشنغ انتقاماً منها، إلاّ أن الملك هوي (Hui) لمملكة تشو (Chu) سمح له من دون أن يُرسل إليه أيّ جيْش. وفي عام 481 ق.م، كانت مملكة جين تغزو مملكة تشنغ، التي طلبت المساعدة من مملكة تشو، فتحالف الأمير لمملكة تشو تسي شي (Zi Xi) معها بسبب الرشوة منها، وقد أثار ذلك غضب باي (Bai)، الذي قاد جيشه في عام 479 ق.م إلى ينغ (Ying) عاصمة مملكة تشو (Chu)، حيث قتل تسي شي وتسي تشي (Zi Qi)، وخطف الملك هوي، حتى عيَّن نفسه ملكاً لمملكة تشو (Chu)، وذلك يُسمَّى في تاريخ الصين بـ فوضى باي. ثم هزمه الأمير تسي قاو (Zi Gao) لمملكة تشو، حتى قتل باي نفسه.

2 «حديث جديد عن حكايات العالم» (A New Account of the Tales of the World) كان رواية تؤلّفها مجموعة من الأدباء تحت رعاية ليو إي تشينغ (Liu Yiqing، عام 403-440م) في مملكة سونغ في عصر الأسرة الجنوبيّة (عام 420-581م)، وتسجّل أحاديث طريفة للشخصيّات في عصر ويجين، وهي تتكوّن اليوم من 3 مجلّدات على أساس مجلّداتها الثماني الأصليّة، مقسَّمة إلى 36 فصلاً.

تسي» ليانغ بوجون (Yang Bojun)، الذي قد جمع بين التفسيرات والشروح التي قام بها تشانغ تشان، ولو تشونغ شوان، وتشن جينغ يوان (Chen Jingyuan)، بالإضافة إلى الملحق الذي سجّل فيه المقدّمات والتحقيقات ذات القيم في العصور المختلفة، وهو يتميّز بدقّة التحقيق، وصحّة التفسير، وكثرة المصادر، حتى يُلقَّب بكتاب جامع بين كافة التفسيرات لكتاب «ليه تسي»، لا بدّ لكلّ من المُبتدئين في دراسة كتاب «ليه تسي» والمُتخصّصين في بحوثه أن يقرأه، ويستفيد منه.

يه بي تشينغ

يناير عام2011م

目　录

第一章　天瑞　2

第二章　黄帝　60

第三章　周穆王　150

第四章　仲尼　190

第五章　汤问　244

第六章　力命　324

第七章　杨朱　380

第八章　说符　448

الفهرست

الفصل الأول فؤول السماء 3

الفصل الثاني هوانغ دي 61

الفصل الثالث الملك مو لأسرة زو الملكيّة 151

الفصل الرابع كونفوشيوس 191

الفصل الخامس سؤال الملك تانغ 245

الفصل السادس القوّة والقدر 325

الفصل السابع يانغ تشو 381

الفصل الثامن شرح الطوالع 449

第一章 天瑞

【原文】

子列子居郑圃，四十年人无识者。国君卿大夫眎之，犹众庶也。国不足，将嫁于卫。弟子曰："先生往无反期，弟子敢有所谒，先生将何以教？先生不闻壶丘子林之言乎？"

【今译】

列子居住在郑国圃田，四十年来没有人赏识他。郑国的国君、卿、大夫看待他，就像看待普通老百姓一样。郑国发生饥荒，列子就打算到卫国去。他的弟子说："先生这一去不知何时才能归来，弟子冒昧地请教，先生将用什么来教导我们呢？先生不曾听闻壶丘子林先生的言谈吗？"

الفصل الأول   فؤول السماء

كان المعلّم ليه تسي يعيش في بوتيان[1] (Putian) من مملكة تشنغ (Zheng)، ولم يكن يعرفه أحد على مدى أربعين سنة، وكان يتعامل معه كلّ مَنْ في مملكة تشنغ من حاكمها ورئيس وزرائها ووزرائها كأنّه من عامّة الناس، وعندما مرّت مملكة تشنغ بسنة عجفاء، أراد ليه تسي أن يسافر إلى مملكة وي[2] (Wey)، فسأله أحد أتباعه قائلاً: "يا معلّمنا، هل ستفارقوننا، ولا نعرف متى تعودون، فاسمحوا لي أن أسألكم كيف نتلقّى العلم عنكم؟ ألم تستمعوا إلى أحاديث معلّمكم هو تشيو تسي لين[3] (Huqiu Zilin)؟"

---

1 بوتيان (Putian) اسم مدينة في مملكة تشنغ تقع حالياً في غربيّ تشونغمو (Zhongmou) من مقاطعة خهنان (Henan).

2 مملكة وي (Wey، عام 1042-254ق.م) كانت إقطاعة لأسرة زو الملكيّة، وهي تقع حالياً في جنوب مقاطعة خهبي (Hebei) وشمال مقاطعة خهنان، وقد قضتْ عليها مملكة وي (Wei) في عصر الممالك المتحاربة عام 254ق.م.

3 هو تشيو تسي لين (Huqiu Zilin) هو رجل من مملكة تشنغ، وتابع للمفكّر لاو تسي، ومعلّم للمفكّر ليه تسي، ومن أشهر الممثّلين للمدرسة الفكريّة الطاويّة في عصر الممالك المتحاربة.

【原文】

子列子笑曰："壶子何言哉？虽然，夫子尝语伯昏瞀人，吾侧闻之，试以告女。其言曰：有生不生，有化不化。不生者能生生，不化者能化化。生者不能不生，化者不能不化，故常生常化。常生常化者，无时不生，无时不化。阴阳尔，四时尔，不生者疑独，不化者往复。往复，其际不可终；疑独，其道不可穷。《黄帝书》曰：谷神不死，是谓玄牝。玄牝之门，是谓天地之根。绵绵若存，用之不勤。故生物者不生，

【今译】

列子笑着说："壶丘先生哪里说过些什么呢？即便如此，先生曾经对伯昏瞀人说过一番话，我在一旁听见了，现在试着将它告诉你们。他说：那产生万物的，自身却不被他物所生；那化育万物的，自身却不被他物所化。不被产生的，能够产生出万物；不被变化的，能够使万物变化。所有的产生是因为不得不产生，所有的变化是因为不得不变化，所以万物经常在产生也经常在变化。所谓经常产生经常变化，就是没有一刻不在产生，没有一刻不在变化。阴阳二气是这样，一年四季也是这样，那不被产生的，固定不变而独立永存；那不被化育的，循环往复而轮回始终。那循环往复的，它的边界没有终结；那独立永存的，它的规则不可穷尽。《黄帝书》说：空虚的神妙作用不会消逝，就叫做玄牝。玄牝的门户，就叫做天地的根源。它连绵不断若有若无，发挥作用永不止息。

فأجابه المعلّم ليه تسي باسماً: "لم يقل لي معلّمي هوتشيو مثلَ هذا الكلام. وإن يقُلْه، يكن مُوجَّهاً إلى بوهون ماورن[1] (Bohun Maoren)، وكنت بجانبه فسمعته. وأحاول الآن أن أعْلِمك بكلامه الذي قال فيه: الذي يَلِدُ لا يُولَدُ، والذي يُحَوِّل لا يُحوَّل. والذي لا يُولَد قادر على ولادة الذي يُولَدُ، والذي لا يُحوَّل قادر على تحويل الذي يُحوَّل. ولا يمكن للذي يُولَد ألاّ يتولّد، وللذي يحوَّل ألاّ يتحوّل، فإن التولّد دائم، والتحوّل دائم. والذي يدوم في التولّد والتحوّل هو الذي يتولّد في أيّ وقت، والذي يتحوّل في أيّ وقت، فإن ين ويانغ[2] هكذا، والفصول الأربعة هكذا أيضاً. والذي لا يُولَد هو الراسخ الخالد؛ والذي لا يحوَّل هو المتتابع المتعاقب. والذي هو متتابع متعاقب، حدودُه لا نهايةَ لها؛ والذي هو راسخ خالد، مبادئُه لا نفاد لها. فجاء في كتاب هوانغ دي[3] قائلاً: إن الطاو العظيمة التي تشبه سحر الوادي الذي لا يَفْنَى، والذي يُسمَّى بالفَرْج العميق، يُعَدُّ بابُه أصلَ السماء والأرض، وهو ممتدّ كأنه باقٍ، وغير منقطع في أدواره.

---

1 بوهون ماورن (Bohun Maoren) كان صديقاً وزميلاً للمفكّر ليه تسي، وتابعاً للمعلّم هوتشيو تسيلين.

2 ين (Yin) ويانغ (Yang) ترمزان لكيفيّة عمل الأشياء في العلم الصينيّ القديم. فإن ين هي الأنثى، والسكون، والمرتبطة بالأرض، ومصدر للحياة الفيزيائيّة؛ ويانغ هو الذكر، والقويّ، والقوة المبدعة، والحركة التي تولّد التغيير.

3 كتاب هوانغ دي (Huang Di) هو تسمية شاملة لما عند مدرسة هوانغ لاو (Huang Lao) التابعة للمدرسة الطاويّة من المؤلّفات الكلاسيكيّة، ومدرسة هوانغ لاو هي جامعة بين كلمات هوانغ وعلوم لاو تسي (Lao Zi) في المدرسة الطاويّة. وغالباً ما تُسمَّى عند الناس بعلم هوانغ لاوْ في مرحلة تتراوح بين عصر الربيع والخريف وعصر الممالك المتحاربة وأوائل عصر أسرة هان (Han) الملكيّة، وتُسَمَّى بمدرسة لاو تشوانغ (Lao Zhuang) في أواخر عصر أسرة هان الملكيّة وعصر ويجين (Wei Jin).

【原文】

化物者不化。自生自化，自形自色，自智自力，自消自息。谓之生化、形色、智力、消息者，非也。”

【今译】

所以产生万物的，它自身不被产生；使万物变化的，它自身不被变化。万物是自然而然产生与变化，自然而然显现形状与色彩，自然而然运用智慧与力量，自然而然消亡与生长的。把这一切说成是刻意的产生、变化、显形、着色、运智、用力、消亡、生长，是错误的。”

لذا إن الذي يلد الأشياءَ لا يُولَد، والذي يُحوِّل الأشياءَ لا يُحوَّل. فهو يلد نفسَه ويُحوِّل نفسَه، ويُشكِّل نفسَه، ويُلوِّن نفسَه، ويُعقِّل نفسَه، ويُقوِّي نفسَه، ويُدمِّر نفسَه، ويُنَمِّي نفسَه. فمَنْ يقُلْ إنه يُولَد ويُحَوَّل، ويُشكَّل ويُلوَّن، ويُعقَّل ويُقوَّى، ويُدمَّر، ويُنمَّى، يكُنْ خاطئاً.

【原文】

子列子曰:“昔者圣人因阴阳以统天地。夫有形者生于无形,则天地安从生?故曰:有太易,有太初,有太始,有太素。太易者,未见气也;太初者,气之始也;太始者,形之始也;太素者,质之始也。气形质具而未相离,故曰浑沦。浑沦者,言万物相浑沦而未相离也。视之不见,听之不闻,循之不得,故曰易也。易无形埒,易变而为一,一变而为七,七变而为九。九变者,究也;乃复变而为一。

【今译】

列子说:“从前圣人凭借阴阳二气来统摄天地万物。有形态的事物是由无形态的事物产生的,那么天地是从哪里产生的呢?所以说:有太易,有太初,有太始,有太素。太易的阶段,元气尚未形成;太初的阶段,元气开始萌发;太始的阶段,元气已经形成,而且具有了一定的形态;太素的阶段,元气不仅有了形态,而且有了固定的性质。元气、形态、性质共同具备而未曾互相分离,所以叫做浑沦。所谓浑沦,就是说万物浑然一体,不可剖析、不可分离。看它看不见,听它听不见,摸它摸不着,所以叫做易。易没有形状与界限,易经过变化成为一,一经过变化成为七,七经过变化成为九。九,是变化的极限,所以重新经过变化

قال المعلّم ليه تسي: كان الحكيم في الماضي يلجأ إلى ين ويانغ ليشمل ما في السماء والأرض، فإذا وُلِدَ ما له شكل ممّا لا شكل له، فمن أين جاءت السماءُ والأرضُ؟ فإن هنالك التحوّل العظيم والأصل العظيم والبداية العظيمة والبساطة العظيمة؛ فالتحوّل العظيم هو الذي لم تُرَ فيه الأرواحُ؛ والأصل العظيم هو البداية للأرواح؛ والبداية العظيمة هي البداية للأشكال؛ والبساطة العظيمة هي البداية للأنواع. مع أن الأرواح والأشكال والأنواع جاهزة، إلاّ أنها لم تنفصل بعضُها عن بعض، حتى تُسمَّى بالشواش، الذي يعني تشابُك كلّ الكائنات غيرَ منفصلة. وهي إن تنظرْ إليها، لا ترَها؛ وإن تُصْغِ إليها، لا تسمعْها. وإن تلتمسْها، لا تلمسْها، فتُسمَّى بالتحوّل الذي ليس له أشكال وأسوار، وهو يتغيّر حتى يصير واحداً، والواحد يصير سبعة، والسبعة تصير تسعة، والتسعة هي غاية للتغيّر، ثم تستمرّ في تغيّرها حتى تعود إلى

【原文】

一者，形变之始也。清轻者上为天，浊重者下为地，冲和气者为人；故天地含精，万物化生。”

【今译】

成为一。一，是产生形态变化的开始。那清灵轻巧的，上升成为天，那浑浊厚重的，下沉成为地，阴阳二气，中和交会产生了人；所以天地间蕴含着阴阳精气，万物便由此化育生长。”

واحد. والواحد هو بداية لتغيّر الأرواح، التي ترتفع النقيّة الخفيفة منها لتصبح السماء، وتنخفض الوسخة الثقيلة منها لتصير الأرض، وتلتقي ين ويانغ منها لتصير الإنسان. فإن السماء والأرض تكمن فيهما خلاصاتٌ، تتحوّل منها كلّ الكائنات، تنمو.

【原文】

子列子曰:“天地无全功，圣人无全能，万物无全用。故天职生覆，地职形载，圣职教化，物职所宜。然则天有所短，地有所长，圣有所否，物有所通。何则？生覆者不能形载，形载者不能教化，教化者不能违所宜，宜定者不出所位。故天地之道，非阴则阳；圣人之教，非仁则义；万物之宜，非柔则刚：此皆随所宜而不能出所位者也。故有生者，有生生者；有形者，有形形者；有声者，有声声者；有色者，有色色者；有味者，有味味者。生之所生者死矣，

【今译】

列子说:“天地没有完备的功效，圣人没有完备的能力，万物没有完备的用途。所以天的职责是覆育生命，地的职责是承载万物，圣人的职责是施行教化，万物的职能为各自的性质所规定。因此，天有短处，地有长处，圣人有困滞的时候，万物有通达的时候。为什么呢？因为覆育生命的天不能承载万物，承载万物的地不能施行教化，施行教化的圣人不能违逆事物的性质，事物的性质一旦确定就不能超出本位。所以天地的运行规律，不是阴就是阳；圣人的教化，不是仁就是义；万物的性质，不是柔就是刚：这些都是按照各自固有的性质而不能超越本位的。所以有生命，就有那产生生命的本原；有形状，就有那产生形状的本原；有声音，就有那产生声音的本原；有颜色，就有那产生颜色的本原；有滋味，就有那产生滋味的本原。生命

قال المعلّم ليه تسي: "السماء والأرض ليس لهما وظيفة كاملة، والإنسان الحكيم ليس له قدرة كاملة، وكلّ الكائنات ليس لها فائدة كاملة. فإن السماء تُكلَّف بخلق الحيوات وتغطية الكائنات، والأرض تُكلَّف بخلق الأشكال وحمل الكائنات، والحكيم يُكلَّف بالتعليم والتهذيب، وكلّ الكائنات تُكلَّف بما هو صالح لها؛ بيدَ أن السماء لها ما هي قصيرة فيه، الأرض لها ما هي طويلة فيه، والحكيم له ما هو عاجز عنه، والكائنات لها ما هي قادرة عليه، لماذا؟ ذلك لأن المُكلَّف بخلق الحيوات وتغطية الكائنات لا يقدر على خلق الأشكال وحمل الكائنات، والمكلَّف بخلق الأشكال وحمل الكائنات لا يقدر على التعليم والتهذيب، والمكلَّف بالتعليم والتهذيب لا يقدر على مخالفة ما هو صالح لكلّ الكائنات، والمحدَّد فيما هو صالح له لا يتجاوز حدوده. فإن الطاو للسماء والأرض إن لم تكن ين، تكن يانغ؛ والتعليم للإنسان الحكيم إن لم يكن رحمة، يكن عدالة؛ وما يصلح له كلُّ الكائنات إن لم يكن ناعماً، يكن صلباً. وتلك كلّها تتواكب مع ما هو صالح لها، ولا تتجاوز ما هو محدَّد لها. فإن يكن ما له حياة، فلا بدّ من وجود ما يُحْيِيه؛ وإن يكن ما له شكل، فلا بدّ من وجود ما يشكِّله؛ وإن يكن ما له صوت، فلا بدّ من وجود ما يصوِّته؛ وإن يكن ما له لون، فلا بدّ من وجود ما يلوِّنه؛ وإن يكن ما له ذوق، فلا بدّ من وجود ما يذوِّقه. فإن الحيّ

【原文】

而生生者未尝终；形之所形者实矣，而形形者未尝有；声之所声者闻矣，而声声者未尝发；色之所色者彰矣，而色色者未尝显；味之所味者尝矣，而味味者未尝呈：皆无为之职也。能阴能阳，能柔能刚，能短能长，能员能方，能生能死，能暑能凉，能浮能沉，能宫能商，能出能没，能玄能黄，能甘能苦，能膻能香。无知也，无能也，而无不知也，而无不能也。”

【今译】

所造就的生物死亡了，但产生生命的本原并没有终结；物体所呈现的形状是实在的，但产生形状的本原并没有形状；声音所发出的音响可以听见，但产生声音的本原并没有发声；色彩所产生的颜色彰著了，但产生颜色的本原并没有显示；滋味所产生的味道被品尝了，但产生滋味的本原并没有呈现：这都是无为的道的作用啊。它能够表现出阴的性质，也能够表现出阳的性质，它能够柔软，也能够刚强，能够短，也能够长，能够圆，也能够方，能够生，也能够死，能够热，也能够凉，能够上浮，也能够下沉，能够奏宫调，也能够奏商调，能够出现，也能够隐没，能够显现黑色，也能够显现黄色，能够甘甜，也能够苦涩，能够膻臭，也能够芳香。它没有知觉，没有能力，却又没有不知晓的，没有不能做到的。”

لما له حياة هالك، إلاّ أن ما يُحْيِيه لا نهاية له؛ والشكل لما له شكل محسوس، إلاّ أن ما يشكّله لا وجود له؛ والصوت لما له صوت مسموع، إلاّ أن ما يصوّته لا مصدرَ له؛ واللون لما له لون بارز، إلاّ أن ما يلوّنه لا أثر له؛ والذوق لما له ذوق مُذاق، إلاّ أن ما يذوِّقه لا مظهرَ له. تلك كلّها تترتّب على ما لا يفعل، وهو يمكن أن يكون ين (yin) أو يانغ (yang)، ناعماً أو صلباً، قصيراً أو طويلاً، مدوَّراً أو مربَّعاً، حيَّاً أو ميّتاً، حارّاً أو بارداً، عائماً أو راسباً، قونغ (gong) أو شانغ (shang)[1]، بادياً أو خافياً، أسود أو أصفر، حلواً أو مرّاً، زهِماً أو عطِراً؛ وهو خال من الحواسّ، وخال من القدرات، بيدَ أنه لا يحسّ إلاّ بكلّ شيء، ولا يقدر إلاّ على كلّ شيء."

1 قونغ (gong) وشانغ (shang) من الألحان الخمسة التي تشتمل على قونغ (gong) وشانغ (shang) وجيويه (jue) تشي (zhi) ويوي (yu) متناسبة مع الأحشاء الخمسة. فلحن قونغ فائض بطيء متناسب مع الطحال؛ ولحن شانغ عاجل نظيف متناسب مع الرئة؛ ولحن جيويه طويل النفَس متناسب مع الكبد؛ ولحن تشي قويّ واضح متناسب مع القلب؛ ولحن يوي عميق رقيق متناسب مع الكلية.

【原文】

子列子适卫，食于道，从者见百岁髑髅。攓蓬而指，顾谓弟子百丰曰："唯予与彼知而未尝生未尝死也。此过养乎？此过欢乎？种有几：若蛙为鹑，得水为㡭，得水土之际，则为蛙蠙之衣。生于陵屯，则为陵舄。陵舄得郁栖，则为乌足。乌足之根为蛴螬，其叶为胡蝶。胡蝶胥也化而为虫，生灶下，其状若脱，其名曰鸲掇。鸲掇千日化而为鸟，其名曰乾馀骨。乾馀骨之沫为斯弥，斯弥为食醯颐辂，食醯颐辂生乎食醯黄軦，食醯黄軦生乎九猷，九猷生乎瞀

【今译】

列子到卫国去，在大道旁用餐，跟从的学生看见一个百来年的髑髅。列子拔开蓬蒿而手指髑髅，回过头去对学生百丰说："只有我和他知道人是不曾生也不曾死的道理。死亡果真令人悲愁吗？活着果真令人欢喜吗？物类之中藏有极微妙的变化因素：正如青蛙变为鹌鹑，一得到水的滋润又会长成细如断丝的㡭草，在水土之间就会长出青苔。生长在高旱之地，便长成车前草。车前草得到粪壤后，就能长成乌足草。乌足草的根变化成蛴螬虫，它的叶子变化成蝴蝶。蝴蝶不久又变化为虫，这种虫生长在灶下，形状好像是刚蜕化了皮壳似的，它的名字叫鸲掇虫。鸲掇虫经过一千天就变化成为鸟，名叫乾馀骨。乾馀骨鸟口中的黏液又变为斯弥虫。斯弥虫变成吃醋的颐辂，吃醋的颐辂从吃醋的黄軦中生出，吃醋的黄軦从九猷中生出，九猷从成

سافر المعلّم ليه تسي إلى مملكة وي[1] (Wey)، وكان يتناول الطعام على جانب الطريق، وبصحبته تابعه، الذي رأى جمجمة قديمة، ترجع إلى مئة سنة. فاقتلع شيْحاً يشير به إليها، وأدار رأسَه لتابعه باي فنغ (Bai Feng) قائلاً له: "لا يفهم إلاّ الجمجمة وأنا، أن كلّ الكائنات لم تكن حيّة ولا ميّتة. وهل الوفاة مُحْزِنَة حقّاً؟ وهل الحياة مُفْرِحَة حقّاً؟ ولكلّ نوع من الكائنات تغيّرات دقيقة خفيّة: فإن تتغيّر الضفدعة إلى سلواة، ما إن تتغذّ بالماء، حتى تنمو إلى الدبساسيّة الرقيقة، تصبح الطحلب عند الملتقى بين الماء والتربة؛ وإن تنْمُ الدبساسيّة في المرتفع القاحل، تصبح لسان الحمل (آذان الجدي)؛ وإن يجد لسان الحمل الروث والدمنة، يصبح عشب ووزو (wuzu)، الذي تتغيّر جذوره إلى ديدان القز، وأوراقه إلى الفراش، وسرعان ما تتحوّل الفراش إلى الديدان، التي إن تنمُ تحت الفرن، يكن شكلُها شبيهاً بما هو مقشور، ويكن اسمها مينة (myna). تتغيّر بعد ألف يوم إلى طائر، يُسمَّى بالقرْقف، الذي يتغيّر رُضابه (لُعابه) إلى الخنفس، وهو يتغيّر إلى ذبابة النوار التي تشرب الخلّ، وذبابة النوار التي تشرب الخلّ تُولَد من دودة هوانغ كوانغ (huang kuang) التي تشرب الخلّ، ودودة هوانغ كوانغ التي تشرب الخلّ تُولَد من دودة جيويو

1 مملكة وي (Wey، عام 1042-254ق.م) كانت إقطاعة لأسرة زو الملكيّة، وهي تقع حاليّاً في جنوب مقاطعة خهبي (Hebei) وشمال مقاطعة خهنان (Henan)، وقد قضتْ عليها مملكة وي (Wei) في عصر الممالك المتحاربة في عام 254ق.م.

【原文】

芮，瞀芮生乎腐蠸。羊肝化为地皋，马血之为转邻也，人血之为野火也。鹞之为鹯，鹯之为布谷，布谷久复为鹞也。燕之为蛤也，田鼠之为鹑也，朽瓜之为鱼也，老韭之为苋也，老羭之为猨也，鱼卵之为虫。亶爰之兽自孕而生曰类。河泽之鸟视而生曰鶂。纯雌其名大署，纯雄其名稚蜂。思士不妻而感，思女不夫而孕。后稷生乎巨迹，伊尹生乎空桑。厥昭生乎湿，醯鸡生乎酒。羊奚比乎不笋，久竹生青宁，

【今译】

群乱飞的蚊蚋中生出，蚊蚋从腐烂的黄守瓜虫中生出。羊肝化成茜草，马血转化成磷火，人血转化为荒野里的鬼火。鹞鹰变成晨风鸟，晨风鸟变化成布谷鸟，布谷鸟过了很久又重新变为鹞鹰。燕子变为蛤蜊，田鼠变为鹌鹑，腐烂的瓜变为鱼，老韭菜变为苋菜，老母羊变为猿猴，鱼卵变为虫子。亶爰山上的野兽能够自行怀孕，名叫类。河泽边有种鸟，两两相望就能生卵孵化，名叫鶂。纯雌性的龟鳖种群名叫大署，纯雄性的蜂类种群名叫稚蜂。男子相思，不娶妻而有所感应；女子怀春，不嫁夫而自行怀孕。后稷因为母亲踏了天帝的足迹而诞生，伊尹因为母亲梦遇神仙而生于空桑。蜻蛉虫诞生在潮湿的地方，醯鸡产生在酒醋里。

(jiu you)، التي تُولَد من الناموس المتطاير، والناموس يُولَد من خنفس الخيار العفن. ويتحوّل كبد الخروف إلى جذر الفوّة، ودم الحصان إلى النار الإغريقيّة، ودم الإنسان إلى النار في العراء. ويتحوّل الشنقب إلى الباشق، وهو يتحوّل إلى الوقواق، الذي يتحوّل بعد مدّة طويلة إلى الشنقب مرّة أخرى. ويتحوّل السنونو (الخُطّاف) إلى البطلينوس (المحار)، وفأر الحقل (فأر الغيط) إلى السلوى، والقرع الفاسد إلى السمك، والكرّاث الخشن إلى القطيفة (سالف العروس أو عرف الديك)؛ وتتحوّل النعجة الكبيرة إلى السعدان (القرد)، وبيض السمك إلى الحشرة، وتقدر الحيوانات في جبل دانيوان[1](Danyuan) على الإلقاح (الإخصاب) الذاتيّ حتى تنجب ما يُسمَّى بـ "لي" (lei)؛ والطيور في الأنهار والمستنقعات تقدر بعد التقاء نظراتها على إنجاب ما يُسمَّى بـ يي (yi)؛ وتُسمَّى السلاحف الخالصة الأنوثة بـ دان ياو (dan yao)، في حين تُسمَّى الزنابير (الدبابير) الخالصة الذكر بـ تشي فنغ (zhi feng). والرجل المحِبّ من دون زوجة يُلْقِحُ، والمرأة المُحبّة من دون زوج تحبل. فإن هو جي[2] (Hou Ji) يُولَد في الخطوة العملاقة، ويي ين[3] (Yi Yin) في غابة التوت الفسيحة، واليعسوب يُولَد في الرطوبة، واليسروع في النبيذ. وإن اقترب عشب

1 جبل دانيوان (Danyuan) اسم جبل في الأسطورة الصينيّة القديمة.

2 هو جي (Hou Ji) كان مسؤولاً عن الزراعة في عصر الإمبراطور ياو، وهو من أسلاف قوميّة تشو (Zhou) واسمه تشي (Qi)، ولقبه هو جي نسبة إلى منصبه. ويُحْكَى أن أمّه جيانغ يوان (Jiang Yuan) صارتْ حاملاً بعد أن وضعتْ قدمها على أثر الخطوة للإمبراطور السماويّ، حتى أنجبته.

3 يي ين (Yi Yin، عام 1649-1549ق.م) كان سياسيّاً شهيراً ومفكّراً كبيراً ورئيس الوزراء في أوائل عصر أسرة شانغ الملكيّة، وقد ناصر الملك تانغ لأسرة شانغ الملكيّة في القضاء على أسرة شيا الملكيّة وله إسهامات كبيرة في تأسيس أسرة شانغ الملكيّة. وهو أيضاً من روّاد المدرسة الطاويّة في الصين، وله شهرة كبيرة في فن الطبخ الصينيّ حتّى اشتهر بنظريّته السياسيّة المتمثّلة في "تركيب الحساء بالطنجرة" و"تخليط الأذواق الخمسة". ويحكى أن أمّه التقت في حلمها بملك من الملائكة، الذي قال لها: "اتّجهي شرقاً إن فاضت المياه، ولا تلتفتي إلى خلفك." وفي اليوم اللاحق عندما فاضت المياه، أخبرت جيرانها بأن يتّجهوا نحو الشرق، حتى وجدت قريتها مغمورة في المياه بعد أن جَرَتْ عشر كيلومترات، وتحوّل جسمُها إلى شجرة توت جوفاء فيها، إذ قطفت إمرأة أوراقها، ووجدت فيها ولداً، وهو يي ين.

【原文】

青宁生程，程生马，马生人，人久入于机。万物皆出于机，皆入于机。”

【今译】

羊奚草和久不生笋的老竹相结合，老竹生出青宁虫，青宁虫生出豹子，豹子生出马，马生出人，人老后就返归自然之中。万物的生命都产生于大道，死后又复归于大道。”

يانغشي (yangxi) من البامبو القديم الذي لا ينتج البراعم (العساليج)، تنْمُ من البامبو دودة تشينغ نينغ، التي يُولَد منها الفهد، والفهد يلد الحصان، والحصان يلد الإنسان، الذي إن عاش طويلاً، عاد مرّة أخرى إلى الطاو العظيمة. فإن كلّ الكائنات تنبع حياتُها من الطاو العظيمة، وترجع بعد وفاتها إلى الطاو العظيمة مرّة أخرى."

【原文】

《黄帝书》曰:“形动不生形而生影,声动不生声而生响,无动不生无而生有。”形,必终者也;天地终乎?与我偕终。终进乎?不知也。道终乎本无始,进乎本不久。有生则复于不生,有形则复于无形。不生者,非本不生者也;无形者,非本无形者也。生者,理之必终者也。终者不得不终,亦如生者之不得不生。而欲恒其生,画其终,惑于数也。精神者,天之分;骨骸者,地之分。属天清而散,属地浊而

【今译】

《黄帝书》说:“形体运动不产生形体而产生影子,声音运动不产生声音而产生回响,虚无运动不产生虚无而产生实有。”有形之物是必然要终结的;天与地会终结吗?和我一样要终结。这种终结是否有穷尽之时呢?不知道。道终结在本来就没有开始的时候,穷尽在本来就没有形态的地方。一切有生命的事物终将返回到没有生命的状态,一切有形体的事物终将返回到没有形体的状态。那先有生命而后又死亡的事物,并非从来不曾有过生命;那先有形体而后又无形的事物,并非从来不曾具有形体。一切有生之物,按照自然法则必将终结。终结的不得不终结,正如存在的不得不存在。而想要使生命成为永恒,妄图截止这种终结,是不懂得自然法则啊。精神,是天所具有的;骨骸,是地所具有的。属于天的清明空灵而四散飘逸,属于地的浑浊

وجاء في كتاب هوانغ دي قائلاً: "حركة ما له شكل لا تولّد شكلاً بل ظلاًّ؛ وحركة ما له صوت لا تولِّد صوتاً بل صدًى؛ وحركة ما هو عديم لا تولِّد عدماً بل وجوداً." فإن ما له شكل لا بدّ أن يكون له نهاية؛ وهل للسماء والأرض نهاية؟ إنهما ستصلان معي إلى نهايتهما. وهل لهذه النهاية نهايتها؟ وإن ذلك لَغير معلوم. أمّا الطاو فتنتهي فيما لا بداية له في الأصل، وتكتمل فيما لا وجود له في الأصل. ويرجع ما له حياة إلى ما لا حياة له؛ ويعود ما له شكل إلى ما لا شكل له. وما لا حياة له لا يعني أنه لا حياة له في الأصل؛ وما لا شكل له لا يعني أنه لا شكل له في الأصل. وما له حياة لا بدّ أن يكون له نهاية تبعاً لقواعد الطبيعة. وما له نهايته لا بدّ أن يكون له نهاية، وأن ما له حياة لا بدّ أن يكون له حياة أيضاً. فمن يطمع في تخليد حياته، ويمنع نهايته، يكن جاهلاً عن قواعد الطبيعة. والأرواح عائدة إلى السماء، والجثث راجعة إلى الأرض. وما يعود إلى السماء هو صافٍ متفرّق، وما يرجع إلى الأرض هو راكد متجمّع.

【原文】

聚。精神离形，各归其真，故谓之鬼。鬼，归也，归其真宅。黄帝曰：“精神入其门，骨骸反其根，我尚何存？”

【今译】

沉重而凝结聚合。精神离开了形体，各自回归它们的本原，所以称之为鬼。鬼，就是归，意思是回归到本原之地。黄帝说：“精神进入众妙之门，骨骸返归物质本原，我的形体与灵魂还有什么存在呢？”

وإن ترحل الأرواح عن الأشكال، وترجع كلتاهما إلى ما كان لهما في الأصل، فتتمّ تسميتُها بالعفريت، الذي يعني الرجوع، والرجوع إلى بيته الأصليّ، كما قال هوانغ دي: "إذا دخلت الأرواح إلى باب السماء، ورجعت الجمجمة إلى جذر الأرض، فماذا يتبقّى لجسدي وروحي؟"

【原文】

人自生至终，大化有四：婴孩也，少壮也，老耄也，死亡也。其在婴孩，气专志一，和之至也；物不伤焉，德莫加焉。其在少壮，则血气飘溢，欲虑充起；物所攻焉，德故衰焉。其在老耄，则欲虑柔焉；体将休焉，物莫先焉；虽未及婴孩之全，方于少壮，闲矣。其在死亡也，则之于息焉，反其极矣。

【今译】

人从出生到死亡，大的变化阶段共有四个：婴孩，少壮，年老，死亡。人在婴孩阶段，神气专注，意志专一，最为和谐；外物不能伤害他，德行无须再添加。在少壮阶段，血气飘浮横溢，各种欲望与思虑充盈体内；外物便来侵扰他，所以德行便衰退了。在老年阶段，欲望与思虑渐渐消退；身体即将安息，外物不再与他争先；虽然还比不上婴孩时的完备，但与少壮时相比，却称得上安稳闲静了。人在死亡阶段，就到了完全安息的时候，复归于自然的本原。

الإنسان من ولادته إلى وفاته يمرّ بتحوّلات أربعة كبيرة، وهي طفولة ومراهقة وشيخوخة ووفاة. فإنه في طفولته مركَّز في الروح، وموحَّد في العقل، وبالغ في الانسجام غايته، التي لا تضرّ بها الأشياءُ، ولا تزيد عليها الفضائلُ؛ وهو في مراهقته عائم في الدم، وفائض في الروح، وحافل بالشهوات والرغبات، وتهجم عليه الأشياء حتى تنهزم عنده الفضائل؛ وهو في شيخوخته ضعيف في الشهوات والرغبات، ويميل جسده إلى الراحة، ولا تنافسه الأشياءُ، ومع أن فضائله لا تضاهي كمالها في طفولته، إلاّ أنها إذا قُورِنَت بما في مراهقته، تفضّل الهدوء والسكون؛ وهو في وفاته قد حان له وقت الراحة التامّة والعودة إلى حيث ينتمي إليه.

【原文】

孔子游于太山，见荣启期行乎郕之野，鹿裘带索，鼓琴而歌。

孔子问曰:“先生所以乐，何也？”

对曰:“吾乐甚多：天生万物，唯人为贵；而吾得为人，是一乐也。男女之别，男尊女卑，故以男为贵；吾既得为男矣，是二乐也。人生有不见日月、不免襁褓者；吾既已行年九十矣，是三乐也。贫者，士之常也；死者，人之终也。处常得终，当何忧哉？”

孔子曰:“善乎！能自宽者也。”

【今译】

孔子在泰山游览，看见荣启期在郕地的郊野行走，身上穿着粗劣的皮衣，腰间系着绳索带子，一边弹琴，一边唱歌。

孔子问道:“先生这样快乐的原因是什么呢？”

荣启期回答道:“我快乐的原因有很多：上天生养万物，只有人是最尊贵的；而我得以成为人,这是第一件快乐的事。男女有别，男尊女卑，所以以男子为尊贵；我已经成为一名男子，这是第二件快乐的事。人生有不曾看见太阳月亮就在母亲腹中死去的，也有活了没多久，就在襁褓里夭折的；我已经活了九十多岁，这是第三件快乐的事。贫穷是读书人的常情；死亡是人生的必然结局。我处在读书人普遍的常情中，等候着必然降临的结局，还有什么使我忧虑的呢？”

孔子说:“好啊！真是一个能够自我宽慰的人。”

قام كونفوشيوس برحلة في جبل تاي (Tai)، فرأى الناسك رونغ تشي تشي[1] (Rong Qiqi) ماشياً في بادية بلدة تشنغ[2] (Cheng)، وهو يرتدي معطفاً من الفراء، ويربط حزاماً من الكتّان في خصره، ويغنّي مع العزف على العود.

فسأله كونفوشيوس قائلاً: "لماذا تفرح هكذا؟"

أجابه قائلاً: "لما يُفْرِحُني أسباب عديدة، منها أن الطبيعة تخلق كلّ الكائنات، وأكرمها هو الإنسان، فأنا محظوظ بأن أكون واحداً منه، وذلك هو فرحي الأوّل؛ وأن بين الإنسان تمييزاً بين الرجل والمرأة، والرجل محترَم والمرأة محتقَرة، فأنا محظوظ بأن أكون واحداً من الرجال، وذلك هو فرحي الثاني؛ وأن الناس بعد ولادتهم منهم من لم يرَ الشمس والقمر ولم ينجُ في القماط (اللفافة)، فأنا محظوظ بأنني قد عشت تسعين سنة، وذلك هو فرحي الثالث. وإن الفقر هو دائم للمثقّف، والوفاة هي نهاية الإنسان، فأنا أبقى فيما هو دائم، وأنتظر ما هو نهاية، فماذا عليّ أن أقلق عليه؟"

قال كونفوشيوس: "أحسنت! فأنت إنسان قادر على تهدئة نفسك."

1 رونغ تشي تشي (Rong Qiqi) كان ناسكاً في عصر الربيع والخريف.

2 تشنغ (Cheng) اسم بلدة صينيّة قديمة تقع حاليّاً في شمال شرقيّ مدينة نينغيانغ (Ningyang) في مقاطعة شندونغ (Shandong).

【原文】

林类年且百岁，底春被裘，拾遗穗于故畦，并歌并进。

孔子适卫，望之于野。顾谓弟子曰：“彼叟可与言者，试往讯之！”

子贡请行。

逆之垄端，面之而叹曰：“先生曾不悔乎，而行歌拾穗？”

林类行不留，歌不辍。子贡叩之不已，乃仰而应曰：“吾何悔邪？”

【今译】

林类年纪将近一百岁了，到了春天还披着皮衣，在割过麦子的田垄上捡拾遗落的麦穗，一边唱歌，一边行进着。

孔子到卫国去，在田野上望见了他。孔子回过头对弟子们说：“那个老头儿或许可以同他攀谈攀谈，谁愿意过去问问他？”

子贡请求前去。

他在田垄一头迎上林类，面对他叹了一口气说：“老先生不曾后悔吗，还这样唱着歌谣拾麦穗？”

林类不停往前走，歌声不断。子贡连连向他询问，林类才抬头答道：“我有什么后悔的？”

وقد ناهز لين لي (Lin Lei) مئة سنة من عمره، وهو ما زال يرتدي معطفاً قديماً من الفراء في الربيع، بيدَ أنه كان يغنّي ويسير إلى الأمام، وهو يلتقط السنابل المتناثرة في الحقل بعد الحصاد.

وعندما سافر كونفوشيوس إلى مملكة وي (Wey)، ورآه في الحقل، أدار رأسه وقال لأتباعه: "ذلك الشيخ يمكنكم أن تحاوروه، فمن منكم يريد أن يذهب إليه ليسأله؟"

تقدّم تسي قونغ (Zi Gong) ليذهب إليه، والتقى به في طرف آخر من الحقل، وتقابل معه وجهاً لوجه، وسأله بتنهّد وتحسّر: "يا معلّمي، ألم تندم من قبل، وأنت تحبّ الغناء عندما تلتقط السنابل؟"

إلاّ أنه لم يتوقّف عن سيره ولم ينقطع عن غنائه. فألحّ تسي قونغ على سؤاله، حتى رفع إليه لين لي رأسَه وأجابه قائلاً: "وعلام أندم؟"

【原文】

子贡曰："先生少不勤行，长不竞时，老无妻子，死期将至：亦有何乐而拾穗行歌乎？"

林类笑曰："吾之所以为乐，人皆有之，而反以为忧。少不勤行，长不竞时，故能寿若此。老无妻子，死期将至，故能乐若此。"

子贡曰："寿者人之情，死者人之恶。子以死为乐，何也？"

【今译】

子贡说："先生少年时不努力作为，长大后又不争取时运，到老了没有妻子儿女，眼看着死期将要临近：还有什么值得您快乐到一边拾麦穗一边唱歌呢？"

林类笑着说："我快乐的原因，人人都有，却反而以它们为忧愁。正因为少年时不努力作为，长大后又不争取时运，所以我才能这样长寿。正因为老来没有妻子儿女，死期也将要临近，所以我才能这样快乐。"

子贡说："长寿，是人们所向往的，死亡，是人们所厌恶的。您以死亡为快乐，为什么呀？"

قال له تسي قونغ: "يا معلّمي، لم تكن جاهداً في عملك في ريعان صباك، ولا ساعياً لمواكبة العصر في عنفوان شبابك، وليس لك زوجة ولا أطفال في شيخوختك، وسينقضي بك الأجل، فما هو الذي يُفْرِحُك، وأنت تسير مع الغناء في حين تلتقط السنابل؟"

فابتسم لين لي قائلاً: "الذي يُفْرِحُني يملكه كلُّ الناس إلاّ أنهم على خلاف ذلك يعدّونه ما يُقْلِقُهم. فأنا لم أكن جاهداً في عملي في ريعان صباي، ولا ساعياً لمواكبة العصر في عنفوان شبابي، وذلك هو السبب الذي مكّنني من التمتّع بمثل هذا العمر المديد؛ وليس لي زوجة وأطفال في شيخوختي، وسينقضي بي الأجل، وذلك هو السبب الذي مكّنني من التمتّع بمثل هذا الفرح."

فسأله تسي قونغ: "العمر المديد هو ما يرغب فيه الإنسان، والوفاة هي ما يرغب عنه الإنسان، فلماذا تُعَدُّ الوفاة فرحاً؟"

【原文】

林类曰:“死之与生,一往一反。故死于是者,安知不生于彼?故吾知其不相若矣?吾又安知营营而求生非惑乎?亦又安知吾今之死不愈昔之生乎?”

子贡闻之,不喻其意,还以告夫子。

夫子曰:“吾知其可与言,果然;然彼得之而不尽者也。”

【今译】

林类说:“死亡与生存,恰如一去一回。所以在这儿死去的,又怎么知道不会在另一个地方诞生?所以又怎么知道生和死不是相等的呢?我又怎么知道苦苦谋求生存不是一种糊涂呢?而且我又怎么知道我今天的死不胜过往昔的生呢?”

子贡听了他的话,不理解其中的涵义,便回去告诉孔子。

孔子说:“我知道这个人可以同他攀谈,果然是这样;然而他所掌握的道理还没有达到完满的地步。”

أجابه لين لي: "الوفاة والولادة لم تكونا إلاّ ذهاباً وإياباً، فكيف تعرف أن الوفاة هنا لا تعني الولادة هناك؟ لذا كيف أعرف أن الولادة لا تتساوى مع الوفاة؟ وكيف لي أن أعرف أيضاً أن السعي الجاهد للحياة ليس نوعاً من الحماقة؟ وكذلك كيف لي أن أعرف أن وفاتي في الحاضر ليست أفضل من ولادتي في الماضي؟"

سمع تسي قونغ كلامه غيرَ مُدْرِك لمعناه، وعاد إلى كونفوشيوس ليخبره بذلك.

فقال له كونفوشيوس: "أعرف أنه يستحقّ أن تُحَاوِرَه، وذلك لم يخرج عن توقّعي، غير أن ما قد فهمه لم يبلغ مبلغ الكمال."

【原文】

子贡倦于学，告仲尼曰："愿有所息。"

仲尼曰："生无所息。"

子贡曰："然则赐息无所乎？"

仲尼曰："有焉耳。望其圹，睾如也，宰如也，坟如也，鬲如也，则知所息矣。"

子贡曰："大哉死乎！君子息焉，小人伏焉。"

【今译】

子贡对学习有些厌倦，便禀告孔子说："我希望休息一下。"

孔子说："人生是没有什么休息的。"

子贡说："那么我就没有休息的地方了？"

孔子说："有是有的。你看那墓穴，高高的，大大的，隆起的，中间空空而又与外界隔绝的样子，就知道在哪里可以休息了。"

子贡说："伟大的死亡啊！君子在其中安息，小人在其中埋葬。"

كان تسي قونغ ضائقاً بالدراسة، وقال لكونفوشيوس: "أتمنّى أن آخذ قسطاً من الراحة."

فقال له كونفوشيوس: "لا راحة للإنسان في حياته."

سأله تسي قونغ: "إذن، ألا يكون لي مكان أستريح فيه؟"

أجابه كونفوشيوس: "لك مكان للراحة. فانظر إلى تلك المقبرة عاليةً كبيرةً وناتئةً مُجوَّفةً، تعرف مكاناً تستريح فيه."

قال تسي قونغ: "ما أعظم الوفاة! وهي تُريح الكرماء، وتدفن اللؤماء."

【原文】

仲尼曰:“赐！汝知之矣。人胥知生之乐，未知生之苦;知老之惫,未知老之佚;知死之恶,未知死之息也。晏子曰:‘善哉，古之有死也！仁者息焉，不仁者伏焉。’死也者，德之徼也。古者谓死人为归人。夫言死人为归人，则生人为行人矣。行而不知归，失家者也。一人失家，一世非之；天下失家，莫知非焉。有人去乡土、离六亲、废家业、游于四方而不归者,何人哉？世必谓之为狂荡之人矣。又有人钟贤世,矜巧能、修名誉、夸张于世而不知已者,亦何人哉？世必以为智谋之士。此二者,胥失者也。而世与一不与一,唯圣人知所与,知所去。”

【今译】

孔子说:“赐！你终于明白了。人们都知道活着的快乐，却不知道活着的痛苦；都知道年老的疲惫，却不知道年老的安逸；都知道死亡的可恶，却不知道死亡是一种休息。晏子说:‘好啊，自古以来就有死亡！有仁义的人在其中安息，无仁义的人在其中埋葬。’所谓死亡,就是德性的复归。古时候将死人叫做归人。称死人为归人，那么活着的人就是行人了。远行而不知道回归，就是抛弃家庭。一个人抛弃家庭，所有世人都会责备他；整个天下抛弃家庭，就没有人知道要去责备了。有的人离开故乡，抛弃亲人，废弃家业，游荡在四方而不知回归，这是什么人呢？世人一定称他是狂荡的人。又有人热衷于安定贤明之世，自以为灵巧能干，沽名钓誉，夸张炫耀自己而不了解自己，这又是什么人呢？世人一定以为他是深富智谋的人了。这两种人，都是有过错的。可是世人都肯定智谋之士而否定狂荡之人，只有圣人才知道什么是应当赞许的，什么是应当摈弃的。”

فقال له كونفوشيوس: يا تسي[1]! قد أدركت ذلك أخيراً. وكلّ الناس عالمون بأفراح الحياة، وجاهلون آلامها؛ وعالمون بمشقّة الشيخوخة، وجاهلون هناءتها؛ وعالمون بشرّ الوفاة، وجاهلون راحتها. وقد قال يان تسي[2]: ما أحسن أن تبدأ الوفاة منذ قديم الزمان! وهي تُريح من له رحمة، وتدفن من ليس له رحمة. والوفاة هي عودة الفضائل، فكان القدامى يُسمّون المتوفّى بعائد. وإن يكن المتوفّى مُسمًّى بـ "العائد"، يكن الحي مُسمًّى بـ "سائر". والسائر الذي لا يعرف العودة هو المتخلّي عن أسرته، فإن يتخلَّ المرءُ عن أسرته، يلُمْه كلُّ العالم؛ وإن يتخلّ كلّ العالم عن أسره، فلا أحد يعرف أن يلوم. ومن هو الذي يبعد عن موطنه، ويرحل عن أهله، ويهمل ممتلكاته، ويتسكّع في كلّ مكان، وهو لا يعرف العودة؟ فلا بدّ للعالم من عدّه متشرّداً متهتّكاً. ومن هو الآخر الذي ينغمس في العالم الذي يسوده الفضلاء، ويفتخر ببراعته ومهارته، ويبتغي سمعته وشهرته، ويتباهى بنفسه في العالم وهو لا يعرف الانقطاع عن ذلك؟ فلا بدّ للعالم من عدّه صاحبَ حكمة وحيلة. وهذان النوعان من الناس لكلّ منهما أخطاء، بيدَ أن العالم يمدح أحدهما ولا يمدح الآخر، ولا يعرف التمييز بين الممدوح والمرفوض إلاّ الإنسانُ الحكيم."

---

1 تسي (Ci) هو اسم آخر لتسي قونغ (Zi Gong).

2 يان تسي (Yan Zi، عام 578-500ق.م) اسمه الأصليّ يان ينغ (Yan Ying)، وهو من أشهر الساسة والمفكّرين والدبلوماسيّين في عصر الربيع والخريف، وكان وزيراً لمملكة تشي أكثر من 40 سنة حيث كان يؤازر الملك لينغ قونغ (Ling Gong) والملك تشوانغ قونغ (Zhuang Gong) والملك جينغ قونغ (Jing Gong)، حتى صار مشهوراً بين الأمراء الإقطاعيّين برؤياه السياسيّة ومواهبه الدبلوماسيّة.

【原文】

或谓子列子曰:“子奚贵虚?”

列子曰:“虚者无贵也。”

子列子曰:“非其名也,莫如静,莫如虚。静也虚也,得其居矣;取也与也,失其所矣。事之破砀而后有舞仁义者,弗能复也。”

【今译】

有人对列子说:“先生您为什么特别以虚无为贵呢?”

列子回答说:“虚无本身是无所谓贵贱的。”

列子又说:“要否定人为的名义,就不如保持清静,保持虚无。清静、虚无,就掌握了道之所在;索取、给予,就丧失了道之所在。事物的本性被毁坏以后,再来舞弄仁义的说教,是不能使之复原的。”

قال قائل للمعلّم ليه تسي: "لماذا تمجّد الخلاء؟"

فأجابه ليه تسي: "لأن الخلاء لا نبالةَ له ولا حقارةَ."

وأردف المعلّم ليه تسي قائلاً: "الرفض للاسم المزيّف لا سبيل مُمهّد له إلاّ بالسكون ولا طريق مُعبّد له إلاّ بالخلاء. فإن السكون والخلاء هما اللذان يُرْشِدان الإنسانَ إلى مقام الطاو؛ والأخذ والعطاء هما اللذان يُفْقِدان الإنسانَ من محلّ الطاو. ومن يتلاعب بالرحمة والعدالة بعد أن كانت طبيعةُ الأشياء مُخرَّبة مُدمَّرة، يكن عاجزاً عن استعادتها."

【原文】

鬻熊曰："运转亡已，天地密移，畴觉之哉？故物损于彼者盈于此，成于此者亏于彼。损盈成亏，随世随死。往来相接，间不可省，畴觉之哉？凡一气不顿进，一形不顿亏，亦不觉其成，亦不觉其亏。亦如人自世至老，貌色智态，亡日不异；皮肤爪发，随世随落，非婴孩时有停而不易也。间不可觉，俟至后知。"

【今译】

鬻熊说："万物运动流转永无止息，天地也在悄无声息地迁移变化，谁察觉到了呢？所以事物在那里亏损，就会在这里充盈，在这里完成，就会在那里毁坏。亏损、充盈、完成、毁坏，随时发生，随时消亡。来来往往，相互衔接，其中的间隙无法省察，有谁感觉到了呢？但凡一种元气不是突然增长，一种形体不是突然亏损，人们就感觉不到它的完成，也感觉不到它的损毁。也正像人从出生到年老，容貌、神色、智力、体态，没有一天不在变化；皮肤、指甲、头发，随时生长，随时脱落，并非婴儿时就停滞而不再改变了。变化的间隙不可察觉，只有等到变化发展的结果出现之后才会明白。"

قال يوي شيونغ[1] (Yu Xiong): "إن كلّ الكائنات لن يتوقّف تتابعُها وتعاقبُها، حتى السماء والأرض تتنقّلان وتتغيّران بطريقة خفيّة، فهل شعر بذلك أحد؟ لذا فإن تكن الأشياءُ ناقصة هناك، تكن فائضة هنا؛ وإن تكن مُنجَزة هنا، تكن مُتلَفة هناك. وإن كُلاً من النقص والفيض والإنجاز والإتلاف يحدث في أيّ وقت، ويختفي في أيّ وقت، ويغدو ويروح، ويتتابع ويتعاقب، ويكون أوّلُه آخِرَه من دون أن تُلاحَظ الفواصلُ بينهما، فهل شعر بذلك أحد؟ وغالباً ما إذا لم يكن أيّ روح زائداً بطريقة مفاجئة، ولا أيّ جسم ناقصاً بطريقة مفاجئة، فلا أحد يشعر بأنه مُنْجَز، ولا يشعر أيضاً بأنه مُتْلَف، وذلك أيضاً كالإنسان من ولادته إلى شيخوخته، إذ يتغيّر محيّاه وملمحُه وعقلُه ومظهرُه بلا انقطاع في كلّ يوم، وينمو كلّ من جلده وبشرته وظفره وشعره في أيّ وقت، ويسقط في أيّ وقت، حتى لا يتوقّف ذلك في طفولته من دون أيّ تغيّر، لا تُلاحَظ الفواصلُ بينه، وهي لا تُعْرَف إلاّ بعد شيخوخته."

1 يوي شيونغ (Yu Xiong) هو من أسلاف مملكة تشو (Chu) في عصر أسرة زو الملكيّة، وكان معلّماً للملك ون (Wen) لأسرة زو الملكيّة.

【原文】

杞国有人忧天地崩坠，身亡所寄，废寝食者。又有忧彼之所忧者，因往晓之，曰："天，积气耳，亡处亡气。若屈伸呼吸，终日在天中行止，奈何忧崩坠乎？"

其人曰："天果积气，日月星宿，不当坠耶？"

晓之者曰："日月星宿，亦积气中之有光耀者，只使坠，亦不能有所中伤。"

其人曰："奈地坏何？"

晓者曰："地积块耳，充塞四虚，亡处亡块。若躇步跐蹈，终日在地上行止，奈何忧其坏？"

【今译】

杞国有个人，担忧着天会崩坠，地会塌陷，自身将没有可以寄托的地方，以至于睡不着觉，吃不下饭。又有一个人，为他的担忧而担忧，因而前去开导他，说："天，不过是积聚的气罢了，没有一处没有气。你弯腰伸臂、呼气吸气，成天在天之中活动，为什么还担忧它会崩坠呢？"

那个杞国人说："天如果真的是积聚的气，那太阳、月亮、星星，不会落下来吗？"

开导他的人说："太阳、月亮、星星也只是积聚的气当中会发光发亮的，即使落下来，也不会造成伤害。"

杞国人又问："那地要是塌陷下去怎么办呢？"

开导他的人说道："地，不过是积聚的土块罢了，土块充盈在四面八方，没有一处没有土块。你散步、行走、踩踏、蹦跳，成天在地上活动，为什么还担心它会塌陷呢？"

كان في مملكة تشي[1] رجل يخشى انهيار السماء وانخساف الأرض، حتى لا يجد لنفسه مأوًى وملجأً، فلا يعرف النوم والأكل؛ وكان فيها أيضاً رجل يخشى ما يخشاه، فذهب إليه ليُرشده قائلاً: "السماء ليست إلاّ أهوية متراكمة، ولا مكان يخلو منها. وأنت تتحرّك كلّ يوم وتفعل كلّ أمر تحت السماء مثل الانحناء والامتداد والتنفّس والتنشّق، فلِمَ تقلق على انهيارها؟"

فقال الرجل الأول: "إذا كانت السماء أهوية متراكمة حقّاً، فلم لا تهوي منها الشمس والقمر والنجوم والكواكب؟"

قال له الرجل الذي يُرشده: "إن الشمس والقمر والنجوم والكواكب ليست أيضاً إلاّ ما له أنوار وأضواء من الأهوية المتراكمة، ولن تقدر على إحداث أيّ ضرر، ولو سقطت."

فسأله الرجل الأوّل: "ماذا عن انخساف الأرض؟"

أجابه الرجل الذي يرشده قائلاً: "إن الأرض ليست إلاّ أتربة متراكمة، تملأ كلّ الأرجاء، ولا مكان يخلو منها. تدوس، تطأ، تخطو، تقفز، وتتحرّك كلّ يوم، وتفعل كلّ أمر على الأرض، فلِمَ تقلق من انخسافها؟"

---

1 تشي (qi) اسم مملكة صينيّة قديمة عاصمتها يونغ تشيو (Yongqiu)، وهي تقع حاليّاً في بلدة تشي من مقاطعة خهنان. ومملكة تشي هنا تختلف عن مملكة تشي (qí، عام 1046–221ق.م) الأخرى في تاريخ الصين، وهي إقطاعة لأسرة زو الملكيّة يمتدّ تاريخها من عهد أسرة زو الغربيّة إلى عصر الممالك المتحاربة، مقسّماً إلى عصر جيانغ تشي (Jiangqi) وعصر تيان تشي (Tianqi)، ويقع معظم أرضها في مقاطعة شاندونغ الصينيّة اليوم.

【原文】

其人舍然大喜，晓之者亦舍然大喜。

【今译】

杞国人听了如释重负，十分欢喜。开导他的人也如释重负，十分欢喜。

فشعر الرجل الأوّل براحة كبيرة حتى غمرتْه سعادة بالغة، وكذلك الرجل الذي كان يُرشده.

【原文】

长庐子闻而笑之曰:“虹蜺也,云雾也,风雨也,四时也,此积气之成乎天者也。山岳也,河海也,金石也,火木也,此积形之成乎地者也。知积气也,知积块也,奚谓不坏?夫天地,空中之一细物,有中之最巨者。难终难穷,此固然矣;难测难识,此固然矣。忧其坏者,诚为大远;言其不坏者,亦为未是。天地不得不坏,则会归于坏。遇其坏时,奚为不忧哉?”

【今译】

长庐子听到这件事后笑着说:“虹霓呀,云雾呀,风雨呀,四季呀,这是积聚的气所形成的天。山岳呀,河海呀,金石呀,火木呀,这是堆积的实体所形成的地。既然知道天是积聚的气,地是堆积的土块,为什么还说它们不会毁坏呢?天地在无限的宇宙中只是一个细微的物体,而在具体存在的事物中,却是最为巨大的事物。它们难以终结,难以穷尽,这是必然的;人们难以蠡测其深浅,难以认识其规律,也是必然的。担忧它们会毁坏,实在是担忧得太远了;说它不会毁坏,也未必对。天地不能不坏,而且总归是要坏的。如果遇到天崩地坠,为什么不担忧呢?”

وعندما سمع تشانغ لو تسي[1] (Changlu Zi) عن ذلك، ضحك وقال: "إن أقواس القزح، والسحب والضباب، والرياح والأمطار، والفصول الأربعة، كلّها أهوية متراكمة تتكوّن في السماء؛ والتلال والجبال، والأنهار والبحار، والمعادن والصخور، والنيران والأخشاب، كلّها أتربة متراكمة على الأرض. وإذا عرفت أن الأولى من الأهوية المتراكمة، والثانية من الأتربة المتراكمة، فلم لا تقول إنهما لا تُخرَّبان ولا تُدمَّران؟ وإن السماء والأرض من الأجسام الصغيرة في الكون، غير أنهما أكبر في كلّ الموجودات، لذا تكون الصعوبة في وضع حدودهما وكشف أسرارهما وجوباً، والصعوبة في سبر أغوارهما ومعرفة قوانينهما محتوماً أيضاً. والقلق من سقوطهما في الحقيقة بعيد عن الحقّ، بيدَ أن القول بعدم سقوطهما ليس على صواب أيضاً. ولا يمكن للسماء والأرض ألاّ تُدمَّرا، وتنتهيا بفناء في الأخير، فلِمَ لا قلق منهما عند تعرّضهما للدمار؟"

1 تشانغ لو تسي (Changlu Zi) رجل من مملكة تشو (Chu) قد ألّف تسعة كتب، وهو ينتمي إلى المدرسة الطاوية.

【原文】

子列子闻而笑曰："言天地坏者亦谬，言天地不坏者亦谬。坏与不坏，吾所不能知也。虽然，彼一也，此一也。故生不知死，死不知生；来不知去，去不知来。坏与不坏，吾何容心哉？"

【今译】

列子听到这件事后笑着说："说天地会坏是荒谬可笑的，说天地不会坏也是荒谬可笑的。天地会坏不会坏，不是我们所能知道的。既然如此，天地不会坏是这么一回事，天地会坏也是这么一回事。所以活着不知道死后的境地，死后也不知道生前的遭遇；未来不知道过去的情况，过去也不知道未来的情况。天地会坏或不会坏，又为什么要放在心上呢？"

وعندما سمع عن ذلك، قال ضاحكاً: "القول بدمار السماء والأرض سخيف، والقول بعدم الدمار للسماء والأرض سخيف أيضاً، إذ إن الدمار أو عدم الدمار ليس ما أقدر على معرفته، ومع ذلك إلاّ أن الدمار هو احتمال، وعدم الدمار هو احتمال آخر. لذا لا يعرف الحيّ ما بعد الموت، والميّت لا يعرف ما قبل الحياة؛ والغادي لا يعرف ما للرائح، والرائح لا يعرف ما للغادي؛ فلِمَ أُشْغِلُ بالي بالدمار أو عدم الدمار للسماء والأرض؟"

【原文】

舜问乎烝曰:“道可得而有乎?”

曰:“汝身非汝有也，汝何得有夫道?”

舜曰:“吾身非吾有，孰有之哉?”

曰:“是天地之委形也。生非汝有，是天地之委和也。性命非汝有，是天地之委顺也。孙子非汝有，是天地之委蜕也。故行不知所往,处不知所持,食不知所以。天地强阳，气也，又胡可得而有邪?”

【今译】

舜问烝说:“道可以获得并占有吗?”

烝回答说:“你的身体都不属于你，你又怎么能占有道呢?”

舜说:“我的身体不属于我，那属于谁呢?”

烝回答说:“它是天地所托付给你的形体。生命不属于你所有，它只是天地托付给你的和顺之气。性命不属于你所有，它只是天地托付给你的顺化之气。子孙后代不属于你所有，他们只是天地以蜕变的生机赋予你的结果。所以行动不知道往哪里去，居住不知道保持处所，饮食不知道滋味。天地不停地运转，全是气的作用，大道又怎么可以得到并且占有呢?”

سأل الإمبراطور شون[1] رجلاً اسمُه تشنغ (Zheng) قائلاً: "هل يمكن أن نحوز الطاو لنملكها؟"

فأجاب قائلاً: "أنت لا تملك جسدك، فكيف تحوز الطاو لتملكها؟"

سأله الإمبراطور شون: "فمن يملك جسدي وهو غير مملوك لي؟"

فأجاب قائلاً: "هو جسم تنوّطك به السماءُ والأرضُ. فحياتك ليست مِلْكاً لك، بل هي روح منسجمة تنوّطك بها السماءُ والأرضُ؛ وأجلُك ليس مِلْكاً لك، بل هو روح مطيعة تنوّطك بها السماءُ والأرضُ؛ وأبناؤك وأحفادك ليسوا مِلْكاً لك، بل هم انسلاخ تنوّطك به السماءُ والأرضُ. لذا إن ترحلْ، لا تعرف أين تتّجه إليه؛ وإن تحلّ، لا تعرف ماذا تلتزم به؛ وإن تأكل، لا تعرف ماذا تشتهي. وإذا كان ما يحرّك السماء والأرض بلا انقطاع هو الروح، فكيف تحوز الطاو لتملكها؟"

1 الإمبراطور شون (Shun) كان قائداً لاتّحاد القبائل الصينيّة في العصور القديمة، ويُعَدّ إمبراطوراً من الأباطرة الخمسة احتراماً له، ويقال إنه قد تنازل عن عرشه الإمبراطور يوي (Yu).

【原文】

齐之国氏大富，宋之向氏大贫。自宋之齐，请其术。

国氏告之曰：“吾善为盗。始吾为盗也，一年而给，二年而足，三年大穰。自此以往，施及州闾。”

向氏大喜。喻其为盗之言，而不喻其为盗之道。遂逾垣凿室，手目所及，亡不探也。未及时，以赃获罪，没其先居之财。

向氏以国氏之谬己也，往而怨之。

【今译】

齐国有户姓国的人家非常富有，宋国有户姓向的人家非常贫穷。

姓向的人从宋国跑到齐国，向姓国的请教致富的方法。

姓国的人告诉他说：“我善于偷盗。当初我偷盗的时候，一年可以自给，二年便已富足，三年后就阔绰了。从此以后，我还接济街坊邻居。”

姓向的听了十分高兴。他只明白姓国的所说的关于偷盗的话，却没有理解他所谓偷盗的道理。于是他翻矮墙、挖壁洞，凡是手摸得着、眼睛看得到的东西，没有不拿走的。没过多久，就因为被查出赃物而受到惩罚，连以前积蓄的财物也被没收了。

姓向的以为姓国的欺骗自己，就跑去埋怨他。

كان هناك رجل غنيّ من أسرة قوه (Guo) في مملكة تشي[1]، في حين كان هناك رجل فقير من أسرة شيانغ (Xiang) في مملكة سونغ. فذهب الثاني من مملكة سونغ إلى الأوّل من مملكة تشي ليسأله عن أسرار غنائه.

فأخبره قوه قائلاً: "كنت ماهراً في السرق. وعندما بدأت بالسرق، صار لي ما يُطْعِمني في السنة الأولى، وما يَكْفِيني في السنة الثانية، وما يُثْرِيني في السنة الثالثة، وما أتصدّق به على جيراني وأهل قريتي منذ ذلك الوقت فصاعداً."

سُرَّ شيانغ بذلك سروراً كبيراً، وكان قد عرف ما قال قوه عن السرق، إلاّ أنه لم يفهم الطرائق التي كان قوه يلجأ إليها في ذلك. فاجتاز الأسوار واخترق البيوت، ليسلب منها كلّ ما تلمسُه يداه وكلّ ما تبصرُه عيناه. ولم يمض على ذلك وقت طويل، حتى اتُّهِم وعُوقِب بسبب مسروقاته، وصُودِر ما كان يدّخر في الماضي من الأموال.

فظنّ شيانغ أن قوه غشّه وخدعه، وذهب إليه ليشتكي منه.

1 مملكة تشي (qí، عام 1046–221ق.م) إقطاعة لأسرة زو الملكيّة يمتدّ تاريخها من عهد أسرة زو الغربيّة إلى عصر الممالك المتحاربة، مقسّماً إلى عصر جيانغ تشي (Jiangqi) وعصر تيان تشي (Tianqi)، ويقع معظم أرضها في مقاطعة شاندونغ الصينيّة اليوم.

【原文】

国氏曰："若为盗若何？"向氏言其状。

国氏曰："嘻！若失为盗之道至此乎？今将告若矣。吾闻天有时，地有利。吾盗天地之时利，云雨之滂润，山泽之产育，以生吾禾，殖吾稼，筑吾垣，建吾舍。陆盗禽兽，水盗鱼鳖，亡非盗也。夫禾稼、土木、禽兽、鱼鳖，皆天之所生，岂吾之所有？然吾盗天而亡殃。夫金玉珍宝，谷帛财货，人之所聚，岂天之所与？若盗之而获罪，孰怨哉？"

【今译】

姓国的问："你是怎么偷盗的呢？"姓向的告诉他自己偷盗的情形。

姓国的说："唉！你误解偷盗的道理到这种地步吗？现在我将它告诉你吧。我听说天有四季节令，地有资源肥力。我偷盗的是天时地利，云和雨的润泽，山林川泽的物产，用来生长我的禾苗，繁育我的庄稼，建筑我的墙垣，砌造我的房屋。在陆地上偷盗飞禽走兽，在水里偷盗鱼虾龟鳖，没有一样不是偷盗来的。庄稼、土木、禽兽、鱼鳖，原本都是自然界生成的，哪里是属于我的？但是我偷盗自然界的物产就不会遭受祸患。金银、玉石、珍珠、宝物、粮食、布帛、钱财、货物，都是人所积聚的，哪里是上天所赐予的？你偷盗它们而被判罪，又能怪谁呢？"

سأله قوه: "كيف كنت تسرق؟" فحدّثه شيانغ عن الكيفيّة التي كان يسرق فيها.

فقال قوه: "واحسرتاه! كيف أخطأت في فهم طرائق السرق إلى هذا الحدّ؟ فدعْني أحدِّثك عنها الآن! سمعت أن السماء لها فصول، والأرض لها موارد، فأسرق ما للسماء من الفصول، وما للأرض من الموارد، وما تُغذّيه السحبُ، وما تُرطِّبه الأمطارُ، وما تُنْتِجُه الجبالُ، وما تُنْجِبُه الأنهارُ، وهي ما أُنمّي به شتلاتي، وأُربّي به مزروعاتي، وأُحصّن به أسواري، وأُشيّد به بيوتي. وأسرق كلَّ ما في البرّ من الطيور والحيوانات، وكلَّ ما في الماء من الأسماك والسلاحف. وإن الشتلات والمزروعات والأتربة والأخشاب والطيور والحيوانات والأسماك والسلاحف، هي كلّها ما تنتجه الطبيعة، فكيف أعدُّها ممّا أملكه؟ إلاّ أنني أسرق ما للطبيعة من دون أن أُعرّض نفسي للكوارث والمصائب. أمّا الذهب واليشم، واللآلئ والجواهر، والحبوب والحرائر، والأموال والبضائع، فهي ما يدّخره الناسُ، وليست ما تهبه الطبيعةُ. وإن تسرقها وتُعاقَب، فمِمّن تشكو إذن؟

【原文】

向氏大惑，以为国氏之重罔己也，过东郭先生问焉。

东郭先生曰："若一身庸非盗乎？盗阴阳之和以成若生，载若形；况外物而非盗哉？诚然，天地万物不相离也；仞而有之，皆惑也。国氏之盗，公道也，故亡殃；若之盗，私心也，故得罪。有公私者，亦盗也；亡公私者，亦盗也。公公私私，天地之德。知天地之德者，孰为盗耶？孰为不盗耶？"

【今译】

姓向的更加迷惑不解了，以为姓国的又一次蒙骗了自己，便去东郭先生那里询问。

东郭先生说："你整个的人难道不是偷盗来的吗？偷盗了阴阳二气的中和来形成你的生命，构成你的形体；更何况你身外之物哪一件不是偷盗来的呢？的确，天地万物都互相联系，不能分离；把它们当作私有而占据，都是糊涂的做法。姓国的偷盗，符合公道，所以没有遭到灾祸；你的偷盗，出于私心，所以就被判了罪。为公或者为私，都是偷盗；不为公或者不为私，也是偷盗。使公有的成其为公有的，使私有的成其为私有的，这就是天地的大德。明白了天地的大德，那么还有谁是在偷盗呢？还有谁不是在偷盗呢？"

شعر شيانغ بمزيد من الحيرة، زاعماً أن قوه يخدعه مرّة أخرى، فذهب إلى المعلّم دونغ قوه[1] ليستشيره.

قال له المعلّم دونغقوه: "أليس جسدك من المسروقات؟ فأنت تسرق الانسجام بين ين ويانغ لتُكوِّن حياتَك، وتملأ بها جسدك. وكذلك الأشياء الخارجيّة التي تملكها أليست من المسروقات؟ وفي الواقع إن السماء والأرض وما بينهما من الكائنات لا تنفصل بعضها عن بعض، وإن تعدّها ممّا هو خاصّ بك وتملكه، فذلك نوع من الحماقة. وما يسرقه قوه يليق بالمبادئ العامّة، فلا كارثة تنزل به؛ وما تسرقه أنت يصدر عن الأطماع الخاصّة، فالعقوبة تُفْرَضُ عليك. وسرق ما يليق بالمبادئ العامّة أو يصدر عن الأطماع الخاصّة هو سرق؛ وسرق ما لا يليق بالمبادئ العامّة أو لا يصدر عن الأطماع الخاصّة هو سرق أيضاً. وإن تعميم ما هو عامّ وتخصيص ما هو خاصّ، هما من فضائل السماء والأرض، وإذا فهمنا فضائل السماء والأرض، فمن هو الذي يسرق؟ ومن هو الذي لا يسرق؟

1 دونغقوه (Dongguo) اسمه الكامل دونغقوه تشونغ (Dongguo Chong)، وكان ناسكاً من مملكة تشي في عصر الربيع والخريف.

第二章 黄帝

【原文】

黄帝即位十有五年，喜天下戴己，养正命，娱耳目，供鼻口，焦然肌色皯黣，昏然五情爽惑。又十有五年，忧天下之不治，竭聪明，进智力，营百姓，焦然肌色皯黣，昏然五情爽惑。黄帝乃喟然赞曰：“朕之过淫矣。养一己其患如此，治万物其患如此。”于是放万机，舍宫寝，去直侍，彻钟悬，减厨膳，退而闲居大庭之馆，斋心服形，三月不亲政事。

【今译】

黄帝登位十五年了，因受到天下民众的拥戴而沾沾自喜，于是调养性命，追求耳目之乐，满足口鼻之欲，竟弄得面色枯黄黝黑，形容憔悴萎靡，头脑昏沉，情志迷惑。又过了十五年，他因担忧天下混乱，就竭尽聪明，用尽才智力量，管理百姓，结果仍然弄得面色枯黄黝黑，形容憔悴萎靡，头脑昏沉，情志迷惑。黄帝便大声叹息道：“我的过错太严重了！只顾调养自己，它的祸害是这样；一心治理天下，它的祸患也是这样。”于是抛弃纷繁政务，离开宫室寝殿，摈斥贴身侍从，撤掉钟鼓娱乐，减省美味膳食，隐退独居在外庭舍馆，内澄其心，外敛其形，三个月没有过问国家政事。

الفصل الثاني هوانغ دي

كان هوانغ دي متربّعاً على عرشه منذ خمس عشرة سنة، وسعيداً بأن كلّ الرعايا في مملكته يساندونه ويؤازرونه، فبدأ بتغذية حياته الغالية، وتسلية أذنيْه وعينيْه، وإرضاء أنفه وفمه، حتى صارت ملامحُه قاحِلةً شاحِبةً، وبشرتُه ذابِلةً داكِنةً، وعواطفُه الخمسُ[1] تائِهةً حائِرةً. ومضت على ذلك خمس عشرة سنة أخرى، وكان يقلق من عدم الاستقرار في مملكته، فبدأ باستنزاف مواهبه وعقوله، واستنفاد كفاءاته وقدراته لتنظيم سوقته ودهمائه، حتى صارت ملامحُه قاحِلةً شاحِبةً، وبشرتُه ذابِلةً داكِنةً، وعواطفُه الخمسُ تائِهةً حائِرةً. فقال هوانغ دي بتنهّد عميق: "ما أكبر أخطائي! وإن أُغذّ نفسي فقط، تكن الكارثةُ هكذا؛ وإن أنظّم كلّ الكائنات، تكن الكارثة هكذا أيضاً." فانكفّ عن أموره الوافرة، وانصرف عن قصوره الفاخرة، وانفصل عن حشمه وخدمه، وابتعد عن أجراسه وطبوله، وانتبذ ما هو لذيذ وشهيّ، حتى انعزل ليختلي بالهدوء والسكون في غرفة خارج بلاطه، وانكبّ على تطهير قلبه وتطويع جسده، وانصرف عن شؤونه السياسيّة ثلاثة أشهر.

1 العواطف الخمس هي عبارة عن الفرح والغضب والشوق والقلق والخوف.

【原文】

昼寝而梦，游于华胥氏之国。华胥氏之国在弇州之西，台州之北，不知斯齐国几千万里；盖非舟车足力之所及，神游而已。其国无帅长，自然而已。其民无嗜欲，自然而已。不知乐生，不知恶死，故无夭殇；不知亲己，不知疏物，故无爱憎；不知背逆，不知向顺，故无利害：都无所爱惜，都无所畏忌。入水不溺，入火不热。斫挞无伤痛，指擿无痟痒。乘空如履实，寝虚若处床。云雾不硋其视，雷霆不乱其听，美恶不滑其心，山谷不踬其步，神行而已。

【今译】

黄帝白天睡觉时做了个梦，梦见自己在华胥国漫游。华胥国在弇州的西面，台州的北面，不知道距离中国有几千万里远；并非依凭舟车或行路可以到达，只能是神魂的飘游罢了。那个国家没有君主官长，一切听凭自然发展罢了。那个国家的百姓没有嗜好欲望，一切听凭自然发展罢了。他们不知道迷恋生存，不知道厌恶死亡，所以没有夭折与短命的人；他们不知道偏爱自身，不知道疏远外物，所以没有喜爱和憎恨；他们不知道背叛违逆，不知道趋附顺从，所以没有利益和祸害：一切都不去贪恋顾惜，一切都不去畏惧忌讳。投进水中不会淹没，踏进火里不会烧伤。刀砍鞭打不会伤痛，指甲搔爬不会酸痒。飞腾空中犹如脚踏实地，睡在虚无里好像躺在床上。云雾不能遮掩他们的视线，雷霆不能扰乱他们的听力，美丽和丑恶不能迷惑他们的心志，高山深谷不能绊住他们的脚步，都是精神在运行而已。

وفي يوم من الأيّام عندما كان يأخذ القيلولة، حلم بأنه قام برحلة في مملكة هواشيوي[1]، وهي تقع في غرب يانتشو[2] وشمال تايتشو[3]، ولا أحدَ يعرف كم لي (li) تبعد عن الصين، ولا أحدَ يقدر على الوصول إليها بالباخرة أو العربة، أو على القدميْن، إلاّ في الخيال، حيث لا ملكَ فيها ولا حاكم، فكلّ شيء فيها يسير على طبيعته؛ ولا رغبة لشعبها ولا شهوة، فكلّ شيء عندهم يسير على طبيعته. وهم لا يعرفون الحبّ للحياة ولا الكره للموت، فليس بينهم مَنْ مات شابّاً طريّاً؛ ولا يعرفون الإيثار على أنفسهم ولا الجفاء عن غيرهم، فليس بينهم حبّ وكره؛ ولا يعرفون التمرّد والعصيان، ولا السمع والطاعة، فليس بينهم منفعة ومضرّة؛ ولا يعرفون الشحّ والضنّ، ولا الرادع والوازع، فلا يغرقون في الماء، ولا يحرقون في النار؛ ولا يجرحون إذا قطعتْهم السكاكينُ، ولا يؤلمون إذا ضربتْهم الأسواطُ، ولا يشعرون بالحكّ والوجع إذا خدشتْهم الأظافر، ويركبون الهواء كأنّهم يطؤون الأرض، ويفترشون الخلاء كأنهم يضطجعون على السرير؛ والسحاب والضباب لا يحجبان عيونَهم؛ والرعد والصاعقة لا يشوّشان آذانَهم؛ والجمال والقبح لا يغشّيان قلوبَهم؛ والجبال والوديان لا تعثّران خطواتِهم؛ فإن كلّ ما يفعلون ليس إلاّ ما تفعله أرواحُهم.

---

1 هواشيوي (Huaxu) اسم مملكة واردة في الأساطير الصينيّة القديمة.

2 يانتشو (Yanzhou) اسم مكان في الصين القديمة، يقال إنه يقع في غرب السهول الوسطى من الصين.

3 تايتشو (Taizhou) اسم مكان في الصين القديمة، يقال إنه يقع في شمال غرب السهول الوسطى من الصين.

【原文】

黄帝既寤，怡然自得，召天老、力牧、太山稽，告之，曰:“朕闲居三月，斋心服形，思有以养身治物之道，弗获其术。疲而睡，所梦若此。今知至道不可以情求矣。朕知之矣！朕得之矣！而不能以告若矣。”

又二十有八年，天下大治，几若华胥氏之国，而帝登假。百姓号之，二百馀年不辍。

【今译】

黄帝从梦中醒来，怡然自得，于是把天老、力牧、太山稽招来，告诉他们说:“我闲居了三个月，内澄其心，外敛其形，思考如何修养身心、治理天下，但没能得到好的方法。我在疲惫中睡去，所梦见的就是这样。现在我知道最高深玄妙的道是不能通过寻常情理求得的。我明白它啦！我得到它啦！但是我却无法把它告诉你们啊。”

又过了二十八年，天下大治，几乎就像华胥国，可是黄帝却逝世了。百姓痛哭哀号，二百多年都没有停止。

وشعر هوانغ دي بسعادة وقناعة بعد أن استيقظ من النوم، فاستدعى تيان لاو ولي مو وتايشان جي[1] ليخبرهم قائلاً: "كنت أخلو بنفسي منذ ثلاثة أشهر، وأنهمك في تطهير قلبي وتطويع جسمي، لأتأمّل في الطاو لتغذية جسمي وتنظيم مملكتي، إلاّ أنني لم أجد إليها سبيلاً. فشعرت بتعب شديد، واستسلمت للنوم، حيث حلمت بمثل هذا الحلم، وقد فهمت اليوم أن أكبر طاو لا يمكنها أن تُدْرَك بالعواطف العاديّة. والآن قد فهمتها، وأدركتها! لكنني لا أستطيع أن أخبركم بأسرارها."

ومضت ثمان وعشرون سنة أخرى، حتى صارت المملكة في انتظام تامّ، كاد يشبه ما في مملكة هواشيوي، بيدَ أن هوانغ دي قد فارق الدنيا، وذلك أغْرَقَ شعبَه في البكاء والندب بعده بما يزيد على مئتيْ سنة بلا انقطاع.

---

1 تيان لاو (Tian Lao) ولي مو (Li Mu) وتايشان جي (Taishan Ji) يُرْوَى أنهم كانوا ثلاثة وزراء مناصرين لـ هوانغ دي.

【原文】

列姑射山在海河洲中，山上有神人焉，吸风饮露，不食五谷；心如渊泉，形如处女。不偎不爱，仙圣为之臣；不畏不怒，愿悫为之使；不施不惠，而物自足；不聚不敛，而已无愆。阴阳常调，日月常明，四时常若，风雨常均，字育常时，年谷常丰；而土无札伤，人无夭恶，物无疵厉，鬼无灵响焉。

【今译】

列姑射山在黄河入海口的河洲中，山上有神人居住，他吸清风、饮露水，不食五谷杂粮；心灵如同虚静的渊泉，形体好似柔弱的处女。他不亲不爱，但神仙圣人都臣服于他；他不威不怒，但忠厚老实的人都甘愿供他役使；他不施舍不惠赠，但人们物质财富自然充足；他不聚财不敛物，但自身从无困顿贫乏。那儿阴阳总是调和，日月总是明朗，四季总是和顺，风雨总是均匀，生育总是合时，五谷总是丰盛；而且大地上没有瘟疫，人间没有夭折，万物没有灾患，连鬼怪也无法作祟。

كان في جبل ليهقويه[1] (Lieguye) الواقع على جزيرة في مصب النهر الأصفر، رجل ساحر، يتنشّق النسيم اللطيف، ويتجرّع الندى النقيّ، من دون أن يأكل الحبوب الخمسة[2]؛ ويشبه في قلبه ينبوعاً فيّاضاً، وفي شكله حسناءَ عذراء. وهو لا يكون متحيّزاً ولا متعصّباً، حتى يكون الملائكةُ والحكماءُ من وزرائه؛ وهو لا يكون صارماً ولا ساخطاً، حتى يكون الأمناءُ والأوفياءُ من رعاياه؛ وهو لا يكون مُحْسِناً ولا مُفْضِلاً، بيدَ أن الأشياء عند غيره وافرة كافية؛ وهو لا يكون سالباً ولا ناهباً، بيدَ أنه لا يعيش في ضيق وفقر. ففي الجبل تناغم دائم بين ين (yin) ويانغ (yang)، وسطوع دائم للشمس والقمر، وتعاقب دائم للفصول الأربعة، وتعادل دائم للريح والمطر، وتناسب دائم للتناسل والتوالد، وتوافرِ دائم للحبوب الخمسة، إلاّ أن أرضه خاليةٌ من جرح الأوبئة، ورعيتَه خاليةٌ من موت الشباب، وكائناتِه خاليةٌ من قسوة المِحَن، وشياطينَه خاليةٌ من طنين الأصوات.

1 ليهقويه (Lieguye) اسم جبل وارد في الأساطير الصينيّة القديمة.

2 الحبوب الخمسة في الصين القديمة هي الأرز والدخن والقمح والفول والقنب.

【原文】

列子师老商氏，友伯高子；进二子之道．乘风而归。

尹生闻之，从列子居，数月不省舍。因间请蕲其术者，十反而十不告。尹生怼而请辞，列子又不命。尹生退。数月，意不已，又往从之。

列子曰：“汝何去来之频？”

尹生曰：“曩章戴有请于子，子不我告，固有憾于子。今复脱然，是以又来。”

【今译】

列子拜老商氏为师，与伯高子交友；完全掌握二位的道术之后，便乘风而返回。

尹生听说了这件事，就跟从列子居住，几个月都不回家探望。他每每趁机向列子祈求道术，问了十回，列子十回都没有向他传授。尹生满腹怨愤，请求离开，列子还是没有表态。尹生便回家去了。过了几个月，想要学道的念头难以消除，又前去跟从列子。

列子说：“你怎么来来去去如此频繁？”

尹生答道：“从前章戴我向先生请教道术，先生不肯传授，我自然对先生心怀不满。现在我的怨气已经全然消散，所以又回来了。”

كان ليه تسي يتتلمذ على لاو شانغ[1]، ويتصادق مع بوقاو تسي[2]، وعاد أدراجه بركوب الريح بعد أن استوفى كلّ ما كان لهما من الطاو.

وعندما سمع ين شنغ[3] عن ذلك، ذهب إلى ليه تسي ليعيش معه، من دون العودة إلى بيته شهوراً. وكلما انتهز فرصة ليسأل ليه تسي عن أسراره في ركوب الريح، رفض ليه تسي أن يبوح إليه بها بعد أن حاول عشرات المرّات. فصار ين شنغ غاضباً حتى استأذن ليه تسي بالانصراف، وهو لا يجيبه بالإيجاب أو النفي. فعاد إلى بيته، إلاّ أنه لم يتخلّ عن نيّته منذ شهور، ثم عاد إلى ليه تسي مرّة أخرى.

فقال له ليه تسي: "لماذا تكرّر الذهاب والإياب إلى هذا الحدّ؟"

أجابه ين شنغ: "كنت أريد أن أتعلّم منكم، وأنتم ترفضون أن تعلّموني، فصارت غاضباً عليكم. والآن قد بدّدت الغضب، فعُدْت إليكم مرّة أخرى."

1 لاو شانغ (Lao Shang) كان معلّماً لليه تسي.

2 بوقاو تسي (Bogao Zi) كان صديقاً لليه تسي.

3 ين شنغ (Yin Sheng) كان تلميذاً لليه تسي.

【原文】

列子曰："曩吾以汝为达，今汝之鄙至此乎。姬！将告汝所学于夫子者矣。自吾之事夫子友若人也，三年之后，心不敢念是非，口不敢言利害，始得夫子一眄而已。五年之后，心庚念是非，口庚言利害，夫子始一解颜而笑。七年之后，从心之所念，庚无是非；从口之所言，庚无利害，夫子始一引吾并席而坐。九年之后，横心之所念，横口之所言，亦不知我之是非利害欤，亦不知彼之是非利害欤；亦不知夫子之为我师，若人之为我友：内外进矣。而后眼如耳，耳如鼻，鼻如口，无不同也。心凝形释，骨肉都融；

【今译】

列子说："从前我以为你通达事理，现在才知道你竟鄙陋到如此地步。坐下！我将告诉你我是怎样向先生学习道术的。自从我事奉先生、结交学友，三年之后，心里不敢存念是非，口中不敢言说利害，才博得先生斜看了一眼。五年之后，心里更加不敢存念是非，口中更加不敢言说利害，先生这才开颜对我一笑。七年之后，任凭心里怎样去想，更加没有是非；任凭口中怎样去说，更加没有利害，先生才开始让我与他并席而坐。九年之后，放纵心思去想，放纵口头去说，也不知道自己的是非利害，也不知道别人的是非利害；也不知道先生是我的老师，也不知道伯高子是我的朋友：身心内外完全融合于大道了。从那以后，我的眼睛的作用像耳朵一样，耳朵的作用像鼻子一样，鼻子的作用像嘴巴一样，它们没有什么不同的。我的心神凝聚，

فقال ليه تسي: "كنت أظنّك رجلاً واعياً عاقلاً، إلاّ أنني لم أتوقّع أن حقارتك اليوم بلغتْ هذا المبلغَ! اجلس! لأخبرك كيف كنت أتعلّم من معلّمي! فمنذ أن تتلمذت على يد معلّمي وتصادقت مع زميلي بثلاث سنوات، لم يجرؤ قلبي على التأمّل فيما هو صائب أو خاطئ، ولا لساني على التلفّظ بما هو نافع أو ضارّ، حتى بدأ معلّمي يرمقني بنظرة زائغة؛ وبعد ذلك بخمس سنوات، زاد قلبي خوفاً من التأمّل فيما هو صائب أو خاطئ، وزاد لساني فزعاً من التلفّظ بما هو نافع أو ضارّ، حتى بدأ معلّمي يبادرني ببسمة عابرة؛ وبعد ذلك بسبع سنوات، زاد قلبي خلوّاً من التأمّل فيما هو صائب أو خاطئ مهما كنت مطيعاً لما يتأمّل فيه قلبي؛ وزاد لساني خلوّاً من التلفّظ بما هو نافع أو ضارّ، مهما كنت مطيعاً لما يتلفّظ به لساني؛ حتى بدأ معلّمي يجالسني على حصيرة واحدة؛ وبعد ذلك بتسع سنوات، أطلق قلبي عنانه في التأمّل، وأطلق لساني عقالَه في التلفّظ، حتى لم أعرف لنفسي ما هو صائب أو خاطئ وما هو نافع أو ضارّ، فضلاً عن أنني لم أعرف لغيري ما هو صائب أو خاطئ وما هو نافع أو ضارّ؛ ولم أعرف أن معلّمي هو معلّمي، لا لم أعرف أن زميلي هو زميلي؛ حتى تحقّقت الوحدةُ بين ما هو باطن وما هو ظاهر. ومنذ ذلك الوقت، صارت عيني هي أذني، وأذني هي أنفي، وأنفي هو فمي، دون أيّة فوارق بينها، حتى صار قلبي مركَّزاً، وجسدي مبدَّداً، وعظامي ولحومي متماسكة متداخلة، وأنا

【原文】

不觉形之所倚，足之所履，随风东西，犹木叶干壳。竟不知风乘我邪？我乘风乎？今女居先生之门，曾未浃时，而怼憾者再三。女之片体将气所不受，汝之一节将地所不载。履虚乘风，其可几乎？”

尹生甚怍，屏息良久，不敢复言。

【今译】

形体消散，骨骸血肉相互融合；感觉不到形体所倚赖的，脚下所踩踏的，只是随着风向东游西荡，就像那枯木的落叶或是竹笋的干壳四散飘零。竟不知是风乘着我呢？还是我乘着风？现在你在我的门下，没几天工夫，就再三的怨愤不满。你的身躯将不被元气接受，你的肢节将不被大地承载。还想要凌空行走，乘风翱翔，哪里指望得上呢？”

尹生十分羞愧，好久都不敢出大气，不敢再多说什么了。

لا أحسّ بما يستند إليه جسدي، وما تطأه قدماه، بل أطير مع الريح بين الشرق والغرب، كأنّني ورقة شجر أو قشرة جافّة، حتى لا أعرف أتَرْكَبُني الريحُ، أم أَرْكَبُ الريحَ؟ أمّا أنت اليوم، فمع أنك عشت في بيت مُعلّمك أقلّ من ثلاثة أشهر، إلاّ أنك قد اشتكيْت منه مرّات ومرّات. فلا يمكن أن تقبل الروحُ جزءاً من جسدك، ولا تحمل الأرضُ قطعةً من عظمك، وكيف تعقد أملك على أن تطأ الخلاءَ وتركب الريحَ؟"

وخجل ين شنغ خجلاً شديداً، وحبس أنفاسه طويلاً من دون أن ينبس ببنت شفة.

【原文】

列子问关尹曰："至人潜行不空，蹈火不热，行乎万物之上而不栗。请问何以至于此？"

关尹曰："是纯气之守也，非智巧果敢之列。姬！鱼语女。凡有貌像声色者，皆物也。物与物何以相远也？夫奚足以至乎先？是色而已。则物之造乎不形，而止乎无所化。夫得是而穷之者，焉得而正焉？彼将处乎不深之度，而藏乎无端之纪，游乎万物之所终始。壹其性，养其气，含其德，以通乎物之所造。夫若是者，其天守全，其神无郤，物奚自入焉？夫醉者之坠于车也，虽疾不死。骨节与人同，而

【今译】

列子问关尹说："至人在水中潜行不会窒息，在火中踩踏不会烧伤，行走在万物之上而不恐惧。请问他们是如何达到这种境界的？"

关尹说："这是能够守住元气的缘故，并不是靠智巧、果敢之类能够做到的。坐下，我告诉你。凡是有形貌、迹象、声音、色彩的，都是物。物与物怎么会相差很远呢？物怎么能达到未始有物的至虚境界呢？这些都是拘于色相之物罢了。而道能达到不露形迹与永不变灭的境地。能够掌握此道而穷尽此理的人，外物怎么能阻止他呢？他处于大道的尺度内，藏神于无首无尾的大道中，游于万物赖以生死的大道之境。使心性纯一而不杂，使元气保养而不失，使德行与大道相合，与派生万物的大道相通。像这样的人，他的自然天性能持守完全，他的精神没有间隙，外物怎么能侵入呢？

كان ليه تسي يسأل قوان ين[1] قائلاً: "إن الإنسان الأسمى[2] لا يختنق حين يغوص تحت الماء، ولا يحترق حين يدوس النار، ولا يرتعد حين يسير فوق كلّ الكائنات، فهل تتكرّم بأن تخبرني ما الأسباب التي تؤدّي به إلى ذلك؟"

فأجابه قوان ين قائلاً: "تلك هي نتيجة لتمسّكه بما هو خالص وطاهر، ولا صنف من الفطانة والبراعة والصرامة والبسالة. فاجلس لأحدّثك عنها! وفي الغالب أن كلّ ما له ملمح ومظهر وصوت ولون، هو من الأشياء، فلماذا بينها تباين وتفاوت؟ وبم يتفوّق واحدٌ منها على الآخر؟ هو شكل ولون فقط. والأشياء تبتدئ بالطاو التي لا تشكَّل، وتنتهي بالطاو التي لا تحوَّل. فمن يدركها ويتقصّى فيها، فكيف تمنعه الأشياء؟ بل سيكون واقعاً فيما لا إسرافَ له من القوانين، وخابئاً فيما لا حدودَ له من المناهج، وسابحاً فيما لكلّ الكائنات من النهايات والبدايات. فمن يوحّد سليقته، ويغذّ روحَه، ويخبّئ خلقه، حتى يتواصل مع الطبيعة التي تخلق الأشياء، يكن له كمال في طبعه، ولا ثغر له في روحه، فكيف تتسرّب الأشياءُ الخارجيّة إلى نفسه؟

---

1 قوان ين (Guan Yin) كان رجلاً في عصر الربيع والخريف، يُسمَّى أيضاً في كتاب الطاو بـ قوان لينغ ينشي (Guanling Yinxi)، وكان ممثّلاً للمدرسة الطاويّة في مرحلتها الأولى، ووزيراً في عصر الملك كانغ (Kang) لأسرة زو الملكيّة.

2 الإنسان الأسمى في نظر المدرسة الطاويّة هو إنسان خارق للعادة وفوق الطبيعة، أو فائق في الأخلاق والأفكار، حتى ينسى نفسه.

【原文】

犯害与人异，其神全也。乘亦弗知也，坠亦弗知也。死生惊惧不入乎其胸，是故遻物而不慑。彼得全于酒而犹若是，而况得全于天乎？圣人藏于天，故物莫之能伤也。”

【今译】

喝醉酒的人从车上坠下，虽然受伤却不会摔死。他的骨节和别人相同，而受到的伤害却与人不同，是由于他神全的缘故。他既不知乘坐车上，也不知坠跌在地。死生惊惧都没有进入他的心中，所以遇到外物并不恐惧。喝醉酒的人靠酒获得神全，尚能如此，何况是靠自然之道获得神全的人呢？圣人藏神于自然天道，所以外物不能伤害他。”

وإن يسقط السكران من عربته، فمع أنه جُرِحَ، إلاّ أنه لم يلق مصرعه؛ ومع أن عظامه متشابهة مع ما لغيره، إلاّ أن جروحه مختلفة عما لغيره، وذلك لأنه كامل في طبعه، وهو لا يعرف ركوبه للعربة، ولا سقوطه على الأرض أيضاً، ونظراً لأن كلاًّ من الموت والحياة والفزع والرعب لم يدخل إلى صدره، فلا يشعره بالخوف أيّ شيء في خارجه. وإذا كان السكران قادراً على إكمال رشده من الخمر بهذا الشكل، فكيف الذي يُكْمِل رشده من الطبيعة؟ لذا حينما أخفى الإنسان الحكيم روحه في الطبيعة، لا شيءَ خارجَه قادر على إيذائه."

【原文】

列御寇为伯昏无人射。引之盈贯，措杯水其肘上，发之，镝矢复沓，方矢复寓。当是时也，犹象人也。

伯昏无人曰：“是射之射，非不射之射也。当与汝登高山，履危石，临百仞之渊，若能射乎？”于是无人遂登高山，履危石，临百仞之渊，背逡巡，足二分垂在外，揖御寇而进之。御寇伏地，汗流至踵。

伯昏无人曰：“夫至人者，上窥青天，下潜黄泉，挥斥八极，神气不变。今汝怵然有恂目之志，尔于中也殆矣夫！”

【今译】

列御寇为伯昏无人表演射箭，他拉满弓弦，在肘臂上放一杯水，箭放出去，第一箭刚离弦，第二箭就已搭上，第二箭刚发出，第三箭又扣在弦上。在这个时候，他就像木偶一样镇静。

伯昏无人说：“这只是运用技巧的有心之射，并不是无心的不射之射。我和你一起登上高山，踩着高耸的岩石，身临万丈深渊，你还能射吗？”于是伯昏无人就登上高山，踩着高耸的岩石，身临万丈深渊，背对着深渊向后退，直到脚有一大半悬在岩石外，便向列御寇让弓，请他上前射箭。列御寇吓得趴在地上，冷汗一直流到脚后跟。

伯昏无人说：“得道之人，上能窥视青天，下能测察黄泉，精神纵游于八方，神色气度始终不变。现在你却恐惧得有些眼花缭乱，你于射箭之道还是相差很远啊！”

مثّل ليه يويكو (أيْ ليه تسي) لبوهون ماورن[1] فن الرماية بالأسهم، فشدّ قوسه إلى أقصاه، وهو يضع كوباً من الماء على مرفقه، ليطلق الأسهم التي يواصل أولُها ثانيها (واحدة بعد الأخرى)، وما إن أطلق أوّلها حتى صار ثانيها في القوس، وهو في هذا الوقت مُتصلّباً كالتمثال.

قال بوهون ماورن: "لا تكون هذه الرماية إلاّ رماية متعمّدة، ولا رماية غير متعمّدة. وإذا كنت تتسلّق معي الجبل العالي، وتسير على صخرة منهارة، وتطلّ على هاوية سحيقة، فهل تظلّ قادراً على الرماية؟" فتسلّق بوهون ماورن الجبل العالي، وسار على الصخرة المنهارة، وأطلّ على الهاوية السحيقة، وتراجع إلى الوراء، مع ظهره مواجهاً للهاوية، وكعبيْه مُتدلّيتيْن في الهواء، فانحنى لليه يوي كو (Lie Yukou) ليدعوه إلى التقدّم إلى الأمام، بيدَ أن ليه يويكو قبع على الأرض مذعوراً حتى بلغ عرقُه كعبيْه.

فأردف بوهون ماورن قائلاً: "إن الإنسان الأسمى هو الذي يقدر على التطلّع إلى السماء الزرقاء، وعلى التسرّب إلى الينبوع الأسفل، وإطلاق العنان لروحه في كلّ الجهات، ولا يتغيّر في ملامحه ومظاهره. ولكنّك اليوم خائف فزع، فما أصعب أن تصيب هدفك بمثل هذا القلب المذعور وعينك المبهورة!"

---

1 بوهون ماورن (Bohun Maoren) كان صديقاً لليه تسي.

【原文】

范氏有子曰子华，善养私名，举国服之；有宠于晋君，不仕而居三卿之右。目所偏视，晋国爵之；口所偏肥，晋国黜之。游其庭者侔于朝。子华使其侠客以智鄙相攻，强弱相凌。虽伤破于前，不用介意。终日夜以此为戏乐，国殆成俗。

禾生、子伯，范氏之上客。出行，经坰外，宿于田更商丘开之舍。中夜，禾生、子伯二人相与言子华之名势，能使存者亡，亡者存；富者贫，贫者富。商丘开先窘于饥寒，潜于牖北听之。因假粮荷畚之子华之门。

【今译】

范氏有个儿子名叫子华，喜欢招养游士门客，全国都屈服于他；晋国国君十分宠爱他，虽然不做官，但他的地位却比三卿还要高贵。只要是他所赏识的人，晋国就赐予爵位；只要是被他鄙薄过的人，晋国就将他贬黜。来往于他家的人简直和在朝廷上的人一样多。子华让他所养的侠客游士互相斗智斗勇，强者弱者互相凌辱。即使在他面前斗得伤残流血，也丝毫不介意。他通宵达旦地以此游戏取乐，使全国都沾染上这种风气。

禾生、子伯二人，是范氏的上等门客。一次外出经过荒远的郊野，借宿在老农商丘开的家里。夜半时分，禾生、子伯两人相互谈论着子华的名声权势，他能使生者死，死者生；能使富贵的人贫困，贫困的人富裕。商丘开先前过着饥寒交迫的日子，躲在北窗下正听到了这番话。于是借了些粮食，挑着竹筐就到了子华门下。

كان في أسرة فان[1] ابن اسمه تسي هوا (Zi Hua)، وهو مولع بتربية الفرسان والصعاليك، حتى كانت كلّ مملكته خاضعةً له؛ وقد نال حظوة الحاكم لمملكة جين[2]، حتى احتل مكانة أعلى من الوزراء الثلاثة[3] على الرغم من أنه لم يكن مُنصَّباً. فمن ينظر إليه بتعصُّب وتحيُّز، تُعْلِه مملكةُ جين في رتبته؛ ومن يكلّمه باستخفاف واستهانة، تعزلْه مملكةُ جين من منصبه؛ حتى يكون الزوّار لبيته متساوياً عددُهم مع الذين في البلاط. فكان تسي هوا يُحرّض فرسانه وصعاليكه على التخاصم والتنازع بين عقلائهم وجهلائهم، وعلى التعادي والتظالم بين أقويائهم وضعفائهم، وهو لا يأبه لذلك، حتى ولو جُرِحُوا ودَمُوا أمامه. وكان يتلهّى ويتسلّى بذلك ليلاً ونهاراً، حتى كاد يتحوّل إلى عادة شائعة في المملكة.

وكان خه شنغ (He Sheng) وتسي بو (Zi Bo) من أنبل الفرسان في أسرة فان، ذات يوم خرجا لنزهة مروراً بالبادية المهجورة، وباتا في بيت أحد الفلاّحين المسنّين الذي يُسَمَّى بـ شانغ تشيو كاي (Shang Qiukai). وكانا خه شنغ وتسي بو يتجاذبان أطراف الحديث في منتصف الليل عمّا تمتّع به تسي هوا من الشهرة والسلطة، اللتيْن تمكّنانهما من إفناء من هو باقٍ، وإبقاء من هو فانٍ، وإفقار من هو غنيّ، وإغناء من هو فقير. وكان شانغ تشيو كاي معذَّباً بالجوع والبرد، فتسلّل إلى ما خلف الشبّاك الشماليّ، حتى سمع الحديث بينهما. فاستعار شيئاً من الزاد، وذهب إلى باب تسي هوا مع سلّة من البامبو

---

1 أسرة فان (Fan) كانت من أكبر الأسر الأرستقراطيّة الستّ في مملكة جين (Jin) في عصر الربيع والخريف.

2 مملكة جين (Jin، عام 1033-376ق.م) إقطاعة في عصر الربيع والخريف، ومن الممالك الخمس الكبرى في ذلك العصر، وحاكمها الأوّل هو الأخ الصغير للملك تشنغ لأسرة زو الملكيّة. وقد تم تقسيمها عن طريق الممالك الثلاث هي مملكة هان ومملكة تشاو ومملكة وي (Wei) في عام 403ق.م. وقضت عليها هذه الممالك الثلاث بقتل حاكمها الأخير جينغ قونغ (Jinggong) في عام 376ق.م.

3 الوزراء الثلاثة في الصين القديمة هم وزير الشؤون المدنيّة ووزير الشؤون العسكريّة ووزير الإعمار والإسكان.

【原文】

子华之门徒皆世族也，缟衣乘轩，缓步阔视。顾见商丘开年老力弱，面目黎黑，衣冠不检，莫不眲之。既而狎侮欺诒，挡㧙挨抌，亡所不为。商丘开常无愠容，而诸客之技单，惫于戏笑。

遂与商丘开俱乘高台，于众中漫言曰："有能自投下者，赏百金。"众皆竞应。商丘开以为信然，遂先投下，形若飞鸟，扬于地，骪骨无䃺。范氏之党以为偶然，未讵怪也。

【今译】

子华收养的门客都是世家子弟，身穿着白色绢衣，乘坐在宽敞华丽的马车上，走起路来昂首阔步，旁若无人。他们看见商丘开年老体弱，面目黧黑，衣冠不整，没有一个不轻视他。接着就侮辱他、欺负他、诳骗他，又捶打、推搡，无所不为。商丘开脸上没有一丝恼怒的神情，而那些门客的伎俩却使完了，也懒得再嬉笑嘲弄他。

接着就和商丘开一起登上高台，并在众人之间夸诞地宣称："谁要是自愿跳下去，就奖赏一百金。"大家都争着响应。商丘开信以为真，就先从高台上跳了下去，身姿好像飞鸟，飘飘摇摇地落到地面，肌肉骨骼毫无毁损。范氏的门客以为这是偶然现象，并不感到特别奇怪。

على كتفه.

وكان التابعون لتسي هوا ينحدرون كلّهم إلى أسر أرستقراطيّة، وهم يلبسون أثواباً حريريّة، ويركبون عربات عالية، ويخطون بخطوات متريّثة، وينظرون بنظرات متكبّرة. فعندما وجدوا شانغ تشيو كاي طاعِناً في السنّ، وواهِناً في القوّة، وداكِناً في الوجه، وبالِياً في الثوب، لا أحد منهم إلاّ واستخفّ به وازدراه، حتى تفنّنوا في إذلاله وإهانته وغشّه وخداعه، وانهالوا عليه بالركل والرفس والضرب والصفع، وهم يلجؤون إلى كلّ وسيلة بلا استثناء. بيدَ أن شانغ تشيو كاي لم يظهر أيّ غضب وسخط على ملامحه في الغالب، حتى نفد كلُّ الفرسان والصعاليك في دسائسهم ومكائدهم، وتعبوا من التندّر والتهكّم.

فصعدوا مع شانغ تشيو كاي إلى المصطبة العالية، وأعلنوا على مشهد من الناس قائلين: "مَنْ يقدر على إلقاء نفسه من هنا، تكن له مكافأة بمقدار مئة دينار ذهبيّ." فتظاهر الناس بالاستجابة لذلك، حتى أخذه شانغ تشيو كاي بعين الاعتبار، فبادر إلى إلقاء نفسه من المصطبة كأنه في شكله طائر يطير، ويهبط على الأرض بخفّة من دون أن يُلْحِق ببشرته وعظمه أيّ ضرر. ولكن التابعين لأسرة فان كانوا يعدّون ذلك من باب صدفة، فلم يشعروا بأيّة غرابة فيه.

【原文】

因复指河曲之淫隈曰："彼中有宝珠，泳可得也。"商丘开复从而泳之。既出，果得珠焉。众昉同疑。子华昉令豫肉食衣帛之次。

俄而范氏之藏大火。子华曰："若能入火取锦者，从所得多少赏若。"商丘开往无难色，入火往还，埃不漫，身不焦。

范氏之党以为有道，乃共谢之曰："吾不知子之有道而诞子，吾不知子之神人而辱子。子其愚我也，子其聋我也，子其盲我也。敢问其道。"

【今译】

于是又指着河道弯曲处的深潭说："那里有宝珠，游过去便能得到。"商丘开又听从他们的话，纵身潜入水中。待他浮出水面，果然得到了宝珠。至此，门客们方才疑惑不已，子华也方才让商丘开进入吃肉穿绸的上等门客行列。

不久，范氏的贮藏库发生大火。子华说："谁能冲进火里抢出锦缎，就按照抢救的数量来奖赏他。"商丘开冲上前去，面无难色，他在火中来回奔跑，烟尘毫不沾染，身体也不曾被烤焦。

范氏的门客以为商丘开有道术，就一起向他赔罪说："我们不知道先生有道术而欺骗了先生，我们不知道先生是神人而侮辱了您。先生就把我们当成愚蠢的人，当成聋子，当成瞎子吧！现在冒昧地请教您用的是什么道术？"

فأشاروا مرّة أخرى بأيديهم إلى هوّة عميقة في المنعطف لمجرى النهر، قائلين: "فيها لؤلؤة نفيسة، يمكن للغاطس أن يحصل عليها." فوثق شانغ تشيو كاي بما قالوا، وغطس فيها. ولمّا خرج منها، مُمسكاً بلؤلؤة في يده حقّاً، حتى أن الجميع بدأوا يستغربونه، وبدأ تسي هوا يضمّه إلى صفوف تابعيه الذين يمكنهم أن يأكلوا اللحوم ويلبسوا الحرائر.

ولم يمض على ذلك وقت طويل حتى حدث حريق كبير في مخزن لأسرة فان، فقال تسي هوا: "من يقدر على اقتحام النار لإخراج الحرير والأطلس، يُكَافَأْ بكلّ ما أخرجه من النار." فاندفع شانغ تشيو كاي إليها بلا ارتباك على وجهه، وهو داخِلٌ إليها وخارِجٌ منها عدّة مرّات من دون أن يتّسخ وجهُه بالدخان، ويحترق جسمُه بالنار.

فزعم التابعون لأسرة فان أنه مَالِكٌ للطاو، واعتذروا له قائلين بصوت واحد: "كنّا لا نعرف أنك تملك الطاو، فخدعناك؛ وكنّا لا نعرف أنك إنسان ساحر، فأذلَلْناك. لذا نرجو منك أن تعدّنا من الأغبياء، أو من الصمّ، أو من العُمْيَان. واسمح لنا أن نسألك عما تلجأ إليه من الطاو!"

【原文】

商丘开曰:“吾亡道。虽吾之心，亦不知所以。虽然，有一于此，试与子言之。曩子二客之宿吾舍也，闻誉范氏之势，能使存者亡，亡者存；富者贫，贫者富。吾诚之无二心，故不远而来。及来，以子党之言皆实也，唯恐诚之之不至，行之之不及，不知形体之所措，利害之所存也。心一而已。物亡迕者，如斯而已。今昉知子党之诞我，我内藏猜虑，外矜观听，追幸昔日之不焦溺也，怛然内热，惕然震悸矣。水火岂复可近哉？”

【今译】

商丘开说:“我没有道术。即使我自己心里也不知道是什么缘故。即使如此，还是有一点可以试着对你们说一说的。当初那两位门客借宿在我家，听到他们赞誉范氏的权势，能使生者死，死者生；能使富贵的人贫困，贫困的人富裕。我深信不疑，所以不惜远道而来。等来到这里，把你们这些人的话都当作实话，唯恐相信还来不及，实行还来不及，根本顾不上自己的身体处在什么境地，也不考虑利害在哪里。只是心志专一罢了。外物不能阻碍、伤害我，就是这个道理。现在才知道你们这些人都在欺骗我，我的心里隐藏着猜疑和忧虑，身外得小心地观察测听，又回想起往日幸亏没有被烧死、溺死，忧伤和痛苦折磨着我，使我恐惧震惊得心悸，又怎么可能再接近无情的水火呢？”

أجاب شانغ تشيوكاي: "لا ألجأ إلى أيّ طاو، حتى قلبي لا يعرف ما الأسباب في ذلك. ومع ذلك ما زال في قلبي إحساس أحاول أن أحدّثكم عنه. وكان فارسان منكم يبيتان في بيتي، وسمعتهما يثنيان على ما تتمتّع به أسرة فان من السلطة، التي يمكنها أن تُفْنِي من هو باقٍ، وتُبْقِي من هو فانٍ، وتُفْقِر من هو غنيّ، وتُغْنِي من هو فقير. وكنت واثقاً بما قالا من دون أدنى شكّ فيه، فقطعت مسافة طويلة لآتي إليكم. ومنذ أن وصلت إليكم، كنت أعدّ كلّ ما قلتم صادقاً، ولم أخش إلاّ أن إيماني به غير كاف، وتصرّفي به غير واق، حتى إنني لا أعرف موضعاً لشكلي وجسدي، ولا موقعاً لمنافعي ومضارّي، بل أركّز كلّ قلبي في ذلك فقط. فإن الأشياء الخارجيّة لا تستطيع أن تمنعني، وهي هكذا فقط. واليوم بدأت أعرف أنكم كنتم تخدعونني، وأنا أخْفِي ما في داخلي من شكّ وقلق، وأنتبه إلى ما في خارجي ممّا سمعت وشاهدت، وعندما تذكّرت اليوم أنني كنت محظوظاً في الأيّام الماضية أنني لم أحترق بالنار ولا أغرق في الماء، غلبتْني حرقةٌ مُؤْلِمَة وأخذتْني رجفةٌ مُخِيفَة. فكيف أقدم مرّة أخرى على الاقتراب من الماء والنار؟"

【原文】

自此之后，范氏门徒路遇乞儿马医，弗敢辱也，必下车而揖之。

宰我闻之，以告仲尼。仲尼曰："汝弗知乎？夫至信之人，可以感物也。动天地，感鬼神，横六合，而无逆者，岂但履危险，入水火而已哉？商丘开信伪物犹不逆，况彼我皆诚哉？小子识之！"

【今译】

从此以后，范氏的门客在路上遇到乞丐、马医等，再也不敢侮辱他们，必定下车向他们拱手行礼。

宰我听到这件事，便禀告孔子。孔子说："你不知道吗？最诚信的人，可以感化万物。他们可以震撼天地，感动鬼神，纵横在天地之间而没有悖逆阻碍，哪里只是走在危险的地方、进入水火之中而已呢？商丘开相信虚假的事物还能不受阻碍与伤害，更何况我们彼此之间都坚守诚信呢？学生们，你们要牢牢记住啊！"

ومنذ ذلك الوقت، لم يقدم التابعون لأسرة فان على إهانة الشحّاذ أو طبيب الحصان إذا التقوا به في الطريق، بل كان لا بدّ لهم من النزول من عرباتهم تحيّةً له.

وعندما وصل هذا الخبر إلى مسمع تساي وه[1]، أخبر به كونفوشيوس، الذي قال: "ألا تعرف ذلك؟ إن أصدق إنسان يقدر على التأثير في كلّ الكائنات، فتهتزّ به السماء والأرض، وتنفعل به الشياطين والآلهة، وتتّسع له الجهات الستّ[2]، حتى لا يجد لنفسه مانعاً أو عاصياً، بله سيره في أماكن خطيرة ودخولِه إلى الماء والنار! ولم يجد شانغ تشيوكاي أيّ شيء يمنعه وهو يثق بما هو مزيّف، بله تمسّكنا بأمانة وصدق! فاحفظوا ذلك في قلوبكم، يا أتباعي!"

1 تساي وه (Zai Wo) يُسمَّى أيضاً بـ تساي يوي (Zai Yu)، وهو من مملكة لو في عصر الربيع والخريف وكان من أتباع كونفوشيوس.

2 الجهات الستّ عبارة عن الأعلى والأسفل والشرق والجنوب والغرب والشمال، وتعني هنا ما بين السماء والأرض.

【原文】

周宣王之牧正有役人梁鸯者，能养野禽兽，委食于园庭之内，虽虎狼雕鹗之类，无不柔驯者。雄雌在前，孳尾成群，异类杂居，不相搏噬也。王虑其术终于其身，令毛丘园传之。

梁鸯曰："鸯，贱役也，何术以告尔？惧王之谓隐于尔也，且一言我养虎之法。凡顺之则喜，逆之则怒，此有血气者之性也。然喜怒岂妄发哉？皆逆之所犯也。夫食虎者，不敢以生物与之，为其杀之之怒也；不敢以全物与之，为

【今译】

周宣王的牧正有一个仆役名叫梁鸯，善于驯养野生的飞禽走兽，他在庭园里喂养它们，即使是老虎、豺狼、雕鹰、鹗鸟这些凶猛禽兽，没有不柔顺驯服的。雄的雌的交配繁殖成群的幼禽稚兽，不同种类的禽兽混杂居住在一起，不互相搏斗噬咬。周宣王担心这种驯养技术在梁鸯身上终结，就命令毛丘园去继承他。

梁鸯说："我梁鸯只是一个卑贱的仆役，有什么技术可以告诉你呢？但又怕周宣王说我对你隐瞒技术，那就说一说我驯养老虎的方法吧。凡是顺着它就喜欢，违逆它就发怒，这是有血性的动物的天性。但是喜欢和愤怒难道会无端发作吗？都是因为违逆它所导致的。饲养老虎，我不敢用活的动物喂它，因为它奋力咬杀活物就会诱发怒气；我也不敢用完整的动物喂它，因为它使劲撕碎动物也会诱发

كان للمسؤول عن تربية المواشي في عصر الملك شوان[1] لأسرة زو الملكية، خادم اسمه ليانغ يانغ (Liang Yang)، كان ماهراً في تربية ما هو برّيّ من الدواجن والحيوانات، وقائماً بإطعامها في الحديقة والفناء، ولا أحد منها إلاّ مروَّض ومستأنس ولو كان من النمور والذئاب والصقور والنسور. فكان الذكر والأنثى منها مستمرّيْن في التلاقح والتناسل، حتى تصطفّ وراءهما مجموعة كبيرة من أولادهما وبناتهما؛ وكانت صنوف مختلفة من الحيوانات والدواجن مختلطة غير أنها لا تتصارع ولا تتقاتل. وكان الملك شوان قلقاً على انتهاء هذه المهارة لليانغ يانغ عنده فقط، فأمر ماو تشيو يوان (Mao Qiuyuan) بأن يتعلّمها منه. فقال ليانغ يانغ: "أنا ليانغ يانغ لا أكون إلاّ خادماً متواضعاً، وما هي المهارة التي يمكنني أن أخبركم بها؟ ونظراً لأنني خائف من قول الملك العظيم بأنني أخفيت عليك شيئاً، فلأحدّثكم عن طريقة كنت ألجأ إليها لتربية النمور. وغالباً ما تكون النمور مسرورة، إن كنت لها طائعاً؛ وغضبانة إن كنت عليها عاصياً، وذلك من الغريزة التي تتميّز بها الحيوانات ذات الدم والروح. لكن هل الفرح والغضب منفجران بلا مبرّرات؟ لا، إن الذي يؤدّي إليهما هو العصيان عليهما. فالمُطْعِم للنمور لا يجرؤ على إطعامها بالحيوان الحيّ، لأن ذبحها إيّاه يؤدّي إلى غضبها؛ ولا يجرؤ على إطعامها بالحيوان الكامل، لأن قطعها إيّاه يؤدّي أيضاً إلى غضبها. فلا بدّ

1 الملك شوان (Xuan) كان حاكماً في أواخر عصر أسرة زو الغربيّة الملكيّة، وفي مدّة تتراوح بين عاميْ 828 و782 ق.م.

【原文】

其碎之之怒也。时其饥饱，达其怒心。虎之与人异类，而媚养己者，顺也；故其杀之，逆也。然则吾岂敢逆之使怒哉？亦不顺之使喜也。夫喜之复也必怒，怒之复也常喜，皆不中也。今吾心无逆顺者也，则鸟兽之视吾，犹其侪也。故游吾园者，不思高林旷泽；寝吾庭者，不愿深山幽谷，理使然也。”

【今译】

怒气。要按它的饥饱给它喂食，顺从它喜怒无常的性情。老虎和人是不同的种类，能让老虎喜欢饲养它的人，是由于依顺它；而它故意伤人的时候，是由于人违逆了它。这样我又怎么敢违逆它而使它发怒呢？但也不完全顺从它而使它高兴。因为高兴到了一定程度就会发怒，发怒到了一定程度就会高兴，都是不得当不适宜的缘故。现在我的心里没有违逆它或顺从它的想法，这样飞禽走兽看待我，就和它们的同类一样。所以在我庭园里游走的禽兽，不思念森林湖泊；在我庭园里休憩的禽兽，不怀恋深山幽谷，就是顺其自然而使它们这样的。”

للمُطْعِم من إطعامها متزامناً مع جوعها وشبعها، حتى يكون طائعاً لغريزتها المتقلّبة بين الفرح والغضب. وإن النمر حيوان يختلف عن الإنسان، وإن استطاع أن يحبّه النمرُ، فذلك لأنه طائع للنمر؛ وإن أراد النمر أن يقتله بقصد، فذلك لأنه عاصٍ على النمر. وإن يكن النمر هكذا، فكيف أجرؤ على العصيان عليه حتى أُغْضِبَه؟ ولا يمكنني أن أكون في طاعة كاملة له حتى أُفْرِحَه، وذلك لأن الغضب لا بدّ أن يأتي بعد أن يصل الفرح إلى قمّته، والفرح في الغالب يأتي بعد أن يصل الغضب إلى ذروته، ويرجع كلاهما إلى عدم التناسب. واليوم إذا كان قلبي خالياً من العصيان والطاعة، فالدواجن والحيوانات تنظر إليَّ كأنّني من نظرائهما. فالتي تتنزّه في حديقتي هي التي لا تَتُوقُ إلى الغابات الباسقة والبحيرات الواسعة؛ التي تضطجع في حديقتي هي التي لا تَصْبُو إلى الجبال العميقة والوديان السحيقة. وتلك هي نتيجة لإطاعتها للطبيعة."

【原文】

颜回问乎仲尼曰:“吾尝济乎觞深之渊矣，津人操舟若神。吾问焉，曰:‘操舟可学邪?’曰:‘可。能游者可教也,善游者数能。乃若夫没人,则未尝见舟而谡操之者也。’吾问焉，而不告。敢问何谓也?”

【今译】

颜回问孔子:“我曾经在名叫觞深的深潭上渡水，摆渡的人划船功夫神妙得很。我问他:‘划船技术可以学吗?’他回答说:‘可以。能游泳的人可以教会，善于游泳的人很快就能学会。至于会潜水的人，即使从未见过船也立刻能学会驾御它。’我问他是什么道理，他就不回答了。敢问先生这是什么道理呢?”

سأل يان هوي معلّمه كونفوشيوس قائلاً: "كنت أركب المَعْدِيَّة لأعبر بها هوةً عميقةً اسمُها شانغ شن (Shang Shen)، وكان صاحب المعديَّة حاذقاً في قيادتها." فسألته قائلاً: "هل يمكن تعلّم قيادة المعديَّة؟" أجاب: "نعم. إن القادرين على السباحة يمكنهم أن يتعلّموها، والماهرين في السباحة سيجيدونها بسرعة. أمّا القادرون على الغطس، فيمكنهم أن يقودوا المعديّة فَوْراً ولو لم يروها من قبل." فسألْتُه عن الأسباب في ذلك، لكنّه لم يجبني. يا مُعلّمي، هل يمكنني أن أسألكم ماذا يعني؟"

【原文】

仲尼曰："譆！吾与若玩其文也久矣，而未达其实，而固且道与。能游者可教也，轻水也；善游者之数能也，忘水也。乃若夫没人之未尝见舟也而谡操之也，彼视渊若陵，视舟之覆犹其车却也。覆却万物方陈乎前而不得入其舍，恶往而不暇？以瓦抠者巧，以钩抠者惮，以黄金抠者惛。巧一也，而有所矜，则重外也。凡重外者拙内。"

【今译】

孔子说："唉！我和你研习书本知识已经很久了，但并未达到用事实验证的地步，还谈什么掌握道的本身啊。会游泳的人可以教授，因为他看轻水；善于游泳的人很快就能学会，因为他不把水放在心上。至于会潜水的人即使从来没有见过船也立刻能学会驾御它，是因为他看待深渊就像土山一样，看待舟船的倾覆就像上坡的车子向后退一样。万物倾覆、倒退同时出现在他面前都无法打动他的内心，又有哪里能使他不从容自如呢？用瓦片博戏的人就会心思灵巧，用铜带钩博戏的人就会有所惧怕，用黄金博戏的人就会心智昏乱。赌博的技巧一样，却心存顾虑，是看重外物的缘故。凡是看重外物的人内心就会笨拙。"

قال كونفوشيوس: "آه! أنا وأنت قد درسنا في ظواهر الطاو منذ مدّة طويلة، إلاّ أنّنا لم نتوصّل بعد إلى حقائقها، فلأحدّثك عنها الآن! إن القادرين على السباحة يمكنهم أن يتعلّموها، لأنهم لا يخافون من الماء؛ والماهرين في السباحة سيجيدونها بسرعة، لأنهم ينسون الماء. أمّا القادرون على الغطس، فيمكنهم أن يقودوا المعديّة فَوْراً ولو لم يروها من قبل، ذلك لأنهم يعدّون الهوّة تلّة، ويعدّون انقلاب المعديّة انسحاب العربة، حتى إذا كان الانقلاب والانسحاب لكلّ الأشياء ظاهراً أمامهم في آن واحد، فلا تأثير لهما داخِلٌ في صدورهم. فلِمَ لا يلتزمون بالهدوء أينما يذهبون؟ ومَنْ يُقامر بقطعة من القرميد، يَكُنْ بارعاً؛ ومَنْ يقامر بخطّافة من البرونز، يَكُنْ خائفاً؛ ومَنْ يُقامر بخطّافة من الذهب، يَكُنْ دائخاً. وعلى الرغم من أنّ مهاراته واحدة، إلاّ أنّ في قلبه ما يأبه له، لأنّه يُقيم وزناً لما هو في خارجِه. وفي الغالب مَنْ يُقِمْ وزناً لما هو في خارجه، يَكُنْ غبيّاً في داخله."

【原文】

孔子观于吕梁，悬水三十仞，流沫三十里，鼋鼍鱼鳖之所不能游也。见一丈夫游之，以为有苦而欲死者也，使弟子并流而承之。数百步而出，被发行歌而游于棠行。

孔子从而问之，曰:“吕梁悬水三十仞，流沫三十里，鼋鼍鱼鳖所不能游。向吾见子道之，以为有苦而欲死者，使弟子并流将承子。子出而被发行歌，吾以子为鬼也。察子，则人也。请问蹈水有道乎？”

【今译】

孔子在吕梁观赏风光，看到瀑布从三十仞高的地方飞落而下，激起的浪花飞溅达三十里，鼋鼍鱼鳖都无法游过。看见一个成年男子在水中游，以为是遭遇困苦而想自杀的，就让弟子顺流游去拯救他。男子潜游数百步之后才浮出水面，披散着头发在堤岸下且歌且行。

孔子跟过去问他说:“吕梁的瀑布从三十仞高的地方飞落而下，激起的浪花飞溅达三十里，鼋鼍鱼鳖都无法游过。刚才我看见你跳进水中，以为你遭遇困苦而想自杀，就让弟子顺流游去救你。你却浮出水面，披头散发地边走边唱，我还以为是鬼呢。仔细看你原来是人。请问游水有道术吗？”

كان كونفوشيوس يتمتّع بمناظر جميلة في ليويليانغ[1]، حيث تتساقط مياه الشلال من ثلاثين رنْ[2]، وتتقاذف رُغاه إلى ما يبعد عنه بثلاثين لي[3]، حتى تعجز السلاحف والتماسيح والأسماك عن السباحة تحته. فعندما وجد رجلاً يسبح تحته، ظنّ أنه أراد أن ينتحر فيه بسبب آلامه، فطلب من أتباعه أن ينقذوه، إلاّ أنه لم يتوقّع أن الرجل خرج من الماء بعد مئات الأمتار، وسار متغنّياً مع شعره الأشعث، وهو متجوّل على ضفاف النهر.

فتقدّم كونفوشيوس إليه ليسأله قائلاً: "في ليوي ليانغ شلال تتساقط مياهه من ثلاثين رنْ، وتتقاذف رغاها إلى ما يبعد عنه بثلاثين لي، حتى تعجز السلاحف والتماسيح والأسماك والترسات عن السباحة تحته. فعندما وجدتك تسبح تحته، كنت أظنّ أنك أردت أن تنتحر فيه بسبب آلامك، فطلبت من أتباعي أن ينقذوك، إلاّ أنني لم أتوقّع أنك خرجت من الماء، وسرت متغنّياً مع شعرك الأشعث، حتى عددْتُك من الشياطين أو العفاريت. وعندما دقّقت نظري فيك، وجدتك إنساناً. فاسمح لي بسؤال، هل لك في السباحة مهارة؟"

1 ليويليانغ (Lüliang) اسم مكان يقع حالياً في مدينة شوتشو (Xuzhou) من مقاطعة جيانغسو (Jiangsu) الصينيّة.

2 رن (ren) وحدة مسح في الصين القديمة، وهي تساوي 7 أو 8 بوصات، والبوصة الواحدة في الصين القديمة تساوي حوالي 23 سنتيمتراً.

3 لي (li) وحدة مسح في الصين القديمة، وهي تساوي نصف كيلومتر.

【原文】

曰:“亡，吾无道。吾始乎故，长乎性，成乎命。与齎俱入，与汩偕出，从水之道而不为私焉。此吾所以道之也。”

孔子曰:“何谓始乎故，长乎性，成乎命也?”

曰:“吾生于陵而安于陵，故也；长于水而安于水，性也；不知吾所以然而然，命也。”

【今译】

男子答道:“没有，我没有道术。我开始于本然，再顺着天性成长，最终成就自然天命。我和漩涡一起卷入水中，随着上涌的波流一起浮出水面，顺着水出入而不凭主观的冲动而游。这就是我游水时所遵循的规则。”

孔子问:“什么叫做开始于本然，再顺着天性成长，最终成就自然天命呢?”

那男子答道:“我出生在高地而安心于高地，这就叫安于本然；我成长在水边而练习于水边，这就叫习而成性；我不知道为何这样做而去做了，这就叫顺应自然天命。”

أجاب الرجل: "لا، ليس لي فيها مهارة. فكنت أبتدئ بما هو أصل، وأنمو بما هو طبع، وأنتهي بما هو قدر. فدخلت مع الدوّامة الهابطة، وخرجت مع الدوّامة الصاعدة. وإن الالتزام بطبيعة الماء بغضّ النظر عمّا هو في قلبي هو الطريقة التي كنت أتمسّك بها في السباحة."

سأله كونفوشيوس: "ماذا تعني الابتداء بما هو أصل، والنموّ بما هو طبع، والانتهاء بما هو قدر؟"

فأجابه الرجل: "إن وُلِدْتُ في الجبل، اقتنعْتُ بما في الجبل، وذلك هو الأصل؛ وإن نَمَوْتُ في الماء، ارتضيْت بما في الماء، وذلك هو الطبع؛ وإن فعلتُ ما لم أعرف الأسباب فيه، فذلك هو القدر."

【原文】

仲尼适楚，出于林中，见痀偻者承蜩，犹掇之也。

仲尼曰："子巧乎！有道邪？"

曰："我有道也。五六月，累垸二而不坠，则失者锱铢；累三而不坠，则失者十一；累五而不坠，犹掇之也。吾处也若橛株驹，吾执臂若槁木之枝。虽天地之大、万物之多，而唯蜩翼之知。吾不反不侧，不以万物易蜩之翼，何为而不得？"

【今译】

孔子到楚国去，从树林中走出来时，看见一个驼背的老人在持竿粘蝉，就好像用手拾取一样毫无遗漏。

孔子说："你真是灵巧极了！这里面有技艺吗？"

老人回答说："我是有技艺的。在竹竿头上叠放两个弹丸，经过五六个月的练习就不会掉下来了，那在粘蝉时失误就很少了；练到在竹竿头上叠放三个弹丸而不掉下来，那在粘蝉时失误就只有十分之一；练到在竹竿头上叠放五个弹丸而不掉下来，粘蝉就好像用手拾取一样毫无遗漏了。我立定身子就像竖起的树墩那样静止不动，我用臂执竿就像枯木的树枝。虽然天地广大，万物众多，而我只知道有蝉翼。我不会因为纷杂的万物影响专注于蝉翼的心志，怎么能得不到蝉呢？"

سافر كونفوشيوس إلى مملكة تشو[1]، وخرج من الغابة، حتى وجد الشيخ الأحدب يصيد زِيزَانَ الحصاد بعصا البامبو كأنّه يلتقطها من الأرض. فقال: "ما أكثر مهارتك! وهل فيها طريق؟"

أجابه الشيخ: "نعم، لي فيها طريق. وقد تدرّبت عليه منذ خمسة أشهر أو ستّة، فإذا ألصقت كرتيْن من الطين في العصا، ولم تسقطا منها، فأنا فاشل في صيْد زيزان الحصاد إلاّ نادراً؛ وإذا ألصقت ثلاث كرات فيها، ولم تسقط منها، فأنا فاشل في ذلك إلاّ عُشْراً؛ وإذا ألصقت خمس كرات فيها، ولم تسقط منها، فأنا ناجح في ذلك كأنّني ألتقط الأشياء من الأرض. وكنت أقف هناك، كأنّني جذع مقطوع لا يتحرّك؛ وأمدّ ذراعي كأنها غصن من الشجرة الذابلة. ومع أن السماء والأرض كبيرتان، والكائنات كثيرة، إلاّ أنني لا أعرف إلاّ أجنحة لزيزان الحصاد. وإذا لم أتقلّب بنظري يمنةً ويسرةً، ولا أشتّت نفسي في أجنحة لزيزان الحصاد بأيّ شيء آخر، فكيف لا أنجح في صيْدها؟"

1 مملكة تشو (Chu، عام 1042-223ق.م) هي مملكة أقامتها قوميّة هواشيا في عصر أسرة زو الملكيّة في جنوبيّ الصين، وقد صارت قويّة في عصر الملك تشنغ (Cheng) لمملكة تشو، حتّى تمكّنت من مقاومة الملك هوان قونغ لمملكة تشي شمالاً، وهزيمة الملك شيانغ قونغ (Xianggong) لمملكة سونغ جنوباً، وتوقّفت فتوحاتها عند مملكة جين في معركة تشنغ بو (Chengpu، عام 632ق.م)؛ وقد حقّق الملك تشوانغ (Zhuang) لمملكة تشو انتصاراً كبيراً على مملكة جين في معركة بي (Bi، عام 597ق.م) ممّا فتح لها صفحة جديدة لعصرها الذهبيّ، ولا سيّما في عصر الملك شوان (Xuan) وعصر الملك وي (Wei). ولكن مملكة تشين قضت عليها في عام 223ق.م، وهو ما أنهى تاريخها الذي يستغرق ما يقرب من 800 سنة.

【原文】

孔子顾谓弟子曰："用志不分，乃凝于神，其痀偻丈人之谓乎！"

丈人曰："汝逢衣徒也，亦何知问是乎？修汝所以，而后载言其上。"

【今译】

孔子回过头去对弟子们说："用志而不分散，精神凝聚专一，这就是驼背老人说的道理啊！"

老人说："你们是读书人，怎么也要过问这些呢？先清除你们那套旧道理，再来谈论这些道理吧。"

التفت كونفوشيوس إلى أتباعه قائلاً: "من يركّزْ ذهنَه بلا تشتيت، يصلْ بنفسه إلى ما هو ساحر، وذلك هو ما يعنيه الشيخ الأحدب!"

فقال الشيخ: "أنتم مثقَّفون يلبسون الجلابيب، ولِمَ تعرفون السؤال عن مثل هذا أيضاً؟ فتخلّوا عمّا كنتم فيه، ثم تحدّثوا عمّا هو أكثر من هذا عمقاً!"

【原文】

海上之人有好沤鸟者，每旦之海上，从沤鸟游，沤鸟之至者百住而不止。其父曰：“吾闻沤鸟皆从汝游，汝取来，吾玩之。”明日之海上，沤鸟舞而不下也。

故曰：至言去言，至为无为。齐智之所知，则浅矣。

【今译】

海边有一位喜欢海鸥的人，每天早晨到海上去，跟海鸥一起游玩，飞来的海鸥有上百只不止。他父亲说：“我听说海鸥都跟你一起游玩，你捉几只来，让我玩玩。”第二天他来到海上，海鸥在空中飞舞却不肯落下来。

所以说：最高深的言论是摈弃言论，最卓绝的行为是无所作为。只局限于个人的智巧所知，那就失之浅薄了。

كان على شاطئ البحر فتى يحبّ طيور النوْرس، ويذهب كلّ صباح إلى الشاطئ ليلعب معها، فتأتي بالمئات من الطيور. فقال له أبوه: "سمعت أن كلّ طيور النورس تحبّ أن تلعب معك، فأحْضِرْ لي بعضاً منها لألعب معها." وفي اليوم اللاحق، ذهب إلى شاطئ البحر، إلاّ أن طيور النورس ظلّت تحلّق في السماء ولم يحطّ منها أحد.

لذلك يقال إن القول الأعمَق هو ما لا يُقَالُ؛ والفعل الأسْمَى هو ما لا يُفْعَلُ؛ فالاقتصار فيما يعرفه العقلُ هو الضحالة.

【原文】

赵襄子率徒十万，狩于中山，藉芿燔林，扇赫百里。有一人从石壁中出，随烟烬上下，众谓鬼物。火过，徐行而出，若无所经涉者。襄子怪而留之，徐而察之：形色七窍，人也；气息音声，人也。问奚道而处石？奚道而入火？

其人曰："奚物而谓石？奚物而谓火？"

襄子曰："而向之所出者，石也；而向之所涉者，火也。"

其人曰："不知也。"

【今译】

赵襄子率领十万人马在中山国境内狩猎，践踏乱草，焚烧林木，炽烈的火势绵延百里。有一个人从石壁中钻出来，随着烟火灰烬上下飘动，大家都认为是鬼怪。大火过后，那个人慢慢地走出来，好像刚才没有经历涉足过什么事一样。赵襄子感到奇怪，就把他留下来，慢慢地观察他：形貌、肤色、七窍，是人的样子；呼吸、声音，也是人的样子。便问他，有什么道术能待在石壁里？有什么道术能走进火中？

那个人说："什么东西叫做石壁？什么东西叫做火？"

赵襄子说："你刚才走出来的地方就是石壁，你刚才涉历的东西就是火。"

那个人说："不知道。"

كان شيانغ تسي[1] لمملكة تشاو (Zhao) يقود جيشاً بمئة ألف جنديّ ليصطاد في مملكة تشونغشان[2]، إذ يدوسون الأعشاب، ويحرقون الأشجار، ويثيرون النيران الهائجة التي تمتدّ إلى مئة لي. وفجأة خرج رجل من الجدار الحجريّ، يصعد ويهبط مع الدخان والرماد، حتى يخيّل إلى كلّ الناس أنه من الشياطين أو العفاريت. ولمّا انطفأت النيران، خرج الرجل منها بخطوات وئيدة، كأنّه لم يمرّ بأيّ شيء. فاستغرب شيانغ تسي لمملكة تشاو من ذلك، وأوقف الرجل ليتفحّص فيه ببطء ودقّة، ووجده إنساناً حقيقيّاً في مظاهره وملامحه وفتحاته السبع[3]، وإنساناً حقيقيّاً في أنفاسه وأصواته. فسأله قائلاً: "ما هي الطاو التي تعتمد عليها لتعيش في جرف الصخر؟ وما هي الطاو التي تعتمد عليها لتدخل إلى النار المتأجّجة؟"

سأل الرجل: "ما هو الذي يُسمَّى بجرف الصخر؟ وما هي التي تُسمَّى بالنار؟"

قال شيانغ تسي لمملكة تشاو: "الذي كنت تخرج منه هو جرف الصخر؛ والتي كنت تطأ قدميْك عليها هي النار."

1 شيانغ تسي (Xiang Zi، عام 505-425ق.م) اسمه وو شيوي (Wuxu) وكان وزيراً لمملكة جين في أواخر عصر الربيع والخريف، ومؤسّساً لمملكة تشاو في عصر الممالك المتحاربة، وحاكماً لها في مدّة تتراوح بين عاميْ 457 و425 ق.م.

2 تشونغشان (Zhongshan) هي اسم مملكة في الصين القديمة، ومركزها يقع حاليّاً في مدينة دينغ تشو (Dingzhou) من مقاطعة خهبي.

3 فتحاته السبع في رأس الإنسان هي العينان والأذنان وتجويفا الأنف، والفم.

【原文】

魏文侯闻之，问子夏曰："彼何人哉？"

子夏曰："以商所闻夫子之言，和者大同于物，物无得伤阂者。游金石，蹈水火，皆可也。"

文侯曰："吾子奚不为之？"

子夏曰："刳心去智，商未之能。虽然，试语之有暇矣。"

文侯曰："夫子奚不为之？"

子夏曰："夫子能之而能不为者也。"

文侯大说。

【今译】

魏文侯听说这件事，就问子夏："那是个什么样的人？"

子夏说："我听孔夫子说过，得中和之气的人，身心同外物融合在一起，外物就不会伤害他、阻碍他。所以在金石中游走，在水火里踩踏，都可以做到。"

魏文侯问："您为什么不这样做呢？"

子夏回答说："剔净思虑，摈弃智巧，我还不能做到。虽然这样，但试着谈论这些道理还是可以的。"

魏文侯又问："孔夫子为什么不这样做呢？"

子夏回答说："孔夫子能这样做，但他更能不去这样做。"

魏文侯听了，非常高兴。

سمع عن ذلك الملكُ ون هو[1] لمملكة وي (Wei)، فسأل تسي شيا[2] قائلاً: "من ذلك الرجل، يا ترى؟"

قال تسي شيا: "حسب الكلام الذي سمعته من المعلّم كونفوشيوس، من يكن له روح منسجمة، يكن مندمجاً مع الأشياء الخارجيّة، التي ستكون عاجزة عن إيذائه وإعاقته، حتى يتمكّن من اللعب في المعادن والأحجار، والرقص في المياه والنيران."

فسأله ون هو لمملكة وي: "لم لا تفعل ذلك؟"

أجاب تسي شيا قائلاً: "ما زلْتُ عاجزاً عن تخليص قلبي من الأهواء وتخلية عقلي من الأفكار. ومع ذلك سأحاول أن أحدّثكم عن ذلك."

فسأله ون هو لمملكة وي: "لم لا يفعل كونفوشيوس هكذا؟"

أجابه تسي شيا قائلاً: "إنه يستطيع أن يفعل ذلك، إلاّ أنه يستطيع أيضاً ألاّ يفعل ذلك."

وقد سُرَّ ون هو لمملكة وي بذلك سروراً كبيراً.

---

1 الملك ون هو (Wen Hou) كان مؤسّساً لمملكة وي (Wei) في عصر الممالك المتحاربة، وحاكماً لها في مدّة ما بين عاميْ 446-396 ق.م.

2 تسي شيا (Zi Xia، عام 507-؟ق.م) كان تابعاً لكونفوشيوس، وهو من مملكة جين (Jin) في أواخر عصر الربيع والخريف. وكان واحداً من الفلاسفة العشرة للمدرسة الكونفوشيوسيّة، ومعروفاً ببراعته في الأدب.

【原文】

有神巫自齐来处于郑，命曰季咸，知人死生存亡、祸福寿夭，期以岁月旬日，如神。郑人见之，皆避而走。

列子见之而心醉，而归以告壶丘子，曰:“始吾以夫子之道为至矣，则又有至焉者矣。”

壶子曰:“吾与汝无其文，未既其实，而固得道与？众雌而无雄，而又奚卵焉？而以道与世抗，必信矣，夫故使人得而相汝。尝试与来，以予示之。”

【今译】

有一个神巫从齐国来到郑国居住，名叫季咸，能够测知人的生死存亡、祸福寿夭，他预言的吉凶在指定的日期发生，应验如神灵。郑国人见到他，都躲避跑开去。

列子见了却心醉折服，回来把情况告诉壶丘子，说:“原来我认为先生的道术是最高深的，现在才知道又有高深的了。”

壶子说:“我教授给你的仅仅是道的外表，还没有教授给你道的实质，你难道以为得道了吗？只有很多雌性而没有雄性，又怎么能产卵呢？你用表面之道与世人较量，必定暴露心迹，所以才让巫者得以给你占卜吉凶祸福。试着请他同来，把我介绍给他。”

كان هناك مشعوذ ماهر، جاء من مملكة تشي ليقيم في مملكة تشنغ، واسمه جي شيان (Ji Xian)، وكان يتكهّن للإنسان بالموت والحياة، والبقاء والفناء، والشؤم والفأل، والعمر المديد والأجل القصير؛ ويحدّد لكلّ من ذلك سنتَه، وشهرَه، وثُلْث شهره، ويومه، بدقّة مدهشة. فابتعد عنه كلّ الشعب في مملكة تشنغ، كلّما رأوه.

بيد أن ليه تسي كان معْجَباً به عندما رآه، فعاد ليخبر هوتشيو تسي[1] بذلك، قائلاً: "كنت أظنّ في البداية أن الطاو عندكم هي الأعمق، غير أنني عرفت الآن أن هناك رجلاً أعمق منكم في الطاو."

فقال هو تسي: "ما أعلِّمك ليس إلاّ مظاهر للطاو، ولا يوضّح جواهر لها، فكيف تظنّ أنك قد توصّلت إليها؟ وكيف تقدر الإناث الكثيرة من دون الذكور على وضع البيوض؟ وإذا كنت تنافس العالم بالمظاهر للطاو، فلا بدّ من الكشف عمّا في قلبك، وذلك هو ما يمكّن الكاهن من معرفة حظوظك. فحاولْ أن تأتي به إليّ ليقوم بفراسة لي."

1 هوتشيو تسي (Huqiu Zi) كان يسمّى أيضاً بـ هوتشيو تسيلين (Huqiu Zilin) أو بـ هو تسي (Hu Zi)، وهو رجل من مملكة تشنغ، وتابع للمفكّر لاو تسي، ومعلّم للمفكّر ليه تسي، ومن أشهر الممثّلين للمدرسة الطاويّة في عصر الممالك المتحاربة.

【原文】

明日，列子与之见壶子。出而谓列子曰："谆！子之先生死矣，弗活矣，不可以旬数矣。吾见怪焉，见湿灰焉。"列子入，涕泣沾衿，以告壶子。

壶子曰："向吾示之以地文，罪乎不诹不止，是殆见吾杜德几也。尝又与来！"

明日，又与之见壶子。出而谓列子曰："幸矣！子之先生遇我也，有瘳矣。灰然有生矣，吾见杜权矣。"列子入告壶子。

【今译】

第二天，列子和季咸一起来见壶子。季咸出来后对列子说："唉！你的先生要死了，不能活了，过不了十天啦。我见到了怪异的症状，就像湿灰一样毫无生机。"列子进去，眼泪汪汪湿透了衣衿，把季咸的话告诉壶子。

壶子说："刚才我把寂静的心境显示给他看，茫然无知，不动不止，这大概是他看见我闭塞生机了。试着再和他一起来！"

第二天，列子又跟季咸来见壶子。季咸出来后对列子说："幸运呀！你的先生遇上了我，可以痊愈了。他全然有生机，我看见他闭塞中显出了活力。"列子进去把季咸的话告诉壶子。

وفي اليوم الثاني أتى ليه تسي بجي شيان لمقابلة هو تسي في بيته، وعندما خرج جي شيان من بيته، قال لليه تسي: "وأسفاه! إن معلّمك سيموت، ولا يستطيع أن يعيش إلاّ عشرة أيّام. وقد رأيْتُ فيه أعراضاً غريبةً، كما رأيت فيه رماداً مبلّلاً غيرَ قابل للإحراق." فعاد ليه تسي إلى معلّمه هو تسي، ليخبره بذلك، وقد ابتلّت ثيابه بالدموع الحزينة.

فقال هو تسي: "كنت قد أظهرْتُ له مظاهر هدوء الأرض، التي تبدو حياتي فيها بلا حراك ولا سكون، حتى يخيَّل إليه أن بابَ حيويّتي مُقْفَلٌ. فحاولْ أن تأتي به إليّ مرّة ثانية!"

وفي اليوم الثاني، جاء ليه تسي مع جي شيان مرّة ثانية لمقابلة هو تسي في بيته، وعندما خرج جي شيان من بيته، قال لليه تسي: "من حسن حظّ معلّمك أن يلتقى بي اليوم، ويجد لنفسه أمل الحياة، إذ إنني رأيت تحت رماده وميض نار، وفي انغلاقه دبيب حيويّة." فعاد ليه تسي إلى معلّمه، ليخبره بذلك.

【原文】

壶子曰："向吾示之以天壤，名实不入，而机发于踵，此为杜权。是殆见吾善者几也。尝又与来！"

明日，又与之见壶子。出而谓列子曰："子之先生坐不齐，吾无得而相焉。试齐，将且复相之。"列子入告壶子。

壶子曰："向吾示之以太冲莫眹，是殆见吾衡气几也。鲵旋之潘为渊，止水之潘为渊，流水之潘为渊，滥水之潘为渊，沃水之潘为渊，氿水之潘为渊，雍水之潘为渊，汧水之潘为渊，肥水之潘为渊，是为九渊焉。尝又与来！"

【今译】

壶子说："刚才我把天地间变化生长的气象显示给他看，虚名和实利都不能侵入，生机自上而下地发动，这大概是他看见我生意萌动的机兆了。试着再和他一起来！"

第二天，列子又跟季咸来见壶子。季咸出来后对列子说："你的先生神色变化不定，我没法给他相面。等他安定之后，再来给他相面。"列子进去把季咸的话告诉壶子。

壶子说："刚才我把没有偏胜的冲漠之气显示给他看，这大概是他看见我心气平稳的机兆了。鲸鲵盘旋的深水成为渊，不流动的深水成为渊，流动的深水成为渊，泛涌而上的回旋水流成为渊，下注的回旋水流成为渊，从侧面涌出的回旋水流成为渊，决出水道而又回流的水成为渊，从地下冒出后积止的水成为渊，不同源而后合流的水成为渊，这就是九渊。试着再和他一起来！"

قال هو تسي: "كنت قد أظهرت له الانسجام بين السماء والأرض، حيث لا يتسلّل إليه الشهرة الزائفة والمنفعة الثابتة، فتنبثق الحياة وتنداح من الأعقاب، وتلك هي الطوالع لدبيب الحياة، التي تبدأ بالتحوّل إلى الأفضل. فحاولْ أن تأتي به إليّ مرّة ثالثة!"

وفي اليوم الثالث، أتى ليه تسي بجي شيان مرّة ثالثة لمقابلة هو تسي في بيته، وعندما خرج جي شيان من بيته، قال لليه تسي: "إن معلّمك كان يجلس هناك شارد الذهن، حتى لا أجد سبيلاً إلى فراسته. وإذا كان هادئ النفس، فسأعود إلى الفراسة له." فعاد ليه تسي إلى معلّمه، ليخبره بذلك.

قال هو تسي: "كنت قد أظهرت له السكون الأقصى والانسجام الأكبر من دون أيّ آية، حتى قد يجد طوالع للتوازن في حيويّتي. فإن التي يمكنها أن تتحوّل إلى هوّة عميقة عددها تسع دوّامات، منها الدوّامة التي تدور فيها الحيتان، والدوّامة التي تتوقّف فيها السيول الراكدة، والدوّامة التي تسير فيها المياه الجارية، والدوّامة التي تتدفّق فيها التيارات الصاعدة، والدوّامة التي تتدفّق فيها التيّارات الهابطة، والدوّامة التي تتدفّق فيها التيّارات الجانبيّة، والدوّامة التي تتلقّى فيها التيّارات العائدة، والدوّامة التي تتوقّف فيها المياه الجوفيّة، والدوّامة التي تتلقّى فيها المياه من المصادر المختلفة. فحاولْ أن تأتي به إليّ مرّة رابعة!"

【原文】

明日，又与之见壶子。立未定，自失而走。壶子曰："追之！"列子追之而不及，反以报壶子，曰："已灭矣，已失矣，吾不及也。"

壶子曰："向吾示之以未始出吾宗。吾与之虚而猗移，不知其谁何，因以为茅靡，因以为波流，故逃也。"

然后列子自以为未始学而归，三年不出，为其妻爨，食豨如食人，于事无亲，雕瑑复朴，块然独以其形立，忿然而封戎，壹以是终。

【今译】

第二天，列子又跟季咸来见壶子。季咸还没站稳，便惊慌失措地逃走了。壶子说："追上他！"列子没追上，返回来报告壶子，说："季咸已经无影无踪，不知去向了，我追不上他。"

壶子说："刚才我没有展露我的宗本给他看。我只是显示出心地虚寂而随物顺化的样子，他摸不清我所使用的是什么道术，只看见我如草随风而倒，如水逐波而流的状态，所以就逃走了。"

这以后列子自认为未尝学到大道，便回到故里自学，三年不出家门，替妻子烧火煮饭，把喂猪直当作请人吃饭，对于事物漠不关心，除掉修饰而返回质朴，无知无情地像槁木死灰一样，在纷繁的世事中能封闭心窍而不被干扰，终身专守着纯一之道。

وفي اليوم الرابع، جاء ليه تسي مع جي شيان مرّة رابعة لمقابلة هو تسي في بيته، ولم يقف ثابتاً، حتى فقد نفسه، وأطلق ساقَه. فقال هو تسي: "الْحقْ به!" لكن ليه تسي فشل في اللحاق به، ورجع ليخبر هو تسي بذلك قائلاً: "قد اختفى، وتلاشى أثره، وأنا فاشل في اللحاق به."

فقال هو تسي: "كنت قد أظهرت له ما لم يُولَدْ من أصلي بعدُ، وتعاملتُ معه بتواضع وخضوع، حتى لم يعرف مَنْ أنا بالضبط، بل عرف فقط أنني عشب يتساقط مع الرياح، أو ماء يتحرّك مع الأمواج، فولّى هارباً."

وقد فهم ليه تسي منذ ذلك الوقت أنه لم يبدأ بدراسة الطاو بعد، وعاد إلى بيته، واعتكف فيه ثلاث سنوات، حيث كان يطبخ الأطعمة لزوجته، ويُطْعِمُ الخنازير مثلما يُطْعِمُ الناس، ويتعامل مع كلّ شيء بلا تعصّب وتحيّز، ويتخلّى عن العادات السيّئة ليعود إلى البساطة، فلا يكون قائماً إلاّ بشكله كالخشب الذابل، ولا مزعَجاً في الفوضى بانغلاق نفسه، وذائداً عن وحدته حتى نهايته.

【原文】

子列子之齐，中道而反，遇伯昏瞀人。

伯昏瞀人曰："奚方而反？"

曰："吾惊焉。"

"恶乎惊？"

"吾食于十浆，而五浆先馈。"

伯昏瞀人曰："若是，则汝何为惊己？"

【今译】

列子到齐国去，中途就返回来，遇见伯昏瞀人。

伯昏瞀人说："什么缘故中途就回来呢？"

列子说："我感到惊异。"

"为什么感到惊异？"

"我曾到十家卖浆的店铺里饮浆，其中就有五家先赠送给我。"

伯昏瞀人说："像这样的事，你为什么要惊异呢？"

سافر المعلّم ليه تسي إلى مملكة تشي، وعاد في منتصف الطريق، إذ صادف بوهون ماورن، الذي سأل: "لِمَ تعود؟"

أجابه ليه تسي: "شعرت بدهشة."

"بم اندهشتَ؟"

"كنت أشرب الخمر في عشر حانات، منها خمس حانات تهب لي الخمر بلا مقابل."

سأله بوهون ماورن: "لم اندهشت بمثل هذا الأمر؟"

【原文】

曰："夫内诚不解，形谍成光，以外镇人心，使人轻乎贵老，而整其所患。夫浆人特为食羹之货，多馀之赢；其为利也薄，其为权也轻，而犹若是。而况万乘之主，身劳于国，而智尽于事；彼将任我以事，而效我以功，吾是以惊。"

伯昏瞀人曰："善哉观乎！汝处己，人将保汝矣。"

【今译】

列子说："真诚积聚于胸中，就会外泄为光仪，用来对外压服人心，使人们对自己的敬重超过了老人，从而招致祸患。那些卖浆的人只是做点羹汤的买卖罢了，赢利并不多；他们获得的利润很少，所拥有的权势很小，尚且如此尊敬我。何况是万乘的君主，他们为国事操劳，为事业竭尽心智；他将会把重任交给我而要我建功效力，因此我感到惊异。"

伯昏瞀人说："你真会观察问题啊！你且安居吧，人们将会归附你了。"

فأجابه ليه تسي: "إذا لم تكن الرغبات في الباطن مبدّدة، انكشف في الظاهر جبروت، إن يقهر به قلوبَ غيره، يبد الاحترام للكبار في الظاهر، والاحتقار لهم في الواقع، ممّا يؤدّي به إلى الصعاب والمحن. وكان الخمّارون يتاجرون فقط بالأطعمة والأشربة، وليس لهم مكاسب فائضة، بل لهم أرباح زهيدة وسلطات قليلة. وإذا كانوا يعاملونني بهذا الأسلوب، فماذا عن الحاكم ذي العشرة آلاف عربة حربيّة، وهو ينهك جسده في مملكته، ويستنفد عقله في شؤونه؟ وإذا كان يفوّضه بأمر هامّ، فلا بدّ أن يختبرني بتحقيق المناقب والمآثر، وذلك هو ما كان يُدهشني."

قال بوهون ماورن: "أحسنْتَ في الملاحظة! وإن تكن قادراً على فحص نفسك هكذا، يكن الناس راجعين إليك."

【原文】

无几何而往，则户外之屦满矣。伯昏瞀人北面而立，敦杖蹙之乎颐。立有间，不言而出。宾者以告列子。列子提履徒跣而走，暨乎门，问曰:“先生既来，曾不废药乎?”

曰:“已矣。吾固告汝曰，人将保汝，果保汝矣。非汝能使人保汝，而汝不能使人无汝保也，而焉用之感也?感豫出异。且必有感也，摇而本身，又无谓也。与汝游者，莫汝告也。彼所小言，尽人毒也。莫觉莫悟，何相孰也!”

【今译】

时隔不久，伯昏瞀人去见列子，看到门外前来拜访者的鞋子已经摆满了。伯昏瞀人向北站着，用手杖拄着下巴而使皮肉皱起。站了一会儿，没有说话就走了。接引宾客的人把这事告诉列子。列子提着鞋，光着脚跑出来，到了门口，问道:“先生既然来了，为什么还不发药石之言启发开导我呢?”

伯昏瞀人说:“算了吧。我本来就告诉过你，人们要来归附你，现在果然归附你了。不是你能使人归附你，而是你不能使人不归附你，你何必显示出与众不同的迹象而使人如此欢愉呢?你以异常的表现感动他人，他人也必定会以欢愉摇撼你的本性，这又没有什么益处。与你交游的人，不能把这番道理告诉你。他们那些细巧之言，尽是毒害人心的。没有人能够从中觉悟，大家又怎么能互相获得教益呢!”

ولم يمض على ذلك وقت طويل، حتى عاد بوهون ماورن إلى ليه تسي، الذي قد اصطفّت أحذيةُ الزوّار في خارج بيته. فوقف مع وجهه نحو الشمال، وفي يده عكّازة تدعم ذقنه، وذهب بعد لحظات من دون أن ينبس ببنت شفة. وكان الخادم يخبر ليه تسي بذلك، فأسرع ليه تسي إلى البوّابة حافي القدميْن مع الخُفَّيْن في يده، وقال: "لم لا تعلّمونني شيئاً وقد أتيْتم إلى هنا؟"

أجابه بوهون ماورن: "دعك منه! وقد أخبرتك في الماضي أن الناس سيرجعون إليك، وهم اليوم يرجعون إليك حقّاً. وذلك ليس لأنك قادر على إرجاعهم إليك، بل لأنك غير قادر على عدم إرجاعهم إليك، فلماذا تثير مشاعرهم بما تختلف عنهم؟ وإن تُثِرْ مشاعرهم بما تختلف عنهم، فلا بدّ لهم من هزّ طبيعتك بمشاعرهم، وذلك لا فائدة فيه ولا جدوى. ومن يخالطونك لا أحد منهم يقدّم لك أيّة نصيحة، وكلّ الوساوس التي يحدّثونك عنها هي من السموم الضارّة، فكيف تتحقّق الإفادة والاستفادة بينك وبينهم إذا لم يكن أحد منهم صاحياً وواعياً؟"

【原文】

杨朱南之沛，老聃西游于秦，邀于郊。至梁而遇老子。老子中道仰天而叹曰：“始以汝为可教，今不可教也。”杨朱不答。

至舍，进涫漱巾栉，脱履户外，膝行而前，曰：“向者夫子仰天而叹曰：‘始以汝为可教，今不可教。’弟子欲请夫子辞，行不间，是以不敢。今夫子间矣，请问其过。”

【今译】

杨朱向南去沛地，老聃西游到秦地，杨朱在沛郊迎候老子。到了梁地见到老子。老子在半途中仰天长叹说：“起初我认为你可以教导，现在看来不可以了。”杨朱默然不应。

到了旅舍中，杨朱向老子奉上梳洗用品，把鞋脱在门外，膝行到老子面前，说：“刚才先生仰天长叹说：‘起初我认为你可以教导，现在看来不可以了。’我想请教先生，先生忙着赶路，所以没敢打搅。现在先生有空闲了，请告诉我不可教导的原因。”

كان يانغ تشو يسافر جنوباً إلى مدينة بي ويتوقّع أن يستقبل في ضاحيتها لاو تسي الذي كان يسافر غرباً إلى مملكة تشين[1]، بيدَ أنه لم يلتق بلاو تسي إلاّ في دا ليانغ[2]. وعندما كان لاو تسي ويانغ تشو في منتصف طريقهما، رفع لاو تسي رأسه للسماء وقال بتنهّد عميق: "كنت أظنّك قابلاً للتعليم، بيدَ أنني اليوم لا أظنّك قابلاً لذلك." لكن يانغ تشو لم يُجِبْهُ.

ولمّا وصلا إلى الحانة، قدّم يانغ تشو إلى لاو تسي المياه ليغسل بها وجهه ويديْه، وقدّم إليه الفوطة والمشط، وخلع حذاءيْه خارج الباب، وسار على ركبتيْه نحو لاو تسي، قائلاً: "كنت ترفع رأسها للسماء وقال بتنهّد عميق: "كنت أظنّك قابلاً للتعليم، بيدَ أنني اليوم لا أظنّك قابلاً لذلك." وكنت أريد أن أسألكم عن الأسباب، بيد أنني لم أجرؤ على ذلك، إذ إنكم كنتم تسيرون بسرعة؛ وطالما نحن الآن أحرار، فهل من فضلكم أن تخبروني ما هي أخطائي؟"

---

1 مملكة تشين (Qin) كانت إقطاعة لأسرة زو الملكيّة في عصر الربيع والخريف وعصر الممالك المتحاربة. وهي تأسّست في عام 770ق.م في مقاطعة قانسو (Gansu) ومقاطعة شانشي (Shanxi) اليوم، وفي عام 677ق.م أقام عاصمتها في مدينة يونغ (Yong) التي تقع حالياً في مقاطعة قانسو لمدّة تقرب من 300 سنة. وأعلن ينغ تشنغ (Ying Zheng) أنه أوّل إمبراطور عام 221 قبل الميلاد، إذ دخلت الصينُ عصر أسرة تشين الملكيّة الذي استمرّ 15 سنة فقط.

2 داليانغ (Daliang) كانت عاصمة لمملكة وي (Wei) وهي مدينة كايفنغ (Kaifeng) اليوم.

【原文】

老子曰："而睢睢，而盱盱，而谁与居？大白若辱，盛德若不足。"

杨朱蹴然变容曰："敬闻命矣！"

其往也，舍者迎将家，公执席，妻执巾栉，舍者避席，炀者避灶。其反也，舍者与之争席矣。

【今译】

老子说："你一副跋扈傲视的样子，谁愿跟你同处？一生清白的人应该觉得仍有污点，道德高尚的人应该仍以谦恭卑下自居。"

杨朱满面羞惭地说："敬听先生的教诲了！"

杨朱前往沛地的时候，旅舍中的所有人都来迎送他，旅舍男主人替他安排坐席，女主人为他拿毛巾和梳子，先到的客人避开坐席，炊夫离开灶火。等他从沛地返回，旅舍的客人便和他争席而坐了。

فقال لاو تسي: "إن تفتح عينيْك متعجرفاً، وترفع رأسك متغطرساً، فمن يحبّ أن يعاشرك؟ فالبياض الطاهر ما زال فيه وسخ، والخلق السامي ما زال فيه نقصان."

وأجابه يانغ تشو بخجل شديد يرتسم على وجهه قائلاً: "سمعاً وطاعة!"

وعندما وصل يانغ تشو إلى الحانة، استقبله كلّ النازلين فيها، وأخذه صاحبها إلى مجلسه، وتقدّمت صاحبتها إليه بالفوطة والمشط، وأفسح النازلون له مقعداً، وأخلى المدفؤون له موقداً. وعندما عاد يانغ تشو من مدينة بي، تنافس النازلون معه المقاعد.

【原文】

杨朱过宋，东之于逆旅。逆旅人有妾二人，其一人美，其一人恶；恶者贵而美者贱。杨朱问其故。逆旅小子对曰："其美者自美，吾不知其美也；其恶者自恶，吾不知其恶也。"

杨朱曰："弟子记之！行贤而去自贤之行，安往而不爱哉？"

【今译】

杨朱途经宋国，向东投宿到一家旅店。旅店主人有两个妾，其中一个漂亮，一个丑陋；丑陋的受主人尊宠而漂亮的却被轻视。杨朱问其中的缘故，旅店主人回答说："那个漂亮的自以为漂亮，我却不认为她漂亮；那个丑陋的自以为丑陋，我却不认为她丑陋。"

杨朱说："弟子们记住！品行高尚而又能去掉自以为高尚之心的人，到什么地方不受人敬重呢？"

عندما مرّ يانغ تشو بمملكة سونغ، اتَّجه شرقاً لينزل في إحدى الحانات، التي كان لصاحبها جاريتان، إحداهما جميلة، والأخرى قبيحة، بيدَ أن القبيحة مقدَّرة والجميلة محقَّرة، فسأله يانغ تشو عن أسباب ذلك، فأجابه خادم الحانة قائلاً: "الجميلة تظنّ نفسها جميلة، إلاّ أنني لا أعرف جمالها؛ والقبيحة تظنّ نفسها قبيحة إلاّ أنني لا أعرف قبحها."

قال يانغ تشو: يا أتباعي، احفظوا! من يكن فاضلاً في سلوكيّاته من دون أن يظنّ نفسه فاضلاً، فكيف لا يكون محترماً أينما يذهب؟"

【原文】

天下有常胜之道，有不常胜之道。常胜之道曰柔，常不胜之道曰强。二者亦知，而人未之知。故上古之言：强，先不己若者；柔，先出于己者。先不己若者，至于若己，则殆矣。先出于己者，亡所殆矣。以此胜一身若徒，以此任天下若徒，谓不胜而自胜，不任而自任也。

【今译】

天下有常胜的道，有不常胜的道。常胜之道叫做柔弱，不常胜之道叫做刚强。二者显而易见，但人们多不知道。所以上古有句话说：依靠刚强，只能战胜不如自己的；依靠柔弱，却能战胜超过自己的。只战胜不如自己的，等到它们和自己相当了，就危险了。战胜超过自己的，就没有危险了。用来战胜身心的是这个道理，用来应付天下的也是这个道理，这叫做虽然不是有意战胜却自然就已战胜，虽然不是有意胜任却自然就已胜任。

في العالم طاو عن الظفر الدائم، وفيه أيضاً طاو عن الفشل الدائم. فإن الطاو عن الظفر الدائم تسمَّى بما هو ناعم، والطاو عن الفشل الدائم تُسمَّى بما هو صلب، وكلتاهما تفهم بسهولة ويسر، غير أن الإنسان لا يفهمهما. فإن القول القديم قائل: ما هو صلب قادر فقط على غلب ما هو أضعف منه؛ وما هو ناعم قادر على غلب ما هو أقوى منه. فإن القادر على غلب ما هو أضعف منه، إن يلتق بمن يماثله قوّة، يقع في الخطر؛ والقادر على غلب ما هو أقوى منه لا خطر يواجهه. وذلك هو طريق يغلب به الإنسان ما في جسده، وهو أيضاً طريق يظفر به الإنسان بما في العالم، وهو يُسمَّى بالظفر التلقائيّ بلا رغبة في الظفر، أو بالحكم التلقائيّ بلا رغبة في الحكم.

【原文】

鬻子曰："欲刚，必以柔守之；欲强，必以弱保之。积于柔必刚，积于弱必强。观其所积，以知祸福之乡。强胜不若己，至于若己者刚；柔胜出于己者，其力不可量。"

老聃曰："兵强则灭，木强则折。柔弱者生之徒，坚强者死之徒。"

【今译】

鬻子说："要想刚，必定得靠柔来守护；要想强，必定得用弱来保障。柔积蓄起来必定刚，弱积蓄起来必定强。观测它们所积蓄的，就可以知道祸福的趋向了。靠刚强胜过不如自己的，等到它与自己相当就会遭殃；靠柔弱胜过超过自己的，力量便不可估量。"

老子说："兵马强大就会被消灭，树木强硬就会被折断。柔弱是生存的道路，坚强是死亡的途径。"

فقال يوي تسي[1]: إن ترغب فيما هو صلب، فلا بدّ من حمايته بما هو ناعم؛ وإن ترغب فيما هو قويّ، فلا بدّ من ضمانه بما هو ضعيف. وإن يجتمع ما هو ناعم، فلا بدّ أن يكون صلباً؛ وإن يجتمع ما هو ضعيف، فلا بدّ أن يكون قويّاً. فراقِبْ ما يجتمع عنده، تَعْرِفْ ما يؤدّي به إليه من التعاسة والسعادة. وإن القويّ هو الذي يغلب من هو أضعف منه، وإن يلتق بمن يماثله قوّة، يقع في الخطر؛ والناعم هو الذي يغلب من هو أقوى منه، وقوّته غير قابلة للقياس والحساب.

وقال لاو تسي: "إن يكن الجيش قويّاً، يكن مهزوماً؛ وإن يكن الشجر قويّاً، يكن مكسوراً. وما هو ناعم ضعيف هو طريق إلى البقاء، وما هو صلب قويّ هو سبيل إلى الفناء.

1 يوي تسي (Yu Zi) هو يوي شيونغ (Yu Xiong) الذي كان من أسلاف مملكة تشو (Chu) في عصر أسرة زو الملكية، وكان معلّماً للملك ون (Wen) لأسرة زو الملكيّة.

【原文】

状不必童，而智童；智不必童，而状童。圣人取童智而遗童状，众人近童状而疏童智。状与我童者，近而爱之；状与我异者，疏而畏之。有七尺之骸，手足之异，戴发含齿，倚而趣者，谓之人；而人未必无兽心。虽有兽心，以状而见亲矣。傅翼戴角，分牙布爪，仰飞伏走，谓之禽兽；而禽兽未必无人心。虽有人心，以状而见疏矣。庖牺氏、女娲氏、神农氏、夏后氏，蛇身人面，牛首虎鼻：此有非人之状，而有大圣之德。夏桀、殷纣、鲁桓、楚穆，状貌七窍，皆同于人，而有禽兽之心。而众人守一状以求至智，

【今译】

形貌不必相同，而心智相同；心智不必相同，而形貌相同。圣人选取心智相同而遗弃形貌相同，世人却接近形貌相同而疏远心智相同。形貌和自己相同的，就亲近并且喜爱他；形貌与自己相异的，就疏远并且畏惧他。凡有七尺高的形骸，手脚的功能不相同，头上生发，口中有牙，能直立行走的，就叫做人；但人不一定没有禽兽之心。虽有禽兽之心，但因为形貌相同而被亲近了。身上附有翅膀，头上长触角，张牙舞爪，高高地飞翔或在地面俯伏奔走的，就叫做禽兽；但禽兽不一定没有人心。虽然有人心，但因为形貌不相同而被疏远了。庖牺氏、女娲氏、神农氏、夏后氏，长着蛇身人面，牛头虎鼻：有着不同于人的形貌，却具有大圣贤的品德。夏桀、殷纣、鲁桓、楚穆，他们的形貌七窍都与人相同，但却怀着禽兽之心。世人固守着同

ما قد يكون غير متشابه في الشكل، يكون متشابهاً في العقل؛ وما قد يكون غير متشابه في العقل، يكون متشابهاً في الشكل. فإن الإنسان الحكيم يأخذ ما يكون متشابهاً في العقل، ويترك ما يكون متشابهاً في الشكل؛ بيدَ أن عامّة الناس تقرب ممّا هو متشابه في الشكل، وتبعد عمّا هو متشابه في العقل. فمن يكن متشابهاً معي في الشكل، أكن قريباً منه وراغباً فيه؛ وإن يكن متفاوتاً معي في الشكل، أكن بعيداً عنه وخائفاً منه. فالكائن الذي يقوم ويسير بسرعة وله قامة ذات سبع أذرع صينيّة[1]، وتختلف يداه عن قدميْه، وله شعر في رأسه وأسنان في فمه، كائن يُسمَّى بالإنسان، بيد أن الإنسان قد لا يخلو من قلب الوحش. ومع أنه قد لا يخلو من قلب الوحش، إلاّ أنه مقرَّب عند غيره بتشابهه في الشكل؛ والذي يعلّق بالأجنحة في جسده، وينمو بالأركان في رأسه، ويكشّر عن أنيابه، ويلوّح بمخالبه، ويطير مع رفع رأسه، ويجري مع طأطأة رأسه، هو يُسمَّى بالطائر أو الحيوان، بيْد أن الطائر أو الحيوان قد لا يخلو من قلب الإنسان. ومع أنه قد لا يخلو من قلب الإنسان، إلاّ أنه مبعَّد عند غيره بتباينه في الشكل. ومع أن الشخصيّات الأسطوريّة الصينيّة مثل باوشي[2]، ونيويوا[3]، وشن نونغ[4]، وشيا هو[5]، لها أجسام الثعبان ووجوه الإنسان، رؤوس البقر وأنوف النمر، وهي تختلف عن الإنسان في شكلها، إلاّ أنها تمتاز

1 ذراع صينيّة واحدة في عصر أسرة تشين الملكيّة تساوي 27.65 سنتمتراً.

2 باوشي (Paoxi) يُسمَّى أيضاً بـ فوشي (Fuxi)، وهو من أسلاف الإنسان في الأسطورة الصينيّة القديمة التي تروي أنه كان يتزوّج مع فتاة من أسرة نيويوا حتى يولد الإنسان.

3 نيويوا (Nüwa) كانت من أسلاف الإنسان في الأسطورة الصينيّة القديمة التي تروي أنها كانت تخلق الإنسان بالطين الأصفر، وترقّع السماء بالأحجار ذات الألوان الخمسة.

4 شن نونغ (Shennong) يروى أنه كان مخترعاً للزراعة والدواء، وتذوّق مئة نوع من العقاقير الطبّيّة ليعالج بها الأمراض.

5 شيا هو (Xiahou) هو الذي أقام أسرة شيا الملكيّة بعد أن تنازل الإمبراطور شون عن عرشه.

【原文】

未可几也。黄帝与炎帝战于阪泉之野，帅熊、罴、狼、豹、貙、虎为前驱，雕、鹖、鹰、鸢为旗帜，此以力使禽兽者也。尧使夔典乐，击石拊石，百兽率舞；《箫韶》九成，凤皇来仪：此以声致禽兽者也。然则禽兽之心，奚为异人？形音与人异，而不知接之之道焉。圣人无所不知，无所不通，故得引而使之焉。禽兽之智有自然与人童者，其齐欲摄生，亦不假智于人也。牝牡相偶，母子相亲；避平依险，违寒就温；居则有群，行则有列；小者居内，壮者居外；饮则

【今译】

一形貌标准去寻求最高智慧的人，是没有希望找到的。黄帝与炎帝在阪泉的原野上作战，黄帝率领熊、罴、狼、豹、貙、虎等为先锋，以雕、鹖、鹰、鸢等为旗帜，这是用威力来使用禽兽。尧任用夔为乐官，主管音律，他击石磬打拍子，百兽纷纷随之起舞；他演奏虞舜的《箫韶》乐曲九阕，凤凰也飞来朝贺：这是用乐声来招致禽兽。既然如此，禽兽之心，又怎么会与人不同呢？只是它们的形貌音声与人不同，而人们不知道用什么办法与它们交流罢了。圣人没有不知道的，没有不通晓的，所以能够召集并且驱使它们。禽兽的心智天然地有与人相同的地方，它们都要争取生存，这方面的智力并不比人低。雌雄结成配偶，母子互相亲爱；避开平地而依附险峻，躲开寒冷而趋就温暖；居处则有群体，出行则成行列；弱小的住在里面，强壮的守

بفضائل الحكيم العظيم؛ ومع أن الملوك مثل شيا جيه[1]، وشانغ تشو[2]، وهوان قونغ[3] لمملكة لو[4]، ومو[5] لمملكة تشو (Chu) يتشابهون مع الإنسان في شكلهم وملمحهم وفتحاتهم السبع، إلاّ أنهم يملكون قلوب الطيور والوحوش، بيد أن كلّ الناس يتمسّكون بأشكالهم المتشابهة مع الإنسان، حتى يطلبوا منهم حكمة أعلى، وذلك مستحيل تحقيقُه. وعندما كان هوانغ دي يحارب يان دي[6] في ضاحية بان تشيوان[7]، كان يقود في طليعته الدببة والدببة السمراء، والذئاب والفهود والسنانير والنمور، ويرفع أعلامه التي ترفرف معها العقبان والصقور والنسور والحداء، وذلك هو تسخير الوحوش بالقوى. وكان الإمبراطور ياو[8] يحمّل كوي[9] المسؤوليّة

1 شيا جيه (Xia Jie، عام ؟-1600ق.م) كان آخر ملك في عصر أسرة شيا الملكيّة، وهو غشوم شهير في تاريخ الصين القديم، وانتهت أسرته الملكيّة بعد أن قبض عليه الملك تانغ لأسرة شانغ الملكيّة.

2 شانغ تشو (Shang Zhou، عام 1105–1046ق.م) هو آخر ملك لأسرة شانغ الملكيّة في الصين القديمة.

3 هوان قونغ (Huan Gong) لمملكة لو (Lu) كان الحاكم الخامس عشر لمملكة لو في عصر الربيع والخريف في أثناء عامَيْ 731 و694ق.م.

4 مملكة لو (Lu، عام 1043-256ق.م) إقطاعة لأسرة زو الملكيّة، يستغرق تاريخها ما يقرب من800 سنة وحاكمها الأوّل هو الملك تشو قونغ (الأخ الصغير للملك وو لأسرة زو الملكيّة)، وقد تنازل عن عرشه لابنه بو تشين لإقامة عاصمة مملكة لو في مدينة تشيويفو (Qufu) لأنه كان مشغولاً بمؤازرة الملك تشنغ لأسرة زو الملكيّة. وقد بلغت مملكة لو ذروة قوّتها في عصر الملك هوان قونغ والملك تشوانغ قونغ والملك شي قونغ، حتّى نافست مملكة تشي في الهيمنة في الشرق، وقاومت الملك تشنغ لمملكة تشو (Chu) والملك ون لمملكة جين. وما زالت لها عدّة إقطاعات تقدّم إليها الجزى. وكان يحكمها 36 ملكاً وقضى عليها الملك كاو ليه (Kao Lie) لمملكة تشو في عام 256ق.م.

5 مو (Mu، عام ؟-614ق.م) كان ملكاً لمملكة تشو (Chu) في عصر الربيع والخريف، وحاكماً لها في مدّة ما بين عامَيْ 625 و614ق.م، وقد اغتال والده الملك تشنغ (Cheng) ليقوم مقامه.

6 يان دي (Yan Di) يقال إنه كان قائداً لقبيلة جيانغ، وملقَّباً بأسرة ليه شان (Lieshan)، وتكونت قوميّة هواشيا على أساس قبيلة يان دي وقبيلة هوانغ دي.

7 بانتشيوان (Banquan) اسم مكان في الصين القديمة، يقع حالياً في جنوب الشرق لمدينة تشوهلو (Zhuolu) في مقاطعة خهبي.

8 الإمبراطور ياو (Yao، عام 2447–2307ق.م) كان واحداً من الأباطرة الخمسة في تاريخ الصين القديم ويُعَدُّ قدوة يقتدي بها الحكّام العاقلون في المدرسة الكونفوشيوسيّة.

9 كوي (Kui) يقال إنه كان مسؤولاً عن الموسيقى فيما بين عصر الإمبراطور ياو والإمبراطور شون.

【原文】

相携，食则鸣群。太古之时，则与人同处，与人并行。帝王之时，始惊骇散乱矣。逮于末世，隐伏逃窜，以避患害。今东方介氏之国，其国人数数解六畜之语者，盖偏知之所得。太古神圣之人，备知万物情态，悉解异类音声。会而聚之，训而受之，同于人民。故先会鬼神魑魅，次达八方人民，末聚禽兽虫蛾。言血气之类，心智不殊远也。神圣知其如此，故其所教训者无所遗逸焉。

【今译】

卫在外边；饮水时就互相提携，找到食物就呼朋引伴。太古的时候，禽兽和人共同居住，和人一起走动。到帝王出现的时候，禽兽才开始见人惊惶恐惧四散乱窜。到了衰乱的末世，禽兽见人就隐伏逃窜，以躲避祸害。现在东方介氏之国，国民勉勉强强懂一些六畜的语言，这是他们靠片面的知识而得到的才能。太古时代的神圣之人，完全知晓万物的性情状态，完全了解异类的音声。把它们会集起来，训练它们接受调教，看待它们像看待人民一样。所以首先朝会神鬼妖怪，其次招致八方人民，最后聚集禽兽昆虫。这说明有血气的物类，心智相差不会很远。圣人知道这个道理，因此他们所教化训练的物类就没有什么遗漏。

عن الموسيقى، وهو يضرب النواقيس من الأحجار حتى ترقص الوحوش بكلّ أنواعها على إيقاعاتها؛ ويعزف تسع مقطوعات من ألحان المزمار حتى تأتي العنقاء لتقوم بصلوات؛ وذلك هو جذب الطيور بالأصوات. وإذا كان هكذا، فبم تختلف قلوبُ الوحوش والطيور عن قلب الإنسان؟ وهي تختلف فقط عن الإنسان في أشكالها وأصواتها، إلاّ إنه لا يعرف طريقاً يتعامل معها. والحكيم يعرف كلّ شيء، ويدرك كلّ شيء، فهو قادر على توجيهها وتسخيرها. وعقول الوحوش والطيور بطبيعة الحال تتشابه مع عقل الإنسان، وعقولها في طلب البقاء لا تقلّ عن عقل الإنسان، فهي متزاوجة بين الذكور والإناث، ومتحابّة بين الأمّهات والأبناء؛ ومجتنبة عما هو منبسط، ومختبئة فيما هو منحدر؛ ومبتعدة عما هو قارس ومقتربة مما هو دافئ؛ ومائلة إلى التحاشد إذا حلّتْ، وراغبة في التصافّ إذا رحلتْ؛ وتكون ضعيفتُها في داخل حشدها، وقويّتها في خارج حشدها؛ وهي متناصرة إذا شربتْ، ومتنادية إذا أكلتْ. وكانت في العصور الموغلة في القدم تعايش الإنسان، وتسايره؛ وبدأت في عصور الأباطرة والملوك تتبعثر فزعاً من الإنسان؛ وكانت في عصور الانحطاط والانحلال خابئة متوارية ولائذة بالفرار لإبعاد نفسها عن كوارث الإنسان ومصائبه. والآن في الشرق مملكة لأسرة جيه (Jie)، يستطيع شعبُها أن يفهموا شيئاً من كلام الدواجن الستّ[1] على مضض، لأنهم قد يملكون موهبة خاصّة في هذه الناحية. أمّا الحكماء العظماء في العصور البعيدة في القدم، فكانوا كاملين في فهم المشاعر والمظاهر لكلّ الكائنات، وشاملين في معرفة الأصوات والأصداء لكلّ الغرائب، ويحشدونها لتتلقّى، ويدرّبونها لتتعلم، حتى تكون متشابهة مع الإنسان. فيفهمون أوّلاً الشياطين والآلهة والأغوال والعفاريت، ويتواصلون ثانياً مع الشعوب من كلّ حدب وصوب، ويجمعون أخيراً الطيور والحيوانات والحشرات والفراش، ويقولون إن كلّ الحيوانات ذات الدماء والأنفاس لا تتفاوت ولا تتباين كثيراً في العقل والحكمة. وقد ألمّ بذلك الحكماءُ العظماء، حتى امتدّ تثقيفهم وترويضهم إلى كلّ الكائنات بلا إهمال وإغفال.

1 الدواجن الستّ في الصين القديمة هي الحصان والبقر والغنم والخنزير والكلب والدجاج.

【原文】

宋有狙公者，爱狙，养之成群。能解狙之意，狙亦得公之心。损其家口，充狙之欲。

俄而匮焉，将限其食。恐众狙之不驯于己也，先诳之曰："与若芧，朝三而暮四，足乎？"众狙皆起而怒。

俄而曰："与若芧，朝四而暮三，足乎？"众狙皆伏而喜。

物之以能鄙相笼，皆犹此也。圣人以智笼群愚，亦犹狙公之以智笼众狙也。名实不亏，使其喜怒哉！

【今译】

宋国有位饲养猴子的老翁，很喜爱猴子，养的猴子成群结队。他了解猴子的性情，猴子也懂得他的心意。老翁削减家人的口粮，以满足猴子的食欲。

不久，家里的粮食匮乏了，他要限制猴子的口粮。担心猴子不肯驯服，不听自己的话，就先诳骗它们说："给你们吃橡栗，早上三颗，晚上四颗，够吗？"猴子们都跳了起来，十分生气。

过了一会儿，老翁又说："给你们吃橡栗，早上四颗，晚上三颗，够了吧？"猴子们都伏在地上，十分高兴。

世间万物之所以用智巧或鄙俗的方法可以笼络，道理就在这里。圣人用智慧来笼络愚人，就像养猴老翁用智力来笼络猴子一样。名义和实际都不亏损，却能使他们欢喜或愤怒。

في مملكة سونغ شيخ يربّي القرود، ويحبّها حبّاً جمّاً، وقد ربّى كثيراً من القرود حتى صار قادراً على فهم أفكارها، وقد حظيت برضاه أيضاً، فلم يبخل بتقليل أرزاق أهله لإشباع شهواتها.

وسرعان ما استنفد أطعمته، الأمر الذي أجبره على تحديد أطعمتها، بيد أنه كان خائفاً من عدم طاعتها له، فغشّها أوّلاً ليقول: "إذا أطْعَمْتُكم بالكستناء، فهل تكفيكم ثلاثة منه في الصباح وأربعة في المساء؟" فقزت كلّ القرود من مكانها غضبانة.

ثم قال لها الشيخ بعد قليل: "إذا أطْعَمْتُكم بالكستناء، فهل تكفيكم أربعة منه في الصباح وثلاثة في المساء؟" فقبعت كلّ القرود على الأرض فرحانة.

وإن كلّ الكائنات في العالم يقدر القادر منها على إغراء العاجز منها، وهو يلجأ إلى هذه الوسيلة. فإن الفضلاء يُغْرُون الجهلاء بذكائهم، مثلما كان الشيخ يغري قروده بذكائه، ومع أن الاسم والواقع عنده لا يغيَّران، إلاّ أن ذلك يقدر على إفراحها أحياناً وإغضابها أحياناً أخرى.

【原文】

纪渻子为周宣王养斗鸡。

十日而问:“鸡可斗已乎?”

曰:“未也,方虚骄而恃气。”

十日又问。

曰:“未也,犹应影响。”

十日又问。

曰:“未也,犹疾视而盛气。”

十日又问。

曰:“几矣。鸡虽有鸣者,已无变矣。望之似木鸡矣,其德全矣。异鸡无敢应者,反走耳。”

【今译】

纪渻子为周宣王驯养斗鸡。

过了十天周宣王问:“鸡可以斗了吗?”

回答说:“不行,它正虚浮骄妄,自恃意气。”

过了十天再问。

回答说:“不行,它还对别的鸡的身影和鸣声有所反应。”

过了十天又问。

回答说:“不行,它还目光锐利而富于盛气。”

过了十天再问。

回答说:“差不多了。其他鸡虽然有鸣叫的,它已经不为所动了。看上去就像一只木鸡,它的自然德行完备了。别的鸡没有敢应战于它的,纷纷掉身逃跑了。”

كان جيشنغ تسي[1] يدرّب للملك شوان لأسرة زو الملكيّة ديوكاً محاربة.

فسأله الملك بعد ذلك بعشرة أيّام قائلاً: "هل يمكن للديوك أن تحارب؟"

وأجابه: "لا، هي متبجّحة متكبّرة ومغترّة بنفسها."

فسأله الملك بعد ذلك بعشرة أيّام أخرى.

وأجابه: "لا، هي ما زالت منفعلة بظلال وأصوات الديوك الأخرى."

فسأله الملك بعد ذلك بعشرة أيّام أخرى.

وأجابه: "لا، هي ما زالت حادّة البصيرة ومتغطرسة على غيرها."

فسأله الملك بعد ذلك بعشرة أيّام أخرى.

وأجابه: "كادت أن تكون جاهزة للمحاربة، لأنها قد صارت غير منفعلة بصيحات الديوك الأخرى، وبدتْ كأنَّها ديوك من الخشب، قد أكملتْ فضائلها، حتى صارت الديوك الأخرى غير مُقْدِمَة على مقاومتها، بل انسحبت ولاذت بالفرار فقط."

1 جيشنغ تسي (Jisheng Zi) كان شخصيّة خياليّة في الحكايات الصينيّة القديمة.

【原文】

惠盎见宋康王。康王蹀足謦欬，疾言曰："寡人之所说者，勇有力也，不说为仁义者也。客将何以教寡人？"

惠盎对曰："臣有道于此，使人虽勇，刺之不入，虽有力，击之弗中。大王独无意邪？"

宋王曰："善，此寡人之所欲闻也。"

惠盎曰："夫刺之不入，击之不中，此犹辱也。臣有道于此，使人虽有勇，弗敢刺，虽有力，弗敢击。夫弗敢，非无其志也。臣有道于此，使人本无其志也。夫无其志也，未有爱利之心也。臣有道于此，使天下丈夫女子，莫不驩然皆欲爱利之。此其贤于勇有力也，四累之上也。大王

【今译】

惠盎拜见宋康王。康王顿足咳嗽，急躁地说："我所喜欢的是勇武有力，不喜欢仁义那一套。你准备用什么来教我啊？"

惠盎回答说："我这儿有道术，使人虽然勇猛，却刺不进我，虽然有力，却击不中我。大王难道对此不感兴趣吗？"

宋王说："好，这是我想听的。"

惠盎说："刺我不进，击我不中，这对我来说仍是一种耻辱。我这儿有道术，使人即使勇猛而不敢来刺我，即使有力也不敢来击我。这种不敢，并非没有刺人击人的想法。我这儿有道术，使人根本没有刺人击人的念头。没有刺人击人的念头，也还没有爱护和有利于他人的想法。我这儿有道术，使天下男子女子，没有不欢欢喜喜地爱护和有利于他人的。这要比勇猛有力更加高明，是在前面说的四种

ذهب هوي آنغ[1] إلى زيارة الملك كانغ[2] لمملكة سونغ، الذي كان يسعل مع قفزات قدميْه، وقال بفارغ الصبر: إن ما أرغب فيه هو الشجاعة والقوّة، وما أرغب عنه هو الرحمة والعدالة، فماذا تريد أن تُعْلِمَني؟"

فأجابه هوي آنغ قائلاً: "أنا عندي طاو، تجعل الإنسان شجاعاً إلاّ أنه يعجز عن طعني بلا إدخال، وقويّاً إلاّ أنه يعجز عن ضربي بلا إصابة، فألا يكون ملكُنا العظيمُ مُعْجَباً بها؟"

فقال الملك كانغ لمملكة سونغ: "حسناً! هذا بالذات ما أريد أن أصغي إليه."

قال هوي آنغ: " إن طعني بلا إدخال أو ضربي بلا إصابة ما زال إذلالاً وإهانة. وأنا لي طاو، تجعل الإنسان شجاعاً إلاّ أنه لا يجرؤ على الطعن، وقويّاً إلاّ أنه لا يجرؤ على الضرب، ومن لا يجرؤ على ذلك لا يساوي من لا يرغب في ذلك. وأنا عندي طاو، تُخْلِي الإنسان عن الرغبة في الطعن والضرب على الإطلاق، ومع أنه يخلو من هذه الرغبة السيّئة، إلاّ أن ذلك لا يعني بالضرورة أنه يرغب في حماية سلامتك ومنفعتك. وأنا عندي طاو، تجعل لا أحد من الرجال والنساء في العالم إلاّ يرغب بفرح وسرور في حماية سلامتك ومنفعتك، وذلك أفضل من الشجاعة والقوّة، وأحسن من الطاوات الأربع السابقة، أفلا يكون ملكُنا العظيمُ مُعْجَباً بها؟"

---

1 هوي آنغ (Hui Ang) كان رجلاً مشهوراً في عصر الممالك المتحاربة وهو من أسرة المفكّر هوي شي (Hui Shi).

2 الملك كانغ (Kang، عام ؟-286ق.م) كان حاكماً لمملكة سونغ في عصر الممالك المتحاربة بين عاميْ 328 و286ق.م، وهو آخر حاكم لمملكة سونغ.

【原文】

独无意邪？”

宋王曰：“此寡人之所欲得也。”

惠盎对曰：“孔、墨是已。孔丘、墨翟，无地而为君，无官而为长；天下丈夫女子莫不延颈举踵而愿安利之。今大王，万乘之主也，诚有其志，则四竟之内皆得其利矣。其贤于孔、墨也远矣。”宋王无以应。

惠盎趋而出。宋王谓左右曰：“辩矣，客之以说服寡人也！”

【今译】

境界之上。大王难道对此没有兴趣吗？”

宋王说：“这是我想要得到的。”

惠盎答道：“孔子、墨子就是啊。孔丘、墨翟，没有国土而被视为君王，没有官衔而被视为尊长；天下的男子女子，没有不伸长头颈踮起脚跟，希望安抚和有利于他们的。现在大王您，身为万乘之主，若能真有这样的想法，那么全国上下都能得到好处了。这与孔、墨相比又要高明得多啦。”宋王无言以对。

惠盎快步走了出去。宋王对左右近臣说：“真是能说会道啊，他以这一番话说服我了。”

فقال الملك كانغ لمملكة سونغ: "حسناً! هذا بالذات ما أريد أن أحصل عليه."

فأجابه هوي آنغ قائلاً: "هكذا كونغ تشيو[1] وموه دي[2]، وهما يخلوان من أرض، إلاّ أنهما كانا يُعَدّان كحاكميْن؛ ويخلوان من منصب، إلاّ أنهما كانا يحترَمان كقائديْن، ولا أحد من الرجال والنساء في العالم إلاّ يمدّ رقبته ويرفع عقبته ليتمنّى لهما سلامة ومنفعة. أمّا ملكنا العظيم، فملك يملك عشرة آلاف عربة حربيّة، وإن يكن له مثل هذه الطموحات، يستفِدْ منه كلّ الشعب في أرجاء مملكته، وتكن فضائله فوق ما عند كونغ تشيو وموه دي بكثير." لم يجد الملك كانغ أيّ كلمة لإجابة هوي أنغ.

عندما خرج هوي آنغ بسرعة، قال الملك كانغ لمن في جانبيْه: "يا له من رجل بليغ! وقد أقنعني بمثل هذا الكلام."

---

1 كونغ تشيو (Kong Qiu، عام 551-479ق.م) يُسمَّى أيضاً بـ كونفوشيوس (Confucius)، وهو أوّل فيلسوف صينيّ يفلح في إقامة مدرسة تتضمّن كلّ التقاليد الصينيّة عن السلوك الاجتماعيّ والأخلاقيّ، وفلسفته قائمة على القيم الأخلاقيّة الشخصيّة وعلى أن تكون هناك حكومة تخدم الشعب تطبيقاً لمثل أخلاقيّ أعلى. وكانت تعاليمه وفلسفته ذات تأثير عميق في الفكر والحياة الصينيّة، وهو يلقّب بنبيّ الصين.

2 موه دي (Mo Di، عام 468-376ق.م) كان ملقّباً بـ موه تسي، وهو مفكّر لمملكة سونغ في أواخر عصر الربيع والخريف وأوائل عصر الممالك المتحاربة وهو مؤسّس للمدرسة الموهيّة التي تساوي المدرسة الكونفوشيوسيّة، وتؤثّر كبيراً في عصر الربيع والخريف، وهي مدرسة فكريّة تتمحور حول تعميم المحبّة وتأنيب العداوة وتستند إلى تمجيد الفضلاء وتوفير النفقات. وكان موه دي عالِماً طبيعيّاً قد وضع أساساً نظريّاً لعلم الهندسة وعلم الفيزياء وعلم الضوء في عصر الممالك المتحاربة.

第三章 周穆王

【原文】

周穆王时，西极之国有化人来，入水火，贯金石；反山川，移城邑；乘虚不坠，触实不硋。千变万化，不可穷极。既已变物之形，又且易人之虑。穆王敬之若神，事之若君。推路寝以居之，引三牲以进之，选女乐以娱之。化人以为王之宫室卑陋而不可处，王之厨馔腥蝼而不可飨，王之嫔御膻恶而不可亲。穆王乃为之改筑。土木之功，赭垩之色，无遗巧焉。五府为虚，而台始成。其高千仞，临终南之上，

【今译】

周穆王时，西方极远的国家来了一位有幻化之术的人，能够潜身水火，穿过金石；能够颠倒山河，移动城池；能够飘摇在虚空中不下坠，触及实物不受阻碍。千变万化，不可穷尽。他既能改变物体的形态，又能改变人们的思想。周穆王崇敬他就像崇敬神灵，奉侍他就像侍奉君王。让出最好的宫室给他居住，拿祭祀用的牛、羊、猪向他敬献，挑选能歌善舞的美女供他娱乐。化人却认为穆王的宫殿卑微简陋无法居住，穆王的食物腥臭腐败无法享用，穆王的嫔妃膻臭丑陋无法亲近。于是穆王为他另筑新宫。土木雕刻精工细作，装饰粉刷斑斓五彩，巧妙程度无与伦比。国库为之耗尽，楼台方才落成。它高耸千仞，倚临终南山峰，号称中天之台。简选郑国、卫国妖艳柔媚的年轻女子，涂抹香膏，淡扫蛾眉，头戴金簪，耳垂珠环，身穿东阿的轻

الفصل الثالث   الملك مو لأسرة زو الملكيّة

في عصر الملك مو لأسرة زو الملكيّة، جاء ساحرٌ من المملكة في أقصى الغرب، وهو قادر على الغوْص في المياه والنيران، والنفوذ في المعادن والأحجار، وعلى قلب الجبال والأنهار، ونقل المدائن والحواضر؛ وهو لا يسقط إن يركب ما هو فارغ، ولا يُمْنَع إن يلمس ما هو جامد، ولا يشهد نهايتَه، وقد بلغ ذروتَه في كلّ التغيّرات والتحوّلات، وهو قادر على تبديل الأشكال لكلّ شيء، وعلى تغيير الأفكار لكلّ إنسان، وكان الملك مو يمجّده كأنه إله، ويخدمه كأنه ملك، فأخلى له قصوره الفاخرة ليُسْكِنَه فيها، وأحضر له الدوابّ الثلاث[1] ليُطْعِمَه بها، وانتقى له المُطربات الجميلات ليُسَلّيه بهن. بيد أن الساحر كان يظنّ أن قصور الملك وضيعةٌ دنيئةٌ غيرُ صالحة للسكن، وأطعمةَ الملكِ زَهِمَةٌ نَتِنَةٌ غيرُ صالحة للأكل، ووصيفَات الملكِ كريهةٌ قبيحةٌ لا يمكن الاقتراب منها، فشيّد له الملك مو قصراً جديداً، يكون فائقاً في النقوش والنحوت، وزاهياً في الزخرفة والزركشة، حتى لا يجد له مثيلاً في مهارته وبراعته، واستنفد كلّ ما في خزائن المملكة الخمس[2] قبل أن تتمّ إقامتُه، وهو باسق شامخ بألف رنْ، ومُطلّ على القمّة لجبل تشونغنان[3]، ومُسمًّى بـ برج السماء الوسطى، ومملوء بمن تمّ انتقاؤه من مملكة تشنغ ومملكة

1 الدوابّ الثلاث هي تشمل البقر والغنم والخنزير التي كانت مقدّمة كالقرابين.

2 الخزائن الخمس هي عبارة عن خزينة تاي (tai)، وخزينة يوي (yu)، وخزينة ني (nei)، وخزينة واي (wai)، وخزينة شان (shan).

3 جبل تشونغنان (Zhongnan) اسم جبل يقع حاليّاً في جنوب الغرب لمدينة شيآن (Xian) في مقاطعة شانشي (Shanxi).

【原文】

号曰中天之台。简郑、卫之处子娥媌靡曼者，施芳泽，正蛾眉，设笄珥，衣阿锡，曳齐纨，粉白黛黑，佩玉环，杂芷若以满之，奏《承云》《六莹》《九韶》《晨露》以乐之。月月献玉衣，旦旦荐玉食。化人犹不舍然，不得已而临之。

居亡几何，谒王同游。王执化人之祛，腾而上者，中天乃止。暨及化人之宫。化人之宫，构以金银，络以珠玉；出云雨之上而不知下之据，望之若屯云焉。耳目所观听，鼻口所纳尝，皆非人间之有。王实以为清都、紫微、钧天、广乐，帝之所居。王俯而视之，其宫榭若累块积苏焉。王自以居数十年不思其国也。化人复谒王同游，所及之处，

【今译】

软丝裙，腰系齐国的细致绢带，敷着莹白的蜜粉，染着清朗的黛眉，带着精美的玉环，佩着白芷、杜若各类香草，演奏《承云》《六莹》《九韶》《晨露》等古曲来取悦化人。月月进献玉衣，天天供奉美食。化人仍然不觉满足，不得已才到中天之台居住。

没过多久，他邀请穆王同去游玩。穆王牵着化人的衣袖，腾空而上，飞到半空中才停止。于是就到了化人的宫殿。化人的宫殿以金银构筑，用珍珠宝玉装饰；耸立在云雨之上而不知下面有什么凭靠，远望去宛如堆积的云层。耳闻、目见、鼻嗅、口尝，都不是人间所能有的。穆王确信这儿就是天帝居住的清都紫微宫，就是奏着钧天广乐曲的仙居。穆王再俯身看看自己的宫殿，亭台楼阁只像是累叠的土块和堆积的乱草。穆王以为即使在这儿住上几十年也不会思

وي[1]من الحسناوات، الساحرات الفاتنات، اللطيفات المليحات، الفوّاحات بالعبير والشذى، المزوّقات بالحاجبيْن الناعميْن، والمرصّعات بالدبابيس الذهبيّة والأقراط اليشميّة، والمرتديات للفساتين القماشيّة من مدينة دونغ أ (Donge)، والرابطات للأحزمة الحريريّة من مملكة تشي، والمطليّات ببياض المساحيق، والمصبوغات بكحل العيون، والمتقلّدات بالحلوق اليشميّة، والمفعَمات بالرياحين مثل الزنابق والسحالب لإرضاء الساحر، والعازفات على الألحان مثل "السحب المحمولة"، و"الجواهر الستّة"، و"الحسان التسع"، و"الندى الصباحيّ"[2]، لتسلية الساحر، ومع أن الملك مو قد قدّم إليه أفخر الأثواب كلّ شهر، وزوّده بأشهى الأطعمة كلّ يوم، إلاّ أنه ما زال غير مقتنع بالقصر، وكان مضطرّاً إلى الإقامة فيه.

ولم يمض على إقامة الساحر فيه وقت طويل، حتى دعا الملكَ مو إلى رحلة مشتركة، أخذ فيها الملكُ مو بأكمام الساحر، وصعد مع الساحر بالسحب إلى الأعلى، وتوقّف عند وسط السماء، حتى وصل إلى قصر الساحر، وهو مشيَّد بالذهب والفضّة، ومزيّن باللآلئ واليشم، ومتفوّق على السحب والأمطار، دون أن يعرف ما يدعمه في الأسفل، ويبدو للناظر إليه من بعيد أنه يشبه سُحُباً مكوَّمةً، وما تسمعه الآذان وتراه العيون فيه، وما تشمّه الأنوف وتذوقه الأفواه فيه لا وجود لهما في عالم الإنسان، حتى خُيّل إلى الملك مو أنه قد وصل إلى ما كان يقيم فيه الأباطرة السماويّة من القصور الملقَّبة بـ "جنّة الهدوء" و"فردوس البنفسج"، وقد سمع ما كان يُولَع به الملائكةُ من الألحان المسمّاة بـ "السماء الوسطى" و"الموسيقى الفخمة". فخفّض الملك مو رأسه ليطلّ على قصره، الذي تشبه بروجُه وجواسقُه أطياناً مكوَّمةً وأحطاباً مكدَّسةً، حتى اقتنع بأنه لا يشتاق

1 مملكة وي (Wey، عام 1042-254ق.م) كانت إقطاعة لأسرة زو الملكيّة، وهي تقع حاليّاً في جنوب مقاطعة خهبي وشمال مقاطعة خهنان، وقد قضتْ عليها مملكة وي (Wei) في عصر الممالك المتحاربة عام 254ق.م.

2 يقال إنها من أسماء الألحان الأربعة في الأسطورة الصينيّة القديمة، أولها كان شائعاً في عصر هوانغ دي (Huang Di)، وثانيها شائعاً في عصر دي كو (Di Ku)، وثالثها شائعاً في عصر الإمبراطور شون (Shun)، ورابعها شائعاً في عصر الملك شانغ تانغ (Shang Tang).

【原文】

仰不见日月，俯不见河海。光影所照，王目眩不能得视；音响所来，王耳乱不能得听。百骸六藏，悸而不凝。意迷精丧，请化人求还。化人移之，王若殒虚焉。既寤，所坐犹向者之处，侍御犹向者之人。视其前，则酒未清，肴未昲。王问所从来。左右曰："王默存耳。"

由此穆王自失者三月而复。更问化人。化人曰："吾与王神游也，形奚动哉？且曩之所居，奚异王之宫？曩之所

【今译】

念自己的国家。化人又邀请穆王一起去游玩，所到的地方，抬头不见日月，俯身不见河海。光影照耀之处，穆王眼花缭乱无法逼视；音响回荡之源，穆王耳内杂扰无法听清。全身的骨节、五脏六腑，惊悸得不能专注。穆王心志迷乱，精神颓丧，请求化人带他回去。化人将他一推，穆王就像从虚空中坠落下来。醒来之后，所坐的仍然是原先的地方，侍奉两旁的仍然是原先的人。看看面前，酒尚未澄清，菜肴尚未变干。穆王询问自己从何而来。左右侍从答道："大王您只是静默地神游了一会儿。"

从此，穆王茫然若失了三个月才复原。穆王再去问化人。化人说："我和大王是在梦中神游，身体何尝动过呢？而且先前居住的地方，又和大王自己的宫殿有什么不同？先前游览的地方，又和大王自己的园圃有什么不同？大王

إلى مملكته، وتمنّى لو أقام هنا عشرات السنين. فعاد الساحر إلى الملك مو ليدعوه إلى رحلة أخرى، مرّ فيها بمكان لا يجد فيه الشمس والقمر عندما يرفع رأسَه؛ ولا يجد فيه النهر والبحر عندما خفّض رأسَه؛ وكانت الأنوار الساطعة تُبْهِر عيني الملك حتى تعجزا عن النظر إليها؛ والأصوات الصاخبة تشوّش أذني الملك حتى تعجزا عن الإصغاء إليها. وقد امتدّ الخوف الشديد إلى كلّ الأحشاء في جسمه، حتى لا يجد سبيله إلى الهدوء والسكون، وهو تائه في ملمحه وضائع في قوّته. فطلب من الساحر أن يعود به إلى حيث أتى. ودفعه الساحر حتى كأنّه سقط في الخلاء. فاستيقظ، ووجد نفسه جالساً في مكانه الماضي، وخدمه وحجّابه كما كانوا عليه في الماضي. وعندما نظر إلى ما هو أمامه، وجد أشربته غير جافّة، وأطعمته غير باردة. فسأل أحد حجّابه: "من أين رجعتُ؟" أجابه قائلاً: "إن جلالتكم كان في تأمّل وتروّ فقط."

ومنذ ذلك الوقت، صار الملك مو شارد الذهن، وضائع العقل، وراجعاً إلى ما كان عليه بعد ثلاثة أشهر. فعاد إلى الساحر ليسأله، وهو يقول: "كنت أقوم مع جلالتكم برحلة روحيّة مقدّسة في حلمنا، وأجسامنا لم تشهد أيّ تنقّل. وهل الأماكن التي كنت تُقِيمُ فيها مختلفة عن قصور جلالتكم؟ وهل الأماكن التي كنتَ تَجُولُ فيها مختلفة عن بساتين جلالتكم؟ وقد تعوّدْتَ جلالتُكم على الواقع الدائم وتحيَّرْتَ بالفراغ العابر، فهل من الممكن تخمينُ أقصى غاية للتغيّر والتحوّل وما هو بين بطيئهما وسريعهما؟" فابتهج الملكُ بجوابه ابتهاجاً كبيراً، يؤدّي به إلى عدم الاعتناء بشؤون مملكته وعدم الافتتان بحظاياه، والانهماك في رحلاته البعيدة. فأمر حجّابه بسياقة عربتيْن تجرّهما الأجياد الثمانية، وإحداهما يجرّها في وسطها الذي على يمينه هُوَا لِيُو[1]، وعلى يساره لُو أَرْ، وفي جانبيْها اللذيْن على يمينهما تشي جي، وعلى يسارهما باي يي، وكان الملك مو يركبها، وتساو

---

1 هُوَا لِيُو (Hua Liu) ولُو أَرْ (Lu Er) وتشي جي (Chi Ji) وباي يي (Bai Yi) وتشيوى هوانغ (Qu Huang) ويوى لون (Yu Lun) وداو لي (Dao Li) وشان تسي (Shan Zi) هي أسماء الأجياد الثمانية للملك مو لمملكة تشو.

【原文】

游，奚异王之圃？王闲恒有，疑暂亡。变化之极，徐疾之间，可尽模哉？”王大悦。不恤国事，不乐臣妾，肆意远游。命驾八骏之乘，右服骅骝而左绿耳，右骖赤骥而左白𣚘，主车则造父为御，𪉯𪊨为右；次车之乘，右服渠黄而左逾轮，左骖盗骊而右山子，柏夭主车，参百为御，奔戎为右。驰驱千里，至于巨蒐氏之国。巨蒐氏乃献白鹄之血以饮王，具牛马之湩以洗王之足，及二乘之人。已饮而行，遂宿于昆仑之阿，赤水之阳。别日升于昆仑之丘，以观黄

【今译】

习惯于恒久的实有，疑惑于暂时的虚无。事物变化的极致，时光流逝的缓急，怎可能全部透彻把握呢？”穆王听罢，大为喜悦。他不再关心国家政务，不再迷恋臣仆姬妾，肆意到远方遨游。他命令侍从驾驶由八匹骏马拉的车辆。第一辆中间有服马两匹，右为骅骝，左为绿耳；旁侧两匹骖马，右边是赤骥，左边是白𣚘，穆王主乘，造父为御手，𪉯𪊨为副手；随从的第二辆车中间有服马两匹，右边是渠黄，左边是逾轮；旁侧两匹骖马，左边是盗骊，右边是山子，柏夭主乘，参百为御手，奔戎为车右。奔驰了千里，来到巨蒐国。巨蒐氏献上白天鹅的鲜血供穆王饮用，备好牛马的乳汁供穆王洗脚，主副车的随从也都享受到他们的款待。宴饮之后继续出发，住宿在昆仑山麓，赤水北岸。第二天登上昆仑山，观赏黄帝的宫殿，并堆起土堆，为后世留下

فو[1] يسوقها، وتاي بينغ[2] يجلس على يمينها؛ والأخرى يجرّها في وسطها الذي على يمينه تشيوى هوانغ (Qu Huang)، وعلى يساره يوى لون(Yu Lun)، وفي جانبيْها اللذيْن على يمينهما داو لي (Dao Li)، وعلى يسارهما شان تسي (Shan Zi)، وكان باي ياو (Bai Yao) يركبها، وتسان باي (Can Bai) يسوقها، وبن رونغ (Ben Rong) يجلس على يمينها. فوصلت العربتان إلى مملكة تشيوى سو[3] بعد سيرهما السريع بألف لي. فقدَّم أهل تشيوى سو دمَ التمّ الأبيض إلى الملك مو ليشربه، وزوّدوه بحليب البقر والحصان ليغسل به قدميْه، ومتّعوا تابعيه في العربتيْن بنفس الحفاوة والضيافة. فواصل الملك مو مع حجّابه سيْرَهم بعد الشرب، فبات تحت سفح جبل كونلون[4] وعلى الضفة الشماليّة لنهر تشيشوي[5].

---

1 تساو فو (Zao Fu) من سوّاق العربة للملك مو لأسرة زو الملكيّة.

2 تاي بينغ (Tai Bing) اسم سائق العربة للملك مو لأسرة زو الملكيّة.

3 مملكة تشيوى سو (Qu Sou) اسم مملكة لقومية شيرونغ (Xirong).

4 كونلون (Kunlun) اسم الجبل الذي يقع حاليّاً بين منطقة شين جيانغ (Xinjiang) ومنطقة التبت، وهو متّصل بهضبة البامير (Pamir) غرباً، وممتدّ إلى مقاطعة تشينغ هاي (Qinghai) شرقاً.

5 تشيشوي (Chishui) نهر ينبع من جبل كونلون، ويصبّ إلى نهر اليانغتسي في مقاطعة سيتشوان (Sichuan).

【原文】

帝之宫，而封之以诒后世。遂宾于西王母，觞于瑶池之上。西王母为王谣，王和之，其辞哀焉。西观日之所入，一日行万里。王乃叹曰：“於乎！予一人不盈于德而谐于乐，后世其追数吾过乎！”

穆王几神人哉！能穷当身之乐，犹百年乃徂，世以为登假焉。

【今译】

标记。之后到西王母处做客，在瑶池上畅饮。西王母为穆王吟咏歌谣，穆王随之唱和，辞调哀婉动人。又向西观看太阳落山的地方，一天下来，行程万里。于是穆王叹道：“呜呼！我这个人道德并不完满却自在地享乐，后世将要追述我的过失啊！”

穆王差不多就是神人啊！享尽此生的欢乐，还活到一百岁才去世，世人都认为他登上仙境远去了。

وفي اليوم التالي ارتقى إلى الجبل ليشاهد القصور التي شيّدها هوانغ دي في الماضي، يكدّس كومة من التراب علامةً للأجيال القادمة؛ فزار الملكة أم الغرب، وارتشف على بركة ياو[1]، حيث كانت الملكةُ أم الغرب تتغنّى له، وهو كان يشاركها في الغناء، الذي كانت كلماتُه مُحزنةً مثيرةً؛ ثم اتّجه غرباً للتمتُّع بغروب الشمس. وقد قطع الملك عشرة آلاف لي في يوم واحد، حتى قال بتنهّد عميق: "آه! مع أنني لست كاملاً في الخلق، إلاّ أنني ساعٍ للفرح والسرور، فلا بدّ للأجيال اللاحقة من تأنيب أخطائي وأغلاطي!"

هل كان الملك مو يقترب من الإنسان الإلهي؟ إذ إنه قد تمتّع بكلّ سعادة ونعمة في حياته، وعاش مئة سنة قبل وفاته، حتى ظنّ الناس أنه قد ارتقى إلى السماء.

1 بركة ياو (Yao) قيل إنها بركة جميلة في الأسطورة الصينيّة القديمة لقوميّة هان، كانت الملكةُ أم الغرب تعيش فيها، وهي تقع في جبل كونلون.

【原文】

老成子学幻于尹文先生，三年不告。老成子请其过而求退。

尹文先生揖而进之于室，屏左右而与之言曰：“昔老聃之徂西也，顾而告予曰：有生之气，有形之状，尽幻也。造化之所始，阴阳之所变者，谓之生，谓之死。穷数达变，因形移易者，谓之化，谓之幻。造物者其巧妙，其功深，固难穷难终。因形者其巧显，其功浅，故随起随灭。知幻化之不异生死也，始可与学幻矣。吾与汝亦幻也，奚须学哉？”

【今译】

老成子向尹文先生学幻术，过了三年也没有得到尹文的传授。老成子请他指出自己的过错并表示要退学回家。

尹文先生拱手作揖，把老成子请进内室，屏退旁人，对他说：“以前老聃去往西方的时候，回头对我说：富于生机的气息，具有形状的事物，都是虚幻的。天地的开端，阴阳的变化，就叫做生，叫做死。穷究自然规律，通达变化本源，随着事物形体转移变易，就叫做化，叫做幻。创造万物的自然，它的天机巧妙，它的功德深远，本来就难以穷尽，难以终结。而随着形体变易的，它的机巧明显，它的功德浅薄，所以随时产生，随时幻灭。懂得了幻化与生死之间本无差异，才可以开始学习幻术。我和你的存在也不过是一场虚幻，还有什么需要学的呢？”

وكان لاو تشنغ تسي[1] يدرس السحر عند المعلِّم يِنْ وَنْ[2]، الذي لم يعلّمه شيئاً خلال ثلاث سنوات، فسأله لاو تشنغ تسي عن أخطائه وطلب منه الانصراف.

فانحنى له المعلّم ين ون، وأدخله إلى غرفته، وقال له بعد أن طلب خدمه بالانصراف: "عندما رحل لاو تسي إلى الغرب، التفت إليّ قائلاً: إن كلَّ نفسٍ له حياة، وكلّ شيء له شكل، كلاهما من الخيال، والبداية للسماء والأرض والتغيّر لـ ين ويانغ، اللذيْن يُسمَّيان بالحياة والموت؛ والتقصّي في القوانين والتوصّل إلى المصادر، والتنقّل مع الأجسام، والتبدّل مع الأشكال، كلُّ ذلك يُسمَّى بالتحوّل والتخيّل. فإن الذي خلق الكائنات له فنون بديعة وفضائل عميقة، وهو في الأصل لا حدّ له ولا نهاية؛ غير أن الذي يتبدّل مع الأشكال له فنون ظاهرة وفضائل تافهة، وهو ينشأ في أيّ وقت، ويفنى في أيّ وقت. فلا يمكن لأحد أن يبدأ بدراسة فنون السحر إلاّ بعد إلمامه بأن التحوّل والتخيّل لا يختلفان عن الحياة والموت. فلم لا بدّ من دراسة فنون السحر، وأنا وأنت من الخيال أيضاً؟"

---

1 لاو تشنغ تسي (Laocheng Zi) كان رجلاً من مملكة سونغ في عصر الممالك المتحاربة.

2 يِنْ وَنْ (Yin Wen) كان رجلاً من مملكة تشي في عصر الممالك المتحاربة.

【原文】

老成子归，用尹文先生之言深思三月，遂能存亡自在，憣校四时；冬起雷，夏造冰；飞者走，走者飞。终身不箸其术，故世莫传焉。

子列子曰："善为化者，其道密庸，其功同人。五帝之德，三王之功，未必尽智勇之力，或由化而成。孰测之哉？"

【今译】

老成子回到家，把尹文先生的话深深思考了三个月，于是便能自在地掌握存亡的规律，变换四季的运转；冬天可以让雷鸣，夏天可以造冰雪；让那天上飞翔的到地面行走，让那地上行走的到天空飞翔。老成子终身没有炫耀自己的幻术，所以后世便失传了。

列子说："善于幻化的人，他的道法总是暗暗地发生作用，他的功绩也宛如常人。五帝的美德，三王的功业，不一定全凭智慧与勇猛的力量，也可能是凭借幻化的作用而成就的。谁又能猜测到这些呢？"

فعاد لاو تشنغ تسي إلي بيته، متروّياً في كلمات المعلِّم ين ون لمدّة ثلاث أشهر، حتى يكون قادراً على البقاء والفناء بكلّ حرّيّة، وعلى تغيير التعاقب للفصول الأربعة، وعلى خلق الرعد في الشتاء، وصنع الجليد في الصيف، وعلى تحويل الطائر إلى سائر والسائر إلى طائر، إلاّ أنه لم يتفاخر بفنونه، حتى لا تتوارثها أجيالُه اللاحقة.

فقال المعلم ليه تسي: "من يتقن فنون التحويل، تكن طاوُه فاعلة في السرّ والخفاء، ومآثره ظاهرة مثلما هو بين الدهماء. فإن فضائل الأباطرة الخمسة[1] ومآثر الملوك الثلاثة[2] قد تتحقَّقان بفعل فنون السحر، ولا بفضل قوّة الذكاء والشجاعة. ومن يقدر على التوصّل إلى ذلك؟"

1 الأباطرة الخمسة كما جاء في الأسطورة الصينيّة القديمة هم فو شي (Fu Xi)، وشن نونغ (Shen Nong)، وهوانغ دي (الإمبراطور الأصفر، Huang Di)، وياو (Yao)، وشون (Shun).

2 الملوك الثلاثة هم المؤسّسون للأسر الملكيّة الثلاث، أي الإمبراطور يوي لأسرة شيا الملكيّة، والملك تانغ لأسرة شانغ الملكيّة والملك ون لأسرة زو الملكيّة في تاريخ الصين القديم.

【原文】

觉有八征，梦有六候。奚谓八征？一曰故，二曰为，三曰得，四曰丧，五曰哀，六曰乐，七曰生，八曰死。此者八征，形所接也。奚谓六候？一曰正梦，二曰蘁梦，三曰思梦，四曰寤梦，五曰喜梦，六曰惧梦。此六者，神所交也。

不识感变之所起者，事至则惑其所由然；识感变之所起者，事至则知其所由然。知其所由然，则无所怛。一体之盈虚消息，皆通于天地，应于物类。故阴气壮，则梦涉大水而恐惧；阳气壮，则梦涉大火而燔爇；阴阳俱壮，则

【今译】

觉醒时有八种状况，睡梦中有六种占验。什么叫做八种状况？一是事故，二是作为，三是获得，四是丧失，五是悲哀，六是欢乐，七是生存，八是死亡。这就是八种状况，是形体与外界接触所产生的。什么叫做六种占验？一是因为日常生活而做梦，二是受到惊悸而做梦，三是心有所思而做梦，四是醒来依旧出神而做梦，五是喜乐欢愉而做梦，六是心生恐怖而做梦。这六种预言，是精神与外界交感所产生的。

不了解感应变化的起源，事情一旦发生就会对它的由来感到迷惑；了解了感应变化的起源，事情一旦发生就能够明白它的由来。理解了事情的由来就不会再惊忧恐惧了。人体的充盈或亏虚，消长或停息，都与天地相通，与外界事物相应。因此阴气旺盛，就会梦见涉足大水而感到恐惧；阳气旺盛，就会梦见徒步大火而被烧灼；阴阳之气都旺盛，

إن الإنسان له ثماني علامات في يقظته، وستّة مبرّرات لحلمه. فما هي علاماته الثماني؟ أولها أن يكون مقلّداً، وثانيها أن يكون مجدّداً، وثالثها أن يكون كاسباً، ورابعها أن يكون خاسراً، وخامسها أن يكون ترِحاً، وسادسها أن يكون فرِحاً، وسابعها أن يكون حيّاً، وثامنها أن يكون ميّتاً. وهي علاماته الثماني التي يتّصل فيها جسده بما في خارجه. وما هي مبرّراته الستّة لحلمه؟ أولها حلم ناشئ عمّا يعاوده، وثانيها حلم ناشئ عمّا يدهشه، وثالثها حلم ناشئ عمّا يشوّق قلبه، ورابعها حلم ناشئ عمّا يشرّد عقله، وخامسها حلم ناشئ عمّا يفرحه، وسادسها حلم ناشئ عمّا يخيفه، وهي مبرّراته الستّة التي تختلط فيها روحُه بما في خارجه.

من يجهل عن المصدر للتفاعلات والتغيّرات، يكن حائراً لأسباب الأمور إذا حدثت، ومن يعلم بالمصدر للتفاعلات والتغيّرات، يكن فاهماً لأسباب الأمور إذا حدثت. ومن يفهم أسبابها، لا يكن خائفاً منها. وما يطرأ على جسد الإنسان من الزيادة والخسارة والضعف والنموّ يتوافق مع السماء والأرض، ويتطابق مع الأمور والأشياء. فإن يكن الجسم قويّاً في ين، يحلم بالسيول المتدفّقة التي تُخِيفُه وتُفْزِعُه؛ وإن يكن قويّاً في يانغ، يحلم بالنيران المتأجّجة التي تُشْعِلُه وتُحْرِقُه؛ وإن يكن قويّاً في ين ويانغ، يحلم بالتقاتل بين

【原文】

梦生杀。甚饱则梦与，甚饥则梦取。是以以浮虚为疾者，则梦扬；以沉实为疾者，则梦溺。藉带而寝，则梦蛇；飞鸟衔发，则梦飞。将阴梦火，将疾梦食。饮酒者忧，歌舞者哭。

子列子曰："神遇为梦，形接为事。故昼想夜梦，神形所遇。故神凝者想梦自消。信觉不语，信梦不达，物化之往来者也。古之真人，其觉自忘，其寝不梦，几虚语哉？"

【今译】

就会梦见生死相杀。吃得过饱就会梦见付出给予，肚子饥饿就会梦见索取掠夺。所以，脉象虚浮的病人会梦到自己飞扬，脉象沉实的病人会梦到自己溺水。压着衣带睡觉，就会梦见蛇；飞鸟来衔头发，就会梦见飞翔。气血要转为阴冷就会梦见烤火，即将生病的就会梦见进食。饮酒的人将要做忧愁的梦，欢歌纵舞的人将要做哭泣的梦。

列子说："精神遭遇外界就形成梦，形体与万物交接就会产生事情。所以日有所思，夜有所梦，是精神、形体与外界接触的结果。所以精神凝静的人，空想与幻梦都会自然消失。真正的觉醒无须用言语表达，真正的梦幻无法以常情通晓，都只是万物自然交互变化的境地。古时候的真人，觉醒时忘却了自身的存在，睡眠时不受梦境的干扰，这难道是空话吗？"

الحياة والموت؛ وإن يكن في غاية الشبع، يحلم بالعطاء؛ وإن يكن في غاية الجوع، يحلم بالأخذ.

لذا فإن يكن مريضاً بسبب النبضات الخفيفة الضعيفة، يحلم بأنه يعوم؛ وإن يكن مريضاً بسبب النبضات الثقيلة القويّة، يحلم بأنه يغرق. وإن يكن نائماً على أحزمة الأثواب، يحلم بالثعبان؛ وإن تلقف الطيور شعره، يحلم بالطيران؛ وإن توشك دماؤه أن تصبح باردة، يحلم بالنيران المتّقدة؛ وإن يوشك أن يصبح مصاباً بالمرض، يحلم بالأطعمة اللذيذة؛ وإن يكن شارباً وراشفاً للخمر، يحلم بأنه يحزن ويحسر؛ وإن يكن مطرباً وراقصاً، يحلم بأنه يبكي ويعول.

فقال المعلم ليه تسي: "الحلم هو ما تلتقي فيه الروح بالطبيعة، والأمر هو ما يتّصل فيه الجسم بالكائنات، فإن الأفكار في النهار والأحلام في الليل هما نتيجة لتلاقي الروح والجسم مع العالم. لذا فمن تكن روحه هادئة، تختفِ أوهامه وأحلامه. وإن الوعي الصادق لا يُعَبَّرُ بالكلمات، والحلم الصادق لا يُحَقَّقُ بالعواطف، وذلك نتيجة لما شهدته الأشياءُ من التغيّرات المتبادلة. فإن الإنسان الذي توصّل إلى الطاو في العصور القديمة ينسى نفسه في يقظته، ولا يحلم في منامه، فهل هذا كلام زائف؟"

【原文】

西极之南隅有国焉，不知境界之所接，名古莽之国。阴阳之气所不交，故寒暑亡辨；日月之光所不照，故昼夜亡辨。其民不食不衣而多眠。五旬一觉，以梦中所为者实，觉之所见者妄。

四海之齐，谓中央之国，跨河南北，越岱东西，万有馀里。其阴阳之审度，故一寒一暑；昏明之分察，故一昼一夜。其民有智有愚。万物滋殖，才艺多方。有君臣相临，礼法相持。其所云为不可称计。一觉一寐，以为觉之所为者实，梦之所见者妄。

【今译】

辽远的西方南部边隅有一个国家，不知道国境的边界与何处交接，名叫古莽之国。那儿阴阳之气不交合，所以不分寒暑；日月之光不照耀，所以不分昼夜。那儿的人们不吃不穿而且总是在睡觉。他们五十天醒来一次，将梦中所做的当作真实，醒来所见的当作虚妄。

四海的正中有个中央之国，地跨黄河南北，横越泰山东西，方圆超过万里。那儿的阴阳节度分明，所以一年中有一寒一暑；黑暗与光明的分界清晰，所以一天中有一昼一夜。那儿的人们有的智慧，有的愚笨。万物滋生繁衍，人们的才能技艺包罗万象。有君主和臣下临朝执政，有礼仪和法制维持统治。人们的言论与行为，多得难以列举和计数。每天一醒一睡，认为醒时所做的是真实，梦中所见的是虚妄。

وكان في الركن الجنوبيّ لأقصى الغرب مملكة لا تُعرف حدودُها وتخومُها، وهي تُسمَّى بمملكة الحشائش القديمة، حيث لا تتلاقى ين ويانغ، حتى أنه لا تفريق بين الشتاء والصيف؛ ولا تضيء الشمس والقمر، حتى أنه لا تمييز بين الليل والنهار. فإن شعبها لا يأكلون ولا يلبسون بل ينامون كثيراً، ويَصْحُون كلَّ خمسين يوماً، حتى يتوهّموا أن ما يفعلون في الحلم حقيقة من الحقائق، وما يرون في اليقظة باطل من الأباطيل.

وكان في قلب البحار الأربعة مملكة، تُسمَّى بالمملكة المركزيّة، وهي تعبر الجنوب والشمال للنهر الأصفر، وتتجاوز الشرق والغرب لجبل تاي، وتبلغ في عرضها وطولها أكثر من عشرة آلاف لي، حيث تكون الحدود بين ين ويانغ واضحة، حتى يكون لها شتاء وصيف في كلّ سنة؛ والفروق بين الظلام والنور بارزة، حتى يكون لها ليل ونهار في كلّ يوم. فإن شعبها بينهم أذكياء وأغبياء، وكلّ كائناتها يتناسلون ويتكاثرون، ويتعدّدون في مواهبهم وفنونهم، وهي مملكة تُحْكَمُ بالحاكم والوزراء وتُدْعَمُ بالآداب والقوانين، ولا تُعَدّ ولا تُحْصَى في أقوالها وأفعالها، وشعبها يصحون وينامون كلّ يوم، حتى يتوهّموا أن ما يفعلون في اليقظة حقيقة من الحقائق، وما يرون في الحلم باطل من الأباطيل.

【原文】

东极之北隅有国，曰阜落之国。其土气常燠，日月馀光之照，其土不生嘉苗。其民食草根木实，不知火食，性刚悍，强弱相藉，贵胜而不尚义；多驰步，少休息，常觉而不眠。

【今译】

辽远的东方北隅有一个国家，叫做阜落之国。那儿的土地与气候常常干旱燥热，昼夜都有日月光芒照耀着大地，田里长不出好庄稼。那儿的人们只吃草根和果实，不知道用火烧熟食物。天性刚强彪悍，强弱相互欺凌，注重胜利而不崇尚仁义；多半时候奔忙走动，很少休息，常常醒着而不睡觉。

وكان في الركن الشمالي لأقصى الشرق مملكة تسمّى بمملكة فولوه[1]، وهي قاحلة في أرضها غالباً وخانقة في جوّها دائماً، وساطعة بنور الشمس وضوء القمر في ليلها ونهارها، حتى لا تنمو من تربتها حبوب جيّدة. وإن شعبها يأكلون جذور الأعشاب وثمار الأشجار، ولا يعرفون طبخ الأطعمة بالنار، وهم بطبعهم حازمون صارمون، يظلم قويُّهم ضعيفَهم، ويمجّدون الغلبة دون أن يقدّروا العدالة؛ ويقضون أوقاتاً كثيرةً في الجرْي والمشْي، وأوقاتاً قليلة في الفسحة والراحة، هم يقظون دائماً بلا نوم.

1 فولوه (Fuluo) اسم مملكة قديمة في الأساطير الصينيّة.

【原文】

周之尹氏大治产，其下趣役者侵晨昏而弗息。有老役夫，筋力竭矣，而使之弥勤。昼则呻呼而即事，夜则昏惫而熟寐。精神荒散，昔昔梦为国君。居人民之上，总一国之事。游燕宫观，恣意所欲，其乐无比。觉则复役。人有慰喻其懃者，役夫曰："人生百年，昼夜各分。吾昼为仆虏，苦则苦矣；夜为人君，其乐无比。何所怨哉？"

【今译】

周代有个姓尹的人大规模地经营产业，在他手下奔走服役的人们，从早忙到晚也不得休息。其中有个老仆役，已经累得筋疲力尽了，但对他的使唤却愈发频繁。老仆役白天呻吟哀呼着去做事，晚上就昏沉疲惫地熟睡。精神恍惚散乱，夜夜梦见自己成为一国之君。位居人们之上，统领一国政事。在宫殿楼观中游玩宴饮，恣意寻欢，为所欲为，其中的乐趣无可比拟。醒来后却又成了别人的仆役。有人劝慰开导他的劳苦，老役夫却说："人生顶多一百年，白天黑夜各一半。我白天做人家的仆役，辛苦是辛苦点；夜里却做国王，快乐无比。还有什么要抱怨的呢？"

كان السيّد ين (Yin) من أسرة زو الملكيّة يقوم بالتجارة على نطاق واسع، حتى لم يجد خدمُه أيّ وقت للاستراحة من الصباح إلى المساء، ومنهم خادم عجوز، مع أنه مُرْهَق منهوك القوى، إلاّ أنه مسخَّر بمزيد من الأشغال. فكان يعمل بكلّ جهده في النهار مع الأنين والتأوّه، وينام بملء جفنيْه في الليل مع الدوار والإرهاق، وصار شارد الذهن ومتشتّت الفكر، حتى حلم كلَّ ليلة بأنّه حاكم لإحدى الممالك، يستعلي على كلّ شعوبها، ويستبدّ بكلّ شؤونها، ويتنزّه ويرتشف في قصورها وحدائقها، ويطلق العنان لرغباته وشهواته، متمتّعاً بملذّات لا مثيل لها. غير أنه عاد إلى أشغاله الشاقّة بعد أن استيقظ من نومه، فحاول رجل آخر أن يواسيه في تعبه ومشقّته، إلاّ أنه قال: "لا تكون حياة الإنسان إلاّ مئة سنة، نصفها في النهار ونصفها الآخر في الليل. فماذا ينبغي أن أشتكي منه، وأنا عبد في النهار معذَّب بمشاقّ لا نهاية لها، وملك في الليل متمتّع بأفراح لا مثيلَ لها؟"

【原文】

尹氏心营世事，虑钟家业，心形俱疲，夜亦昏惫而寐。昔昔梦为人仆，趋走作役，无不为也；数骂杖挞，无不至也。眠中啽呓呻呼，彻旦息焉。尹氏病之，以访其友。友曰："若位足荣身，资财有馀，胜人远矣。夜梦为仆，苦逸之复，数之常也。若欲觉梦兼之，岂可得邪？"尹氏闻其友言，宽其役夫之程，减己思虑之事，疾并少间。

【今译】

姓尹的人成天钻营世事，思虑都集中在家业上，精神与形骸都万分疲劳，晚上也昏沉疲惫而熟睡。夜夜梦见自己变成别人的奴仆，奔走服役，没有不做的；数落责骂、杖责鞭挞，没有不经受的。睡梦中呻吟哀呼，直到天亮方才得以平息。姓尹的人为此而忧苦困扰，便去拜访自己的朋友。朋友说："你的地位足以使你荣耀，资产绰绰有馀，已经胜于常人许多了。夜里梦见做仆人，劳苦和安逸互相反复，这是自然的规律。如果想要醒时梦时都无比的快乐，怎么可能办到呢？"姓尹的人听了朋友的话，放宽役夫干活的限度，减轻自己思虑的世事，痛苦忧虑由此稍稍得以缓解。

أمّا السيّد ين، فكان يشغّل كلّ قلبه بشؤون الدنيا، ويركّز كلّ ذهنه في أمور أسرته، حتى صار متْعَباً ومُضْنًى في قلبه وجسمه، حتى نام في الليل مع الدوار والإرهاق أيضاً. فكان يحلم في كلّ ليلة بأنه عبد لغيره، محمَّل بكلّ الأنواع ممّا لا يحصى من المشاغل والمتاعب ومعرَّض لكلّ الأصناف ممّا لا يطاق من المسبّات والجلدات، حتى نام مع الهلوسة والهذيان والأنين والتأوّه، التي تنتهي بعد الفجر. وكان السيّد ين مزْعَجاً مقْلَقاً بذلك، فزار أحد أصدقائه، الذي قال له: "إن مكانتك كافية لتكون شريفاً، وأموالك وافرة بما فيه الكفاية، أوفر ممّا لغيرك بكثير، وحلمك في الليل بأنك عبد، مع التعاقب بين المشقّة والهناءة، هو سُنَّة من السنن الخالدة. فكيف يمكنك أن تجد البهجة والغبطة في يقظتك ونومك في آن واحد؟" فمدّد السيدُ ين بعد استماعه إلى كلام صديقه، الأعمالَ التي ترهق توابعه وخدمه، وقلّل الأمورَ التي تتعب قلبه وذهنه، ممّا خفّف من شدّة آلامه وآلام خدمه.

【原文】

郑人有薪于野者，遇骇鹿，御而击之，毙之。恐人见之也，遽而藏诸隍中，覆之以蕉，不胜其喜。俄而遗其所藏之处，遂以为梦焉。顺途而咏其事。傍人有闻者，用其言而取之。既归，告其室人曰："向薪者梦得鹿而不知其处；吾今得之，彼直真梦矣。"室人曰："若将是梦见薪者之得鹿邪？讵有薪者邪？今真得鹿，是若之梦真邪？"夫曰："吾据得鹿，何用知彼梦我梦邪？"薪者之归，不厌失鹿，其夜真梦藏之之处，又梦得之之主。爽旦，案所梦而寻得之。遂讼而争之，归之士师。

【今译】

郑国有个樵夫在野外砍柴，遇上一头受惊的鹿，迎头追击，杀死了它。他怕别人看见，连忙把死鹿藏在干涸的水沟里，盖上柴草，异常欢喜。没过多久，樵夫忘了藏鹿的地方，于是自以为做了一场梦而已。沿途回家，嘴里嘟囔着这件事。旁边有人听见，就按着他的话拿到了鹿。回家后，告诉妻子说："刚才有个樵夫梦见自己得到一头鹿，但又不知道藏在哪里；我现在得到了它，他简直是做了个真实的梦啊。"妻子说："你大概是梦见樵夫得到了鹿吧？真的有那个樵夫吗？现在真的得到这头鹿，是你自己做了个真实的梦吧？"丈夫说："我已经据此得到了鹿，何必再去追究是他做梦还是我做梦呢？"樵夫回到家，不甘心就这么丢失了鹿，当天夜里真的梦见藏鹿的地方，又梦见取走鹿的那个人。第二天清早，按照梦中情境，找到了得鹿

وعندما كان حطّاب من مملكة تشنغ يتصادف في البادية مع أيّلة مذعورة، أقبل عليها، وانهال عليها بضربات حتى قتلها. وكان يشعر بفرح كبير بعد أن أخفاها بسرعة في ترعة جافّة، وغطّاها بأحطابه، خشية أن يجدها غيرُه. ولم يمض عليه وقت طويل، حتى نسي المكان الذي أخفى فيه الأيّلة، متوهّماً أن ذلك لم يكن إلاّ حلماً، حدّث نفسَه عنه على طريق عودته إلى البيت، دون وعي بأن المارّ بالطريق قد سمع ذلك، وأخذ الأيّلة حسب ما قاله الحطّاب. ولما عاد المارّ بالأيّلة إلى بيته، أخبر زوجتَه بذلك قائلاً: "كان الحطّاب يحلم بأنه قتل الأيّلة، إلاّ أنه نسي المكان الذي أخفاها فيه. وقد أخذها اليوم، دون أن أتوقّع أن حلمه حقيقة." فسألته زوجته: "هل من المحتمل أن تكون أنت من يحلم بأن الحطّاب قد وجد لنفسه الأيّلة؟ وهل الحطّاب موجود بالفعل؟ وهل من أخذ الأيّلة اليوم بالفعل هو حلمك الحقيقيّ؟" وأجابها قائلاً: "قد حصلْتُ على الأيّلة، فما الضرورة في التمييز بين حلمه وحلمي؟" ولما عاد الحطّاب إلى بيته، ظلّ يفكّر في الأيّلة المفقودة، حتى وجد في حلم تلك الليلة المكانَ الذي أخفاها فيه، ورأى فيه أيضاً الرجلَ الذي قد أخذها. فلمّا طلع الفجرُ، وجد الرجلَ الذي أخذ الأيّلة وفقاً لِما رآه في حلمه، فتنازع معه في ملكيّتها، حتى رفع الدعوى إلى القاضي.

【原文】

士师曰:“若初真得鹿,妄谓之梦;真梦得鹿,妄谓之实。彼真取若鹿,而与若争鹿。室人又谓梦仞人鹿,无人得鹿。今据有此鹿,请二分之。”

以闻郑君。郑君曰:“嘻!士师将复梦分人鹿乎?”访之国相。国相曰:“梦与不梦,臣所不能辨也。欲辨觉梦,唯黄帝、孔丘。今亡黄帝、孔丘,孰辨之哉?且恂士师之言可也。”

【今译】

的人。于是两人为了鹿的归属争执起来,闹到了士师那里。

士师对樵夫说:“你当初真的得到了鹿,却妄说是梦幻;真的梦见得到了鹿,又妄说是事实。他真的拿走了你的鹿,你又和他争鹿。他妻子又说是他梦中认取了别人的鹿,可见没有人真的得到过鹿。现在既然有一头鹿,就请你们各分一半吧。”

这事传到郑国国君那里。郑国国君说:“嘻!士师大概也是在梦中替人分鹿吧?”为这事去寻访国相。国相说:“做梦与不做梦,不是我所能辨别清楚的。要想辨别清醒与做梦,只有黄帝、孔丘能做到。现在黄帝与孔丘已不在世上,谁还能分辨得清呢?姑且按着士师的话办吧。”

قال القاضي للحطّاب: "إنك حصلْتَ في البداية بالفعل على الأيّلة، إلاّ أنك توهّمْتَ أن ذلك هو الحلم؛ وحلمت بالفعل بأنك حصلْتَ على الأيّلة، إلاّ أنك توهّمْتَ أن ذلك هو الواقع؛ وأخذ منك الأيّلة بالفعل، إلاّ أنك تنازعْتَ معه حول ملكيّتها؛ وقالت زوجتُه إنه حلم بأنه أخذ الأيّلة من غيره؛ فلا أحد قد حصل على الأيّلة بالفعل. ونظراً لوجود أيّلة واحدة عندكما اليوم، فلْيكنْ لكلّ منكما نصفٌ منها."

وأبْلِغَ هذا الأمرُ إلى الحاكم لمملكة تشنغ، الذي قال: "يا للعجب! أكان القاضي يقسّم لغيره الأيّلة في حلمه أيضاً؟" فزار رئيس وزرائه، الذي قال له: "لا أقدر على معرفة أكان ذلك حلماً أم لا، ولا يقدر على التمييز بين اليقظة والحلم إلاّ هوانغ دي وكونفوشيوس. لكنهما قد فارقا الدنيا، فمن سيقدر على ذلك؟ فلنعمل الآن بكلام القاضي!"

【原文】

宋阳里华子中年病忘，朝取而夕忘，夕与而朝忘；在途则忘行，在室则忘坐；今不识先，后不识今。阖室毒之。谒史而卜之，弗占；谒巫而祷之，弗禁；谒医而攻之，弗已。

鲁有儒生自媒能治之，华子之妻子以居产之半请其方。儒生曰：“此固非卦兆之所占，非祈请之所祷，非药石之所攻。吾试化其心，变其虑，庶几其瘳乎！”于是试露之，而求衣；饥之，而求食；幽之，而求明。儒生欣然告其子曰：“疾可已也。然吾之方密，传世不以告人。试屏左右，

【今译】

宋国有个名叫阳里华子的人，中年患了健忘症，早上拿的东西晚上就忘记，晚上给的东西早上就忘记；在路上忘记行走，在屋里忘记坐下；现在记不起过去，以后又记不起现在。全家都被他拖累苦了。请史官替他占卜，毫不灵验；请巫师替他祷告，禁制不了；请医生替他诊治，也是毫无起色。

鲁国有个儒生，自荐能治好他的病，华子的妻儿就以家产的一半求取他的药方。儒生说：“这病本来就不是卜卦能够占验的，也不是祈祷能够奏效的，同样也不是药石能够诊治的。我试着感化他的心灵，改变他的思想，差不多就能让他病愈了吧！”于是试着让华子裸露，一感到冷他就要穿衣服；试着让华子挨饿，一感到饿他就要吃东西；试着把华子幽闭在暗室，一感到昏暗华子就要求光明。儒生高兴地对华子的儿子说：“这病有救了。但我的方术是保密的，世代相传，不

كان في مملكة سونغ رجل اسمه يانغلي هواتسي (Yangli Huazi)، وقد أصيب بفقدان الذاكرة في كهولته، حتى نسي في المساء ما أخذه في الصباح، ونسي في الصباح ما أعطاه في المساء؛ ونسي السير إن يكن على الدرب، ونسي الجلوس إن يكن في البيت؛ ولم يعلم بما في الماضي إن يكن في الحاضر، ولا يعلم بما في الحاضر إن يكن في المستقبل؛ وقد انزعج بذلك كلّ أسرته. فدعوا الكاهن ليتكهّن له، إلاّ أن كهانته لم تستجب؛ والساحر ليشعوذ له، إلاّ أن شعوذته لم تمنعْ؛ والطبيب ليداويه، إلاّ أن دواءه لم ينفع.

وكان في مملكة لو مثقّف كونفوشيوسيّ يدّعي أنه قادر على علاج هواتسي، فطلبته زوجة هواتسي وأبناؤه بوصفته موافقة على أن تدفع له نصف ممتلكات أسرتهم، حتى قال لهم المثقّف الكونفوشيوسيّ: "إن هذا المرض ليس في الأصل ما تقدر الكهانة والعرافة على إجابته، ولا ما تقدر الشعوذة والطلاسم على منعه، ولا ما يقدر الدواء والوخز على علاجه. فسأحاول أن أحوّل قلبَه، وأغيّر فكره، حتى أخلّصه بالكاد من مرضه!" فحاول أن يعري هواتسي، حتى يطلب الثوب؛ وأن يُجِيعَه حتى يطلب الطعام؛ وأن يحبسه حتى يطلب النور. ثم قال المثقّف الكونفوشيوسيّ لأبناء هواتسي بفرح وسرور: "إن مرضه قابل للعلاج، إلاّ أن وصفتي سرّ متوارث، لا يباح به، فأرجوكم أن

【原文】

独与居室七日。”从之。莫知其所施为也，而积年之疾一朝都除。

华子既悟，乃大怒，黜妻罚子，操戈逐儒生。宋人执而问其以。华子曰：“曩吾忘也，荡荡然不觉天地之有无。今顿识既往，数十年来存亡、得失、哀乐、好恶，扰扰万绪起矣。吾恐将来之存亡、得失、哀乐、好恶之乱吾心如此也，须臾之忘，可复得乎？”

子贡闻而怪之，以告孔子。孔子曰：“此非汝所及乎！”顾谓颜回纪之。

【今译】

可以告诉外人。请屏退左右服侍的人，让我与他单独在屋里待七天。”华子的儿子答应了他的请求。没有人知道他在屋里施行了什么法术，但华子长年积累的疾病居然彻底痊愈了。

华子从病中醒悟过来之后，勃然大怒，他斥骂妻子，责罚儿子，操起戈来驱赶儒生。宋国人抓住他问他为什么这样做。华子说：“以前我健忘，空空荡荡不觉得天地是否存在。现在突然懂得了过去的一切，数十年来的生死存亡、荣辱得失、哀痛欢乐、好恶喜厌，纷纷扰扰，犹如千头万绪一起涌上心头。我恐怕将来的生死存亡、荣辱得失、哀痛欢乐、好恶喜厌就像现在一样扰乱我的心灵，那时要想有片刻的忘却，还有可能吗？”

子贡听闻此事觉得很奇怪，就禀告孔子。孔子说：“这不是你所能理解的！”于是回过头叫颜回把它记下来。

تسحبوا حجّابكم لأخلو معه في البيت سبعة أيّام." فاستجابوا لمتطلّباته، ولا أحد منهم يعرف ماذا سيفعل به، بيد أن المرض المزمن الذي أصيب به هواتسي منذ سنوات تمّ استئصاله بين ليلة وضحاها.

لمّا شفي هواتسي من مرضه، ثار غاضباً، فطلّق زوجته وعاقب أبناءه، وطرد المثقّف الكونفوشيوسيّ برُمْح. فأخذ بهوا تسي رجل من مملكة سونغ، ليسأله عن الأسباب في ذلك، حتى قال: "كنت في الماضي أنسى دائماً، وأشعر بفراغ كبير، لا أعرف فيه وجود السماء والأرض، غيرَ أنّني اليوم فهمت فجأة كلّ ما حدث في الماضي، حتى صِرْت مزْعَجاً بكلّ الذكريات التي مرّت عليّ منذ عشرات السنين من البقاء والفناء والمكاسب والمخاسر والأتراح والأفراح والمحاسن والمساوئ، ومقْلَقاً إلى هذا الحدّ بما قد يحدث لي في المستقبل من البقاء والفناء والمكاسب والمخاسر والأتراح والأفراح والمحاسن والمساوئ، فهل ما زال من المحتمل أن أستعيد لحظات، أنسى فيها كلّ شيء؟"

عندما سمع تسي قونغ عن ذلك، استغرب منه، وأخبر كونفوشيوس به، فقال له كونفوشيوس: "هذا ليس ما تقدر على فهمه!" والتفت إلى يان هوي طالباً منه تسجيل ذلك.

【原文】

秦人逢氏有子，少而惠，及壮而有迷罔之疾。闻歌以为哭，视白以为黑，飨香以为朽，尝甘以为苦，行非以为是：意之所之，天地、四方，水火、寒暑，无不倒错者焉。

杨氏告其父曰：“鲁之君子多术艺，将能已乎。汝奚不访焉？”

其父之鲁。过陈，遇老聃，因告其子之证。

【今译】

秦国逢家有个儿子，小时候非常聪慧，长大了却得了精神错乱的疾病。听见歌声以为是哭泣，看见白色以为是黑色，闻到香味以为是腐臭，尝到甘甜以为是苦涩，做错了事情以为是对的：只要是他意念涉及的，天地、四方，水火、寒暑，没有不颠倒错乱的。

有一个姓杨的人告诉他父亲说：“鲁国的君子懂得多种道术技艺，或许能治愈你儿子的病吧？你何不去寻访他们呢？”

他父亲便赶去鲁国，途经陈国，遇见老聃，于是把儿子的病症告诉老子。

كان لأسرة بانغ (Pang) في مملكة تشين ابن كان ذكيّاً في صغره، بيد أنه أصيب بالاختلال العقليّ عندما صار بالغاً، فإن يسمع الغناء، يعدّه بكاءً؛ وإن ينظر إلى الأبيض، يعدّه أسود؛ وإن يشمّ العطر، يعدّه نتناً؛ وإن يذق الحلو، يعدّه مُرّاً؛ وإن يرتكب الخطأ، يعدّه صائباً. فكلّ ما يدركه عقلُه، سواء أكان السماء والأرض، أم الجهات الأربع، أم الماء والنار، أم القرس والقيظ، لا شيء منه إلاّ مقلوب أو مخلوط.

فقال السيد يانغ لوالد ذلك الابن: "لِمَ لا تزور الكرماء في مملكة لو، وهم متعدّدون في المواهب والفنون، وقد يكونون قادرين على علاج مرض ابنك؟"

سافر والد ذلك الابن إلى مملكة لو، وصادف لاو تسي عند مروره بمملكة تشن[1]، وأعلمه بأعراض ابنه.

1 مملكة تشن (Chen، عام 1045-478ق.م) كانت إقطاعة لأسرة زو الملكيّة بين عصر زو الغربيّة وعصر الربيع والخريف، قد شهدت 25 حاكماً، واستغرقت 567 عاماً، حيث مرَّت بمرّتيْن من الهلاك ومرّتيْن من الاستعادة.

【原文】

老聃曰："汝庸知汝子之迷乎？今天下之人皆惑于是非，昏于利害。同疾者多，固莫有觉者。且一身之迷不足倾一家，一家之迷不足倾一乡，一乡之迷不足倾一国，一国之迷不足倾天下。天下尽迷，孰倾之哉？向使天下之人其心尽如汝子，汝则反迷矣。哀乐、声色、臭味、是非，孰能正之？且吾之言未必非迷，而况鲁之君子迷之邮者，焉能解人之迷哉？荣汝之粮，不若遄归也。"

【今译】

老聃说："你又怎么知道你儿子的精神迷乱呢？现在普天下的人们都分不清是非，被利害关系弄得昏乱糊涂。患同一种病的人多了，就没有人能察觉病症。况且个人的迷乱不足以倾覆一家，一家人的迷乱不足以倾覆一乡，一乡人的迷乱不足以倾覆一国，一国人的迷乱不足以倾覆天下。天下人都精神错乱了，还有什么可倾覆的呢？假如天下人的心思都像你儿子一样，你反而成为精神错乱的人了。悲哀欢乐、声音美色、臭气香味、是非对错，谁又能给予正确的判断标准呢？而且我的这番话未必不是错乱之语，更何况鲁国那些君子精神尤其错乱，又怎么能解除别人的错乱迷惑呢？背上你的粮食，不如趁早回家去吧。"

فقال له لاو تسي: "كيف تعرف أن ابنك مختلّ العقل؟ إذ إن كلّ الناس في العالم اليوم محيَّرون بما هو صائب أو خاطئ، ومُغَشَّوْن بما هو نافع أو ضارّ، والمصابون بنفس المرض عددهم كبير، ولا واعيَ بينهم في الأصل، ومع أن الاختلال العقليّ لإنسان واحد لا يكفي أن يخرّب أسرة واحدة، والاختلال العقليّ لأسرة واحدة لا يكفي أن يخرّب قرية واحدة، والاختلال العقليّ لقرية واحدة لا يكفي أن يخرّب مملكة واحدة، والاختلال العقليّ لمملكة واحدة لا يكفي أن يخرّب العالم كلّه، إلاّ أن العالم كلّه إذا كان مختلّ العقل، فماذا يبقى له ليخرّبه؟ وإذا كانت عقول الناس في كلّ العالم شبيهة بعقل ابنك، فأنت على النقيض منهم مختلّ العقل، فمن سيكون قادراً على تحديد المعايير للحزن والفرح والأصوات الجميلة والروائح الخبيثة؟ كما أن كلامي هذا لا يستبعد أن يكون كلاماً من مختلّ العقل، بله الكرماء من مملكة لو، وهم أكثر مني اختلالاً في العقل، وكيف يقدرون على علاج الاختلال العقلي لغيرهم؟ فمن الأحسن أن تعود بزادك إلى بيتك بسرعة."

【原文】

燕人生于燕，长于楚，及老而还本国。

过晋国，同行者诳之，指城曰：“此燕国之城。”其人愀然变容。指社曰：“此若里之社。”乃喟然而叹。指舍曰：“此若先人之庐。”乃涓然而泣。指垄曰：“此若先人之冢。”其人哭不自禁。同行者哑然大笑，曰：“予昔绐若，此晋国耳。”其人大惭。

及至燕，真见燕国之城社，真见先人之庐冢，悲心更微。

【今译】

有个燕国人在燕国出生，在楚国长大，到年老时回到燕国去。

路过晋国时，同行的人诳骗他，指着城墙说：“这是燕国的城墙。”那个人听了，凄怆地改变了面容。同行的人指着土地庙说：“这是你家乡的土地庙。”那个人听了，感慨地长叹。同行的人指着房舍说：“这是你祖先的房子。”那个人于是潸然泪下。同行的人指着坟墓说：“这是你祖宗的坟冢。”那个人禁不住嚎啕大哭起来。同行的人放声大笑，说：“我刚才骗你呢，这不过是晋国罢了。”那个人大为羞惭。

等到了燕国，真的见到了燕国的城垣和社庙，真的见到了祖先的旧居和坟墓，悲哀的情绪反而减弱了。

كان هناك رجل من مملكة يان[1]، وهو ولد في مملكة يان، ونما في مملكة تشو (Chu)، ورجع إلى مملكته عند شيخوخته.

وعندما مرّ بمملكة جين، خدعه مرافقُه بالإشارة إلى سور من الأسوار قائلاً: "هذا سور لمملكة يان"، فأمتقع وجهُ الرجل بحزن شديد؛ وبالإشارة إلى معبد الأرض قائلاً: "هذا معبد الأرض في بلدك"، فتنهّد الرجل بأسى عميق؛ وبالإشارة إلى الكوخ قائلاً: "هذا كوخ لأسلافك"، فبدأ الرجل ببكاء وندب؛ وبالإشارة إلى القبر قائلاً: "هذا قبر لأسلافك"، فأغرق الرجل نفسه في عويل ونحيب؛ حتى أضْحَكَ مرافقَه، وقال بصوت مخنوق: "كنت أكذب عليك، وهذه هي مملكة جين!" ممّا أشْعَرَ الرجلَ بخجل كبير.

وعندما وصل إلى مملكة يان، حيث رأى بالفعل ما فيها من السور ومعبد الأرض، ورأى بالفعل ما لأسلافه من الكوخ والقبر، لم يكن قلبه حزيناً كما كا.

1 مملكة يان (Yan، عام 1045-222ق.م) من الممالك السبع الكبرى في عصر الممالك المتحاربة، وكان يحكمها 43 ملكاً لمدّة تقرب من 800 سنة. وفي القرن السابع قبل الميلاد ابتلعت مملكة جي (Ji) لتقيم فيها عاصمتها، التي تقع حالياً في مدينة بكين، وقضت عليها مملكة تشين عام 222ق.م.

第四章　仲尼

【原文】

仲尼闲居，子贡入侍，而有忧色。子贡不敢问，出告颜回。

颜回援琴而歌。孔子闻之，果召回入，问曰："若奚独乐？"

回曰："夫子奚独忧？"

孔子曰："先言尔志。"

曰："吾昔闻之夫子曰'乐天知命故不忧'，回所以乐也。"

【今译】

孔子独自闲坐，子贡进屋去侍奉他，看见孔子面带忧色。子贡不敢问缘由，就出去告诉颜回。

颜回便抚琴唱歌。孔子听见了，果然招呼他进去，问道："你为什么独自快乐？"

颜回说："先生为什么独自忧愁？"

孔子说："先说说你的心思吧。"

颜回说道："我从前听先生说'乐从天道，知守命运，就不会忧愁'，这就是我快乐的原因。"

الفصل الرابع كونفوشيوس

كان كونفوشيوس يخلو بنفسه في البيت حزيناً كئيباً، حين دخل تسي قونغ ليقدّم إليه خدمة. ولكن تسي قونغ لم يجرؤ على التوجّه إليه بسؤال، فخرج ليخبر يان هوي بذلك.

كان يان هوي يعزف على العود، ويغنّي. وعندما سمع كونفوشيوس صوت أغنيّته، استدعاه ليسأله قائلاً: "لِمَ أنت فرح وحدك؟"

" يا معلّمنا، فلِمَ أنت حزين وحدك؟"

"قل لي ما لديك أوّلاً!"

فأجابه يان هوي: "قد سمعت منكم أن تقولوا: من يكنْ متفائلاً بما في الطبيعة، ومُلِمّاً بما للقدر، يكنْ بعيداً عن القلق، وذلك هو ما يفرحني ويسعدني."

【原文】

孔子愀然有间曰："有是言哉？汝之意失矣。此吾昔日之言尔，请以今言为正也。汝徒知乐天知命之无忧，未知乐天知命有忧之大也。今告若其实：修一身，任穷达，知去来之非我，亡变乱于心虑，尔之所谓乐天知命之无忧也。曩吾修《诗》《书》，正礼乐，将以治天下，遗来世；非但修一身，治鲁国而已。而鲁之君臣日失其序，仁义益衰，情性益薄。此道不行一国与当年，其如天下与来世矣？吾

【今译】

孔子凄然动容，过了一阵，才说："有过这样的话吗？你的理解错了。这是我以往说过的话罢了，让我用现在的话来为你纠正吧。你只知道乐天知命无忧的一面，却不知道乐天知命也饱含着巨大的忧愁。现在告诉你其中的道理：修养一己的身心，任由遭遇是穷困或显达，懂得人生的变迁并不由自己决定，内心不因外界纷扰而迷失错乱，这就是你所谓的乐天知命带来的无忧。从前我修编《诗》与《书》，端正礼乐制度，是要用来治理天下，并且流传后世；不仅为了修养自身，也不仅仅为了治理鲁国。而鲁国的君王与臣民日益丧失其应有的尊卑等级秩序，仁义道德也日益衰退，人性与真情日益淡薄。这种政治主张在一个国家、在我的有生之年尚且不能实现，那又如何在全天下、在后世推行呢？我这才明白《诗》《书》、礼制乐律对于治理社会

قال كونفوشيوس، وقد بانتْ علامات الحزن على وجهه برهة قصيرة: "هل قلت لك مثل هذا الكلام؟ وقد تكون خاطئاً في فهمه. وهو ما قلْتُه في الماضي، فأرجو منك أن تعتمد على ما أقوله اليوم. ويبدو لي أنك تعرف فقط أن مَنْ يتفائل بما في الطبيعة ويلمّ بما للقدر، ليس له أيّ قلق؛ ولا تعرف أن مَنْ يتفائل بما في الطبيعة ويلمّ بما للقدر يكون له قلق كبير أيضاً، وسأخبرك اليوم بما هو الواقع. فإن تهذيب الجسم والنفس، والقناعة بالفقر أو الغنى، والإلمام بأن البقاء والفناء لا يتوقّفان على الإنسان نفسه، وبأن القلب والعقل لا يضطربان بالتغيّرات والتحوّلات، تلك هي ما تقوله عن البعيد عن القلق إن يكن متفائلاً بما في الطبيعة، ومُلِمّاً بما للقدر. وعندما كنت في الماضي أنقّح كتاب الأغاني وكتاب التاريخ، وأعدّل الأدب والموسيقى، لأنظّم بها العالم، وأعمّمها في المستقبل، ولا لأهذّب جسدي ونفسي، وأنظّم مملكة لو فقط، وجدْتُ أن الحاكم والوزراء في مملكة لو شهدا مزيداً من الاضطراب، والرحمة والعدالة فيها مزيداً من الانحدار، والغريزة والطبيعة فيها مزيداً من الانحطاط. وإذا كانت هذه الطاو غير فعّالة في مملكة واحدة وفي عصرنا اليوم، فماذا عن تنفيذها في العالم وفي المستقبل؟ بدأت أعرف أن كتاب الأغاني[1] وكتاب التاريخ[2]

1 كتاب الأغاني ينقسم إلى أجزاء ثلاثة كبيرة متكوّنة من 160 قصيدة من الأغاني الشعبيّة مثل الأغاني الشعبيّة لمملكة تشين (Qin)، والأغاني الشعبية لمملكة وي (Wei)، والأغاني الشعبيّة لمملكة تشنغ (Zheng)، والأغاني الشعبيّة لمملكة تشي (Qi) و105 قصيدة من التراتيل الأنيقة التي تنقسم إلى الأناقة الكبيرة والأناقة الصغيرة، و40 قصيدة من التراتيل القربانيّة.

2 كتاب التاريخ من أقدم أمّهات الكتب التاريخيّة المؤلّفة بأساليب متعدّدة في الصين، متناولاً ما بين عصر الإمبراطور ياو وعصر أسرة زو الملكيّة لأكثر من ألفيْ سنة، ومشتملاً على الأوامر التي أصدرها الحكّام الصينيّون عند تنصيب وزرائهم ومكافأة أمرائهم.

【原文】

始知《诗》《书》、礼乐无救于治乱，而未知所以革之之方。此乐天知命者之所忧。虽然，吾得之矣。夫乐而知者，非古人之所谓乐知也。无乐无知，是真乐真知；故无所不乐，无所不知，无所不忧，无所不为。《诗》《书》、礼乐，何弃之有？革之何为？”

颜回北面拜手．曰：“回亦得之矣。”

出告子贡。子贡茫然自失，归家淫思七日，不寝不食，以至骨立。颜回重往喻之，乃反丘门，弦歌诵书，终身不辍。

【今译】

混乱并没有补救之效，而同时我又不知道如何改变根治这种局面的良方。这正是乐天知命的人所担忧的。即使这样，我已有所领悟。现在的乐与知，并非古人所谓的乐与知。无乐无知，才是真乐真知；所以无所不乐，无所不知，无所不忧，无所不为。对于《诗》《书》、礼乐，何必去丢弃呢？又有什么必要去改变呢？”

颜回面北下跪叩拜，说道：“我也领悟了。”

他出门告诉子贡。子贡茫然不知所措，回到家中反复琢磨了七天，不睡不吃，弄得自己瘦骨嶙峋。颜回再次前去为他开导解谕，子贡才回到孔子门下，弹奏歌吟，诵读诗书，一辈子不曾停止。

والأدب والموسيقى لا دور لها في تنظيم العصور المضطربة، بيد أنني لا أعرف ما هو سبيل إلى إصلاحها، وذلك هو ما يقلق عليه المتفائل بما في الطبيعة والمُلِمّ بما للقدر. ومع ذلك قد وجدت سبيلاً إليه الآن؛ كما وجدْتُ أن الذي يتفائل بما في الطبيعة ويلمّ بما للقدر، هو في رأْيي، يختلف عن الذي يتفائل بما في الطبيعة ويلمّ بما للقدر في رأي القدامى. وإن الخالي من التفاؤل والخالي من الإلمام هما المتفائل الحقّ والملِمّ الحقّ، فلا شيء له إلاّ يتفائل به، ولا شيء له إلاّ يلمّ به، ولا شيء له إلاّ يقلق عليه، ولا شيء له إلاّ يفعل به. فلم التخلّي عن كتاب الأغاني وكتاب التاريخ والأدب والموسيقى؟ وما الضرورة لإصلاحها؟"

ركع يان هوي تجاهَ الشمال، وهو يضمّ يديْه[1] قائلاً: "قد فهمت ذلك أيضاً."

خرج ليخبر تسي قونغ بذلك، ممّا أوقعه في حيرة وضلال، فعاد إلى بيته ليتروّى في ذلك سبعة أيّام بلا نوم ولا أكل، حتى برزتْ عِظامُه. فذهب يان هوي إلى تسي قونغ مرّة أخرى ليُقنعه ويُرشده، حتى عاد إلى بيت كونفوشيوس، حيث يعزف على العود، ويغنّي، ويقرأ الكتب، وذلك لم ينقطع عنه مدى حياته.

1 كان أدباً من الآداب يعبّر به التلاميذ الصينيّون في العصور القديمة عن احترامهم لمعلّمهم.

【原文】

陈大夫聘鲁，私见叔孙氏。

叔孙氏曰："吾国有圣人。"

曰："非孔丘邪？"

曰："是也。"

"何以知其圣乎？"

叔孙氏曰："吾常闻之颜回，曰：'孔丘能废心而用形。'"

陈大夫曰："吾国亦有圣人，子弗知乎？"

曰："圣人孰谓？"

曰："老聃之弟子有亢仓子者，得聃之道，能以耳视而目听。"

【今译】

陈国大夫出访鲁国，私下去会见叔孙氏。

叔孙氏说："我国有位圣人。"

陈国大夫说："莫非是孔丘么？"

叔孙氏说："是的。"

陈国大夫说："怎么知道他就是圣人呢？"

叔孙氏说："我常常听颜回说：'孔丘能够舍弃心智，只用形体。'"

陈国大夫说："我国也有位圣人，您不知道吗？"

叔孙氏说："这位圣人是谁？"

陈国大夫说："老聃的弟子中有个叫亢仓子的，掌握了老聃的道术，能够用耳朵看东西，用眼睛听声音。"

كان وزير لمملكة تشن يُبْعَثُ إلى مملكة لو، ليتقابل بالسرّ مع الوزير شوسون[1] (Shusun).

فقال له شوسون: "في مملكتنا رجل حكيم."

"أليس هو كونفوشيوس؟"

"بالضبط."

"كيف تعرف أنه رجل حكيم؟"

فأجابه شوسون: "سمعت ذلك من يان هوي دائماً، وهو يقول: إن كونفوشيوس يقدر على توظيف جسدي بدلاً عن عقله في تعامله مع الناس."

سأله الوزير: "ألا تعرف أن في مملكتنا رجلاً حكيماً أيضاً؟"

"من هو؟"

فأجابه الوزير: "كان للاو تسي تابع، اسمه كانغ تسانغ تسي، وقد أجاد الطاو للاو تسي، حتى استطاع بها أن ينظر بأذنيْه، ويسمع بعينيْه."

1 شوسون (Shusun) كان نبيلاً في مملكة لو (Lu)، حيث كانت سلطتها تقع في أسرة جيسون (Jisun) في أواخر عصر الربيع والخريف، رغم أنها مقسَّمة بين ثلاث أسر، وهي أسرة جيسون ومنغسون (Mengsun) وشوسون.

【原文】

鲁侯闻之大惊，使上卿厚礼而致之。亢仓子应聘而至。鲁侯卑辞请问之。

亢仓子曰："传之者妄。我能视听不用耳目，不能易耳目之用。"

鲁侯曰："此增异矣。其道奈何？寡人终愿闻之。"

亢仓子曰："我体合于心，心合于气，气合于神，神合于无。其有介然之有，唯然之音，虽远在八荒之外，近在眉睫之内，来干我者，我必知之。乃不知是我七孔四支之所觉，心腹六藏之所知，其自知而已矣。"

鲁侯大悦。他日以告仲尼，仲尼笑而不答。

【今译】

鲁侯听说了这件事，大为震惊，派遣上卿携带丰厚的礼物去邀请亢仓子。亢仓子应邀而至。鲁侯以谦卑的言辞向他请教。

亢仓子说："传话的人说错了。我能够不用眼睛看东西，不用耳朵听声音，却不能变换耳朵和眼睛原来的功能。"

鲁侯说："这就更加稀奇啦。这种道术究竟怎么样？我实在想听听。"

亢仓子说："我的形体契合于心智，心智契合于元气，元气契合于精神，精神契合于虚空。那些极细微的形物，极轻微的音响，即使远在八方荒蛮之地以外，或是近迫于眉睫之内，凡是来干扰我的，我必定都明了。竟不知道是我的七窍、四肢察觉到它们，还是心腹六脏感知到它们，自然而然地知道罢了。"

鲁侯十分高兴。过后将此事告诉孔子，孔子听了，笑而不答。

وقد اندهش الملك لمملكة لو كثيراً بعد أن سمع ذلك، فاستدعاه كضيفه الكريم. فجاء كانغ تسانغ تسي إلى مملكة لو تلبية لدعوة ملكها، الذي سأله بخضوع وخشوع.

فقال له كانغ تسانغ تسي: "إن الناقلين لهذا الخبر مُخطئون، إذ إنني قادر على النظر من دون العينيْن والسمع من دون الأذنيْن، وعاجز عن تغيير الوظيفة الأصلية للعينيْن والأذنيْن."

فقال له الملك: "ذلك قد زاد الأمر غرابةً، فأنا أحبّ بالفعل أن أعرف ما هي الطاو فيه؟"

أجابه كانغ تسانغ تسي: "إن جسدي منسجم مع عقلي، وعقلي منسجم مع حيويّتي، وحيويّتي منسجمة مع روحي، وروحي منسجمة مع الخلاء، فأرقّ الأشياء أو أخفّ الأصوات، وهو بعيدٌ عني، ولو في البوادي والقفار؛ وقريبٌ مني، ولو بين الرمش والهدب، إذا جاء ليزعجني، فلا بدّ أن أقدر على الشعور به، من دون أن أعرف أشَعَرَتْ به فتحاتي السبعُ وأطرافي الأربعةُ، أم عَلِمَتْ به أحشائي الخمسةُ[1]، وشعرت وعلمت بها من تلقاء نفسها فقط."

سُرّ الملك لو بذلك سروراً كبيراً، وأعلم كونفوشيوس بذلك بعد أيّام، إلاّ أن كونفوشيوس كان يبتسم، بلا إجابة.

1 الأحشاء الخمسة هى القلب والكبد والطحال والرئتان والكليتان.

【原文】

商太宰见孔子，曰:“丘圣者欤？”

孔子曰:“圣则丘何敢，然则丘博学多识者也。”

商太宰曰:“三王圣者欤？”

孔子曰:“三王善任智勇者，圣则丘弗知。”

曰:“五帝圣者欤？”

孔子曰:“五帝善任仁义者，圣则丘弗知。”

曰:“三皇圣者欤？”

孔子曰:“三皇善任因时者，圣则丘弗知。”

商太宰大骇，曰:“然则孰者为圣？”

【今译】

宋国的太宰见到孔子，说:“孔丘你是圣人吗？”

孔子说:“圣人我怎么敢当，不过，我是个博学多识的人。”

太宰问:“三王是圣人吗？”

孔子说:“三王善于任用智慧勇敢的人，至于是不是圣人我可不知道。”

太宰问:“五帝是圣人吗？”

孔子说:“五帝善于任用推行仁义的人，至于是不是圣人我可不知道。”

太宰问:“三皇是圣人吗？”

孔子说:“三皇善于任用顺因时势的人，至于是不是圣人我可不知道。”

宋国太宰大为惊异，说:“那么谁才是圣人呢？”

التقى وزير لمملكة سونغ بكونفوشيوس، وقال له: "هل أنت رجل حكيم؟"

فأجابه كونفوشيوس: "لا أجرؤ على القول بأنني حكيم، إلاّ أنني واسع المعارف ووافر العلوم."

"وهل كان الملوك الثلاثة حكماء؟"

"كانوا ماهرين في تنصيب مَنْ هو عاقل أو باسل، ولكنني لا أعرف أكانوا حكماء أم لا."

"وهل كان الأباطرة الخمسة حكماء؟"

"كانوا ماهرين في تنصيب مَنْ له رحمة وعدالة، ولكنني لا أعرف أكانوا حكماء أم لا."

"فهل كان الأباطرة الثلاثة حكماء؟"

"كانوا ماهرين في تنصيب مَنْ يتواكب مع عصره، ولكنني لا أعرف أكانوا حكماء أم لا."

كان الوزير لمملكة سونغ مذعوراً جدّاً بإجابات كونفوشيوس، حتى قال له: "إذن، فمن هو الحكيم؟"

【原文】

孔子动容有间，曰:“西方之人有圣者焉，不治而不乱，不言而自信,不化而自行,荡荡乎民无能名焉。丘疑其为圣。弗知真为圣欤？真不圣欤？”

商太宰嘿然心计曰：”孔丘欺我哉！”

【今译】

孔子神色有所改变，过了一会儿，说:“西方有位圣人，不治理国政而国家不乱，不发表言论而自然得到信任，不施行教化而教化自然地流行，他的伟大，人们无法用恰当的言辞来称颂。我揣度着他就是圣人。不知道他真的是圣人？真的不是圣人？”

宋国太宰听了，默默思忖道:“孔丘在欺骗我吧！”

فأجابه كونفوشيوس، وقد تغيّرتْ ملامحُه لبرهة قصيرة: "كان في الغرب رجل حكيم، مع أنه لا ينظّم مملكته إلاّ أنها لا تضطرب، ومع أنه لا يتكلّم عن شيء إلاّ أنه موثوق به من تلقاء نفسه، ومع أنه لا يهذّب أحداً إلاّ أن تعاليمه شائعة بنفسها، حتى يُشْعِر شعْبَه بالعجز عن تمجيد عظمته وجلالته، فأظنّ أنه هو الرجل الحكيم، لكنني لا أعرف أهو حكيم بالحقّ، أم ليس حكيماً بالحقّ؟"

فقال الوزير لمملكة سونغ لنفسه بصمت: "كونفوشيوس يكذب عليّ!"

【原文】

子夏问孔子曰："颜回之为人奚若？"

子曰："回之仁贤于丘也。"

曰："子贡之为人奚若？"

子曰："赐之辩贤于丘也。"

曰："子路之为人奚若？"

子曰："由之勇贤于丘也。"

曰："子张之为人奚若？"

子曰："师之庄贤于丘也。"

【今译】

子夏问孔子道："颜回的为人怎么样？"

孔子说："颜回的仁德胜过我。"

子夏问："子贡的为人怎么样？"

孔子说："端木赐的辩才胜过我。"

子夏问："子路的为人怎么样？"

孔子说："仲由的英勇胜过我。"

子夏问："子张的为人怎么样？"

孔子说："颛孙师的庄重胜过我。"

سأل تسي شيا[1] كونفوشيوس قائلاً: "ما رأيكم في يان هوي؟"

فقال له كونفوشيوس: "هو أكثر مني رحمةً وفضيلةً."

"وما رأيكم في تسي قونغ؟"

"هو أكثر مني فصاحة وبلاغة."

"وما رأيكم في تسي لو[2]؟"

"هو أكثر مني شجاعة وبسالة."

"وما رأيكم في تسي تشانغ[3]؟"

"هو أكثر مني رزانةً وصرامةً."

---

1 تسي شيا (Zi Xia، عام 507-؟ق.م) كان تابعاً من أتباع كونفوشيوس، وهو من مملكة جين (Jin) في أواخر عصر الربيع والخريف.

2 تسي لو (Zi Lu، عام 542-480ق.م) كان واحداً من الفلاسفة العشرة في المدرسة الكونفوشيوسيّة ومعروفاً باستقامته وبرّه وبسالته وإخلاصه.

3 تسي تشانغ (Zi Zhang) كان تابعاً من أتباع كونفوشيوس، وله طموحات عظيمة، إلاّ أنه مات مبكّراً.

【原文】

子夏避席而问曰："然则四子者何为事夫子？"

曰："居！吾语汝。夫回能仁而不能反，赐能辩而不能讷，由能勇而不能怯，师能庄而不能同。兼四子之有以易吾，吾弗许也。此其所以事吾而不贰也。"

【今译】

子夏站起来离开坐席，问道："既然如此，那么这四个人为什么还要来侍奉先生，拜您为师呢？"

孔子说："坐下！我告诉你。颜回能够仁爱却不能适时变通，端木赐能够巧辩却不能缄默内敛，仲由能够勇敢却不能适时退让，颛孙师能够庄重却不能谦逊合群。把他们四个人的优点合在一处来同我交换，我也不会答应。这就是他们侍奉我而从不三心二意的缘由。"

فقام تسي شيا من مجلسه، وسأل كونفوشيوس قائلاً: "إذا كانوا هم الأربعة هكذا، فلِمَ يتتلمذون عليكم؟"

فقال له كونفوشيوس: "اجْلسْ لأحدّثك عن الأسباب! وهي أن يان هوي قادر على الرحمة، وعاجز عن القسوة؛ وتسي قونغ قادر على البلاغة، وعاجز عن البلادة؛ وتسي لو قادر على الشجاعة، وعاجز عن الجبانة؛ وتسي تشانغ قادر على الرزانة، وعاجز عن الطاعة. فلن أوافق على استبدال ما لديّ بما لدى هؤلاء الأربعة، وذلك هو ما يبرّر لماذا يتتلمذون عليّ بكلّ أمانة وإخلاص."

【原文】

子列子既师壶丘子林，友伯昏瞀人，乃居南郭。从之处者，日数而不及。虽然，子列子亦微焉。朝朝相与辩，无不闻。而与南郭子连墙二十年，不相谒请；相遇于道，目若不相见者。门之徒役以为子列子与南郭子有敌不疑。

有自楚来者，问子列子曰：“先生与南郭子奚敌？”

子列子曰：“南郭子貌充心虚，耳无闻，目无见，口无言，心无知，形无惕。往将奚为？虽然，试与汝偕往。”

【今译】

列子师从壶丘子林、结交伯昏瞀人之后，就住到南面的外城。追随他并和他相处的人，每天数也数不过来。即使这样，列子的道术也堪称精微奇妙。每天与那些人相互辩论，远近闻名。但是他与南郭子隔墙而居二十年，相互不交往；在路上相逢，也好像没有看见对方似的。列子的门徒因此认定列子和南郭子之间有仇。

有一位从楚国来的人，问列子说：“先生为什么与南郭子结仇？”

列子说：“南郭子外貌充实，内心虚静，耳无所闻，目无所见，口无所言，心无所知，形骸无所变易。如果去找他又能干什么呢？尽管如此，试着和你一同前去看看。”

كان ليه تسي منذ أن يتتلمذ على هوتشيو تسيلين، ويتصادق مع بوهون ماورن، يقيم في جنوب المدينة، حتى وصل عدد أتباعه كلّ يوم إلى ما لا يُعَدّ ولا يُحْصَى. ومع ذلك، ما زال ليه تسي يبذل جهوده في إجادة الطاو، فكان يتناقش ويتجادل مع أتباعه كلَّ يوم، وذلك معروف بين الداني والقاصي. ولكن نانقوه تسي[1] الذي لم يفصل بينه وبين ليه تسي إلاّ جدارٌ واحدٌ منذ عشرين سنة، لم يتبادل زيارات مع ليه تسي؛ وإن صادفه على الطريق، لم يتبادل معه نظرات، كأنه لم يره، حتى ظنّ أتباع ليه تسي بلا أدنى شكّ أن بين معلّمهم ونانقوه تسي عداوة وحقداً.

جاء رجل من مملكة تشو (Chu)، وهو يسأل المعلّم ليه تسي قائلاً: "لِمَ وجودُ العداوة والحقد بينكم وبين نانقوه تسي؟"

فأجابه المعلّم ليه تسي: "إن نانقوه تسي جسمه مكتنز، وقلبه فارغ، وأذناه لا تصغيان، وعيناه لا تبصران، وفمه لا يتكلّم، وقلبه لا يفكّر، وشكله لا يتغيّر، فلِمَ أزوره؟ ولكنني أحاول أن أذهب معك لزيارته."

1 نانقوه تسي (Nanguo Zi) كان رجلاً ناسكاً في عصره.

【原文】

阅弟子四十人同行。见南郭子，果若欺魄焉，而不可与接。顾视子列子，形神不相偶，而不可与群。南郭子俄而指子列子之弟子末行者与言，衎衎然若专直而在雄者。子列子之徒骇之。反舍，咸有疑色。

子列子曰："得意者无言，进知者亦无言。用无言为言亦言，无知为知亦知。无言与不言，无知与不知，亦言亦知。亦无所不言，亦无所不知；亦无所言，亦无所知。如斯而已。汝奚妄骇哉？"

【今译】

列子拣选了四十名弟子一起去。看到南郭子，果然像泥塑土雕，无法与他进行交流接触。他回过头来看看列子，形骸与心神相脱离，根本不可能合群共处。过了一会儿，南郭子指着列子的弟子中排在最后的那个，与他攀谈，从容果断仿佛专为辩论求胜一般。列子的门徒们对此感到十分惊骇。回到列子家，脸上都还挂着疑惧的神色。

列子说："领会真意的人无须言说，什么都知道的人也无须言说。将无言当作表述，也算是一种言说；将无知当作知道，也算是一种有知。而以无言作为不加表述，以无知作为不知道，也是一种言说和有知。所以也没有什么不能说的，也就没有什么不知道的；也没有什么值得说的，也就没有什么要知道的。不过如此而已。你们为什么还要无端惊惧呢？"

اختار ليه تسي أربعين تابِعاً ليذهبوا معه. ولما رأوْا نانقوه تسي، وجدوه بالفعل دمية طينيّة، لا سبيل إلى التحادث معها. ولما أدار نانقوه تسي رأسه لينظر إلى ليه تسي، انفصل شكلُه عن روحه، حتى لا أحد قادر على التعاشر معه. ولكنه أشار بعد برهة قصيرة إلى أحد أتباع ليه تسي، الذي كان واقفاً في الصفّ الأخير، ليتحدّث بلهجة حازمة قاطعة، كأنّه يريد أن يكون قاهراً في التجادل معه، فكان التابع مذعوراً جدّاً بذلك، وعلامات الشكوك ظلّت ترتسم على وجهه بعد عودته إلى بيت معلّمه ليه تسي.

فقال المعلّم ليه تسي: "لا حاجة إلى القول لمن يفهم المعنى الحقّ، ولا حاجة إلى القول لمن يعرف كلّ شيء أيضاً. واعتبار ما لا حاجة إلى القول قولاً هو قول، واعتبار ما لا قدرة في العلم علماً هو علم أيضاً؛ وما لا حاجة إلى القول وما لا قدرة في القول، هما من القول؛ وما لا حاجة إلى العلم وما لا قدرة في العلم، هما من العلم أيضاً. فلا شيء له مانع في القول، ولا شيء له مانع في العلم أيضاً؛ ولا شيء له حاجة إلى القول، ولا شيء له حاجة إلى العلم. وإذا كان هكذا فقط، فلِمَ تندهشون وترتعبون بلا مبرّر؟"

【原文】

子列子学也，三年之后，心不敢念是非，口不敢言利害，始得老商一眄而已。五年之后，心更念是非，口更言利害，老商始一解颜而笑。七年之后，从心之所念，更无是非；从口之所言，更无利害，夫子始一引吾并席而坐。九年之后，横心之所念，横口之所言，亦不知我之是非利害欤，亦不知彼之是非利害欤，外内进矣。而后眼如耳，耳如鼻，鼻如口，口无不同。心凝形释，骨肉都融；不觉形之所倚，足之所履，心之所念，言之所藏。如斯而已。则理无所隐矣。

【今译】

列子学习道术，三年之后，心里不敢存念是非，口中不敢言说利害，才博得老商氏斜看了一眼。五年之后，心里更加不敢存念是非，口中更加不敢言说利害，老商氏才开颜对他一笑。七年之后，任凭心里怎样去想，更加没有是非；任凭口中怎样去说，更加没有利害，先生这才开始让列子与他并席而坐。九年之后，放纵心思去想，放纵口头去说，也不知道自己的是非利害，也不知道别人的是非利害，身心内外完全融合于大道了。从那以后，眼睛的作用像耳朵一样，耳朵的作用像鼻子一样，鼻子的作用像嘴巴一样，没有什么不同的。心神凝聚，形体消散，骨骸血肉相互融合；感觉不到形体所倚赖的，脚下所踩踏的，心中所牵念的，言语所蕴藏的。不过如此而已。于是一切道理也就不能对他隐瞒了。

كان ليه تسي يتتلمذ على يد معلّمه. وبعد ذلك بثلاث سنوات، لم يجرؤ قلبُه على التأمّل فيما هو صائب أو خاطئ، ولا لسانُه على التلفّظ بما هو نافع أو ضارّ، حتى بدأ معلّمه يرمقه بنظرة زائغة.

وبعد ذلك بخمس سنوات، زاد قلبه خوفاً من التأمّل فيما هو صائب أو خاطئ، وزاد لسانه فزعاً من التلفّظ بما هو نافع أو ضارّ، حتى بدأ معلّمه يبادره ببسمة عابرة.

وبعد ذلك بسبع سنوات، زاد قلبه خلوّاً من التأمّل فيما هو صائب أو خاطئ مهما كان مطيعاً لما يتأمّل فيه قلبه؛ وزاد لسانه خلوّاً من التلفّظ بما هو نافع أو ضارّ، مهما كان مطيعاً لما يتلفّظ به لسانه؛ حتى بدأ معلّمه يجالسه على حصيرة واحدة.

وبعد ذلك بتسع سنوات، أطلق قلبُه عنانَه في التأمّل، وأطلق لسانُه عقالَه في التلفّظ، حتى لم يعرف لنفسه ما هو صائب أو خاطئ وما هو نافع أو ضارّ، فضلاً عن أنه لم يعرف لغيره ما هو صائب أو خاطئ وما هو نافع أو ضارّ؛ حتى تحقّقت الوحدةُ بين ما هو باطن وما هو ظاهر.

ومنذ ذلك الوقت، صارت عينه هي أذنه، وأذنه هي أنفه، وأنفه هو فمه، من دون أيّة فوارق بينها، حتى صار قلبُه مركّزاً، وجسدُه مبدّداً، وعظامُه ولحومُه متماسكة ومتداخلة، وهو لا يحسّ بما يستند إليه جسدُه، وما تطأه قدماه، وما يتأمّل فيه قلبُه، وما يحتوي عليه قولُه. وإن يكن هكذا فقط، فلا مكان لإخفاء المبادئ.

【原文】

初，子列子好游。

壶丘子曰：“御寇好游，游何所好？”

列子曰：“游之乐所玩无故。人之游也，观其所见；我之游也，观其所变。游乎游乎！未有能辨其游者。”

壶丘子曰：“御寇之游固与人同欤，而曰固与人异欤？凡所见，亦恒见其变。玩彼物之无故，不知我亦无故。务外游，不知务内观。外游者，求备于物；内观者，取足于身。取足于身，游之至也；求备于物，游之不至也。”

【今译】

早些时候，列子很喜爱外出游览。

壶丘子问他：“御寇你喜好游览，这游览有什么值得喜好的呢？”

列子答道：“游览的乐趣在于所赏玩的事物没有陈旧不变的。别人游览，有什么就看什么；我的游览，是为了观察事物的变化。游览啊游览！没有人能辨别这两种不同的游览。”

壶丘子说：“御寇，你的游览本来就和别人一样，为何却说与人不同呢？凡是观赏事物，也常常能从中见到它们的变化。你只知道赏玩外物的更新变化，却不知道自身也在更新变化。致力于游览外部世界，却不懂得观察自己的内心。向外游览，就会要求外物的完备；反观内心，则能从自身获取充实完美。从自身获取完美，是游的最高境界；向外物要求完备，是不够理想的游览境界。”

كان المعلّم ليه تسي يحبّ الرحلات.

فسأله هوتشيو تسي: "أنت تحبّ الرحلات، فما هو الذي تحبّه فيها؟"

"أفراح الرحلات تكمن في اللهو بما يتجدّد. فإن رحلات غيري هي مشاهدة ما يراه؛ ورحلاتي هي مشاهدة ما يتغيّر. ويا رحلات غيري! ويا رحلاتي! لا أحد قادر على التفرقة بينهما."

فقال هوتشيو تسي: "إن رحلاتك تتشابه في الأصل مع رحلات غيرك، فلِمَ تقول إنها تتفاوت في الأصل مع رحلات غيرك؟ إذ إن ما يُشَاهَدُ في الرحلات غالباً ما يُشَاهَدُ منه تغيّراته أيضاً، فأنت تُعْجَبُ بما يتجدّد في غيرك، بيد أنك لا تعرف ما يتجدّد أيضاً في نفسك؛ وتحرص على الرحلات في خارجك، بيد أنك لا تعرف الحرص على مشاهدة ما في داخلك. فمن يحبّ الرحلات في خارجه، يطلب من الأشياء ما يكون كاملاً؛ ومن يحبّ مشاهدة ما في داخله، يأخذ من نفسه ما يكون كافياً. فإن أخْذ ما يكون كافياً من النفس هو أسمى غايةٍ تبلغها الرحلاتُ، وطَلْب ما يكون كاملاً من الأشياء ليس أسمى غايةٍ تبلغها الرحلاتُ."

【原文】

于是列子终身不出，自以为不知游。

壶丘子曰：“游其至乎！至游者，不知所适；至观者，不知所眡。物物皆游矣，物物皆观矣，是我之所谓游，是我之所谓观也。故曰：游其至矣乎！游其至矣乎！”

【今译】

从此以后，列子终身不再外出，自以为不懂得游览的道理。

壶丘子说：“这才是游览的最高境界啊！最高深的游览，就是不知去往何方；最神妙的观赏，就是不知道观看的是什么。任何事物都游览了，任何事物都观赏了，这才是我所谓的游览，才是我所谓的观赏。所以说：这样的游览才到达最高境界了啊！这样的游览才到达最高境界了啊！”

ومنذ ذلك الوقت، لم يخرج ليه تسي للرحلات مدى حياته، معتقداً أنه لم يفهم حقيقة الرحلات بعد.

فقال هوتشيو تسي: "هذه هي أسمى غاية للرحلات! إذ إن أسمى غاية للرحلات هي ما لا يُعْرَفُ مقصدُه؛ وأسمى غاية للمشاهدات هي ما لا يعرف مَشْهَدُه. والرحلات في كلّ شيء هي ما أسمّيه بالرحلات؛ والمشاهدات لكلّ شيء هي ما أسمّيه بالمشاهدات. لذا أقول: ما أسمى مثل هذه الرحلات! وما أسمى مثل هذه الرحلات!"

【原文】

龙叔谓文挚曰:“子之术微矣。吾有疾,子能已乎?”

文挚曰:“唯命所听。然先言子所病之证。”

龙叔曰:“吾乡誉不以为荣,国毁不以为辱;得而不喜,失而弗忧;视生如死;视富如贫;视人如豕;视吾如人。处吾之家,如逆旅之舍;观吾之乡,如戎蛮之国。凡此众疾,爵赏不能劝,刑罚不能威,盛衰、利害不能易,哀乐不能移。固不可事国君,交亲友,御妻子,制仆隶。此奚疾哉?奚方能已之乎?”

【今译】

龙叔对文挚说:“您的医术精微高明。我有疾病,您能治愈吗?”

文挚说:“一切听从您的吩咐。不过请先讲讲您的病症吧。”

龙叔说:“我受到乡人的称誉不觉得光荣,受到举国的诋毁不觉得耻辱;有所得时不觉得欢喜,有所失时也不觉得忧愁;看待生存如同死亡;看待富贵如同贫贱;看待人如同猪;看待自己如同别人。住在自己家,好像住在旅馆;看待我的家乡,好像偏远的荒蛮之国。所有这些病状,爵禄封赏不能将其劝止,严刑峻法不能将其威吓,盛衰利害不能将其变更,痛苦欢乐不能将其改动。自然我就不能事奉一国之君,结交亲戚朋友,主宰妻子儿女,管制仆役奴隶。这是什么病呢?有什么药方能够医好它呢?”

قال لونغ شو (Long Shu) لوَنْ تشي[1]: "أنت بارع حاذق في الفنون الطبيّة، فهل يمكنك أن تخلّصني من المرض؟"

"سمعاً وطاعة! وقل لي ما هي أعراض مرضك أوّلاً."

فقال لونغ شو: "لم أشعر بمفخرة بعد أن أثنى عليّ كلُّ القرية، ولا بمذلّة بعد أن افترى عليّ كلّ المملكة. ولا يفرحني إن وجد شيئاً؛ ولا يقلقني إن فقد شيئاً؛ ففي عيْنيَّ الحياةُ هي موتٌ، والغنى هو فقرٌ، وغيري هو خنزيرٌ، ونفسي مثل غيري؛ وأسكن في بيتي كأنني أنزل في الخان؛ وأنظر إلى قريتي كأنها مملكة نائية للبرابرة. وكلّ هذه الأعراض لا يمكنها أن تُمْنَعَ بالرتب والمكافآت، ولا يمكنها أن تُهَدَّدَ بالجنايات والعقوبات، ولا يمكنها أن تُبَدَّلَ بالازدهار والانحطاط أو بالمنافع والمضارّ، ولا يمكنها أن تُغَيَّرَ بالأحزان والأفراح. لذا لا أقدر على مؤازرة حاكمي، ولا على معاملة أقربائي وأصدقائي، ولا على توجيه زوجتي وأطفالي، ولا على تسخير خدمي وعبيدي. فما هذا المرض؟ وما هي الأدوية التي يمكنها أن تخلّصني منه؟"

1 وَنْ تشي (Wen Zhi) كان طبيباً مشهوراً في مملكة سونغ في عصر الربيع والخريف، وقد خلَّص الملك ون (Wen) لمملكة تشي (Qi) من مرضه عن طريق إغضابه.

【原文】

文挚乃命龙叔背明而立，文挚自后向明而望之，既而曰:“嘻！吾见子之心矣：方寸之地虚矣。几圣人也！子心六孔流通，一孔不达。今以圣智为疾者，或由此乎！非吾浅术所能已也。”

【今译】

文挚便叫龙叔背对光站着，他从后面对着光亮观望，过了一会儿说:“嘻！我见到您的心了：您的心已经空虚了。差不多是得道的圣人了！您的心窍中，六窍流通，只有一窍尚未通达。现在您把圣人的心智当作疾病，大约就是这个原因吧！并不是我浅薄的医术所能治愈的。”

فطلب ون تشي من لونغ شو أن يقف وظهرَه للنور، وهو ينظر إلى لونغ شو من ورائه، ويقول بعد قليل: "آه! قد رأيت قلبك، وهو فارغ من كلّ الشهوات، حتى كدت تكون رجلاً حكيماً، إذ إن المجاري الستّة في قلبك مترابطة إلاّ مجرى واحداً مسدوداً، وهو قد يكون سبباً في أن تعتبر حكمةَ الحكيم مرضاً، أعجز عن علاجه بفنوني الطبيّة المتواضعة."

【原文】

无所由而常生者，道也。由生而生，故虽终而不亡，常也。由生而亡，不幸也。有所由而常死者，亦道也。由死而死，故虽未终而自亡者，亦常也。由死而生，幸也。故无用而生谓之道，用道得终谓之常；有所用而死者亦谓之道，用道而得死者亦谓之常。

季梁之死，杨朱望其门而歌。随梧之死，杨朱抚其尸而哭。隶人之生，隶人之死，众人且歌，众人且哭。

【今译】

无所凭借而永远存在的，是道。依照生存之道而生存，所以即使生命终结了，为生之道也不会灭亡，这是常理。依照生存之道应该活着却死去的，是不幸。有所凭借而最终死去，也是道。依照死亡之道而死去，所以即使生命没有终结而自行消亡的，也是常理。依照死亡之道应当死去却活着的，是侥幸。所以无所依凭而生存的称作道，依照大道而生命得以终结的称作常理；有所凭借而死去的也称作道，依照大道而得以死去的也称为常理。

季梁死去，杨朱遥望着他的家门歌唱。随梧死去，杨朱抚着他的尸体痛哭。常人的诞生，常人的死去，众人或是歌唱，众人或是哭泣。

الذي يحيى دائماً، وهو لا يعتمد على غيره، هو الطاو؛ والذي يحيى، وهو يعتمد على الطاو للحياة، مع أن حياته وصلت إلى نهايتها، إلاّ أنه لا يفْنَى، هو القانون؛ والذي يَفْنَى نتيجةً لاعتماده على الطاو للحياة، هو غير المحظوظ.

والذي يموت أخيراً، وهو يعتمد على غيره، هو الطاو أيضاً؛ والذي يموت، وهو يعتمد على الطاو للموت، ومع أن حياته لم تصل إلى نهايتها، إلاّ أنه يفْنَى بنفسه، هو القانون أيضاً؛ والذي يحيى، وهو يعتمد على الطاو للموت، هو المحظوظ.

لذا الذي يحيى، وهو لا يعتمد على غيره، يُسمَّى بالطاو، والذي تصل حياته إلى نهايتها، وهو يعتمد على الطاو، يُسمَّى بالقانون؛ والذي يموت، وهو يعتمد على غيره، يُسمَّى أيضاً بالطاو، والذي تصل حياتُه إلى نهايتها، وهو يعتمد على الطاو، يُسمَّى أيضاً بالقانون.

لما مات جي ليانغ[1]، كان يانغ تشو ينظر إلى بيته ليُغنّي؛ ولما مات سوي وو (Sui Wu)، كان يانغ تشو يلمس جثّته ليبكي؛ ولما وُلِدت الدهماءُ أو ماتت، غنَّى لها بعضُ الناس، وبكى لها بعضهم الآخر.

1 جي ليانغ (Ji Liang) كان رجلاً من مملكة وي (Wei) في أوائل عصر الممالك المتحاربة، صديقاً حميماً لـ يانغ تشو.

【原文】

目将眇者，先睹秋毫；耳将聋者，先闻蚋飞；口将爽者，先辨淄、渑；鼻将窒者，先觉焦朽；体将僵者，先亟犇佚；心将迷者，先识是非：故物不至者则不反。

【今译】

眼睛将要失明的人，反而先能看清细微的毫毛；耳朵将要失聪的人，反而先能听见蚊子飞舞的声音；口舌将要失去味觉的人，反而先能分辨淄水和渑水滋味的差异；鼻子将要失去嗅觉的人，反而先能觉察焦烂腐朽的气味；身体将要僵仆的人，反而先能轻快地奔逸；心智将要迷乱的人，反而先能识别是非：所以事物不发展到极点就不会走向它的反面。

من سيكون في عينيه مكْفُوفاً، يكون أوّلَ من يرى شُعيْرة في الخريف؛ ومن سيكون في أذنيْه مَصْمُوماً، يكون أوّلَ من يسمع طنيناً للبعوض؛ ومن سيكون لسانُه ضعيفاً، يكون أوّلَ من يميّز بين المياه في نهر تسي[1] ونهر شنغ[2]؛ ومن سيكون أنفُه مسدوداً، يكون أوّلَ من يشعر بما هو محْرَق ومتعفّن؛ ومن سيكون جسدُه هامِداً، يكون أوّلَ من يتلهّف إلى الجري والركض؛ ومن سيكون قلبه حائراً، يكون أوّلَ من يفرّق بين الصائب والخاطئ. لذا فإن لم تصل الأشياءُ إلى ذُرْوتها، لا تتحوّل إلى نقيضها.

1 نهر تسي (Zi) نهر يجري حاليّاً في مقاطعة شاندونغ الصينيّة.

2 نهر شنغ (Sheng) نهر يجري حاليّاً في مقاطعة شاندونغ الصينيّة.

【原文】

郑之圃泽多贤，东里多才。

圃泽之役有伯丰子者，行过东里，遇邓析。

邓析顾其徒而笑曰：“为若舞彼来者，奚若？”

其徒曰：“所愿知也。”

邓析谓伯丰子曰：“汝知养养之义乎？受人养而不能自养者，犬豕之类也；养物而物为我用者，人之力也。使汝之徒食而饱，衣而息，执政之功也。长幼群聚而为牢藉庖厨之物，奚异犬豕之类乎？”

【今译】

郑国的圃泽有许多贤德之士，东里有许多才智之士。

圃泽的弟子中有个叫伯丰子的，路过东里，遇见邓析。

邓析回头对弟子笑着说：“我为你们嘲弄嘲弄那个过来的人，怎么样？”

他的弟子说：“这正是我们愿意看看的。”

邓析对伯丰子说：“你知道受人供养和自食其力的含义么？受人供养而不能自食其力的，等于和狗猪同类；豢养他物而他物为我所用的，这是人的能力。让你们这些人吃得饱，穿得暖，睡得好，是执政者的功劳。你们老老少少聚在一处，就好比住在牛羊栅圈里，嚼着厨房里的饭菜，和狗啊猪啊之类有什么差别？”

كان في مملكة تشنغ كثير من الفضلاء في بو تسه (Buze)، وعديد من النبغاء في دونغلي[1].

كان بوه فنغ تسي (Bofeng Zi)، وهو أحد الأتباع لليه تسي في بو تسه، يمرّ بدونغلي، حيث صادف دنغ شي[2].

فالتفت دنغ شي إلى أتباعه، وقال لهم باسماً: "ما رأيكم في أن أعبث لكم بذلك القادم؟"

فأجابه أحد أتباعه: "هذا ما نتمنّى أن نراه."

قال دنغ شي لبوه فنغ تسي: "هل تفهم المعنى لمن يغذّيه غيرُه ومن يغذّي نفسه؟ فمَنْ يغذّيه غيرُه ويعجز عن تغذية نفسه، هو من أمثال الكلاب والخنازير؛ وما يغذّي الأشياءَ ويسخّرها، هو من قدرات الإنسان؛ وما يُطْعِمُ ويُشْبِعُ أمثالَكم، ويلبس ويريح أشباهكم، هو من مآثر الحُكّام. وإذا كنتم تجتمعون كباراً وصغاراً، من أجل الأشياء في الحظائر والسياج والأطعمة في المطابخ والمطاهي، فبِما تختلفون عن أمثال الكلاب والخنازير؟

1 دونغلي (Dongli) اسم مكان قديم، يقع حالياً في مدينة شين تشنغ (Xinzheng) من مقاطعة خهنان (Henan).

2 دنغ شي (Deng Xi، عام 545–501ق.م) كان مفكّراً كبيراً لمملكة تشنغ (Zheng) في أواخر عصر الربيع والخريف، ورائداً شهيراً للمدرسة الاسميّة، وأوّل من دعا إلى رفض الحكم بالأدب.

【原文】

伯丰子不应。

伯丰子之从者越次而进曰:“大夫不闻齐鲁之多机乎?有善治土木者,有善治金革者,有善治声乐者,有善治书数者,有善治军旅者,有善治宗庙者,群才备也。而无相位者,无能相使者。而位之者无知,使之者无能,而知之与能为之使焉。执政者,乃吾之所使,子奚矜焉?”

邓析无以应,目其徒而退。

【今译】

伯丰子不搭理他。

伯丰子的弟子越过尊卑秩序,上前对邓析说:“大夫没听说过齐鲁之邦有众多机智之士么?有擅长设计土木建筑的,有擅长制造兵器铠甲的,有擅长谱曲奏乐的,有擅长写书算术的,有擅长指挥军队的,有擅长主持宗庙仪式的,各类人才都齐备了。但他们中间却没有居于相应高位的人,没有谁能支使谁。凌驾于他们之上的人没有知识,支使他们的人没有能力,而有知识有才能的人却被他们使唤。执政者正是被我们所使唤的,您还得意什么呢?”

邓析无言以对,用眼神示意他的弟子们转身退去了。

لم يجبه بوه فنغ تسي.

فتقدَّم أحدُ الأتباع لبوه فنغ تسي إلى الأمام، غيرَ آبِه بما بين الكبار والصغار من الآداب، وقال لدنغ شي: "ألم تسمعوا أن على أرض مملكتيْ تشي (Qi) ولو كثيراً من الحكماء والنبغاء؟ ومنهم ماهرون في البناء والتشييد، وبارعون في الأسلحة والدروع، وحاذقون في الأصوات والموسيقى، ونابغون في التأليف والحساب، وبارزون في التجنيد والقيادة، وفائقون في الطقوس والمراسم، وموهوبون آخرون بكلّ أنواعهم، إلاّ أنهم لا يستعلي بعضهم على بعضهم الآخر، ولا يقدر بعضهم على توظيف بعضهم الآخر، فيستعلي عليهم الجاهلون، ويوظّفهم العاجزون، بيد أن العلماء والأكفاء موظَّفون. فما يفخِّركم والحكّام هم الذين نوظّفهم؟"

لم يجد دنغ شي أيّ كلمة يجيب بها، فأومأ لأتباعه بالانصراف.

【原文】

公仪伯以力闻诸侯，堂谿公言之于周宣王，王备礼以聘之。公仪伯至，观形，懦夫也。宣王心惑而疑曰：“女之力何如？”

公仪伯曰：“臣之力能折春螽之股，堪秋蝉之翼。”

王作色曰：“吾之力能裂犀兕之革，曳九牛之尾，犹憾其弱。女折春螽之股，堪秋蝉之翼，而力闻天下，何也？”

【今译】

公仪伯以力气大而闻名于诸侯，堂谿公把这事告诉了周宣王，宣王便备下厚礼去聘请他。公仪伯来了，看样子，却是个懦弱无力的人。宣王心生疑惑，问道：“你的力气怎么样？”

公仪伯说：“我的力气能够折断春螽的大腿，能够刺破秋蝉的翅膀。”

宣王脸色一变，说：“我的力气能够撕裂犀兕的皮革，拖住九头牛的尾巴，心里还遗憾它太小。你只能折断春螽的大腿，刺破秋蝉的翅膀，却以力气大而闻名天下，为什么呢？”

كان قونغ يي بوه[1] مشهوراً بقوّته الكبيرة بين الأمراء الإقطاعيّين، وأخبر تانغ شي قونغ[2] الملك شوان لمملكة زو بذلك، فأعدّ الملك هدايا وفيرة ليستدعيه. ولما جاءه قونغ يي بوه، وجده من شكله رجلاً ضعيفاً، وقال له، وفي قلبه حيْرة وريْبة: "كيف قوّتك؟"

فأجابه قونغ يي بوه: "أقدر بقوّتي على قطع فخذ الجندب في الربيع، وعلى رفع جناح الزيز في الخريف."

قال الملك وقد تغيّر لون وجهه: "مع أنني أقدر بقوّتي على تمزيق جلود الكركدن، وجرّ ذيول الأبقار، إلاّ أنني ما زلت أشعر بقلّتها. فلماذا تشتهر بقوّتي، وأنت قادر على قطع فخذ الجندب في الربيع، ورفع جناح الزيز في الخريف فقط؟"

---

1 قونغيي بوه (Gongyi Bo) كان ناسكاً في أسرة زو الملكيّة.

2 تانغ شي قونغ (Tangxi Gong) كان ناسكاً في أسرة زو الملكيّة.

【原文】

公仪伯长息退席，曰:“善哉王之问也！臣敢以实对。臣之师有商丘子者，力无敌于天下，而六亲不知；以未尝用其力故也。臣以死事之。乃告臣曰:‘人欲见其所不见，视人所不窥；欲得其所不得，修人所不为。故学视者先见舆薪，学听者先闻撞钟。夫有易于内者无难于外。于外无难，故名不出其一家。’今臣之名闻于诸侯，是臣违师之教，显臣之能者也。然则臣之名不以负其力者也，以能用其力者也；不犹愈于负其力者乎？”

【今译】

公仪伯长叹一声，离开座位，郑重地说:“大王问得好啊！我斗胆告以实情。我有位老师名叫商丘子，力气之大，天下无敌，而他的父母兄弟妻子却一概不知；因为他从来没有运用他的力量。我死心塌地地事奉他。他才对我说:‘一个人要看见别人看不见的事物，观察别人没有察觉到的地方；要得到别人得不到的东西，修习别人做不到的事情。所以练习眼力的人，要先去观察车上的柴草；练习听力的人，要先去聆听撞钟的声响。内心感到容易了，那么在外部世界实施起来也就不难了。在外做得不困难，所以名声就传不出自己家。’现在我的名声在诸侯间传播，是我违背了师父的教导，显示自己能耐的缘故。然而我的名声不是依靠力气获得的，而是因为能够恰当地使用力气而得来的；这不是仍然胜过那些光凭力气著称的人吗？”

انصرف قونغ يي بوه عن مجلسه بعد تهنّد طويل، وقال: "يا مولاي، أحسنتم في سؤالكم! فاسمحوا لي أن أخبركم ما هو الواقع. وكان معلّمي شانغ تشيو تسي[1] له قوّة كبيرة لا يضاهيه أحد فيها في العالم، إلاّ أنها غير معروفة بين أهل أسرته، إذ إنه لم يستخدمها من قبل. فكنت أخدمه بكل أمانة وإخلاص، حتى أخبرني بذلك قائلاً: إن يُرِد الإنسان أن يرى ما لا يراه غيرُه، يراقِبْ ما لا يراقبُه غيرُه؛ وإن يُرِدْ أن ينال ما لا يناله غيرُه، يَقُمْ بما لا يقوم به غيرُه. فمَنْ يدرّبْ قوّةَ بصره، فلا بدّ من البدء بالأحطاب في العربة؛ ومن يدرّبْ قوّة سمعه، فلا بدّ من البدء بالأصوات من الجرس؛ وإن يشعرْ باليُسر في داخله، فلا عُسْرَ في خارجه؛ وإن لم يكن عُسْر في خارجه، لا تخرجْ شهرتُه من بيته. والآن قد صِرْت مشهوراً بين الأمراء الإقطاعيّين، لأنني خالفْتُ ما علّمني معلّمي، وأظهرْتُ ما لديّ من القدرات، إلاّ أن شهرتي لم أحقِّقها باعتمادي على القوّة، بل بقدرتي على استخدام القوّة، فهل يكون ذلك خيراً من الشهرة التي تحقّقتْ بالاعتماد على القوّة؟"

1 شانغ تشيو تسي (Shang Qiuzi) كان شخصيّة خياليّة مشهورة بالطاو.

【原文】

中山公子牟者，魏国之贤公子也。好与贤人游，不恤国事，而悦赵人公孙龙。乐正子舆之徒笑之。

公子牟曰："子何笑牟之悦公孙龙也？"

子舆曰："公孙龙之为人也，行无师，学无友，佞给而不中，漫衍而无家，好怪而妄言。欲惑人之心，屈人之口，与韩檀等肄之。"

公子牟变容曰："何子状公孙龙之过欤？请闻其实。"

子舆曰："吾笑龙之诒孔穿，言'善射者能令后镞中前括，发发相及，矢矢相属；前矢造准而无绝落，后矢之

【今译】

中山公子牟，是魏国的贤公子。喜欢同贤人交游，不关心国家政事，却欣赏赵国人公孙龙。乐正子舆那班人都笑话他。

公子牟问："你们为什么嘲笑我对公孙龙的欣赏呢？"

子舆说："公孙龙的为人，行为没有老师教导，学习没有朋友切磋，巧言善辩而不合事理，散漫荒诞而不成流派，喜好标新立异而胡说八道。总想要迷惑人们的心灵，折服人们的口舌，专和韩檀这些人一起研讨歪门邪道。"

公子牟神色一变，说："你对公孙龙的描述指斥怎么这样过分？请让我听听具体的根据。"

子舆说："我是笑话公孙龙欺骗孔穿的情形，说'善于射箭的人能够让后面一支箭的箭头射中前面一支箭的箭尾，每一发都紧跟着，每一支都相连接；最前面的箭射中靶心，中间的箭也不曾跌落，最后面那支箭的箭尾正好搭

كان الأمير مو[1] من تشونغشان (Zhongshan) أميراً فاضلاً لمملكة وي (Wei)، وهو يحبّ أن يتعامل مع الفاضلين، ولا يكترث بشؤون المملكة، بل يُعْجَبُ بقونغسون لونغ[2]، وهو رجل من مملكة تشاو، وذلك ما كان أمثال يوهتشنغ تسييوي (Yuezheng Ziyu) يسخرون منه.

فسألهم الأمير مو: "لِمَ تسخرون من إعجابي بـ قونغسون لونغ؟"

أجابه تسييوي (Ziyu) قائلاً: "إن قونغسون لونغ كالإنسان لا معلّم له في أفعاله، ولا رفيق له في علومه، وهو متملّق متزلّف لا يقبله العقل، وطليق سخيف لا يقيم لنفسه مدرسة فكريّة، وعجيب غريب يهرف بما لا يعرف، وطمّاع في تحيير العقول وتقييد الألسنة، حتى يدرس ما كان لأمثال هان تان[3] من الدسائس والمكائد."

فقال الأمير مو، وقد تغيّر لونُ وجهه: "لِمَ تبالغ في وصف قونغسون لونغ؟ فأرني حجّتك على ذلك!"

أجابه تسييوي: "إنّ ما يضحكني هو أنّ قونغسون لونغ كان يغشّي كونغ تشوان[4] بقوله "إنّ خير رامٍ بالأسهم هو القادر على إصابة ذيل السهم السابق برأس السهم اللاحق، مع تتابع كلّ رمية وترابط كلّ سهم؛ وعلى إصابة قلب الهدف بأوّل سهم لا يُكْسَرُ ولا يسقط، مع إبقاء الذيل لآخر سهم مشدوداً على

---

1 الأمير مو (Mou) كان ابن الملك وي هو (Wei Hou) ملقّباً بالأمير مو في تشونغشان (Zhongshan).

2 قونغسون لونغ (Gongsun Long، عام 320-250ق.م)، كان رجلاً بليغاً من مملكة تشاو في عصر الممالك المتحاربة، وفيلسوفاً مشهوراً في المدرسة الطاويّة، وممثّلاً لنظريّة "الفصل بين الصلابة والبياض"، التي قالت إن صلابة الحجر صفة تدرك بيد الإنسان لا بعينه وبياض الحجر صفة تدرك بعين الإنسان لا بيده، فلا بدّ أن تكون الصلابة والبياض صفتيْن منفصلتيْن يتميّز بهما الحجـر؛ كما كان ممثّلاً لنظريّة "الحصان الأبيض ليس حصاناً".

3 هان تان (Han Tan) كان رجلاً بليغاً من مملكة تشاو (Chao) في عصر الممالك المتحاربة.

4 كونغ تشوان (Kong Chuan) كان من أحفاد كونفوشيوس من الجيل السادس.

【原文】

括犹衔弦，视之若一焉。’孔穿骇之。龙曰：‘此未其妙者。逢蒙之弟子曰鸿超，怒其妻而怖之。引乌号之弓，綦卫之箭，射其目。矢来注眸子而眶不睫，矢隧地而尘不扬。’是岂智者之言与？”

公子牟曰：“智者之言固非愚者之所晓。后镞中前括，钧后于前。矢注眸子而眶不睫，尽矢之势也。子何疑焉？”

乐正子舆曰：“子，龙之徒，焉得不饰其阙？吾又言其尤者。龙诳魏王曰：‘有意不心。有指不至。有物不尽。有

【今译】

在弓弦上，望过去就好像一支长箭似的。’孔穿惊异不已。公孙龙说：‘这还不是最奇妙的。逢蒙的弟子名叫鸿超，对妻子发怒的时候就恐吓她。拉开黄帝的乌号良弓，搭上綦卫的利箭，直射她的眼睛。箭飞到眼前，她连眼皮都不曾眨一下，箭落到地上，也不扬起一丁点儿尘土。’这些难道是智者应当说的话么？”

公子牟说：“智者的言谈自然不是愚笨的人所能通晓的。后箭的箭头射中前箭的箭尾，是因为用力均衡，瞄准无误，前后一致。箭射到眼睛而眼皮不眨一下，是因为箭势刚好完全耗尽。你还怀疑什么呢？”

乐正子舆说：“你是公孙龙一伙的人，怎么会不掩饰他的缺陷与错误？我再说说他更加荒谬的地方。公孙龙诓骗魏王说：‘意念不是本心。指称得不到本质。物体永远分割

الوتر، حتى تبدو كلُّ الأسهم للناظر إليها خطّاً مستقيماً واحداً."

وكان كونغ تشوان مذهولاً ومذعوراً بهذا القول، الذي أضافه قونغسون لونغ قائلاً: "إن هذا لا يُعَدُّ أَعْجَبَ شيْءٍ، فكان هونغ تشاو (Hong Chao) وهو أحد الأتباع لـ بانغ منغ[1] يرعّب زوجته حين كان غاضباً عليها. فشدّد قوس ووهاو[2] الذي كان يستخدمه هوانغ دي، وركّب أسهم تشيوي[3]، ليسدّدها إلى عينيْ زوجته، وهي لم تطرف بهما قبل أن تصطدم بحدقتيْها الأسهمُ، إلتي سقطت على الأرض من دون إثارة شيْءٍ من التراب. فهل هذا ما قاله العاقل؟"

قال الأمير مو: "قول العاقل في الأصل لا يقدر الجاهل على فهمه. فإن رأس السهم اللاحق يصيب ذيل السهم السابق، إذ إنهما يتشابهان تماماً في اتجاههما وقوّتهما؛ ولا طرفة للعينَيْن قبل أن تصطدم بهما الأسهم، إذ إن الأسهم قد نفدت قوّتها. فماذا تشكّ فيه أيضاً؟"

فقال يوهتشنغ تسييوي: "كيف لا يغطي النقائص والأخطاء لمعلّمك وأنت تبع من أتباعه؟ فأحدّثك مرّة أخرى عمّا حدث لقونغسون لونغ من أمر أسخف. وهو أنه قال للملك شيانغ[4] لمملكة وي (Wei) كاذباً: ما له إرادةٌ لا يساوي قلبه؛ وما له إشارةٌ لا يبلغ غايته؛ ولا شيء يجد نهايتَه في التقسيم؛ ولا ظلّ يجد سبيلَه إلى التحريك؛ والأشعار يمكنها أن تعلَّق بألف مثقال؛ والحصان

1 بانغ منغ (Pang Meng) كان خبيراً بالرماية في عصر أسرة شيا الملكيّة وهو أحد التلاميذ للرامي هو يي (Hou Yi).

2 ووهاو (Wuhao) اسم القوس المشهور في العصور القديمة، وهو الذي كان يملكه الإمبراطور هوانغ دي.

3 تشيوي (Qiwei) كان مكاناً مشهوراً بصناعة الأسهم في الصين القديمة.

4 الملك شيانغ (Xiang، عام 318-296ق.م) كان الحاكم الرابع لمملكة وي (Wei) في عصر الممالك المتحاربة وهو ابن الملك هوي (Hui) لمملكة وي.

【原文】

影不移。发引千钧。白马非马。孤犊未尝有母。'其负类反伦，不可胜言也。"

公子牟曰："子不谕至言而以为尤也，尤其在子矣。夫无意则心同。无指则皆至。尽物者常有。影不移者，说在改也。发引千钧，势至等也。白马非马，形名离也。孤犊未尝有母，非孤犊也。"

乐正子舆曰："子以公孙龙之鸣皆条也。设令发于馀窍，子亦将承之。"

公子牟默然良久，告退，曰："请待馀日，更谒子论。"

【今译】

不尽。影子是不会移动的。头发丝能悬起千钧重物。白马不是马。孤牛犊不曾有过母亲。'他背叛类比的常规，违反公认的常理，这样的例子举不胜举。"

公子牟说："你不理解这些至理名言而将它们看作荒谬，其实荒谬的恰恰是你自己。消除了意念，就与本心相同。取消了指称，就能得到万物的实质。物体分割到最后，仍然有物体存在。影子不移动，是因为它处在不断的改动之中。头发丝能悬引千钧重物，是由于手里完全均衡。白马不是马，是把具体事物与名称分开对待。孤牛犊未尝有母亲，有了母亲就不算孤牛犊了。"

乐正子舆说："你把公孙龙的奇谈怪论都奉若金科玉律。要是他放个屁，你恐怕也会去奉承的。"

公子牟沉默良久，告辞道："请等上几天，我再来找你辩论。"

الأبيض ليس حصاناً؛ والعجل اليتيم ليس له أُمٌّ. وأمثاله في التجاوز للقواعد المُعْتَمَدة والتخالف مع المبادئ المتَّبَعَة لا تُعَدّ ولا تُحْصَى."أجابه الأمير مو: "أنت لا تفهم هذه الأقوال الحكيمة، بل تعدّها أقوالاً سخيفة، وذلك في الواقع من سخافاتك، إذ إن ما لا إرادة له يساوي قلبه؛ وما لا إشارة له يبلغ غايتَه؛ وكلّ شيء لا يزال له وجودٌ بعد وصول تقسيمه إلى نهايته؛ ولا ظلّ يجد سبيلَه إلى التحريك، إذ إنه يتغيّر ويتحوّل؛ والأشعار يمكنها أن تعلَّق بألف مثقال، إذ إن قوّاتها مقسَّمة بالتساوي؛ والحصان الأبيض ليس حصاناً، إذ إن الأشياء تنفصل عن أسمائها؛ والعجل اليتيم ليس له أُمٌّ، إذ العجل إن كان له أم، لا يُعَدّ عجلاً يتيماً."

فقال يوهتشنغ تسييوي: "أنت تعتبر الأحاديث الغريبة لـ قونغسون لونغ قواعد ذهبيّة، فلو أخرج ريحاً من شرجه، فقد تجاملها أيضاً."

سكت الأمير مو مليّاً، وقال بعد أن استأذن بالانصراف: "سأعود إلى الجدال معك إذا كان الوقت يسمح بذلك."

【原文】

尧治天下五十年，不知天下治欤，不治欤？不知亿兆之愿戴己欤，不愿戴己欤？顾问左右，左右不知。问外朝，外朝不知。问在野，在野不知。

尧乃微服游于康衢，闻儿童谣曰：“立我蒸民，莫匪尔极。不识不知，顺帝之则。”尧喜问曰：“谁教尔为此言？”童儿曰：“我闻之大夫。”问大夫。大夫曰：“古诗也。”

尧还宫，召舜，因禅以天下。舜不辞而受之。

【今译】

尧治理天下五十年，不知道天下治理好了，还是没有治理好？不知道天下万民愿意拥戴自己，还是不愿意拥戴自己？环顾询问左右大臣，近臣都不知道。询问外朝的官员，外朝的官员也不知道。询问民间的贤人，民间的贤人也不知道。

于是尧便改装成平民的模样在大街上私自察访，听到小孩儿唱着歌谣：“养育我众多子民，莫不是你的中正美德。不用知识也不用智慧，只需顺应帝王的法则。”尧高兴地问道：“谁教你们唱这首歌的？”小孩儿说：“我们从大夫那儿听来的。”去问大夫。大夫说：“这是古诗。”

尧回到宫里，召见舜，把天下禅让给他。舜没有推辞就接受了。

كان الإمبراطور ياو قد حكم مملكته منذ خمسين سنة، وهو لا يعرف أكانت منتظمة أم لا؟ ولا يعرف أيحبّ شعوبُه أن يؤيّدوه، أم لا؟ فالتفت إلى وزرائه المقرَّبين ليسألهم، وهم لا يعرفون؛ وسأل وزراءه في البلاط الخارجيّ، وهم لا يعرفون؛ وسأل الفضلاء المتقاعدين، وهم لا يعرفون أيضاً.

فتجوّل الإمبراطور ياو في الشوارع الكبيرة متنكّراً في ثوب الدهماء، وسمع أغنيّة تغنّيها الأطفال، وقد جاء فيها:

لشعبنا ما يكفيه من الأرزاق　　　بفضل ما لكم من الأخلاق.
فلا حاجة إلى حكمة وحذاق　　　إن كانت الطاو تجد التطبيق.

فسألهم ياو بفرح ومرح: "من علّمكم هذه الأغنيّة؟"

أجابه أحد الأطفال: "سمعناها من وزير."

فسأل الوزير، وهو يقول: "هي قصيدة قديمة."

عاد ياو إلى قصره، ليستدعي شون حتى تنازل له عن عرشه، الذي قَبِلَه شون من دون أيّ اعتذار عنه.

【原文】

关尹喜曰："在己无居，形物其箸。其动若水，其静若镜，其应若响。故其道若物者也。物自违道，道不违物。善若道者，亦不用耳，亦不用目，亦不用力，亦不用心。欲若道而用视听形智以求之，弗当矣。瞻之在前，忽焉在后；用之弥满六虚，废之莫知其所。亦非有心者所能得远，亦非无心者所能得近。唯默而得之而性成之者得之。知而亡情，能而不为，真知真能也。发无知，何能情？发不能，何能为？聚块也，积尘也，虽无为而非理也。"

【今译】

关尹喜说："自己的内心无所偏执，外界的事理就自然显明。它动如流水，静如明镜，回应着一切如同回音。所以说道是顺从事物的。只有物违背了道，道却从不违背物。善于体悟道的人，也不用耳朵，也不用眼睛，也不用力气，也不用心智。想要体悟道而又用视觉、听力、形躯、心智去追求它，是不恰当的。看见它在前方，倏忽间它又在后面；它发生作用时充盈四方，不起作用时又不知去向何处。也不是有心求道的人所能够疏远，也不是无心求道的人所能够亲近。唯有虚静默然地体察本性的人才能够得到它。通理而无情，能干而无为，这才是真正的智识真正的能干。从无知出发，如何还能动情？从无能出发，如何还能作为？那聚集的土块，堆积的灰尘，虽然无所作为，却并非是至道的体现。"

قال قوانين شي[1]: "إن لا ينسب الإنسانُ فضلاً إلى نفسه، تكن الأشياء واضحةً جليّة، فحراكها مثل المياه الجارية، وهدوؤها مثل المرآة الصافية، وانعكاسها مثل الأصداء الصادقة، لذا تكون الطاو خاضعة للأشياء. والتي قد تتخالف مع الطاو هي الأشياء، والطاو هي التي لن تتخالف مع الأشياء. فمن يُخْضِعْ نفسه للطاو، لا يلجأ إلى أذنيْه، ولا عينيْه، ولا قوّته، ولا حكمته؛ ومن يخضع نفسه للطاو، وهو يَسْعَى لها ببصره وسمعه جسدِه وعقله، يكنْ ذلك غيرَ لائق.

فبينما كانت الطاو تَلُوحُ في الأمام، إذ بها تَأْتِي من الوراء؛ وإن تكن فاعلة، تمتلئ بها كلّ الجهات؛ وإن لا تكن فاعلة، لا يُعْرَف مكانُها. وهي التي لا يمكن للساعي بكلّ إرادة أن يبتعد عنها، ولا يمكن للساعي بلا إرادة أن يقترب منها أيضاً، ولا يجدها إلاّ الذي يُحْرِزُها بهدوئِه ويُنْجِزُها بغريزتِه.

وإن المعرفة مع نسيان العواطف هي المعرفة الحقيقيّة، والقدرة مع عدم التنفيذ هي القدرة الحقيقيّة. فما هو السبيل إلى العواطف بإيحاء الأشياء التي لا معرفة لها؟ وما هو السبيل إلى الأعمال بإلهام الأشياء التي لا قدرة لها؟ فإن الكتل المكوَّمة والأتربة المكدَّسة، مع أنهما لا تفعلان شيئاً، إلاّ أنهما لا تمثّلان الفلسفة لعدم التنفيذ.

1 قوانين شي (Guanyin Xi) يقال إنه كان رجلاً يعيش في عصر الربيع والخريف، وممثّلاً مشهوراً للمدرسة الطاويّة في مرحلتها الأولى، ووزيراً في عصر الملك كانغ (Kang) لأسرة زو الملكيّة.

第五章 汤问

【原文】

殷汤问于夏革。曰:“古初有物乎?”

夏革曰:“古初无物。今恶得物?后之人将谓今之无物。可乎?”

殷汤曰:“然则物无先后乎?”

夏革曰:“物之终始。初无极已。始或为终。终或为始。恶知其纪?然自物之外,自事之先,朕所不知也。”

殷汤曰:“然则上下八方有极尽乎?”

革曰:“不知也。”

【今译】

商汤问夏革说:“远古之初有物存在吗?”

夏革答道:“如果远古之初没有物的存在,现在怎么会有物呢?未来的人们要是说我们现在没有物的存在,可以吗?”

商汤问:“那么事物的产生就没有先后吗?”

夏革答道:“事物的终结与开始,本是没有什么界定的。开始或许就是终结,终结或许就是开始,又怎么弄清这些头绪呢?至于物之外、事之先的情况,我就不知道了。”

商汤问:“那么天地八方有尽头吗?”

夏革答道:“不知道。”

الخامس سؤال الملك تانغ

سأل الملك تانغ لأسرة شانغ الملكيّة وزيره شيا جي[1] قائلاً: "هل كان في بداية العصور القديمة أشياء؟"

فأجابه شيا جي: "كيف يكون في عصرنا اليوم أشياء إذا لم تكن موجودة في بداية العصور القديمة؟ وهل يمكن للناس في المستقبل أن يقولوا إن عصرنا اليوم لا شيء فيه؟"

سأله الملك تانغ مرّة ثانية: "فهل لنشأة الأشياء سابق أو لاحق؟"

فأجابه شيا جي: "النهاية والبداية للأشياء لا حدود بينها في الأصل، وقد تكون بدايتها نهايتها، أو نهايتها بدايتها، فكيف تعرف حقائقها؟ أما ما خارج ظهور الأشياء وما قبل حدوث الأمور، فلا أعرف شيئاً منهما."

سأله الملك تانغ مرّة ثالثة: "إذن، هل للجهات الثماني في السماء والأرض حدود وأطراف؟"

فأجابه شيا جي: "لا أعرف."

1 شيا جي (Xia Ji) كان وزيراً للملك تانغ.

【原文】

汤固问。

革曰："无则无极。有则有尽；朕何以知之？然无极之外复无无极。无尽之中复无无尽。无极复无无极。无尽复无无尽。朕以是知其无极无尽也，而不知其有极有尽也。"

汤又问曰："四海之外奚有？"

革曰："犹齐州也。"

汤曰："汝奚以实之？"

革曰："朕东行至营，人民犹是也。问营之东，复犹营也。西行至豳，人民犹是也。问豳之西，复犹豳也。朕以

【今译】

商汤坚持问下去。

夏革答道："虚空自然没有极限，实有自然不会穷尽；我怎么知道这些的呢？没有极限之外更是连没有极限都没有，没有穷尽之中更是连没有穷尽都没有。没有极限再加上没有没有极限，没有穷尽再加上没有没有穷尽。我因此知道它们是没有极限、没有穷尽的，而不知道它们是有极限、有穷尽的。"

商汤又问道："四海之外还存在什么？"

夏革答道："就像四海之内一样。"

商汤问道："你凭什么证明是这样呢？"

夏革说："我向东走到营州，看见那儿的人们也像这里一样。问他们营州的东面怎么样，说是也像营州一样。我向西走到豳州，看见那儿的人们也像这里一样。问他们豳州的西

ألحّ الملك تانغ على سؤاله، حتى أجابه شيا جي قائلاً: "العدم ليس له أطراف، والوجود له حدود، فكيف أعرف ذلك؟ لأن ما هو خارجَ ما ليس له أطراف، ليس فيه ما هو خارجَ ما ليس له أطراف؛ وما هو داخلَ ما ليس له حدود، ليس فيه ما هو داخلَ ما ليس له حدود؛ وما ليس له أطراف خالٍ أيضاً ممّا ليس له أطراف، وما ليس له حدود خالٍ أيضاً ممّا ليس له حدود. فأعرف بذلك أن الجهات الثماني ليس لها أطراف ولا حدود، ولا أعرف أنها لها أطراف ولها حدود."

سأله الملك تانغ مرّة رابعة: "ما هو خارج البحار الأربعة؟"

فأجابه شيا جي: "مثل ما في داخل البحار الأربعة."

سأله الملك تانغ مرّة خامسة: "كيف تدلّ على ذلك؟"

فأجابه شيا جي: "عندما اتّجهت شرقاً إلى ينغتشو[1]، وجدت شعبها مثل شعبنا، وسألتهم عمّا في شرق ينغتشو، فقالوا لي إنه مثل ما في ينغتشو أيضاً. وعندما اتّجهت غرباً إلى بِينتشو[2]، وجدت شعبها مثل شعبنا أيضاً، وسألتهم عمّا في غرب بِينتشو، فقالوا لي إنه مثل ما في بِينتشو أيضاً، وعرفت بذلك أن البحار الأربعة والقفار الأربعة والأطراف الأربعة لا تختلف عن هنا. فإن ما هو كبير يحوي ما هو صغير بلا نهايات وغايات، وما يحوي كلّ الكائنات يشبه أيضاً ما يحوي السماء والأرض؛ لذا فإنّ ما يحوي كلّ الكائنات ليس له نهايات أيضاً، وما يحوي السماء والأرض ليس له غايات أيضاً، فكيف أعرف أن ما خارج السماء والأرض ليس فيه ما هو أكبر من السماء والأرض؟ وذلك ما لا أعرفه أيضاً، بيدَ أن السماء والأرض هما أيضاً من الأشياء، التي لها

---

1 ينغتشو (Yingzhou) كانت إحدى الولايات المشهورة في الصين القديمة، وهي تقع حاليّاً في مقاطعة لياونينغ (Liaoning) في شمال شرقيّ الصين.

2 بِينتشو (Binzhou) كانت إحدى الولايات المشهورة في الصين والقديمة، وهي تقع حاليّاً في غرب مدينة شيونيي (Xunyi) في مقاطعة شانشي (Shanxi).

【原文】

是知四海、四荒、四极之不异是也。故大小相含，无穷极也。含万物者。亦如含天地。含万物也故不穷。含天地也故无极。朕亦焉知天地之表不有大天地者乎？亦吾所不知也。然则天地亦物也。物有不足。故昔者女娲氏练五色石以补其阙；断鳌之足以立四极。其后共工氏与颛顼争为帝。怒而触不周之山，折天柱，绝地维；故天倾西北，日月辰星就焉；地不满东南，故百川水潦归焉。"

汤又问："物有巨细乎？有修短乎？有同异乎？"

【今译】

面怎么样，说是也像豳州一样。我因此知道四海之内、四方边荒、世界尽头都和这儿没什么两样。所以大小事物互相包含，没有尽头和极限。包含万物，就像包含天地一样。包含万物所以就没有穷尽，包含天地所以就没有极限。我又怎么知道天地之外没有比天地更大的存在呢？这也是我所不知道的。然而天地也不过是物。既然是物，必定会有不足之处，所以从前女娲氏采炼五色石来修补天空的缺损；拗断大龟的四肢来支撑四方极边。那以后共工氏和颛顼争夺帝位，他失败之后恼羞成怒，一头撞在不周山上，撞崩了擎天柱，弄断了系地绳；所以天空就朝西北方向倾斜，日月星辰也跟着移向那里；大地在东南方向塌陷，百川积水也就全部汇集到了那里。"

商汤又问："事物有大小之分吗？有长短之别吗？有同和异的分辨吗？"

ما هو ناقص. فكانت نيويوا[1] في الماضي ترقّع ما تنقصه السماءُ بالصخور ذات الألوان الخمسة بعد صهرها، وتؤسّس أطرافها الأربعة بأقدام السلاحف الضخمة بعد قطعها. وكان قونغ قونغ[2] بعد ذلك يتنافس مع تشوان شو[3] من أجل عرش الإمبراطوريّة، ويصطدم غاضباً بعد هزيمته بجبل بوتشو[4]، حتى كسر الأعمدة التي تدعم السماء، وقطع الفتائل التي تربط الأرض[5]، ممّا أدّى إلى ميل السماء إلى شمال الغرب، الذي تنتقل إليه الشمس والقمر والنجوم والكواكب، وإلى عدم الرضا للأرض بجنوب الشرق، الذي تجتمع فيه العديد من الأنهار والجداول."

سأله الملك تانغ مرّة سادسة: "هل للأشياء ما هو كبير، وما هو صغير؟ وهل لها ما هو طويل، وما هو قصير؟ وهل لها ما هو متشابه، وما هو متفاوت؟"

---

1 نيويوا (Nüwa) كانت من أسلاف الإنسان في الأسطورة الصينيّة القديمة التي تروي أنها كانت تخلق الإنسان بالطين الأصفر، وترقّع السماء بالأحجار ذات الألوان الخمسة.

2 قونغ قونغ (Gong Gong) قبيلة قديمة في عصر الإمبراطور ياو والإمبراطور شون، ويقال إن رئيسها قد نُفِيَ إلى يوتشو (Youzhou) التي تقع حالياً بين شماليّ مقاطعة خهبي وجنوبيّ مقاطعة لياو نينغ.

3 تشوان شو (Zhuan Xu) يُرْوَى أنه كان رئيس القبائل الصينيّة القديمة، وهو من الأباطرة الخمسة.

4 جبل بوتشو (Buzhou) اسم الجبل في الأساطير الصينيّة القديمة، وبوتشو (Buzhou) بمعنى الناقص في اللغة الصينيّة.

5 كان الصينيّون القدامى يظنّون أن السماء مدوَّرة، والأرض مربَّعة، فالسماء مدعومة بالأعمدة التسعة، والأرض مربوطة بالفتائل الأربع.

【原文】

革曰："渤海之东不知几亿万里，有大壑焉，实惟无底之谷，其下无底，名曰归墟。八纮九野之水，天汉之流，莫不注之，而无增无减焉。其中有五山焉：一曰岱舆，二曰员峤，三曰方壶，四曰瀛洲，五曰蓬莱。其山高下周旋三万里，其顶平处九千里。山之中间相去七万里，以为邻居焉。其上台观皆金玉，其上禽兽皆纯缟。珠玕之树皆丛生，华实皆有滋味，食之皆不老不死。所居之人皆仙圣之种；一日一夕飞相往来者，不可数焉。而五山之根无所连箸，常随潮波上下往还，不得暂峙焉。仙圣毒之，诉之于帝。

【今译】

夏革答道："在渤海东面不知道几亿万里远的地方，有片浩瀚的海洋，其实是一个无底的深谷，它下面没有底，所以名叫归墟。天上地下八极九方的滔滔流水，银河的滚滚波浪，无不灌注到这里，而归墟的水位并不曾因此而增高或减退。浩瀚的海洋中有五座山：第一座叫岱舆，第二座叫员峤，第三座叫方壶，第四座叫瀛洲，第五座叫蓬莱。每座山高低方圆达三万里，山顶有九千里平地。山与山之间相隔七万里，相邻分布在海上。山上的亭台楼观都是金玉所筑，奔驰的飞禽走兽都是皮毛雪白。珍珠宝玉一般的树木在山上遍地生长，花朵和果实都滋味鲜美，吃过之后就能长生不老。山上住着的都是神仙、圣人之流；朝朝暮暮在空中飘飞着互相往来的人，难以计数。但是，那五座山的根基无所维系着落，常常随着波涛起伏，上下颠簸，来回漂移，没有片刻的

فأجابه شيا جي: "كان في مكان يبعد عن شرق بحر بوه هاي (Bo Hai) بمئات الملايين من الأميال، يمّ كبير، هو في الواقع هاوية لا تُسبَرُ أَغوارُها، ولا قعر في أسفلها، حتى يُسمَّى بـ إطلالة العودة[1]، حيث لا نهر من الأنهار في كلّ الجهات للسماء والأرض، ولا سيل من السيول في المجرّة، إلاّ يصبّ فيها، بيد أن منسوب المياه فيها لا يزيد ولا ينقص.كان في البحر أيضاً خمسة جبال[2]، أوّلها يُسمَّى بـ دايِيوي ، وثانيها بـ يوانتشياو، ثالثها بـ فانغهو، ورابعها بـ ينغتشو، وخامسها بـ بنغلاي، وقد بلغت مساحة كلّ منها ثلاثين ألف ميل مربّع في أعلاه وأسفله ومحيطاته، وفي قمّته أرض منبسطة تبلغ مساحتها تسعة آلاف ميل مربع، والمسافة التي تفصل بين الجبليْن تبلغ سبعين ألف ميل، كأنهما متجاوران. وفي أعلى كلّ منها أبراج وجواسق مزيَّنة بالذهب واليشم، وطيور وحيوانات بما هو ناصع البياض من الرياش والفراء، وأشجار من اللآلئ والجواهر متناثرة في كلّ مكان، وفيها أزهار أنيقة وأثمار لذيذة، من يأكلهما، لا يدركه الهرم والموت؛ ويقيم فيها عددٌ لا يُحْصَى من الملائكة والحكماء، الذين يحلّقون ذهاباً وإياباً ليتعاشروا ليلاً ونهاراً؛ بيدَ أن الأسس للجبال الخمسة لا تُرْبَطُ ولا تُوصَلُ، بل ترتفع أو تنخفض دائماً مع التيّارات، وتذهب أو ترجع دائماً مع الأمواج. حتى لا تجد استقرارها المؤقّت.كانت الملائكة والحكماء يقلقون على ذلك، فيشكون منه أمام الإمبراطور السماوي، الذي كان خائفاً على انتقال الجبال الخمسة إلى الطرف الغربيّ، ممّا أفقدهم مآويهم، فأمر إله الطرف الشماليّ يوي جيانغ[3] بأن يرسل خمس عشرة سلحفاة كبيرة لترفع رؤوسها وتحمل الجبال الخمسة على ظهورها مقسَّمة إلى ثلاث دوريّات تتناوب عليها كلَّ ستين ألف سنة. فبدأت الجبال الخمسة تستقرّ ثابتة بلا حراك،

1 هي أعمق قعر في البحر، يعود إليه كلّ المياه.

2 هي جبال سحريّة في الأساطير الصينيّة القديمة، تحتوي على دايِيوي (Daiyu)، ويوانتشياو (Yuanqiao)، وفانغهو (Fanghu)، وينغتشو (Yingzhou)، وبنغلاي (Penglai).

3 يوي جيانغ (Yu Jiang) كان إلاهاً للطرف الشماليّ في الأساطير القديمة، وله رأس الإنسان، وجسم الطائر.

【原文】

帝恐流于西极，失群仙圣之居，乃命禺彊使巨鳌十五举首而戴之。迭为三番，六万岁一交焉。五山始峙而不动。而龙伯之国有大人，举足不盈数步而暨五山之所，一钓而连六鳌，合负而趣，归其国，灼其骨以数焉。于是岱舆、员峤二山流于北极，沉于大海，仙圣之播迁者巨亿计。帝凭怒，侵减龙伯之国使阨，侵小龙伯之民使短。至伏羲神农时，其国人犹数十丈。从中州以东四十万里得僬侥国，人长一尺五寸。东北极有人名曰诤人，长九寸。荆之南有冥灵者，

【今译】

安定。仙圣们为此非常苦恼，便向天帝申诉此事。天帝担心那五座山漂流到西极，使神仙圣人们流离失所，于是命令禺彊指挥十五只大鳌抬起头来顶住仙山。他把大鳌分作三拨，六万年交接一次。五座山这才安顿下来不再漂动。可是龙伯之国有个巨人，抬起脚没几步就来到五座山前，垂钓一次，就连钓起六只大鳌，他把它们一块儿背在肩上赶路，回了自己的国家，还烧灼大龟的甲骨来占卜。于是岱舆、员峤两座大山便失去依托，漂流到北极，沉到大海中去了，为此流离迁徙的神仙、圣人数以亿计。天帝勃然大怒，逐步削减龙伯之国的版图，使之慢慢狭小，又渐渐缩短了龙伯之国的人的身高，让他们变得矮小。即便如此，到了伏羲、神农的时代，他们国家的人还有数十丈高呢。从中州往东四十万里，有一个僬侥国，人们的身高只有一尺五寸。东北

بيد أن في مملكة لونغبوه[1] رجلاً عملاقاً يقدر على رفع قدميْه للوصول إلى المواقع للجبال الخمسة بخطواته المعدودة، ويصطاد بصنّارة واحدة سلاحف ستّاً، ويحملها على كتفيْه، ليعود بها سريعاً إلى مملكته، حيث كان يحرق أصدافها ليتكهّن بها بالفأل والشؤم. فانتقل جبل داييوي وجبل يوانتشياو إلى الطرف الشماليّ، وغرقا في البحر الكبير، وذلك قد شرَّد وهجّر مئات الملايين من الملائكة والحكماء. فثار الإمبراطور السماويّ غاضباً، حتى بدأ بتقليل المساحة لمملكة لونغبوه، لتصبح ضيّقةً، وبتصغير شعوبها، لتصبح قصيرةً، إلاّ أن طول شعوبها ما زال يبلغ عشرات الأمتار في عصر فو شي وعصر شن نونغ. كان في المكان البعيد عن شرق المملكة الوسطى بأربعمائة ألف ميل مملكة جياوياو[2]، التي يبلغ طول شعبها قدماً ونصفاً؛ وفي الطرف الشماليّ الشرقيّ قبيلة تُسمَّى بـ تشنغ[3]، الذي يبلغ طول شعبها تسع بوصات فقط؛ وفي جنوب جينغتشو[4] شجرة عملاقة تُسمَّى بـ مينغلينغ (mingling)، وربيعها يستغرق خمسمائة سنة، وخريفها يستغرق خمسمائة سنة أيضاً. وكان في العصور القديمة شجرة تون عملاقة يستغرق ربيعها ثمانية آلاف سنة، وخريفها ثمانية آلاف سنة أيضاً؛ وفي التربة الفاسدة فطر وطبر، وهما ينموان في الصباح، ويموتان في المساء؛ وفي الشهور من الربيع والصيف ذبابات ونواميس تولد في سقوط المطر، تموت عند طلوع الشمس؛ وفي شمال مملكة تشونغبي[5] بحر كبير، يُسمَّى بالبركة السماويّة التي يسبح فيها نوع من الأسماك، يبلغ عرضه آلاف ميل، وطوله متساوٍ مع عرضه، ويُسمَّى بـ كون (Kun)؛ وفيها أيضاً نوع من الطيور، يُسمَّى بـالرخّ، الذي يشبه جناحاه سحباً متدلّية من السماء، ويتساوى

---

1 مملكة لونغبوه (Longbo) كانت مملكة العمالقة في الأساطير القديمة.

2 مملكة جياوياو (Jiaoyao) كانت مملكة الأقزام في الأساطير الصينيّة القديمة.

3 تشنغ (Zheng) من الأقزام في الأسطورة الصينيّة القديمة.

4 جينغتشو (Jingzhou) كانت ولاية من الولايات التسعة المشهورة في الصين القديمة.

5 مملكة تشونغبي (Zhongbei) اسم المملكة في الأساطير الصينيّة القديمة، وهي أرض مجدبة.

【原文】

以五百岁为春，五百岁为秋。上古有大椿者，以八千岁为春，八千岁为秋。朽壤之上有菌芝者，生于朝，死于晦。春夏之月有蠓蚋者，因雨而生，见阳而死。终北之北有溟海者，天池也。有鱼焉，其广数千里，其长称焉，其名为鲲。有鸟焉，其名为鹏，翼若垂天之云，其体称焉。世岂知有此物哉？大禹行而见之，伯益知而名之，夷坚闻而志之。江浦之间生麽虫，其名曰焦螟，群飞而集于蚊睫，弗相触也。栖宿去来，蚊弗觉也。离朱、子羽方昼拭眦扬眉

【今译】

极地有种人名叫诤人，身高只有九寸。荆州南边有种冥灵树，以五百岁为一春，以五百年为一秋。上古时候有种大椿树，以八千岁为一春，以八千岁为一秋。朽木腐壤上有一种菌芝，早晨才出生，夜里就死去。春夏之际有蠓蚋那类小飞虫，碰上下雨就会出生，见到阳光立刻死亡。终北国的北边有一片溟海，叫做天池。那儿有种鱼，鱼背就宽数千里，身体长短也与之相称，鱼的名字叫鲲。那儿有种鸟，名字叫鹏，它的翅膀如同天空中无边的云彩，身体大小也同翅膀相称。世人哪里知道有这些东西呢？大禹巡行时见到了它们，伯益知道后为它们命名，夷坚听说后将它们记载下来。江边生长着一种极细小的虫子，名叫焦螟。它们成群飞舞，聚集在蚊子的睫毛上，互相也不会触及。它们在那儿栖息、停宿，蚊子也不会有所察觉。离朱、子羽在大白天擦拭眼

معهما حجمُ جسده. فكيف يعرف العالَم هذه الكائنات فيه؟ ذلك لأن دا يوي[1] قد شاهدها في رحلاته، وبوه يي[2] قد سمّاها بعد معرفتها، ويي جيان[3] قد سجّلها بعد أن يسمع عنها. كان على ضفاف نهر اليانغتسي حشرة صغيرة، تُسمَّى بـ جياو مينغ (Jiao Ming)، وهي تطير في مجموعات، تجتمع على أهداب البعوضات من دون تلامس بينها، ولا تُشْعِر البعوضات بوجودها، رغم أنها تأوي إليها، وتذهب إليها، وترحل عنها، حتى لا يقدر لي تشو[4] وتسي يوي[5] على رؤية جسمها، رغم أنهما يمسحان عيونهما ويرفعان أهدابهما لينظرا إليه في وضوح الشمس؛ ولا يقدر تشي يوي[6] وشي كوانغ[7] على سماع صوتها، رغم أنهما يُحْنِيان رأسيْهما ويُسْبِلان أذنيْهما ليُصْغِيَا إليه في سكون الليل؛ إلاّ أن هوانغ دي ورونغ تشنغ تسي[8] بعد أن أقاما في جبل كونغتونغ[9]، وصاما صياماً مشتركاً لمدّة ثلاثة أشهر حتى أشبه قلباهما رماداً خامداً، وجسداهما شجراً ذابلاً، عندما كانا يحدّقان بروحيْهما وببطء ودقّة إلى هذه الحشرة، وجدا

1 دا يوي (Da Yu) اسم آخر للإمبراطور يوي.

2 بوه يي (Bo Yi) كان سلفاً لكلّ القبائل من أسرة ينغ (Ying) في الصين القديمة، وقيل إنه كان ماهراً في تربية المواشي وصيد الفرائس.

3 يي جيان (Yi Jian) كان رجلاً واسع المعارف في الأسطورة الصينيّة القديمة.

4 لي تشو (Li Zhu) كان رجلاً بصيراً في الأسطورة الصينيّة القديمة، وهو قادر على رؤية الشعيرة الصغيرة على بعد مئة خطوة.

5 تسي يوي (Zi Yu) كان رجلاً بصيراً في الأسطورة الصينيّة القديمة.

6 تشي يوي (Zhi Yu) كان رجلاً سميعاً في الأسطورة الصينيّة القديمة.

7 شي كوانغ (Shi Kuang) كان معلّم الموسيقى للملك بينغ قونغ (Pinggong) لمملكة جين (Jin) في عصر الربيع والخريف، وهو ماهر في عزف العود، وبارع في تمييز الأصوات، رغم أنه قد فقد بصره.

8 رونغ تشنغ تسي (Rong Chengzi) كان رجلاً قد وجد الطاو في الأسطورة الصينيّة القديمة.

9 جبل كونغتونغ (Kongtong) يقع حاليّاً في غرب مدينة بينغ ليانغ (Pingliang) في مقاطعة قانسو (Gansu) الصينيّة.

【原文】

而望之，弗见其形；觥俞、师旷方夜擿耳俛首而听之，弗闻其声。唯黄帝与容成子居空峒之上，同斋三月，心死形废；徐以神视，块然见之，若嵩山之阿；徐以气听，砰然闻之，若雷霆之声。吴楚之国有大木焉，其名为櫾，碧树而冬生，实丹而味酸；食其皮汁，已愤厥之疾。齐州珍之，渡淮而北而化为枳焉。鸜鹆不逾济，貉逾汶则死矣；地气然也。虽然，形气异也，性钧已，无相易已。生皆全已，分皆足已。

【今译】

睛瞪着眼仔细观察，看不见它们的身影；觥俞、师旷在深夜里俯首搔耳地倾听，也听不见它们的声响。只有黄帝与容成子，居住在空峒山上，一块儿斋戒三个月，达到心如死灰形同废木的境界；然后缓缓地用心神去观察，才看到焦螟的形躯，仿佛有嵩山的丘陵一般大；再缓缓地用元气去聆听，才听到它们砰然作响，仿佛天上的雷电轰鸣。吴楚两国有种大树，名字叫柚，满树碧绿，冬夏常青，它的果实是丹红的，略带酸味；服用它的果皮和果汁，能够治愈体内气郁而引发的痉挛和昏厥。中原一带十分珍视它，但一种到淮河北岸去，柚就变成了酸涩难食的枳。八哥不能飞越济水，狗獾渡过岷江就要死亡；都是各地水土气候不同的缘故。尽管万物的形体气质有所差异，但各自的习性相对于各自生长环境而言都是平衡均等的，没法互相转换。生存条件都已完备，

جسدها مثل التلّة في جبل سونغ[1] كبيراً؛ وعندما كانا يصغيان بقوّتيْهما وببطء ودقّة إليها، وجدا صوتها مثل الرعد والصاعقة جهيراً. كان في مملكة وو[2] ومملكة تشو (Chu) دوحة عظيمة، تُسمَّى بـ يو (you، الساج)، وأوراقها دائمة الخضرة في الشتاء، وثمارها خالصة الحمرة مع رائحتها الحامضة، فمَنْ يأكلْ قشرها وعصيرها، يقدرْ على مداواة ما يترتّب على الكآبة المكبوتة من التشنّج والإغماء. وكانت منطقة السهول الوسطى تحرص عليها، إلاّ أنها تحوَّلتْ إلى البرتقال المرّ منذ أن تُزْرَع في شمال نهر هواي[3]. وإن الميْنة لا تقدر على عبور نهر جي[4]، وكلب الراكون سيموت إن يعبر نهر ون[5]، وذلك بسبب المناخ المختلف في المناطق المختلفة. ومع أن كلّ الأشياء مختلفة في أشكالها وأرواحها، إلاّ أن خصائصها متلائمة مع بيئاتها، وغير قابلة للتغيير

1 جبل سونغ (Song) أحد الجبال المشهورة في الصين وهو يقع حالياً في شمال دنغ فنغ (Dengfeng) في مقاطعة خهنان (Henan) الصينيّة.

2 مملكة وو (Wu) كانت مملكة من الممالك الخمس الكبرى في أواخر عصر الربيع والخريف، وهي يرجع تاريخها إلى القرن الثاني عشر قبل الميلاد، ويقع عاصمتها في مدينة وو (Wu) التي تُسمَّى اليوم بـ سوتشو (Suzhou). وصارت مملكة قويّة في أواخر عصر الربيع والخريف، وهزمت في عصر الملك خه ليوي (He Lü) مملكة تشو (Chu)، وقضت عليها في عصر الملك فو تساي (Fu Chai)، حتى أخضعت لها الملك قو جيان (Gou Jian) لمملكة يوه (Yue)، وهو قضى على مملكة وو في عام 473ق.م.

3 نهر هواي (Huai) من أكبر الأنهار السبعة في الصين، وهو يجري بين نهر اليانغتسي والنهر الأصفر.

4 نهر جي (Ji) كان يُسمَّى مع نهر اليانغتسي والنهر الأصفر ونهر هواي بالأنهار الأربعة في الصين القديمة.

5 نهر ون (Wen) هو نهر ينبع من شمال لاي وو (Laiwu) في مقاطعة شاندونغ، ويصبّ شمالاً في النهر الأصفر.

【原文】

吾何以识其巨细？何以识其修短？何以识其同异哉？”

【今译】

天分条件也都充足。我又如何识别它们的大小？如何识别它们的长短？如何识别它们的同异呢？”

والتحويل. فإذا كانت ظروفها الطبيعيّة كاملة، ومواهبها الغريزيّة كافية، فكيف أفرّق بين كبرها وصغرها، وبين طولها وقصرها، وبين تشابهها وتفاوتها؟"

【原文】

太形、王屋二山，方七百里，高万仞；本在冀州之南，河阳之北。

北山愚公者，年且九十，面山而居。惩山北之塞，出入之迂也，聚室而谋，曰："吾与汝毕力平险，指通豫南，达于汉阴，可乎？"杂然相许。其妻献疑曰："以君之力，曾不能损魁父之丘，如太形、王屋何？且焉置土石？"杂曰："投诸渤海之尾，隐土之北。"遂率子孙荷担者三夫，叩石垦壤，箕畚运于渤海之尾。邻人京城氏之孀妻有遗男，始龀，跳往助之。寒暑易节，始一反焉。

【今译】

太行、王屋两座大山，方圆七百里，高达一万仞；原本在冀州的南面，河阳的北面。

北山有个老头儿叫做愚公，年纪将近九十岁了，面对着大山居住。他苦于山北道路堵塞，进进出出要绕许多弯路，就召集全家人商量说："我同你们竭尽全力去削平险阻，让大路直通豫州南边，达到汉水南面，行吗？"大家纷纷表示赞同。他的妻子却提出了疑问："凭你的力量，连魁父这类小土丘也没法对付，还能拿太行、王屋这两座山怎么样呢？况且，那些挖出来的泥土、石块，又能放哪儿去呢？"大家七嘴八舌地说："把它们扔到渤海边上、隐土北面去。"于是，愚公率领着儿孙中能够挑担子的三个人，敲石头、挖土块，用畚箕装上，运到渤海边上去。邻居京城氏家的寡妇有个遗腹子，才刚换牙，也跑来帮忙。寒来暑往，一年忙到头，才回来一趟。

كان جبل تايهانغ[1] وجبل وانغوو[2] يغطّيان سبعمائة لي مربَّع، ويصل ارتفاعهما إلى عشرة آلاف رنْ. ويقعان في الأصل في جنوب جي تشو[3] وشمال خه يانغ[4].

كان في الجبل الشماليّ شيخ جاهل، يبلغ تسعين سنة من عمره، ويقيم في مقابل الجبل. ونظراً لانغلاقه بشمال الجبل، وانعراجه عند الدخول والخروج، حشد كلّ أفراد أسرته ليتشاور معهم قائلاً: "هل تسمحون لي بأن أعمل معكم بكلّ الجهود على تسوية العراقيل ليؤدّي الطريق مباشرة إلى جنوب يويتشو[5]، ويصل إلى جنوب نهر هان[6]؟"

فوافقوا على ذلك بالتتابع والتوالي، إلاّ زوجته، التي تقول بشكّ وحَيْرَة: "لا يكفيك بما لديك من القوّة أن تنقل التلةّ الصغيرة مثل كويفو (Kuifu)، فماذا عن نقل جبل تايهانغ وجبل وانغوو؟ وكذلك، أين ستضع أتربتهما وصخورهما؟"

فقالوا بأصوات متداخلة: "لِنَرْمِها في شاطئ بحر بوه (Bo) وشمال ين تو[7]!"

فقاد الشيخ الجاهل ثلاثة من أبنائه وأحفاده الذين يقدرون على الحمل، وبدؤوا بضرب الصخور وحفر الأتربة، ونقْلها بلقّاطات الكناسة إلى شاطئ بحر بوه هاي. وكان لجارته الأرملة للسيّد جينغ تشنغ (Jingcheng) طفل في السابع أو الثامن من عمره، يقفز إليهم بفرح ومرح ليساعدهم، وهم لا يعودون

---

1 جبل تايهانغ (Taihang) جبل يقع حالياً بين هضبة شانشي (Shanxi) وسهل خهبي (Hebei).

2 جبل وانغوو (Wangwu) جبل يقع حالياً في مقاطعة شانشي (Shanxi) الصينيّة.

3 جيتشو (Jizhou) كانت ولاية من الولايات التسع في الصين القديمة.

4 خهيانغ (Heyang) مدينة تقع حالياً في غرب مدينة منغ (Meng) في مقاطعة خهنان (Henan).

5 يويتشو (Yuzhou) كانت مدينة تقع في مقاطعة خهنان جنوب النهر الأصفر.

6 نهر هان (Han) أطول فرع لنهر اليانغتسي، ويصبّ فيه في مدينة ووهان (Wuhan) لمقاطعة خوبيْ (Hubei)، ويبلغ طوله الإجماليّ 1532 كيلومتراً.

7 ينتو (Yintu) كان اسم مكان في الأساطير الصينيّة القديمة.

【原文】

河曲智叟笑而止之，曰:“甚矣汝之不惠！以残年馀力，曾不能毁山之一毛；其如土石何？”北山愚公长息曰:“汝心之固，固不可彻，曾不若孀妻弱子。虽我之死，有子存焉；子又生孙，孙又生子；子又有子，子又有孙：子子孙孙，无穷匮也，而山不加增，何苦而不平？”河曲智叟亡以应。

操蛇之神闻之，惧其不已也，告之于帝。帝感其诚，命夸蛾氏二子负二山，一厝朔东，一厝雍南。自此，冀之南、汉之阴无陇断焉。

【今译】

河曲有个叫智叟的老头，笑着劝阻愚公说:“你也太不明智啦！凭着你风烛残年馀下的那点力气，连山上一株小草也动不了；还能拿那些泥土、石块怎么样呢？”北山愚公长叹一声说:“你的思想实在顽固，顽固得不能开窍，还不如人家寡妇家的小孩子。就算我死了，还有儿子在啊；儿子又生孙子，孙子又有儿子；孙子的儿子又有他的儿子，他的儿子又有孙子：子子孙孙，无穷无尽，而山是不会再增高了的，还愁不能挖平吗？”河曲智叟无话可答。

山神听闻此事，怕他们没完没了地挖下去，就去禀告天帝。天帝感动于愚公的诚心，于是下令夸蛾氏的两个儿子背走了两座大山，一座安放到朔方东部，一座安放到雍州南面。从此以后，冀州南部直到汉水的南面就没有大山的阻隔了。

إلى بيوتهم إلاّ مرّة واحدة مع تعاقب الشتاء والصيف.

كان في خهتشيوي (Hequ) شيخ عاقل يضحك عليهم ويمنعهم من ذلك قائلاً: "ما أقلَّ حكمتَك! ماذا يمكنك أن تفعل بتلك الأتربة والصخور، وأنت لا تقدر بما يتبقّى لك من العمر والقوّة على نقل عشبة من الجبل؟"

فأجابه الشيخ الجاهل من الجبل الشماليّ بتنهّدات طويلة: "قلبك عنيد جدّاً، حتى لا يستطيع أن يفهم فهماً أقلّ من الطفل الصغير للأرملة. فمع أنني سأموت، إلاّ أن أبنائي يبقون، وسيكون لهم أحفادي، الذين سيكون لهم أبناؤهم، الذين سيكون لهم أبناؤهم، الذين سيكون لهم أحفادهم، حتى لا يكون للتعاقب بين الأبناء والأحفاد نهاية، بيْدَ أن الجبال لا يزيد ارتفاعُها، فلِمَ نقلقُ على عدم تسويتها؟" وحينذاك لم يجد الشيخُ العاقلُ من خهتشيوي جوابه.

كان الإله الذي يأخذ الثعبان بيده[1] يخشى عدم توقّفهم عن الحفر في الجبل بعد أن سمع ذلك، فأخبر به الإمبراطور السماويّ، الذي قد تأثّر بإخلاص الشيخ الجاهل، حتى أمر ولدي السيّد كوا آه[2] بحمل الجبليْن، ليضَع أحدَهما في شرق شوفانغ[3] والآخرَ في جنوب يونغتشو[4]. ولا جبل منذ ذلك الوقت يعرقل ما بين جنوب جيتشو (Jizhou) وجنوب نهر هان.

1 هو إله الجبل، الذي يقال إنه كان يأخذ الثعبان بيده.

2 كوا آه (Kua E) يقال إنه كان عملاقاً جبّاراً في الأساطير الصينيّة القديمة.

3 شوهفانغ (Shuofang) اسم مكان يقع حالياً بين شمال مقاطعة شانشي ومنغوليا الداخليّة.

4 يونغتشو (Yongzhou) كانت ولاية من الولايات التسع الصينيّة، وهي تقع حالياً بين مقاطعتي شانشي (Shaanxi) وشانشي (Shaanxi).

【原文】

夸父不量力，欲追日影，逐之于隅谷之际。渴欲得饮，赴饮河、渭。河渭不足，将走北饮大泽。未至，道渴而死。弃其杖，尸膏肉所浸，生邓林。邓林弥广数千里焉。

【今译】

夸父自不量力，想去追逐太阳的影子，一直追到太阳落山之处的隅谷。他口渴了想要喝水，就奔赴黄河、渭河喝水。黄河、渭河的水不够喝，就预备跑到北面去喝大泽里的水。还没到达，就在路上渴死了。他扔弃的手杖，浸润在他尸体的脂膏血肉之中，生长出一片桃林。桃树林绵延弥漫，方圆达好几千里。

كان كوا فو[1] لا يعرف قدر قوّته، فأراد أن يلاحق ظل الشمس، حتى وصل إلى يويقو[2] عند غروب الشمس. فشعر بما لا يطاق من ظمأ شديد، جعله يجري إلى النهر الأصفر ونهر وي[3] (Wei)، إلاّ أن مياههما لم ترو ظمأه؛ فجرى شمالاً ليشرب مياه البحيرة الكبيرة[4]، بيْدَ أنّه مات من الظمأ في طريقه إليها، وعكّازه الذي رماه، مغموس في الدهون واللحوم لجثّته، التي نمت منها غابة من أشجار الخوخ، وهي واسعة شاسعة تمتدّ بآلاف الأميال.

---

1 كوا فو (Kua Fu) كان رجلاً عملاقاً في الأساطير الصينيّة القديمة، وجاءت حكاياتُه في كتاب الجبال والبحار.

2 يويقو (Yugu) جاء في الأساطير الصينيّة القديمة أنها مغرب للشمس.

3 نهر وي (Wei) فرع كبير من النهر الأصفر، يجري في داخل مقاطعة شانشي (Shaanxi) اليوم.

4 البحيرة الكبيرة جاء في الأسطورة الصينيّة القديمة أنها تقع في شمال جبل يانمن (Yanmen)، وتمتدّ بآلاف الأميال.

【原文】

大禹曰:“六合之间，四海之内，照之以日月，经之以星辰，纪之以四时，要之以太岁。神灵所生，其物异形;或夭或寿，唯圣人能通其道。”

夏革曰:“然则亦有不待神灵而生，不待阴阳而形，不待日月而明,不待杀戮而夭,不待将迎而寿,不待五谷而食,不待缯纩而衣，不待舟车而行。其道自然，非圣人之所通也。”

【今译】

大禹说:“上下四方，四海之内，日月照耀，星辰漫布，四时更替，又有太岁星的循环来规定纪年。神灵所孕育产生的万物，外形性质各不相同；有的短命，有的长寿，只有圣人能够通晓其中的道理。”

夏革说:“然而也有不靠神灵的孕育而产生的，不需要阴阳交合就形成的，不倚赖日月的照耀就光亮的，不遭到杀戮就夭亡的，不特意调养就长寿的，不食用五谷就饱腹的，不穿着丝绵就暖身的，不凭借车船就行路的。这一切都是自然而然，不是圣人所能够通晓的。”

قال دا يوي[1]: "إن كلّ الأشياء بين الجهات الأربع للسماء والأرض، وداخل البحار الأربعة، تُنَوَّرُ بالشمس والقمر، وتُقَدَّرُ بالنجوم والكواكب، وتُنَسَّقُ بالفصول الأربعة، وتُحَدَّدُ بكوكب المشتري[2]. وكلّ الكائنات التي خلقها الإله المقدّس تختلف أشكالها، وتختلف أعمارها في قصرها وطولها، إلاّ الإنسان الحكيم، وهو قادر على إتقان الطاو الكامنة فيها."

وأضاف شيا جي: "لكن هناك كائنات تُخْلَقُ من دون الإله المقدّس، أو تُشَكَّلُ من دون ين ويانغ، أو تُنَوَّرُ من دون الشمس والقمر، أو تموت باكِراً من دون القتل والذبح، أو تُعمَّر طويلاً من دون العناية والرعاية، أو تُطْعِم نفسَها من دون الحبوب الخمسة، وتُلْبِس نفسَها من دون الحرير والقطن، أو تُقِلّ نفسَها من دون الباخرة والعربة، وطاوها تكوَّنت على طبيعتها، وليست ما يقدر الإنسان الحكيم على إتقانه."

---

1 دا يوي (Da Yu) اسم آخر للإمبراطور يوي.

2 تستغرق دورة واحدة للمشتري حول الشمس حواليْ 12 سنة، فكان الإنسان في العصور القديمة يُقسّم دائرة البروج إلى 12 قسماً متساوية، يحدّد كلّ قسم منها سنة واحدة.

【原文】

禹之治水土也，迷而失涂，谬之一国。滨北海之北，不知距齐州几千万里，其国名曰终北，不知际畔之所齐限。无风雨霜露，不生鸟兽、虫鱼、草木之类。四方悉平，周以乔陟。当国之中有山，山名壶领，状若甔甀。顶有口，状若员环，名曰滋穴。有水涌出，名曰神瀵，臭过兰椒，味过醪醴。一源分为四埒，注于山下。经营一国，亡不悉遍。土气和，亡札厉。人性婉而从物，不竞不争；柔心而弱骨，不骄不忌；长幼侪居，不君不臣；男女杂游，不媒

【今译】

大禹治理水土，迷失了道路，错走到一个国家。它临近北海的北边，不知道距离中国有几千万里远，国家的名字叫终北，不知道它辽阔的边疆到哪儿为止。这里终年没有风雨霜露，也不生长鸟兽、虫鱼、草木之类的动植物。四面都是一马平川，周围还环绕着崇山峻岭。国土中央有一座山，名叫壶领，模样就像小口的陶罐。山顶上有个口子，形状像个圆环，名叫滋穴。滋穴里有水不断涌出，名叫神瀵，它的气息香过兰草花椒，它的滋味醇于甘泉美酒。一股源头分为四道水流，倾注到山下。泉水在全国曲折萦回，遍及这儿的每个角落。终北国土地丰润，气候温和，没有瘟疫的侵害。人们性格委婉和顺，随遇而安，不竞争也不夺取；心地柔美，气质谦和，不骄傲也不猜忌；老老少少同居共处，不分君主与臣下；男男女女一处游玩，无需媒妁和聘礼；

كان دا يوي يقوم بمعالجة المياه والأتربة، حتى ضلّ طريقه، وضاع في مملكة أخرى، تطلّ على شمال البحر الشماليّ، ولا أحد يعرف كم مليون ميل تبعد عن السهول الوسطى، وتُسمَّى بمملكة تشونغ بي، التي لا أحد يعرف أين حدودُها وتخومُها؛ وليس فيها رياح وأمطار، وصقيع وندى، ولا فيها طيور وحيوانات، وحشرات وأسماك، وأعشاب وأشجار؛ والأرض في جهاتها الأربع مستوية منبسطة، ومحاطة بالجبال الشامخة؛ وفي وسطها جبل، يُسمَّى بـ هولينغ (Huling)، وشكله يشبه جرّة، وفي قمّته ثغرة بشكل حلقة دائرة، تُسمَّى بـ تسيشيوه (Cixue)، وتتدفّق منها المياه، التي تُسمَّى بالينبوع الساحر، وهو أعطر من السحلبيّة الفائحة، وأحلى من الخمور العتيقة، وينقسم منبعُها الواحدُ إلى أربعة فروع، تجري سيولُها إلى سفوح الجبل، وتروي كلَّ المملكة بلا استثناء بعد دورانها ولفّها فيها.

وكانت مملكة متناغمة في تربتها وطقسها، وخالية من الأوبئة والطواعين؛ وشعبها وديع ولطيف بلا تنافس ولا تنازع، وناعم وهادئ بلا تفاخر ولا تحاسد، متعايش ومتخالط بين كبارهم وصغارهم بلا حاكم ولا وزير، ومتصادق ومتصاحب بين رجالهم ونسائهم بلا خطوبة ولا مهرة، وقاطن وساكن على ضفاف النهر بلا زراعة ولا حصاد؛ والجوّ فيها دافئ معتدل، حتى يعيش شعبها بلا نسيج ولا لباس؛ ويعيشون مئة سنة حتى ينقضي أجلُهم بلا موْت مبكّر ولا مرض شديد، وهم يتناسلون ويتكاثرون حتى لا يُعَدّ عددهم ولا يُحْصَى، ولهم سعادة وبهجة، بلا ضعف وشيب ولا أحزان وآلام.

【原文】

不聘；缘水而居，不耕不稼；土气温适，不织不衣；百年而死，不夭不病。其民孳阜亡数，有喜乐，亡衰老哀苦。其俗好声，相携而迭谣，终日不辍音。饥惓则饮神瀵，力志和平。过则醉，经旬乃醒。沐浴神瀵，肤色脂泽，香气经旬乃歇。

周穆王北游过其国，三年忘归。既反周室，慕其国，慽然自失。不进酒肉，不召嫔御者，数月乃复。

【今译】

沿着河岸居住，不耕田也不收获；土质气候温润适宜，不织布也不穿衣；长命百岁方才死去，不夭折也不病痛。这里的人们繁衍无数，人丁兴旺，只有喜悦与欢乐，没有衰老和痛苦。这里的风俗爱好声乐，大家结伴而行，轮番歌唱，歌声整天都不停歇。肚子饿了，精神倦了，就啜饮神瀵的泉水，气力心神便能平和如初。啜饮过度则会醉倒，十多天后方能苏醒。拿神瀵之水来洗澡，皮肤就会滋润而有光泽，浑身的香气也要十多天才消散。

周穆王去北方游历时经过终北国，住了三年，流连忘返。回到国内，依然思慕着那儿，以至于怅然若失，精神恍惚。他既不饮酒也不食肉，连嫔妃侍女也不召见，过了好几个月才恢复正常。

وهي مملكة يحبّ شعبُها في أعرافهم أصواتاً وألحاناً، وهم مترافقون متعاضدون مع التتابع في الغناء، حتى لا يعزفوا عنه كلّ اليوم. فإن ينهكهم الجوع والتعب، يشربوا مياه الينبوع الساحر، لتنتعش نفوسهم بقوّة وحيويّة من جديد؛ وإن يسرفوا في شربها، يسكروا سكراً شديداً، لا يستيقظون منه إلاّ بعد أكثر من عشرة أيّام؛ وإن يستحمّوا بها، تكن بشرتهم مرطّبة برّاقة لامعة، لا يختفي منها الشذى الفوّاح إلاّ بعد أكثر من عشرة أيّام أيضاً.

كان الملك مو لأسرة زو الملكيّة يمرّ بمملكة تشونغ بي، حتى نسي العودة بعد إقامته فيها ثلاث سنوات. وما زال يتشوّق إليها بعد عودته إلى مملكته، كأنه قد أضاع نفسه فيها بِحَيْرَةٍ وتيهانٍ، فلم يأكل اللحوم ولا يشرب الخمور، ولم يمتّع نفسه بالجواري والسراري، حتى عاد إلى طبيعته بعد عدّة أشهر.

【原文】

管仲勉齐桓公因游辽口，俱之其国，几克举。隰朋谏曰："君舍齐国之广，人民之众，山川之观，殖物之阜，礼义之盛，章服之美，妖靡盈庭，忠良满朝。肆咤则徒卒百万，视抣则诸侯从命，亦奚羡于彼而弃齐国之社稷，从戎夷之国乎？此仲父之耄，奈何从之？"桓公乃止，以隰朋之言告管仲。仲曰："此固非朋之所及也。臣恐彼国之不可知之也。齐国之富奚恋？隰朋之言奚顾？"

【今译】

管仲鼓动齐桓公趁着巡游辽口的机会，一并去终北国，几乎就要成行了。这时隰朋劝谏道："君王您舍弃的可是广袤的齐国，众多的百姓，秀丽的山川，丰茂的物产，隆盛的礼义，华美的服饰，还有满后宫的妖艳美女，满朝廷的忠臣良将。您一声叱咤，就能召集百万雄师，一声令下，则诸侯莫不听命，又为什么要羡慕那儿而抛弃齐国的江山社稷，跑到边远落后的戎夷之国去呢？仲父现在老糊涂了，怎么能听他的呢？"齐桓公这才打消了念头，并把隰朋的话转告给管仲。管仲说："这本来就不是隰朋所能理解的。我恐怕那个国家是没法去考察了。齐国的富饶有什么值得留恋？隰朋的话语又有什么可顾忌的呢？"

كان قوان تشونغ[1] يقنع الملك هوان قونغ (Huan Gong)[2] لمملكة تشي (Qi)، بزيارة لياوكو (Liaokou)، التي يسافران منها سويّاً إلى مملكة تشونغ بي؛ بيدَ أن شي بنغ[3] كان يمنعهما قبل استعدادهما للسفر قائلاً: "يا مولاي، إنّ التي تريد أن تتخلّى عنها هي مملكة تشي المترامية الأطراف، التي فيها أعداد غفيرة من الناس والأقوام، ومناظر جميلة من الجبال والأنهار، وكمّيّات وفيرة من الثروات والموارد، وأنواع عديدة من الطقوس والمراسم، وألوان جميلة من الملابس والأثواب؛ وفيها أيضاً مَنْ تزدحم به قصورُك من الحسناوات والجميلات، ومن تمتلئ به بلاطاتُك من الأمناء والأوفياء؛ وأنت فيها إن تصرخ صرخة واحدة، تستجب لها ملايين من البواسل والشجعان، وإن تصدر آمِرَة واحدةً، يعمل بها كلّ من الأمراء والولاة. فلِمَ تتشوّق إلى تلك المملكة، وتتخلّى عن أرض مملكة تشي لتسافر إلى مملكة نائية للبرابرة والهمجيّين؟ ولِمَ تستمعُ إلى هذه الفكرة الغبيّة لقوان تشونغ الطاعن في السنّ؟

فتخلّى الملك هوان قونغ لمملكة تشي عن سفره، وأخبر قوان تشونغ بما قاله شي بنغ. فقال له قوان تشونغ: "هذا في الأصل ليس ما يقدر شي بنغ على فهمه، وأنا أخشى أنني لم أعرف تلك المملكة بالضبط. فماذا يستحقّ أن نتعلّق به من الثروات في مملكة تشي؟ وماذا يستحقّ أن نهتمّ به من الأقوال لشي بنغ؟"

---

1 قوان تشونغ (Guan Zhong، عام 719-645ق.م) رائد للمدرسة الفكريّة القانونيّة في عصر الربيع والخريف، وهو فيلسوف وسياسيّ وعسكريّ في الصين القديمة وهو ملقّب بالوزير الأوّل ومعلّم الحكماء في الصين، وله كتاب يُسمَّى بـ قوان تسي. وكان يؤازر الملك جيو في البداية، ثم صار رئيس الوزراء لمملكة تشي بعد مقتل الملك جيو ليساعد الملك هوان قونغ في تحقيق هيمنته حتّى يلقّب بالعمّ تشونغ.

2 الملك هوان قونغ (Huan Gong) لمملكة تشي (Qi) اسم عائلته جيانغ (Jiang) واسمه شياو باي (Xiao Bai)، وكان ينصّب قوان تشونغ رئيس وزرائه حتّى صار أوّل ملك في عصر الربيع والخريف، حيث كان حاكماً لمملكة تشي بين عاميْ 685 و643 ق.م.

3 شي بنغ (Xi Peng، عام ؟-644ق.م) كانوا وزيراً للملك هوان قونغ لمملكة تشي في عصر الربيع والخريف.

【原文】

南国之人祝发而裸，北国之人鞨巾而裘，中国之人冠冕而裳。九土所资，或农或商，或田或渔；如冬裘夏葛，水舟陆车，默而得之，性而成之。

越之东有辄沐之国，其长子生，则鲜而食之，谓之宜弟。其大父死，负其大母而弃之，曰：鬼妻不可以同居处。

【今译】

南方人剃去头发，赤身裸体；北方人裹上头巾，披着皮袄；中原人头戴冠巾，身穿衣裙。九州大地提供各种资源，人们或是务农或是经商，或是耕田或是捕鱼；就好比冬天穿裘皮，夏天穿丝葛，水上乘船，路上行车一般，生活里潜移默化就学会了，依照本性自然而然就形成。

越国东面有一个辄沐之国，那儿的人生下长子，就献上来吃掉，说是这样能多生儿子。祖父死了，他们就背上祖母，把她抛弃在荒郊野外，说是不可以和鬼的妻子住在一起。

كان الناس في الممالك الجنوبيّة قصيرة في أشعارهم، وعارية من أثوابهم؛ والناس في الممالك الشماليّة لابسة للعمائم القطنيّة والمعاطف الفرويّة؛ والناس في السهول الوسطى لابسة للقلانيس والفساتين. وأتاحت المواردُ المتوفّرة في الولايات التسع[1] للناس فرصاً مختلفةً لقيام بعضهم بالزراعة، وبعضهم بالتجارة، وبعضهم بقنص الطيور، وبعضهم بصيد الأسماك، وذلك ما يُحْرِزُونَه بهدوئِهم ويُنْجِزُونَه بغريزتِهم، مثل لبس المعاطف الفرويّة في الشتاء والأثواب الحريريّة في الصيف، وركب القوارب في الماء والعربات في البرّ.

كان في الشرق لمملكة يوه[2] مملكة تشه مو[3]، حيث كان المولود الأوّل يُؤْكَلُ بعد ولادته كالقربان، الذي يقال إنه صالح لتكاثر الأبناء، والجدّة تُحْمَلُ على الظهر لتُهْجَر في البادية بعد موت الجدّ، وذلك لأن زوجة العفريت غير صالحة لتَشارُكِها مع أحد في غرفة واحدة.

1 كانت الصين القديمة منقسمة إلى تسع ولايات لكلّ منها والٍ يُسمَّى بالراعي، وهي في الغالب ولاية جي (Ji)، وولاية يان (Yan)، وولاية تشينغ (Qing)، وولاية شيوي (Xu)، وولاية يانغ (Yang)، وولاية جينغ (Jing)، وولاية يوي (Yu)، وولاية يي (Yi)، وولاية يونغ (Yong).

2 مملكة يوه (Yue، عام 2032-110ق.م) كانت إقطاعة في الجنوب الشرقيّ للصين في عصور أسرة شيا الملكيّة وأسرة شانغ الملكيّة وأسرة زو الملكية، تتركّز أرضها في مقاطعة تشهجيانغ (Zhejiang) اليوم. وقد قضى ملكها المشهور قو جيان (Gou Jian) على مملكة وو (Wu)، حتى امتدّت أرضُها إلى مقاطعة شاندونغ (Shandong) شمالاً وفوجيان (Fujian) جنوباً والبحر الشرقيّ شرقاً ونهر هواي (Huai) غرباً، ممّا جعل الملك قو جيان من الملوك الخمسة في عصر الربيع والخريف، إلاّ أنها بدأت بالانحطاط شيئاً فشيئاً في عصر الممالك المتحاربة، حتى غلبتْها مملكةُ تشو (Chu) عام 306 قبل الميلاد، فهزمتْها مملكةُ تشين عام 222 قبل الميلاد، ثم قضى عليها الملك وو دي (Wudi) لأسرة هان (Han) الملكيّة عام 110 قبل الميلاد.

3 مملكة تشهمو (Zhemu) كانت تُسمَّى أيضاً بمملكة كايمو (Kaimu)، وهي مملكة في الأساطير الصينيّة القديمة، قد تقع في جزيرة هاينان (Hainan) في الصين اليوم.

【原文】

楚之南有炎人之国，其亲戚死，㱙其肉而弃之，然后埋其骨，乃成为孝子。

秦之西有仪渠之国者，其亲戚死，聚柴积而焚之。燻则烟上，谓之登遐，然后成为孝子。

此上以为政，下以为俗，而未足为异也。

【今译】

楚国的南面有个炎人之国，那儿的人死了父母，就把尸体上的腐肉剔除，然后把尸骨埋葬起来，这样才能成为孝子。

秦国的西面有一个仪渠之国，那儿的人死了父母，就堆起柴草，焚烧尸体。烈焰和浓烟升腾直上，就说是死者登天了，这么做才能成为孝子。

这些做法都是当政的人推行了，老百姓就作为风俗履行，并不足以感到奇怪。

وكان في الجنوب لمملكة تشو (Chu) مملكة يانرن (Yanren)، حيث كان شعبها يقطعون لحوم والديهم بعد وفاتهما، ويلقونها، فيدفنون عظامهما في الأرض، لكي يكونوا أبناء بارّين.

وكان في الغرب لمملكة تشين (Qin) مملكة ييتشيوي (Yiqu)، حيث كان شعبها يجمعون الأحطاب ليُحْرِقُوا والديهم بعد وفاتهما، ويعتقدون أنهما يرتقيان إلى السماء ليكونا مَلَكَيْن من الملائكة إن كان اللهيب والدخان منهما يتصاعدان، لكي يكونوا أبناءاً بارّين.

ولا أحد يشعر بغرابة وعجابة في هذه الأمور، لأنها تُعَدّ من الشؤون السياسيّة عند الوزراء، ومن الأعراف الشعبيّة عند الدهماء.

【原文】

孔子东游，见两小儿辩斗，问其故。

一儿曰：“我以日始出时去人近，而日中时远也。”

一儿以日初出远，而日中时近也。

一儿曰：“日初出大如车盖，及日中，则如盘盂：此不为远者小而近者大乎？”

一儿曰：“日初出沧沧凉凉，及其日中如探汤：此不为近者热而远者凉乎？”

孔子不能决也。

两小儿笑曰：“孰为汝多知乎？”

【今译】

孔子在东方游历，看见两个小孩儿在争论。他便问他们其中的缘故。

一个小孩说：“我认为太阳刚升起的时候离人近，而到了中午就离人远。”

另一个小孩认为太阳刚升起时离人远，而到了中午则离人近。

前一个小孩说：“太阳刚升起时大得像一个车盖，到了中午，却只像一个盘子：这不正因为离得远所以显得小，离得近所以显得大吗？”

后一个小孩说：“太阳刚升起时还冷飕飕的，等到中午就热得像伸手到汤锅里去一样：这不正是因为离得近所以热，离得远所以凉吗？”

孔子没法判断谁对谁错。

两个小孩儿笑着说：“谁说你见多识广呢？”

عندما قام كونفوشيوس برحلات في الشرق، رأى الطفليْن في جدال، فسألهما عن أسبابه.

قال أحدهما: "أظنّ أن الشمس أقرب من الإنسان عند طلوعها، وأبعد عنه عند الظهر."

وظنّ الآخر أن الشمس أبعد عن الإنسان عند طلوعها، وأقرب منه عند الظهر.

وقال أحدهما: "إن الشمس عند طلوعها كبيرة مثل الحجاب أو الستار، وعند الظهر صغيرة مثل الطبق أو الصحن. أليس ذلك لأن ما هو بعيد صغير، وما هو قريب كبير؟"

وقال الآخر: "إن الشمس عند طلوعها باردة، وعند الظهر حارّة مثل مدّ اليد إلى القدر الساخن. أليس ذلك لأن ما هو قريب حارّ، وما هو بعيد بارد؟"

عجز كونفوشيوس عن التمييز بين الصائب والخاطئ.

فقال الطفلان بابتسامة: "من قال إنك كثير المعارف؟"

【原文】

均，天下之至理也，连于形物亦然。均发均县，轻重而发绝，发不均也。均也，其绝也莫绝。人以为不然，自有知其然者也。

詹何以独茧丝为纶，芒针为钩，荆筱为竿，剖粒为饵，引盈车之鱼于百仞之渊、汩流之中；纶不绝，钩不伸，竿不挠。楚王闻而异之，召问其故。

【今译】

均衡，是天下最高的真理，涉及有形的具体事物也是一样。譬如发丝均匀，用力得当，悬挂的重物就不会跌落，如若轻重不均，发丝就会断绝，这是头发受力不均的缘故。如果受力均衡，本来会断绝的也不会断绝了。有人认为不是这样，但自有明白这道理的人。

詹何把一根蚕丝作为钓线，拿细如麦芒的针做钓钩，再用细小的荆竹做钓竿，剖开饭粒做诱饵，从百仞深渊和滔滔激流之中，钓起能装满一车的鱼；而且钓线不断，钓钩不弯，钓竿不折。楚王听闻此事，十分惊异，召见詹何询问其中的缘故。

التوازن هو أسمى المبادئ في العالم، وهو ينطبق أيضاً على الأشياء الملموسة. فإن الشعرة إن تكن قوّاتها متوازنة، لا تنقطع، لو كانت محمولة بما هو ثقيل؛ ولكنها ستنقطع، إن تكن قواتها مفرَّقة بالخفيفة والثقيلة، وما يؤدّي إلى ذلك هو عدم التوازن. فما قد ينقطع لا ينقطع بفعل التوازن. ومع أن بعض الناس لا يظنّونه هكذا، إلاّ أنه لا بدّ من وجود الناس الذين يفهمون ما فيه.

كان تشان خه[1] مع أنه اتّخذ الخيط الحريريّ خيْطاً للصيد، والإبرة الشبيهة بحسك السنبلة صِنَّارَةً للصيد، وساق البامبو عصا للصيد، نصف حبّة من الأرز طُعْماً للصيد، إلاّ أنه أخرج الأسماك التي تمتلئ بها عربةٌ واحدةٌ من الوهاد العميقة والمياه المتدفّقة من دون انقطاع الخيط، وامتداد الصنّارة، وانكسار العصا. وعندما وصل الخبر إلى مسمع الملك تشو، استعجب منه، فاستدعى تشان خه ليسأله عن الأسباب.

1 تشان خه (Zhan He) كان رجلاً من مملكة تشو (Chu) في عصر الممالك المتحاربة، وأفكاره قريبة من المدرسة الطاويّة.

【原文】

詹何曰："臣闻先大夫之言，蒲且子之弋也，弱弓纤缴，乘风振之，连双鸧于青云之际。用心专，动手均也。臣因其事，放而学钓。五年始尽其道。当臣之临河持竿，心无杂虑，唯鱼之念；投纶沉钩，手无轻重，物莫能乱。鱼见臣之钩饵，犹沉埃聚沫，吞之不疑。所以能以弱制强，以轻致重也。大王治国诚能若此，则天下可运于一握，将亦奚事哉？"

楚王曰："善。"

【今译】

詹何说："我曾听先父说起，蒲且子射鸟的时候，操起柔弱的弓箭，系上纤细的丝绳，顺风振弓发射，一箭射中两只在高空飞翔的黄鹂。这是他用心专一，用力均衡的缘故。我从中得到启发，仿效他射鸟的技法来学习钓鱼。经过五年苦练方才完全掌握其中的道理。当我在河边持起钓竿，不存丝毫杂念，一心只想着钓鱼；我投出钓线，沉下钓钩，手中用力轻重均衡，外界事物不能扰乱我的心神。水中鱼儿看见我的钓饵，就好像是下落的尘埃，聚集的泡沫，毫不犹豫就吞了下去。这就是我能够用柔弱制胜刚强，用轻盈事物招来沉重事物的缘故。如果大王治理国家真的也能照这个道理，那么整个天下就可以像掌中之物运控自如，还用得着再做其他事么？"

楚王说："好。"

قال تشان خه: "قد سمعت من والدي قولَه بأن بوتشيه تسي[1] حين كان يصيد الطيور، كان يحمل معه قوساً ضعيفاً ووتراً رقيقاً، فيشدّهما مع قوّة الريح، حتى يُصِيبَ صفاريتيْن في السماء الزرقاء، وذلك لأنه كان يعمل بقلب واحد، ويحرّك يديْه بقوّة متوازنة. فكنتُ مُلْهَماً بهذا الأمر، لأقلّده في الدراسة لصيد السمك، حتى أتقن قواعده بعد خمس سنوات. وعندما كنتُ أحمل عصا الصيد على ضفاف النهر، لم تخالجني خواطرُ ولا تخالطني هواجسُ إلاّ الأسماك؛ وعندما كنت ألقي الخيط، وأُنْزِل الصنّارة، لم تشعر يداي بالفوارق بين الخفيفة والثقيلة، ولا شيء قادر على إرباك قلبي؛ وعندما وجدت الأسماك طعومي، ابتلعتْها بلا أدنى شكّ، كأنّها أتربة مترسّبة وأزباد متجمّعة، وذلك ما يمكّنني من غلب ما هو قويّ بما هو ضعيف، وجذب ما هو ثقيل بما هو خفيف. فإن يكن ملكُنا العظيمُ قادراً على مثل هذا الأسلوب في تنظيم المملكة، لا يخرج العالم عن قبضتك، وماذا يُشْغِل بالَك أيضاً؟"

فقال الملك تشو: "أحسنت!"

1 بوتشيه تسي (Puqie Zi) كان رجلاً ماهراً في الرماية في عصر الممالك المتحاربة.

【原文】

鲁公扈、赵齐婴二人有疾，同请扁鹊求治，扁鹊治之。既同愈。

谓公扈、齐婴曰：“汝曩之所疾，自外而干府藏者，固药石之所已。今有偕生之疾，与体偕长；今为汝攻之，何如？”

二人曰：“愿先闻其验。”

扁鹊谓公扈曰：“汝志强而气弱，故足于谋而寡于断。齐婴志弱而气强，故少于虑而伤于专。若换汝之心，则均于善矣。”

【今译】

鲁国的公扈、赵国的齐婴两人患病，一起去请扁鹊医治，扁鹊便替他们治疗。不久病就好了。

扁鹊对公扈、齐婴说：“你们以往的疾病，是由于外界风邪侵扰腑脏，本是药物针石能够治愈的。而现在你们还有与生俱来的疾病，随着身体的生长而发展；如今我来为你们根治，怎么样？”

公扈、齐婴二人说：“我们想先听听这病的症状。”

扁鹊就对公扈说：“你心志强盛而气质柔弱，所以善于谋略却缺乏决断。齐婴心志柔弱而气质刚强，所以欠缺谋略而过于专断。如果把你们的心交换一下，那么大家得到平衡，就都好了。”

كان قونغ هو (Gong Hu) من مملكة لو وتشي ينغ (Qi Ying) من مملكة تشاو مصابين بمرض، فذهبا معاً إلى الطبيب بيان تشيوه[1]، وهو وافق على علاجهما، الذي خلّصهما من مرضهما بسرعة في آن واحد.

فقال لهما بيان تشيوه: "إن المرض الذي أصابكما مترتّب على تأثير الأشرار الخارجيّة في أحشائكما، وقابل في الأصل لعلاجه بالأدوية والإبر. ولكنكما اليوم مصابان بالمرض الموروث، الذي يتطوّر مع نموّ جسميْكما، فما رأيكما في أن أستأصله لكما اليوم؟"

أجابه قونغ هو وتشي ينغ: "نريد أن نستمع أوّلاً إلى أعراضه."

فقال بيان تشيوه لـ قونغ هو: "أنت قويّ الإرادة، وضعيف المزاج، وتكون كافياً في التخطيط، ونادِراً في التقرير؛ أمّا تشي ينغ، فضعيف الإرادة، وقويّ المزاج، ويكون ناقصاً في الاستنتاج، وزائداً في الاستبداد، فإن التبادل بين قلبيكما سيؤدّي بكما إلى الخير والكمال."

1 بيان تشيوه (Bian Que) كان طبيباً مشهوراً في عصر الممالك المتحاربة، ويُسَمَّى أيضاً بـ تشين يوه رن (Qin Yueren).

【原文】

扁鹊遂饮二人毒酒，迷死三日，剖胸探心，易而置之；投以神药，既悟如初。二人辞归。

于是公扈反齐婴之室，而有其妻子；妻子弗识。齐婴亦反公扈之室，有其妻子；妻子亦弗识。二室因相与讼，求辨于扁鹊。扁鹊辨其所由，讼乃已。

【今译】

于是，扁鹊让两人服下麻醉用的药酒，使他们昏迷了三天，他剖开他们的胸膛，取出心脏，交换安放；再施以特效神药，两人便醒了过来，同先前没什么两样。然后他们俩就向扁鹊告辞，回家去了。

于是公扈回到齐婴家里，要据有齐婴的妻子孩儿；齐婴的妻子孩儿却不认识他。齐婴回到公扈家里，要据有公扈的妻子孩儿；公扈的妻子孩儿也不认识他。两家因此闹上公堂，要求扁鹊为他们辨明原委。扁鹊辨明了整件事的缘由，两家的争吵才得以停止。

فأشربهما بيان تشيوه خمراً مخدِّراً، أنامَهما لمدّة ثلاثة أيّام، فتح فيها صدريْهما، وأخرج قلبيْهما، وتبادل موضعَهما، فأيقظهما من النوم بدواء ساحر، وأعادهما كما كان عليهما، قبل استئذانهما بالانصراف ليعودا إلى بيتيْهما.

فعاد قونغ هو إلى بيت تشي ينغ، ليضع في حوزته زوجة تشي ينغ وأولاده، إلاّ أنهم لا يعترفون به؛ وعاد تشي ينغ أيضاً إلى بيت قونغ هو، ليضع زوجة قونغ هو وأولاده في حوزته، إلاّ أنهم لا يعترفون به أيضاً.

فذهبت الأسرتان إلى المحكمة لترفع إحداهما الدعوى إلى الأخرى، طالبةً من بيان تشيوه بتبرير ذلك. فوضّح بيان تشيوه كلّ ما حدث لهما، حتى انتهت الدعوى بينهما.

【原文】

瓠巴鼓琴而鸟舞鱼跃，郑师文闻之，弃家从师襄游。柱指钩弦，三年不成章。师襄曰："子可以归矣。"

师文舍其琴，叹曰："文非弦之不能钩，非章之不能成。文所存者不在弦，所志者不在声。内不得于心，外不应于器，故不敢发手而动弦。且小假之，以观其后。"

无几何，复见师襄。

师襄曰："子之琴何如？"

师文曰："得之矣。请尝试之。"

【今译】

相传瓠巴弹琴，能让飞鸟飞舞，游鱼欢跃。郑国的师文听说此事，就抛弃家业，跟从鲁国的乐官师襄游学。他定音位、调琴弦，学了三年还奏不出一支完整的乐曲。师襄说："你可以回家了。"

师文放下琴，叹道："我不是不能调和琴弦，不是不能奏成乐章。我的思虑不放在琴弦上，我的志趣也不在于单纯的声音。现在我对内还不能控制心境，对外也无法适应乐器，所以不敢贸然拨动琴弦。姑且假以时日，再看看我今后的表现吧。"

没多久，师文又来拜见师襄。

师襄问："你的琴弹得怎么样了？"

师文说："已经得心应手了。请让我试着弹给您听吧。"

كان باو با[1] إن يعزف العود، يُرْقِص الطيورَ ويُقْفِز الأسماكَ. وعندما وصل ذلك إلى مسمع شي ون[2] في مملكة تشنغ، ترك بيتَه، ليكون تبعاً من أتباع شي شيانغ[3]، إلاّ أنه لم يقدر على عزف مقطوعة موسيقيّة واحدة بعد ثلاث سنوات، ثابر فيها على تحديد المواضع الصوتيّة وتعديل الأوتار الموسيقيّة.

فقال له شي شيانغ: "يمكنك أن تعود إلى بيتك."

ترك شي ون عوده جانباً، وقال بتنهّد طويل: "لست عاجزاً عن تعديل الأوتار الموسيقيّة، ولا عاجزاً عن عزف المقطوعات الموسيقيّة، بل لم أركّز ذهني في الأوتار، ولم أعلّق أملي في الأصوات، حتى لا أقدر على فهمها بقلبي في الداخل، ولا على استجابتي لها بآلاتي في الخارج، فلا أُقْدِم على إطلاق يديَّ في تحريك الأوتار. فأرجوكم أن تعطوني أيّاماً معدودةً لتشاهدوا ما أفعله فيما بعد."

فما لبث شي ون أن عاد إلى شي شيانغ مرّة أخرى.

وسأله شي شيانغ: "كيف عزفك على العود؟"

"تماماً. ولأجرّبه لكم!" أجابه شي ون.

---

1 باو با (Pao Ba) يقال إنه كان ماهراً في عزف العود وضرب الطبل في العصور القديمة.

2 شي ون (Shi Wen) كان موسيقيّاً من مملكة تشنغ (Zheng) في عصر الربيع والخريف، وماهراً في عزف العود.

3 شي شيانغ (Shi Xiang) كان موسيقيّاً من مملكة لو (Lu) في عصر الربيع والخريف، وماهراً في عزف العود، وكان يتعلّم من كونفوشيوس عزف العود.

【原文】

于是当春而叩商弦以召南吕，凉风忽至，草木成实。及秋而叩角弦以激夹钟，温风徐回，草木发荣。当夏而叩羽弦以召黄钟，霜雪交下，川池暴沍。及冬而叩徵弦以激蕤宾，阳光炽烈，坚冰立散。将终，命宫而总四弦，则景风翔，庆云浮，甘露降，澧泉涌。

【今译】

于是，正当春天的时候，师文叩动属于金音的商弦来呼应八月的南吕乐律，秋日的凉风忽地吹来，花草树木都结出丰硕的果实。等到秋天，他又叩动属于木音的角弦来激发二月的夹钟乐律，柔和的春风便徐徐迂回，枯黄的草木开始萌芽开花。面对盛夏，师文叩动属于水音的羽弦来呼应十一月的黄钟乐律，顿时霜雪交加，河流与池塘都冻结起来。待到寒冬，他又叩动属于火音的徵弦来激发五月的蕤宾乐律，炽烈的阳光普照大地，河上的坚冰迅速消融。乐曲进入尾声，师文再换用宫调，合奏商、角、羽、徵四弦，于是祥和之风吹拂而来，吉祥彩云浮现空中，清新甘露从天而降，甜美泉水源源涌出。

فبدأ بالعزف، وكان في الربيع ينقر وتر شانغ[1] الذي يُصْدِرُ صوت المعدن، ليُحْضِرَ به لحنَ نان ليوي[2]، الذي يمثّل شهر أغسطس، حتى جاءت ريح الخريف الباردة فَجْأَةً، فأثمرت الأعشاب وأينعت الأشجار. وكان في الخريف ينقر وتر جيويه[3] الذي يُصْدِرُ صوت الخشب، ليثير به لحنَ جيا تشونغ[4]، الذي يمثّل شهر فبراير، حتى رجع نسيم الربيع العليل بُغْتَةً، فأورقت الأعشاب، وأزهرت الأشجار. وكان في الصيف ينقر وتر يوي[5] الذي يُصْدِرُ صوت الماء، ليُحْضِر لحْنَ هوانغ تشونغ[6]، الذي يمثّل شهر نوفمبر، حتى جاء الصقيع مع الثلج، وتجمّدت الأنهارُ فجأةً، وتجلّدت البِرَك بغتةً. وكان في الشتاء ينقر وتر تشي[7] الذي يُصْدِرُ صوت النار، ليثير لحن روي بينغ[8]، الذي يمثّل شهر مايو، حتى طلعت الشمسُ مع أنوارها الساطعة، فذاب الجليد

---

1 شانغ (shang) من الألحان الخمسة السائدة في الصين القديمة، التي تحتوي على قونغ (gong) وشانغ (shang) وجيويه (jue) تشي (zhi) ويوي (yu)، وهو صوت المعدن، الذي يتقابل مع الخريف.

2 نان ليوي (nanlü) هو الوزن العاشر من اثني عشر وزناً في الصين القديمة، متقابلاً مع صوت الخريف في أغسطس من التقويم الصينيّ. وكانت الأوزان الاثنا عشر مقسَّمةً وفقاً لدرجات الأصوات إلى هوانغ تشونغ (huangzhong)، ودا ليوي (dalü)، وتاي تسو (taize)، وجيا تشونغ (jiazhong)، وقو شي (guxi)، وتشونغ ليوي (zhonglü)، وروي بينغ (ruibing)، ولين تشونغ (linzhong)، ويي تسه (yize)، ونان ليوي (nanlü)، ووو شه (wushe) وينغ تشونغ (yingzhong).

3 جيويه (jue) من الألحان الخمسة السائدة في الصين القديمة، وهو صوت الخشب، الذي يتقابل مع الربيع.

4 جيا تشونغ (jiazhong) هو الوزن الرابع من اثني عشر وزناً في الصين القديمة، متقابلاً مع صوت الربيع في فبراير من التقويم الصينيّ.

5 يوي (yu) من الألحان الخمسة السائدة في الصين القديمة، وهو صوت الماء، الذي يتقابل مع الشتاء.

6 هوانغ تشونغ (huangzhong) هو الوزن الأوّل من اثني عشر وزناً في الصين القديمة، متقابلاً مع صوت الشتاء في نوفمبر من التقويم الصينيّ.

7 تشي (zhi) من الألحان الخمسة السائدة في الصين القديمة، وهو صوت النار، الذي يتقابل مع الصيف.

8 روي بينغ (ruibing) هو الوزن السابع من اثنيْ عشر وزناً في الصين القديمة، متقابلاً مع صوت الصيف في مايو من التقويم الصينيّ.

【原文】

师襄乃抚心高蹈曰："微矣子之弹也！虽师旷之清角，邹衍之吹律，亡以加之。彼将挟琴执管而从子之后耳。"

【今译】

师襄听了，高兴得拍胸雀跃道："真高妙啊，你的琴声！纵然是师旷吹奏的清角乐曲，邹衍吹奏的管乐声律，也没法超越你。他们都要挟着弦琴，拿着箫管，跟在你后面讨教呢。"

الصلب وتلاشى فوراً. وأخيراً تحوّل شي ون إلى نقر وتر قونغ[1] ليعزف مع الأوتار الأربعة السابقة، حتى يبشّر له النسيم اللطيف، ويحلّق له السحاب السعيد، وينزل له المطر الحلو، ويتدفّق له الينبوع العذب.

فقال شي شيانغ، وهو يضرب على صدره، ويطير من الفرح: "ما أروع عزفك! ولا أحد يتفوّق عليك، ولو كان شي كوانغ[2] الذي يعزف بالآلات الوتريّة وتسو يان[3] الذي يعزف بالآلات النفخيّة، وهما مضطرّان إلى التعلّم منك، وأحدهما يحمل معه العود، والآخر يأخذ معه المزمار."

1 قونغ (gong) من الألحان الخمسة السائدة في الصين القديمة.

2 شي كوانغ (Shi Kuang) كان موسيقيّاً مكفوفاً للملك بينغ لمملكة جين، ومعروفاً بقوّته الهائلة في التمييز بين الأصوات.

3 تسو يان (Zou Yan) كان رجلاً من مملكة تشي (Qi)، وهو مفكّر مشهور لمدرسة ينويانغ (Yinyang) في أواخر عصر الممالك المتحاربة.

【原文】

薛谭学讴于秦青，未穷青之技，自谓尽之，遂辞归。秦青弗止，饯于郊衢。抚节悲歌，声振林木，响遏行云。薛谭乃谢求反，终身不敢言归。

秦青顾谓其友曰：“昔韩娥东之齐，匮粮，过雍门，鬻歌假食。既去而馀音绕梁欐，三日不绝，左右以其人弗去。过逆旅，逆旅人辱之。韩娥因曼声哀哭，一里老幼悲愁，垂涕相对，三日不食。遽而追之。娥还，复为曼声长歌，

【今译】

薛谭向秦青学习唱歌，还没完全学会秦青的技艺，就自以为彻底掌握了，于是便向秦青告辞回家。秦青并不挽留，送他到郊外大路，为他设宴饯行。席间，秦青拍打着竹制的乐器，慷慨悲歌，激越的歌声震撼着林间树木，清亮的回响遏止了天空飘动的浮云。薛谭听了，连忙道歉谢罪，请求继续在门下学习，终身都不敢再提学成回家的话。

秦青回头对他的朋友说：“从前韩娥往东到齐国去，路上粮食吃完了，就在经过雍门的时候，卖唱求食。离开以后，袅袅的馀音萦绕在屋梁上，三天都没有停歇，附近的人们还以为她没有离开。韩娥经过旅馆的时候，旅馆里的人欺负她。韩娥便长声哀哭起来，全乡的老老少少都感到万分悲伤，彼此泪眼相对，三天吃不下饭。他们赶忙去追赶韩娥。韩娥回来以后，又用曼妙的歌声为他们放声长歌，全

كان شيوه تان[1] يتعلّم الغناء عند تشين تشينغ[2]، وقد زعم أنه استوفى حقّه من فنون تشين تشينغ قبل أن يستكملها، فاستأذن تشين تشينغ بعودته إلى بيته.

لم يقنعه تشين تشينغ بالبقاء، بل أقام له مأدبة وداعية على طريق الضاحية، حيث يغنّي على إيقاع المصفّقات أغنيّة محزنة، يهزّ صوتُها أشجاراً في الغابة، ويمنع صداها سحباً في السماء. فطلب شيوه تان العفو من معلّمه، آملاً في العودة، غير مُقْدِم مدى حياته على الكلام عن العودة إلى البيت.

فأدار تشين تشينغ وجهه إلى أصدقائه قائلاً: "كانت هاناً[3] على طريق يتّجه شرقاً إلى مملكة تشي تستنفد كلّ ما معها من الأزودة، فكانت ترتزق من غنائها عند مرورها ببوّابة يونغ[4] لتتابع طريقَها، إلاّ أن أغنيّتها بعد ظلّت أصداؤها تدوّي بين العوارض والأعمدة، غير منقطعة أثناء ثلاثة أيّام، حتى خيّل إلى الناس بالقرب من البوّابة أنها لم تذهب بعد.

عندما كانت هاناً تمرّ بالخانة، تعرّضت للإهانة والإذلال من النازلين فيها، فأطلقت بكاءها الحزين بصوتها الممطوط، حتى أشعرت كلّ القرويّين كباراً وصغاراً بحسرة وأسى، وهم يتلاقون بعيون دامعة، ويمتنعون عن الأكل أثناء ثلاثة أيّام، فيسرعون إلى اللحاق بها. وعندما عادت إليهم هاناً، غنّت لهم أغانِيّ طويلةً بصوتها الممطوط أيضاً، حتى أطارت كلّ القرويّين كباراً وصغاراً

---

1 شيوه تان (Xue Tan) يقال إنه كان رجلاً حاذقاً في الغناء في مملكة تشين (Qin).

2 تشين تشينغ (Qin Qing) يقال إنه كان رجلاً حاذقاً في الغناء في مملكة تشين (Qin).

3 هاناً (Han E) يقال إنها كانت إمرأة حاذقة في الغناء في مملكة هان (Han).

4 بوّابة يونغ (yong) هي إحدى البوّابات في مملكة تشي.

【原文】

一里老幼喜跃抃舞，弗能自禁，忘向之悲也。乃厚赂发之。故雍门之人至今善歌哭，放娥之遗声。”

【今译】

乡的老老少少统统欢欣雀跃，手舞足蹈，不能自禁，忘却了往日的悲愁。于是大家赠给韩娥丰厚的财物，送她离开。所以雍门的人直到现在还善于歌唱与悲哭，就是仿效了韩娥遗留下来的歌声啊。”

وأرقصتهم من الأفراح، التي لا يستطيعون أن يكبحوا جماحها، وهم قد نسوا ما كان لهم في الماضي من الهموم والغموم، وأغدقوا عليها بالأموال والهدايا، وأوصلوها إلى بيتها. فإن الناس بالقرب من بوّابة يونغ ظلّوا حاذقين في الغناء وماهرين في البكاء حتى اليوم، بفضل تقليدهم لما خلّفتْه هانأ من الأصوات."

【原文】

伯牙善鼓琴，锺子期善听。伯牙鼓琴，志在登高山。锺子期曰："善哉！峨峨兮若泰山！"志在流水。锺子期曰："善哉！洋洋兮若江河！"伯牙所念，锺子期必得之。

伯牙游于泰山之阴，卒逢暴雨，止于岩下；心悲，乃援琴而鼓之。初为霖雨之操，更造崩山之音。曲每奏，钟子期辄穷其趣。伯牙乃舍琴而叹曰："善哉，善哉，子之听夫！志想象犹吾心也。吾于何逃声哉？"

【今译】

伯牙善于弹琴，锺子期善于聆听。伯牙弹琴，内心向往着登临高山。锺子期便说："好啊！巍峨雄壮如同泰山耸立！"内心向往着流水。锺子期便说："好啊！汪洋恣肆如同江河奔流！"只要是伯牙心中所念，锺子期必定能够领会。

伯牙在泰山北麓游玩，突然遇上暴雨，就在岩石底下躲避；他心中十分悲苦，便取过琴来弹奏。起初弹奏的声调如同哀怨的大雨，接着更是奏出了山崩地裂一般的声音。每奏一支乐曲，锺子期都能立刻领会其中的旨趣。伯牙于是放下琴，感叹道："好啊，好啊，你的欣赏力！你的志趣和想象就和我的心一样。我又怎么能在琴音中隐匿自己的心声呢？"

كان بوه يا[1] ماهراً في العزف على العود، في حين كان تشونغ تسي تشي[2] ماهراً في الإصغاء إليه. وعندما كان بوه يا يعزف على العود، وهو إذا كان يتوق إلى الجبال الشاهقة، قال له تشونغ تسي تشي: "رائعة جدّاً! وهي شامخة مثل جبل تاي!" وإذا كان يتوق إلى المياه الجارية، قال له تشونغ تسي تشي: "رائعة جدّاً! وهي هائجة مثل نهر اليانغتسي والنهر الأصفر. فكلّ ما كان يخطر ببال بوه يا، لا بدّ لتشونغ تسي تشي من معرفته وفهمه.

عندما كان بوه يا يقوم برحلة في السفح الشماليّ من جبل تاي، جاءه المطر الهاطل فجأة، فلجأ إلى صخرة، وذلك أثارَ الحزنَ والأسى في قلبه بُغْتَةً، ممّا جعله يعزف على عوده، الذي يبدأ بالصوت المُحْزِن الناتج عن انهمال الأمطار، ويصل إلى الصوت المُخِيف الصادر من انهيار الجبال. وما إن انتهى بوه يا من عزف لحن واحد، حتى فهم تشونغ تسي تشي ما هو قصده أو غرضه، فترك بوه يا عوده جانباً وقال بعد تنهّد طويل: "أحسنت! أحسنت في قوّة سمعك! وإن طموحاتك وتصوّراتك تشبهان ما يفكّر فيه قلبي، إلى درجة أنني لا أعرف أيّ صوت يمكّنني من إخفاء نفسِي فيه؟"

1 بوه يا (Bo Ya) يقال إنه كان عازفاً شهيراً للعود الصينيّ من مملكة جين (Jin) في عصر الربيع والخريف.

2 تشونغ تسي تشي (Zhong Ziqi) يقال إنه كان رجلاً في عصر الربيع والخريف وشهيراً بالتمييز بين الأصوات.

【原文】

周穆王西巡狩，越昆仑，不至弇山。反还，未及中国，道有献工人名偃师，穆王荐之，问曰：“若有何能？”

偃师曰：“臣唯命所试。然臣已有所造，愿王先观之。”

穆王曰：“日以俱来，吾与若俱观之。”

越日偃师谒见王。王荐之，曰：“若与偕来者何人耶？”

对曰：“臣之所造能倡者。”

【今译】

周穆王西行巡查，越过昆仑山，直到日落之处的弇山。返回时，尚未抵达中国，在路上遇见一名自愿奉献技艺的人，名叫偃师，穆王便接见了他，问他说：“你有什么本领？”

偃师答道：“我对大王唯命是从。只是我已经造好了一件东西，愿请大王先观赏一下。”

穆王说：“改天把它带来，我和你一起观赏。”

第二天，偃师拜见穆王。穆王接见了他，并问道：“和你一块儿来的是什么人啊？”

偃师答道：“是我制作的能歌善舞的艺人。”

عندما قام الملك مو لأسرة زو الملكيّة بجولة تفقّديّة في الغرب، تجاوز جبل كونلون[1]، وارتقى إلى جبل يان[2]. وكان يلتقي، على طريق عودته، وقبل أن يصل إلى السهول الوسطى، برجل يريد أن يتقدّم بمهارته، ويُسمَّى بـ يان شي. فاستدعاه الملك مو، وسأله قائلاً: "ماذا لديك من المهارة؟"

أجابه يان شي: "سمعاً وطاعة، يا مولاي! أتمنّى أن تنظر أولّا إلى ما قد صنعته."

فقال الملك مو: "لأنظر إليه أنا وأنت، حين تُحْضِرُه في يوم آخر."

وفي اليوم التالي، جاء يان شي لمقابلة الملك، الذي استدعاه وسأله قائلاً: "من هو الذي تأتي به؟"

"هو راقص صنعْتُه أنا."

---

1 كونلون (Kunlun) اسم الجبل الذي يقع حاليّاً بين منطقة شينجيانغ (Xinjiang) ومنطقة التبت، وهو متصل بهضبة البامير (Pamir) غرباً، وممتدّ إلى مقاطعة تشينغهاي (Qinghai) شرقاً.

2 جبل يان (Yan): يقع حاليّاً في غرب مدينة تيانشوي (Tianshui) في مقاطعة قانسو (Gansu) الصينيّة.

【原文】

穆王惊视之，趣步俯仰，信人也。巧夫锁其颐，则歌合律；捧其手，则舞应节。千变万化，惟意所适。王以为实人也，与盛姬内御并观之。技将终，倡者瞬其目而招王之左右侍妾。王大怒，立欲诛偃师。偃师大慑，立剖散倡者以示王，皆傅会革、木、胶、漆、白、黑、丹、青之所为。王谛料之，内则肝、胆、心、肺、脾、肾、肠、胃，外则筋骨、支节、皮毛、齿发，皆假物也，而无不毕具者。合会复如初见。王试废其心，则口不能言；废其肝，则目不能视；废其肾，则足不能步。

【今译】

穆王惊讶地注视着它，快跑、慢走、低头、仰首，完全就是真人模样。更巧妙的是，撳动它的脸颊，它就会唱出合于音律的歌；抬起它的手来，它就会跟着节拍跳舞。实在是千变万化，随心所欲。穆王以为它是一个真人，就招呼宠爱的盛姬和宫内嫔妃一同观赏。伎艺表演即将结束的时候，那艺人眨动自己的眼睛去勾引穆王身边的侍妾。穆王勃然大怒，立时要诛杀偃师。偃师大为恐惧，立刻拆散了伎艺人给穆王看，原来都是用皮革、木块、胶水、油漆、白垩、黑炭、丹砂、靛青等等会合而成的。穆王仔细地加以审查，体内有肝、胆、心、肺、脾、肾、肠、胃，体外也有筋骨、肢节、皮毛、牙齿和头发，虽然都是用其他东西做成的，但没有一样不具备的。再把它重新组装整合以后，又像原先见到的那个伎艺人了。穆王试着拿掉它的心脏，它的嘴就不会说话了；试着拿掉它的肝，它的眼睛就看不见了；试着拿掉它的肾，它的脚就不会走路了。

نظر الملك مو بكلّ دهشة إلى الراقص، وهو يسير بسرعة حيناً وببطء حيناً آخر، وينحني تارّة ويرتفع تارّة أخرى، كأنه إنسان حقيقيّ. وما هو أروع من ذلك هو أنه إن تُضْغَطْ وجنتاه، يُغَنِّ حسب الأوزان؛ وإن تُرْفَعْ يداه، يرقص على الإيقاعات. وهو يغيّر رقصاته بما يشاء، ويبدّلها بما يحلو له، حتى يظنّ الملك مو أنه إنسان حقيقيّ، ويشاهده مع شنغ جي[1] وغيرها من حظاياه وسراريّه.

وعندما اقترب العرض من نهايته، غمز الراقص بعينيْه ليُغْرِي الحظايا والسراريّ بجانبي الملك، ممّا أثار غيظ الملك، حتى أراد أن يقتل يان شي على الفور. فأسرع يان شي في خوف شديد إلى شقّ الراقص وفكّه، ليعْرضه على الملك، الذي وجد الراقص مركَّباً بالجلد والخشب والصمغ والدهان والطباشير والفحم والزنجفر والصباغ، كما وجد بعد الفحص الدقيق أن ما في داخله من الكبد والمرارة والقلب والرئة والطحال والكلية والأمعاء والمعدة، وما في خارجه من العظام والعضلات والأطراف والمفاصل والجلود والأسنان والأشعار، كلّهما اصطناعيّ، وهو كامل لا ينقصه أيّ شيء، وإن تمّت إعادة تركيبه، عاد إلى ما كان عليه. فحاول الملك أن يأخذ منه قلبه، حتى لا يستطيع لسانه أن يتكلّم؛ وحاول أن يأخذ منه كبده، حتى لا تستطيع عيناه أن تبصرا؛ وحاول أن يأخذ منه كليته، حتى لا تستطيع قدماه أن تمشيا.

---

1 شنغ جي (Shengji) كانت حظيّة مقرَّبة إلى الملك مو لأسرة زو الملكيّة.

【原文】

穆王始悦而叹曰："人之巧乃可与造化者同功乎？"诏贰车载之以归。

夫班输之云梯，墨翟之飞鸢，自谓能之极也。弟子东门贾、禽滑釐闻偃师之巧以告二子，二子终身不敢语艺，而时执规矩。

【今译】

穆王这才高兴地赞叹道："人的技巧竟然可以和自然造化有着同等的功效么？"并下令副车载着伎艺人带回国去。

班输制造了云梯，墨翟做成了飞鸢，都自以为技能技巧已经登峰造极。而他们的弟子东门贾和禽滑釐，听闻了偃师巧制伎艺人的故事，转告给自己的老师。这两人就终身不敢再谈论技艺，只有老实地守着他们做工用的规和矩。

وذلك أشعر الملك مو بفرح وسرور، حتى قال بإعجاب كبير: "لم يكن في حسباني أن براعة الإنسان تضاهي ما خلقته الطبيعة إلى هذا الحدّ؟" فأمر يان شي بركوب عربته المرافقة لتعود به إلى مملكته.

كان سلّم الحبال لـ بان شو[1] والطيّارة الخشبيّة لـ موه دي يُعَدّان في عيون صاحبيْهما قمّة في مهارتهما. فأخبرهما تبعاهما دونغمن قو (Dongmen Gu) وتشينقو لي (Qingu Li) بمهارة يان شي بعد أن وصل إليهما الخبر، إلاّ أن بان شو وموه دي كانا يمسكان طولَ الوقت بما لهما من الفرجار والكوس من دون أن يجرؤا على الحديث عن مهارتهما مدى الحياة.

1 بان شو (Ban Shu) كان يُسمَّى أيضاً بـ قونغ شو بان (Gongshu Ban) وكان نجّاراً مشهوراً في مملكة لو (Lu) في عصر الربيع والخريف، وملقّباً بـ لو بان (Luban) بين الشعب الصينيّ.

【原文】

甘蝇，古之善射者，彀弓而兽伏鸟下。弟子名飞卫，学射于甘蝇，而巧过其师。纪昌者，又学射于飞卫。

飞卫曰:“尔先学不瞬，而后可言射矣。”

纪昌归，偃卧其妻之机下，以目承牵挺。二年之后，虽锥末倒眦，而不瞬也。以告飞卫。

飞卫曰:“未也，必学视而后可。视小如大，视微如著，而后告我。”

昌以氂悬虱于牖，南面而望之。旬日之间，浸大也；

【今译】

甘蝇是古代传说中善于射箭的人，只要他拉满弓弦，野兽就会趴下，飞鸟就会落地。他的弟子名叫飞卫，向甘蝇学习射箭，技巧却超过了老师。有个名叫纪昌的人，又向飞卫学习射箭。

飞卫说:“你先学会不眨眼，然而再来谈论射箭的事。”

纪昌回到家，仰卧在妻子的织布机下，眼睛注视着一上一下的踏板。两年之后，就算锥尖刺到眼眶边，他也能够不眨眼睛。于是就去禀告飞卫。

飞卫说:“还不行，一定得练好眼力才能学射箭。等你看小东西就像大东西一样，看细微的东西就像显著的东西，再来告诉我。”

纪昌就用牛毛系上一只虱子，挂在窗口，面朝南方注视它。十来天后，那虱子越看越觉得大；三年之后，大得就像

كان قان ينغ[1] خبيراً بالرماية في العصور القديمة، إن يشدّ قوسه، يُوقِعْ به الوحوش، ويُسْقِطْ به الطيور. وكان تلميذُه فَيْ وَيْ[2]، يتعلّم منه الرماية، ويتفوّق على معلّمه في مهارتها.

وكان جي تسانغ[3] يتعلّم الرماية من فَيْ وَيْ، الذي قال له: "تعلّم ألا تطرف بعينيْك، قبل أن أحدّثك عن فنون الرماية."

فعاد جي تسانغ إلى بيته، حيث كان يستلقي على ظهره تحت نول زوجته، عيناه محدّقتان إلى الدوّاسة، حتى نجح بعد سنتيْن في عدم الطرف بعينيْه، ولو اقترب رأس المخرز من حدقتيْه، وأخبر فَيْ وَيْ بذلك.

فقال له فَيْ وَيْ: "لا يكفي. فلا بدّ أن تقوّي بصيرتك قبل أن تتعلّم فنون الرماية، وتخبرني بعد أن تنظر إلى ما هو صغير كأنه كبير، وتنظر إلى ما هو غامض كأنه واضح."

فعلّق جي تسانغ قملةً على الشبّاك بعد أن ربطها بشعرة من ذيل البقر، وحملق فيها من الشمال، حتى صارتْ كبيرة بصورة تدريجيّة بعد حوالي عشرة أيّام، وأشبهتْ بعجلة العربة بعد ثلاث سنوات، وبالتلال أو الجبال عندما نظر إلى الأشياء الأخرى. فأصاب جي تسانغ القملة بالقوس المثبَّت بأقران من مملكة يان والسهم المصنوع بالزُنَيْد من مملكة تشو (Chu)، حتى نفذها في القلب، والشعرة لم تنقطع.

1 قان ينغ (Gan Ying) كان رجلاً ماهراً في الرماية في الأساطير الصينيّة القديمة.

2 في وي (Fei Wei) كان رجلاً ماهراً في الرماية في الأساطير الصينيّة القديمة.

3 جي تسانغ (Ji Chang) كان رجلاً ماهراً في الرماية في الأساطير الصينيّة القديمة.

【原文】

三年之后，如车轮焉。以睹馀物，皆丘山也。乃以燕角之弧，朔蓬之簳射之，贯虱之心，而悬不绝。以告飞卫。

飞卫高蹈拊膺曰："汝得之矣！"

纪昌既尽卫之术，计天下之敌己者，一人而已；乃谋杀飞卫。相遇于野，二人交射；中路矢锋相触，而坠于地，而尘不扬。飞卫之矢先穷。纪昌遗一矢；既发，飞卫以棘刺之端扞之，而无差焉。

于是二子泣而投弓，相拜于涂，请为父子。尅臂以誓，不得告术于人。

【今译】

一个车轮。再去看其他东西，都像山丘那么大了。于是纪昌操起燕国牛角做的弓，楚国蓬梗制的箭，向虱子射去，一箭穿过虱子的心，而悬虱子的牛毛没被射断。于是再去禀告飞卫。

飞卫听了，手舞足蹈，拍着胸脯说道："你掌握箭术的奥秘了！"

纪昌完全学到飞卫的箭术之后，估摸着天下能够与自己匹敌的，不过飞卫一个人而已；就图谋杀死飞卫。一次，两人在郊野相遇，便张弓对射；半路上彼此的箭锋相互碰击，落到地上，却不扬起一点尘土。飞卫的箭先射完了。纪昌还剩下一支箭；发出后，飞卫用荆棘刺的尖端来抵御他的利箭，竟毫无差失。

于是，两人激动得热泪盈眶，双双扔掉手中的弓箭，在路上对拜起来，互相请求结成父子。他们在手臂上刻下标记，盟誓永远不把射箭的绝技告诉别人。

ذهب جي تسانغ إلى فَيْ وَيْ ليخبره بذلك.

فقال فَيْ وَيْ، وهو يطير من الفرح، يضرب صدره: "قد استوعبت مهارة الرماية بالفعل!"

فقال جي تسانغ لنفسه، بعد أن استوفى حقّه بفنون فَيْ وَيْ، إن العالم لا أحد فيه يقدر على منافسته ومخاصمته إلاّ رجلاً واحداً، هو فَيْ وَيْ، الذي حاول جي تسانغ أن يغتاله. فحينما التقى جي تسانغ بفَيْ وَيْ في البادية، تبادل معه إطلاق الأسهم، التي تتصادم رؤوسها في منتصف طريقها إلى الطرف الآخر، حتى تتساقط على الأرض من دون إثارة الغبار والأتربة. وعندما أطلق جي تسانغ آخر سهم في جعبته، صدّه فَيْ وَيْ برأس شوكة بلا أيّ خطأ.

فبكى جي تسانغ وفَيْ وَيْ، ورميا قوسيْهما، وتبادلا الاحتناء على الطريق بصفتهما الأب والابن، وأقسما، بعد أن وسما ذراعيْهما، بعدم إعلام غيرهما بمهارتهما على الإطلاق.

【原文】

造父之师曰泰豆氏。造父之始从习御也，执礼甚卑，泰豆三年不告。造父执礼愈谨，乃告之曰："古诗言：'良弓之子，必先为箕；良冶之子，必先为裘。'汝先观吾趣。趣如吾，然后六辔可持，六马可御。"

造父曰："唯命所从。"

泰豆乃立木为涂，仅可容足；计步而置，履之而行。趣走往还，无跌失也。

造父学之，三日尽其巧。

泰豆叹曰："子何其敏也？得之捷乎！凡所御者，亦如

【今译】

造父的老师名叫泰豆氏。造父刚开始跟从他学习驾御术的时候，礼数极为恭敬谦卑，但泰豆氏三年里并没有向他传授一点技术。造父的待师礼数愈发恭谨，泰豆氏这才告诉他："古诗说：'要做制弓好手，先学编织簸箕；要做打铁良匠，先学缝纫皮衣。'你先观察我如何疾步快走。等到能像我一样疾走了，那么就可以手持六条缰绳，驾御六匹骏马了。"

造父说："一切听您安排。"

于是，泰豆氏立起一排木桩作为道路，每根木桩上仅能容下一只脚；他算好步幅来放置这些木桩，然后踩着木桩行走。只见他来回奔走，没有跌跤或者闪失。

造父学他的样子，三天后就完全掌握了这种技巧。

泰豆氏赞叹道："你怎么这么聪敏啊？掌握得如此迅速！但凡驾驭马车，也是这个道理。刚才你在木桩上走，落脚得当，

عندما بدأ تَسَاوْ فُو[1] بتعلّم الفنون لسياقة العربات من معلّمه الذي يُسمَّى بـ تَايْ دُو[2]، كان يتمسّك بآدابه بتواضُع وخشوع، إلاّ أن تَايْ دُو لم يعلّمه شيئاً من فنونه بعد ثلاث سنوات. فالتزم تَسَاوْ فُو بآدابه بمزيد من الحذر واليقظة، حتى قال له تاي دو: "قالت القصيدة القديمة:

إبن القوّاس لا بدّ أن يبدأ بصناعة المقشّة،

ابـن الحـدّاد لا بـدّ أن يبدأ بخيـاطة الفـروة.

فشاهِدْ أوّلاً كيف أركض بسرعة! وعندما تركض مثلما أركض، يمكنك أن تُمْسِك بيديْك بستّة أعنّة، وتقود ستّة جياد."

قال تساو فو: "سمعاً وطاعةً!"

مهَّد تَايْ دُو الطريق بأوتاد، لا تكفي إلاّ أَنْ تُوضَع على رأس كلّ منها قدمٌ واحدةٌ، وتُصَفَّفُ على بعد خطوات متساوية. فركض على الأوتاد ذهاباً وإياباً من دون عثرة أو زلّة.

تعلّم تَسَاوْ فُو رِكْضَتَه، حتى استوعب مهارتَها تماماً خلال ثلاثة أيّام.

قال تَايْ دُو بكلّ إعجاب: "لِمَ لك الذكاء؟ وما أسرع إتْقانك لهذه المهارة!

---

1 تساو فو (Zao Fu) من سوّاق العربات للملك مو قونغ لأسرة زو الملكيّة.

2 تاي دو (Tai Dou) يقال إنه كان ماهراً في سياقة العربات في الأساطير الصينيّة القديمة.

【原文】

此也。曩汝之行，得之于足，应之于心。推于御也，齐辑乎辔衔之际，而急缓乎唇吻之和，正度乎胸臆之中，而执节乎掌握之间。内得于中心，而外合于马志，是故能进退履绳而旋曲中规矩，取道致远而气力有馀，诚得其术也。得之于衔，应之于辔；得之于辔，应之于手；得之于手，应之于心。则不以目视，不以策驱；心闲体正，六辔不乱，而二十四蹄所投无差；回旋进退，莫不中节。然后舆轮之外可使无馀辙，马蹄之外可使无馀地。未尝觉山谷之崄，原隰之夷，视之一也。吾术穷矣。汝其识之！”

【今译】

与心相应。用到驾驭马车上，就要在缰绳和嚼子之间协调好马匹，并通过或轻或重的吆喝来掌握马匹奔驰的快慢，心中要有一定的分寸，手握缰绳，也要掌握一定的节奏。在内得之于心，在外合乎马群的意愿，所以才能进退如同踩着准绳，而盘旋纡回都像遵循着规矩一样，即使跑到遥远的地方，马匹的气力也绰绰有馀，这才算是掌握了驾御术。马嚼子掌握好了，马缰绳就能与之相应；马缰绳掌握好了，执掌缰绳的手就能与之相应；手处置得当了，内心就能与之相应。这样就能够不用眼睛看，不用马鞭驱赶；心神安闲，身体端正，六根缰绳丝毫不乱，而六匹马的二十四蹄起落无差；迂回盘旋、前进后退，无不合于节度。然后就可以在车轮之外不留下其他车辙；马蹄之外也不用更多的落脚地方。根本不觉得山谷是险峻的，原野洼地是平坦的，都把它们当作一回事。我的驾御术都在这儿了。你好好记住吧！”

وهي تنطبق في الغالب على سياقة العربات أيضاً. فإن رَكْضَك على الأوتاد تنعكس مهارتُه على قدميْك، وتنسجم مع قلبك؛ وإن يتمّ تطبيقُها في سياقة العربات، يعتمد تصفيفُ الخيول وتنظيمُها على تنسيق ما في يدي السائق من الأعِنَّة والألجمة، بيد أن تسريعَها وتبطئتَها يعتمدان على تغيير ما بين شفتي السائق من الصراخ والصياح؛ ويتمّ تعديلُ قواعدِها بما في صدر السائق وقلبه، في حين يتمّ تغييرُ سرعاتها بما في كفّي السائق وأصابعه؛ وذلك يتوافق في الداخل مع ما هو في قلب السائق من الإرادات، في حين يتناسب في الخارج مع ما هو للخيول من الرغبات. ولذا تقدر الخيولُ على الاندفاع أو الانسحاب، كأنها تسير على الخطوط المستقيمة، وعلى الانعطاف أو الالتفاف كأنها تلتزم بالقواعد المحدّدة، وما زال لها قُوى زائدة، ولو بَعْدَ رحلة طويلة إلى منطقة نائية، وذلك يعني الإتقان لفنون السياقة. إن تعرفْ كيْفيّة التحكّم بالألجمة، تستجبْ لك الأعنّةُ؛ وإن تعرفْ كيْفيّة التحكّم بالأعنّة، تستجبْ لك يداك؛ وإن تعرفْ كيْفيّة التحكّم بيديْك، يستجبْ لك قلبُك؛ حتى لا تنظر إلى الخيول بعينيْك، ولا تسوقها بالأسواط، وأنت هادئ القلب معتدل الجسم، والأعنّةُ الستّة في يديْك غير متشابكة، فلا خطأ في مواقع الحوافر الأربعة والعشرين، ولا شيءَ غيرَ مناسب في الانعطاف والالتفاف أو في الاندفاع والانسحاب؛ ثم لا أثر زائدَ خارج عجلات العربة، ولا مكانَ زائدَ خارج حوافر الخيول، وأنت لا تشعر بانحدار الجبال والوديان، ولا بانبساط السهول والوهاد، حتى تنظر إليها كشيء واحد. وهذه هي كلّ فنوني في السياقة، فاحفظها جيّداً!"

【原文】

魏黑卵以昵嫌杀丘邴章，丘邴章之子来丹谋报父之仇。

丹气甚猛，形甚露，计粒而食，顺风而趋。虽怒，不能称兵以报之。耻假力于人，誓手剑以屠黑卵。黑卵悍志绝众，力抗百夫。筋骨皮肉，非人类也。延颈承刀，披胸受矢，铓锷摧屈，而体无痕挞。负其材力，视来丹犹雏鷇也。

来丹之友申他曰："子怨黑卵至矣，黑卵之易子过矣，将奚谋焉？"

来丹垂涕曰："愿子为我谋。"

【今译】

魏国的黑卵挟私仇杀死了丘邴章，丘邴章的儿子来丹想报杀父之仇。

来丹胆气十分勇猛，身体却很羸弱，数着饭粒进食，顺着风才能行走。虽然怒火满腔，却不能提起兵器去报仇。他耻于依靠别人的力量，发誓要亲手用剑杀死黑卵。黑卵凶悍勇猛，力量超常，独自可以抵挡一百个人。筋骨皮肉，都和普通人不一样。他伸长脖子承受刀斧，袒露胸膛任凭箭射，竟然能使刀口卷曲，箭锋摧折，身上却没有一丝伤痕。黑卵仗着自己的体质气力，把来丹看成嗷嗷待哺的雏鸟。

来丹的朋友申他说："你仇恨黑卵到了极点，而黑卵也太过轻视你了，你打算怎么办？"

来丹流着泪说："希望你能替我出出主意。"

قتل هَيْ لُوَانْ[1] من مملكة وي (Wei) تشيو بينغ تشانغ[2] بسبب العداوة الشخصيّة بينهما، فحاول ابن القتيل لاَيْ دَانْ (Lai Dan) أن ينتقم لدم والده.

كان لاَيْ دَانْ شديد البأس، هزيل الجسم، لا يستطيع أن يأكل إلاّ حبّاتٍ معدودة من الأرز، ولا يسيرَ إلاّ مع اتجاه الريح، ولا يقدر على حمل الأسلحة ليأخذ ثأره لدم والده، مع أنه يشعر بحنق وغيظ؛ ويقسم بقتل هَيْ لُوَانْ بسيْف نفسه، مع أنه يشعر بخجل وحياء على اللجوء إلى قوّة غيره في ذلك. أمّا هَيْ لُوَانْ، فكان عنيفاً قويّاً لا مثيل له، حتى يقدر على مقاومة مئة رجل بقوّته فقط، وهو يختلف في عظامه وعضلاته عن الإنسان العاديّ، إذ إنه يطيق السكاكين، إن يمتدّ بعنقه؛ ويصمد السهام إن يكشف عن صدره؛ حتى تلتوي السكاكينُ حدودُها وتنكسر السيوفُ رؤوسُها، ولا جروح ولا ندوب في جسمه. لذا كان هَيْ لُوَانْ يعتبر لاَيْ دَانْ فرخاً من الأفراخ أو قوباً من الأقواب، معتمداً على جسمه وقوّته.

قال شَنْ تُوهْ (Shen Tuo)، وهو أحد الأصدقاء لـ لاَيْ دَانْ: "ماذا تحاول أن تفعل، وأنت تحقد للغاية على هَيْ لُوَانْ، الذي يسرف في الاستخفاف بك؟"

فقال له لاَيْ دَانْ بعينيْه الدامعتيْن: "أرجوك أن تدبّر لي خطّة!"

---

1 هَيْ لُوَانْ (Hei Luan) كان رجلاً يعيش في عصر الربيع والخريف.

2 تشيو بينغ تشانغ (Qiu Bingzhang) كان رجلاً يعيش في عصر الربيع والخريف أيضاً.

【原文】

申他曰:“吾闻卫孔周其祖得殷帝之宝剑,一童子服之,却三军之众,奚不请焉?”

来丹遂适卫,见孔周,执仆御之礼,请先纳妻子,后言所欲。

孔周曰:“吾有三剑,唯子所择;皆不能杀人,且先言其状。一曰含光,视之不可见,运之不知有。其所触也,泯然无际,经物而物不觉。二曰承影,将旦昧爽之交,日夕昏明之际,北面而察之,淡淡焉若有物存,莫识其状。

【今译】

申他说:“我听说卫国孔周的祖先得到了商代帝王的宝剑,一个小孩子佩在身上,就能吓退三军将士,为什么不去向他请求帮助呢?”

于是来丹到了卫国,拜见孔周,行最为谦恭的礼节,请求孔周先接受自己的妻子儿女做抵押,然后才说出自己的要求。

孔周说:“我有三把剑,任你选择;但它们都不能杀死人,姑且先说说它们的情况。第一把剑叫含光,看上去见不到形状,挥动时觉不到它的存在。剑锋过处,毫无缝隙,刺过人的身体也不会有所察觉。第二把剑叫承影,在天色将亮未亮的黎明时分,或是光线半明半暗的黄昏,对着北面观察它,隐隐约约好像有什么东西存在,但也不能辨认它的形状。剑锋过处,发出轻微的声响,刺过人的身体也

قال شَنْ تُوهْ: "سمعت أن الأسلاف للسيّد كونغ تشو (Kong Zhou) من مملكة وي (Wey) قد مُنِحَ بسيْفٍ نفيس من الملك تانغ لأسرة شانغ الملكيّة، وهو إن يتقلّده طفل صغير، تنسحب الجيوش من القوّات الثلاثة خوفاً منه. فلِمَ لا تطلب المساعدات منه؟"

فذهب لأيْ دَانْ إلى مملكة وي (Wey)، ليتقابل مع كونغ تشو، حيث أدّى له التحيّة التي لا تُطْلَبُ إلاّ من الخدم أو السواق، وقال له ما يريد بعد التعبير عن رغبته في إرهان زوجته وأبنائه.

أجابه كونغ تشو قائلاً: "لي ثلاثة سيوف، يمكنك أن تختار أيّاً منها كما تشاء، ولكنك لا تستطيع أن تقتل به أحداً. فَلْأَصِفْ لك أحوالَها أوّلاً!"

"فالسيف الأول يُسَمَّى بحاوي الأنوار (hanguang)، وهو لا شكل له للمحدِّق إليه، ولا وجود له للملوِّح به؛ والأشياء التي يلمسها تخفي بلا شقّ فيها، والتي يمرّ بها لا تشعر به.

والسيف الثاني يُسَمَّى بحامل الأشباح (chengying)، الذي من يشاهدْه مع وجهه الموجه إلى الشمال، فيما بين بزوغ الفجر وطلوع الشمس، أو في المغرب بين النهار المُشْمِس والليل المُظْلِم، يجدْه بين الظهور والخفاء، كأنّه شيء واقع، لا أحد يميّز شكلَه، إلاّ أن الأشياء التي يلمسها لها أصوات خافتة، والتي يمرّ بها لا تشعر بشيء من الألم. والسيف الثالث يُسمَّى بصاهر السحب

【原文】

其所触也，窃窃然有声，经物而物不疾也。三曰宵练，方昼则见影而不见光，方夜见光而不见形。其触物也，騞然而过，随过随合，觉疾而不血刃焉。此三宝者，传之十三世矣，而无施于事。匣而藏之，未尝启封。”

来丹曰：“虽然，吾必请其下者。”

孔周乃归其妻子，与斋七日。晏阴之间，跪而授其下剑，来丹再拜受之以归。

来丹遂执剑从黑卵。时黑卵之醉偃于牖下，自颈至腰三斩之。黑卵不觉。来丹以黑卵之死，趣而退。遇黑卵之

【今译】

不会感到疼痛。第三把剑叫宵练，白天时只见影子而不见光芒，夜晚时只见光芒而不见影子。剑锋触物，迅速划过，伤口随即划裂随即愈合，虽然疼痛，剑上却不沾血迹。这三把宝剑，从祖上到现在已经传了十三世，却从来没有使用过。放在匣子里珍藏，未曾启封过。”

来丹说：“即使这样，我也一定要借用最下等的那一把。”

孔周便归还了来丹的妻子儿女，和他一同斋戒了七天。在天气半晴半阴的时候，跪着将那把下等的宝剑授予来丹，来丹又拜了两次，然后受剑而归。

于是，来丹提着宝剑跟踪黑卵。等到黑卵喝醉了仰面躺在窗下的时候，来丹进去，从头颈到腰部连砍三剑。黑卵没有察觉。来丹以为黑卵已经死了，就急忙退了出来。

(xiaolian)، الذي تُرَى في النهار أشباحُه ولا أنوارُه، وتُرَى في الليل أنوارُه ولا أشكالُه؛ والأشياء التي يلمسها، يمرّ بها بسرعة هائلة، وتندمل جروحُها فورَ مروره بها، وتشعر بألم، من دون أن تتلطّخ حدودُه بالدماء. فإن هذه النفائس الثلاثة مورَّثة منذ ثلاثة عشر جيلاً من دون استعمالها في أيّ أمر، ومحفوظة مختومة في الصندوق."

قال لاَيْ دَانْ: "ومع ذلك، ما زلتُ أريد أن أستعير منك السيف من أدنى درجة."

أعاد كونغ تشو إلى لاَيْ دَانْ زوجته وأولاده، وصام معه سبعة أيّام. ففيما بين الصحو والغائم كان كونغ تشو راكعاً ليعطي السيف الثالث للاَيْ دَانْ، الذي عاد إلى بيته بعد أن شكر لكونغ تشو على ذلك مرّتيْن بإحناء رأسه.

كان لاَيْ دَانْ، مع السيف في يده، يتقفّى هَيْ لُوَانْ منذ ذلك الوقت، حتى وجده في يوم من الأيّام سكران ومستلقياً على ظهره تحت النافذة، فقطعه بالسيف من عنقه إلى خصره ثلاثة مرّات، إلاّ أنه لم يُشْعِرْ هَيْ لُوَانْ بشيء، فانسحب لاي دان بسرعة بعد أن زعم أن هَيْ لُوَانْ قد مات. وعندما صادف ابن هَيْ لُوَانْ عند الباب، قطعه ثلاث مرّات أيضاً، كأنه كان يقطع ما هو فارغ،

【原文】

子于门，击之三下，如投虚。黑卵之子方笑曰：“汝何蚩而三招予？”来丹知剑之不能杀人也，叹而归。

黑卵既醒，怒其妻曰：“醉而露我，使我嗌疾而腰急。”

其子曰：“畴昔来丹之来，遇我于门，三招我，亦使我体疾而支强，彼其厌我哉！”

【今译】

在门口遇到黑卵的儿子，就挥剑砍了他三下，好像砍在虚空里一般。黑卵的儿子笑着说：“你干什么傻乎乎地向我招三次手？”来丹知道这剑不能杀死人，就叹息着回去了。

黑卵醒来以后，对他妻子发怒道：“我喝醉了，却让我躺在露天，使我喉咙也痛，腰也酸。”

黑卵的儿子说：“刚才来丹到这儿来，在门口遇见我，向我招了三次手，也使我身体疼痛，四肢僵硬。他大概对我们施了巫术吧！”

حتى ضحك عليه ابن هَيْ لُوَانْ قائلاً: "لماذا تلوّح لي بيدك ثلاث مرّات بهذه الطريقة الغبيّة؟" فأدرك لأَيْ دَانْ أن السيف لا يستطيع أن يقتل به أحداً، فعاد إلى بيته بحسرة وأسى.

عندما استيقظ هَيْ لُوَانْ، غضب على زوجته قائلاً: "لِمَ تكشفين عني في الهواء، وأنا سكران، وذلك قد أصاب حنجرتي بمرض، وخصري بألم."

وقال ابنه: "جاء لأَيْ دَانْ إلى هنا قبيل الآن، ولوَّح لي بيده ثلاث مرّات حين التقى بي عند الباب، وذلك أشعرني أيضاً بألم في جسمي، وبتصلّب في أطرافي. فخشيت أنه قد يفرض علينا بما هو ساحر.

【原文】

周穆王大征西戎，西戎献锟铻之剑、火浣之布。其剑长尺有咫，练钢赤刃，用之切玉如切泥焉。火浣之布，浣之必投于火；布则火色，垢则布色；出火而振之，皓然疑乎雪。

皇子以为无此物，传之者妄。

萧叔曰："皇子果于自信，果于诬理哉！"

【今译】

周穆王大举征伐西北戎族，西戎敬献锟铻剑、火浣布。锟铻剑长一尺八寸，由纯钢制成，锋利无比，用它来切玉石，就像切泥土那么容易。火浣布清洗时一定要投入火中；布色如同火色，污垢则呈现出布色；从火里取出来抖一下，顿时光洁如新，洁白似雪。

皇子认为世上并没有这样的事物，传说的人一定是胡言乱语。

萧叔说："皇子太过自信，太过怀疑实际了。"

عندما قام الملك مو لأسرة زو الملكيّة بفتوحات على منطقة شي رونغ[1]، تقدّمت شي رونغ إليه بسيف كونوو[2] وقماش هوهوان (huohuan). ووصل طولُ السيف إلى قدميْن، وهو حادّ، ومصنوع من الفولاذ الخالص، وقادر على قطع اليشم بسهولة مثل قطع الطين. أمّا قماش هوه هوان، فلا بدّ أن يُلْقَى في النار عند غسله؛ وعندما يتحوّل القماش إلى لون النار، وما يتلطّخ به من الأوساخ إلى لون القماش، يُنَفَّضُ بعد أن يُخْرَج من النار، حتى يصير ناصع البياض مثل الثلج.

ظنّ وليّ العهد[3] أن العالم لا وجود فيه لمثل هذه الأشياء، وأن الراوي لا بدّ أن يكون واهماً، يهرف بما لا يعرف.

فقال شياو شو[4]: "يا وليّ العهد، أنت مسرف في الثقة بنفسك، ومسرف في الشكّ في الواقع."

1 شي رونغ (xirong) تسمية لأقليّات رونغ في الشمال الغربيّ في الصين القديمة.

2 كونوو (kunwu) اسم السيف المشهور في الصين القديمة.

3 قد يكون تساو بي (Caopi) وهو الملك ون دي (Wendi) لمملكة وي (Wei).

4 شياو شو (Xiaoshu) كان وزيراً لمملكة سونغ في عصر الربيع والخريف، فصار حاكماً لمملكة شياو بعد أن أعطاه الملك هوان قونغ لمملكة سونغ إقطاعة في مدينة شياو بفضل مآثره في قمع الاضطرابات.

第六章 力命

【原文】

力谓命曰:“若之功奚若我哉?”

命曰:“汝奚功于物而欲比朕?”

力曰:“寿夭、穷达、贵贱、贫富,我力之所能也。”

【今译】

人力对天命说:“你的功劳怎么比得上我呢?”

天命问道:“你对万物有什么功劳,而想来和我比较?”

人力说:“人们的长寿或短命、困厄或显达、尊贵或卑贱、贫穷或富有,是我人力能够决定的。”

الفصل السادس القوّة والقدر

قالت القوّة للقدر: "كيف تنافسني في المآثر؟"

فسألها القدر: "ما هي مآثرُك في كلّ الأشياء، التي تريد أن تنافسني بها؟"

قالت القوّة: "العمر المديد والموت المبكّر، والضيق والسعة، والنبالة والحقارة، والفقر والغنى، هي ما أقدر عليه بقوّتي."

【原文】

命曰："彭祖之智不出尧舜之上，而寿八百；颜渊之才不出众人之下，而寿十八。仲尼之德不出诸侯之下，而困于陈蔡；殷纣之行不出三仁之上，而居君位。季札无爵于吴，田恒专有齐国。夷、齐饿于首阳，季氏富于展禽。若是汝力之所能，奈何寿彼而夭此，穷圣而达逆，贱贤而贵愚，贫善而富恶邪？"

【今译】

天命道："彭祖的智力赶不上尧舜，却享年八百；颜渊的才华不在众人之下，却只活了十八岁。孔子的仁德不在诸侯之下，却受困在陈、蔡两国的荒野；殷纣王的品行远不如微子、箕子、比干，却高居在国君的位子上。贤者季札在吴国没有封爵，富于心计的田恒却专权齐国。伯夷、叔齐饿死在首阳山，鲁国的季孙氏却比柳下惠还富有。倘若这是你人力所能决定的，那为什么让彭祖长寿而颜渊短命，让圣人困厄而逆者显达，让贤者卑贱而愚人尊贵，让好人贫穷而坏人富有呢？"

فأجابها القدر: "إن حِكَم بنغ تسو[1] لا تفوق ما للإمبراطور ياو والإمبراطور شون، إلاّ أنّ عمره بلغ ثمانيمائة سنة؛ ومواهب يان يوان[2] لا تقلّ عمّا لعامّة الناس، إلاّ أنّ عمره بلغ أربعين سنة؛ وفضائل كونفوشيوس لا تقلّ عمّا للأمراء الإقطاعيّين، إلاّ أنّه كان مورَّطاً بين مملكة تشن ومملكة تساي[3]؛ وأفعال العاتي شانغ تشو لا تفوق ما للفضلاء الثلاثة[4]، إلاّ أنّه كان يعتلي عرش الحاكم؛ وجي تشا[5] كان خالياً من الرتبة في مملكة وو، إلاّ أنّ

1 بنغ تسو (Peng Zu) يقال إنه معمَّر في الأساطير القديمة، قد بلغ عمره 767 سنة في أواخر عصر أسرة شانغ الملكيّة.

2 يان يوان (Yan Yuan، عام521-481ق.م) كان حكيماً من مملكة لو، وواحداً من الفلاسفة العشرة للمدرسة الكونفوشيوسيّة، وأحبّ الأتباع للمعلّم كونفوشيوس، الذي أغدق عليه بالمدائح، وأثنى عليه بالحبّ للدراسة والرحمة.

3 في عام 491 قبل الميلاد، كان كونفوشيوس متجوّلاً فيما بين مملكة تسن (Chen) ومملكة تساي (Cai)، فاستدعتْه مملكة تشو (Chu) ليكون منصَّباً فيها. وعندما علمت بذلك مملكةُ تسن ومملكةُ تساي، أرسلتا جيشهما لحصاره في البادية بين المملكتيْن، وقطع أزودته عدّة أيّام.

4 الفضلاء الثلاثة هم وي تسي (Wei Zi) الذي كان أخاً كبيراً للطاغي شيا جيه (Xia Jie)، وقد نصح الطاغي عندما وجد مملكته على وشك الهلاك، إلاّ أنه كان مرفوضاً، فاستسلم لأسرة زو الملكيّة التي وزّعت عليه إقطاعة سونغ (Song)، حتّى صار حاكماً لمملكة سونغ؛ وجي تسي (Ji Zi) الذي كان نبيلاً من النبلاء في أواخر عصر أسرة شانغ الملكيّة، وعمّاً للعاتي شانغ تشو (Shang Zhou)، وقد نصح العاتي عدّة مرّات، إلاّ أنه صار مسجوناً، حتى أُطْلِقَ سراحُه بعد قضاء الملك وو على أسرة شانغ الملكيّة؛ وبي قان (Bi Gan) الذي كان عمّاً للعاتي شانغ تشو، وقد نصح العاتي عدّة مرّات، إلاّ أنه لقي مصرعه بعد أن شقّ العاتي صدره لإخراج قلبه.

5 جي تشا (Ji Zha) كان أخاً للملك تشو فان (Zhu Fan) لمملكة وو (Wu) في عصر الربيع والخريف، ومشهوراً بفضائله ورؤياه البعيدة، وقد تنازل عن عرشه عدّة مرّات.

【原文】

力曰:“若如若言,我固无功于物,而物若此邪,此则若之所制邪?”

命曰:“既谓之命,奈何有制之者邪?朕直而推之,曲而任之。自寿自夭,自穷自达,自贵自贱,自富自贫,朕岂能识之哉?朕岂能识之哉?”

【今译】

人力说:“就算像你说的,我对于万物本没有什么功劳,但万物何以如此这般,这难道是你所主宰的吗?”

天命道:“既然称作天命,如何还有主宰者呢?遇上正直的事,我推动它;遇上歪曲的事,我放任它。世间一切自然地长寿、自然地短命,自然地困厄、自然地显达,自然地尊贵、自然地卑贱,自然地富有、自然地贫穷,我又怎么能够明了其中的道理呢?我又怎么能够明了其中的道理呢?”

تيان هنغ[1] كان مستبداً في مملكة تشي (Qi)؛ وبوه يي (Bo Yi) وشو تشي[2] ماتا من الجوع في جبل شويانغ[3]، إلاّ أن جي سون[4] كان أكثر ثروةً من تشان تشين[5]. وإن يكن ذلك هو ما أنت قادر عليه بقوّتك، فلِمَ تمدّد عمر هذا في حين تقلّل عمر ذاك؟ ولِمَ تورّط الحكيمَ في حين توفّق الماردَ؟ ولِمَ تحقّر الفاضلَ في حين تمجّد الجاهلَ؟ ولِمَ تُفْقِر الخيرَ في حين تُغْنِي الشرَّ؟"

قالت القوّة: "إذا كانت الأشياء كما قلت لي، فلا مأثرة لي فيها في الأصل. لكنها مختلفة بهذه الصُوَر المختلفة، فهل ذلك بفعل تحكّمك بها؟"

فأجابها القدر: "إذا كان هذا هو القدر، فكيف يكون لها متحكّم؟ فإن أجدْ ما هو مستقيم، أدفعْه إلى الأمام؛ وإن أجدْ ما هو متعرّج، أتركْه وشأنه. وكلّ شيء يعمّر نفسه، ويقصّر نفسه؛ ويورّط نفسه، ويوفّق نفسه؛ ويمجّد نفسه، ويحقّر نفسه، ويُفْقِر نفسه، ويُغْنِي نفسه؛ فكيف أقدر على معرفة ما في ذلك؟ وكيف أقدر على فهم ما في ذلك؟"

---

1 تيان هنغ (Tian Heng) كان يُسمَّى أيضاً بتسن تسنغ تسي (Chen Cheng Zi)، وهو حاكم لمملكة تشي في عصر الربيع والخريف، وقد وسّع سلطته بشراء قلوب الناس، حتى اغتال الملك جيان قونغ لمملكة تشي ليستبدّ بسلطته فيها.

2 بوه يي (Bo Yi) وشو تشي (Shu Qi) كانا أميريْن للملك لمملكة قوتشو (Guzhu) في أواخر عصر أسرة شانغ الملكيّة، وهما تنازلا عن عرشهما بعد وفاة ملكهما، وهربا معاً إلى مملكة زو، إذ كانا يرفضان هجوم الملك وو لمملكة تشو على العاتي شانغ تشو. فهربا بعد انقضاء مملكة شانغ إلى جبل شويانغ (Shouyang)، وماتا من الجوع بسبب رفضهما للأطعمة من أسرة زو الملكية.

3 جبل شويانغ (Shouyang) اسم جبل يقع حالياً في جنوب محافظة يونتسنغ (Yuncheng) من مقاطعة شانشي (Shanxi).

4 جي سون (Ji Sun) كان نبيلاً حاكماً في مملكة لو (Lu) في عصر الربيع والخريف.

5 تشان تشين (Zhan Qin) كان يُسمَّى أيضاً بـ ليو شياهوي (Liu Xiahui)، وهو وزير لمملكة لو في عصر الربيع والخريف، ومشهور بأخلاقه السامية.

【原文】

北宫子谓西门子曰："朕与子并世也，而人子达；并族也，而人子敬；并貌也，而人子爱；并言也，而人子庸；并行也，而人子诚；并仕也，而人子贵；并农也，而人子富；并商也，而人子利。朕衣则裋褐，食则粢粝，居则蓬室，出则徒行。子衣则文锦，食则粱肉，居则连欐，出则结驷。在家熙然有弃朕之心，在朝谔然有敖朕之色。请谒不及相，遨游不同行，固有年矣。子自以德过朕邪？"

【今译】

北宫子对西门子说："我和你共处一世，而人们让你显达；同为一族，而人们尊敬你的为人；容貌相当，而人们喜爱你；言谈相似，而人们重用你；行事一样，而人们相信你；同样是做官，而人们让你显贵；同样是务农，而人们让你富裕；同样是经商，而人们让你得利。我穿的是粗陋布衣，吃的是糙米粗粟，住的是草屋茅棚，出门也只能徒步行走。你穿的是锦衣绣服，吃的是细粮美味，住的是高楼大厦，出门还有四驾的马车。在家时你神气活现地冷落我在一旁；在朝时你得意洋洋地对我表现出高傲神色。你我之间不相往来，不同游玩，实在是有年头啦。你是自认为德行超过我吗？"

قال بيقونغ تسي[1] لشيمن تسي[2]: "أساويك في العصر، إلاّ أن الناس يوسّعونك؛ وأساويك في الطائفة، إلاّ أن الناس يقدّرونك؛ وأساويك في الملامح، إلاّ أن الناس يحبّونك؛ وأساويك في الأقوال، إلاّ أن الناس يهتمّون بك؛ وأساويك في الأفعال، إلاّ أن الناس يصدّقونك؛ وأساويك في المناصب، إلاّ أن الناس يكرّمونك؛ وأساويك في الزراعة، إلاّ أن الناس يُغْنُونك؛ وأساويك في التجارة، إلاّ أن الناس يُفِيدُونك. وإن ألبس، يكن لباسي من الصوف الخشن؛ وإن آكل، يكن طعامي من الحبوب الخشنة؛ وإن أسكن، يكن بيتي من أكواخ القشّ؛ وإن أسافر، أكن ماشياً على قدميَّ. بيد أنك إن تلبس، يكن لباسك من الحرائر المزركشة؛ وإن تأكل، يكن طعامُك من الأرز واللحوم؛ وإن تسكن، يكن بيتك من المباني الفاخرة؛ وإن تسافر، تكن راكباً لعربة الأحصنة الأربعة؛ وإن تكن في بيتك، تكن بهيجاً مُضْمِراً لقلبٍ يعصى على إرادتي؛ وإن تكن في بلاطي، تكن بليغاً مُبْدِياً لرأيٍ يزدري بسلطتي؛ ولم تدعني إلى حفلتك، ولم تشركني في رحلتك، وقد مضت على ذلك سنوات عديدة. فهل تظنّ أنّك تَفُوقُني في الأخلاق والفضائل؟"

---

1 بيقونغ تسي (Beigong Zi) من الشخصيّات الخياليّة.

2 شيمن تسي (Ximen Zi) من الشخصيّات الخياليّة أيضاً.

【原文】

西门子曰:“予无以知其实。汝造事而穷，予造事而达，此厚薄之验欤？而皆谓与予并，汝之颜厚矣。”

北宫子无以应，自失而归。

中途遇东郭先生。先生曰:“汝奚往而反，偊偊而步，有深愧之色邪？”北宫子言其状。东郭先生曰:“吾将舍汝之愧，与汝更之西门氏而问之。”

曰:“汝奚辱北宫子之深乎？固且言之。”

【今译】

西门子说:“我无从知道其中的缘故。你遇事困难重重，我遇事顺当显达，这是德行好坏的验证吧？而你却认为什么都和我一样，你的脸皮真厚啊。”

北宫子无言以对，惘然若失地回去了。

半路上遇见东郭先生。东郭先生问:“你从哪里回来，怎么恍恍惚惚地孤身行走，看起来神色如此羞愧？”北宫子把情况告诉了他。东郭先生说:“我将解除你的羞愧，同你再到西门氏家去问个明白。”

于是东郭先生对西门子说:“你为什么如此过分地侮辱北宫子呢？姑且讲讲其中的道理。”

فأجابه شيمن تسي: "لا أجد سبيلاً إلى معرفة ما فيه من الحقائق. فأنت مورَّط في كلّ أمر تفعله، في حين أنا موفَّق في كلّ أمر أفعل، وهل ذلك دليلٌ على محاسني ومساوئك؟ لكنك تظنّ أنني أساويك في كلّ شيء، فما أقلّ خجلك وحياءك!"

لم يجد بيقونغ تسي له جواباً، فرجع إلى بيته خائباً (مذهولاً) مهموماً.

وقد صادف في منتصف طريقه السيّد دونغقوه (Dong Guo)، الذي قال له: "من أين تعود؟ ولِمَ تسير وحدك، وعلى وجهك خجل شديد؟" فحدَّثه بيقونغ تسي عمّا حدث له، حتى قال له السيّد دونغ قوه: "سأخلّصك من خجلك، فلأرجعْ معك إلى شيمن تسي لأسأله عن ذلك!"

"لماذا كنت تهين بيقونغ تسي إلى هذه الدرجة؟ فقل لي ما هي الأسباب في ذلك!" سأل دونغقوه.

【原文】

西门子曰："北宫子言世族、年貌、言行与予并，而贱贵、贫富与予异。予语之曰：'予无以知其实。汝造事而穷，予造事而达，此将厚薄之验欤？而皆谓与予并，汝之颜厚矣。'"

东郭先生曰："汝之言厚薄不过言才德之差，吾之言厚薄异于是矣。夫北宫子厚于德，薄于命；汝厚于命，薄于德。汝之达，非智得也；北宫子之穷，非愚失也。皆天也，非人也。而汝以命厚自矜，北宫子以德厚自愧，皆不识夫固然之理矣。"

西门子曰："先生止矣！予不敢复言。"

【今译】

西门子答道："北宫子说他的辈分宗族、年龄相貌、言行举止都和我一样，而贵贱贫富的遭遇却和我不同。我就对他说：'我无从知道其中的缘故。你遇事困难重重，我遇事顺当显达，这是德行好坏的验证吧？而你却认为什么都和我一样，你的脸皮真厚啊。'"

东郭先生说："你说的好坏不过是指才性德行的差别，我说的好坏却与此不同。北宫子道德崇高，却命运低贱；你命运高亨，却道德卑下。你的显达，并不是靠智慧获得的；北宫子的穷困，也并不是愚笨带来的过失。这都是由于天命，并非人力所致。而你凭借着命运良好在那儿自鸣得意，北宫子却怀抱高超的品德在此羞愧不已，都是没有认识到自然的道理啊！"

西门子说："先生别说啦！我不敢再说那样的话了。"

فأجابه شيمن تسي: "قال بيقونغ تسي إنه يساويني في العصر والطائفة والعمر والملامح والأقوال والأفعال، إلاّ أنه يختلف عني في الحقارة والنبالة والفقر والغنى. فقلت له: لا أجد سبيلاً إلى معرفة ما فيه من الحقائق. فأنت مورَّط في كلّ أمر تفعله، في حين أنا موفَّق في كلّ أمر أفعل، فهل ذلك دليلٌ على محاسني ومساوئك؟ لكنك تظنّ أنني أساويك في كلّ شيء، وما أقلّ خجلَك وحياءَك!"

قال السيّد دونغقوه: "إن ما قلت عن المحاسن والمساوئ لا يكون إلاّ الفوارق في المواهب والفضائل، وما قلت عن المحاسن والمساوئ مختلف عن ذلك. فإن بيقونغ تسي له محاسن في الخلق ومساوئ في القدر؛ ولك محاسن في القدر ومساوئ في الخلق. وتوفيقُك ليس مكسباً ناتجاً عن ذكائك، وتوريطُ بيقونغ تسي ليس مخسراً صادراً من غبائه، بل كلاهما مقرّر بالطبيعة، وليس بالإنسان. لكنك فخور بما لك من المحاسن في القدر، وبيقونغ تسي خجول بما له من المساوئ في الخلق، فكلاكما لا يفهم ما كان للأشياء في الأصل من الطبائع."

قال شيمن تسي: "يا سيّدي، أرجو منكم معذرة! فلن أقول ذلك مرّة أخرى."

【原文】

北宫子既归，衣其裋褐，有狐貉之温；进其荗菽，有稻粱之味；庇其蓬室，若广厦之荫；乘其筚辂，若文轩之饰。终身逌然，不知荣辱之在彼也，在我也。

东郭先生闻之曰："北宫子之寐久矣，一言而能寤，易悟也哉！"

【今译】

北宫子回家后，穿着他的粗陋布衣，觉得像狐裘貉袍一样温暖；吃着他的豆类杂粮，觉得像米饭细粮一样喷香；住着他的茅屋，就像有高楼大厦的荫庇；坐着他的柴车，就像是装饰华丽的马车。他一辈子怡然自得，不知道荣耀和耻辱是在别人那里，还是在自己身上。

东郭先生听闻后便说："北宫子糊涂了那么久，听我一言就能清醒，真是易于觉悟啊！"

عاد بيقونغ تسي إلى بيته، وهو يشعر بدفء الفراء للثعلب والراكون مع أنه ما زال يلبس الصوف والكتّان؛ وبعطر الأرز والذرّة مع أنه ما زال يأكل الفول والباقلاء؛ وبظلّ المبنى الواسع مع أنه ما زال يلجأ إلى كوخه القشّيّ؛ وبفخامة العربة المزخرفة مع أنه ما زال يركب العربة الخشبيّة. فعاش سعيداً هنيئاً مدى حياته، حتى لا يعرف أكانت العزّة والذلّة في غيره، أم في نفسه.

عندما سمع السيّد دونغ قوه عن ذلك، قال: "قد نام بيقونغ تسي لمدّة طويلة، إلاّ أنه قادر على الإفاقة بكلمة واحدة قلتها له، وذلك يدلّ على أنه رجل سريع الفهم!"

【原文】

管夷吾、鲍叔牙二人相友甚戚，同处于齐。管夷吾事公子纠，鲍叔牙事公子小白。

齐公族多宠，嫡庶并行。国人惧乱。管仲与召忽奉公子纠奔鲁，鲍叔奉公子小白奔莒。既而公孙无知作乱，齐无君，二公子争入。管夷吾与小白战于莒，道射中小白带钩。

小白既立，胁鲁杀子纠，召忽死之，管夷吾被囚。

鲍叔牙谓桓公曰：“管夷吾能，可以治国。”

桓公曰：“我仇也，愿杀之。”

【今译】

管夷吾和鲍叔牙二人相交为友，关系密切，一同住在齐国。管夷吾事奉公子纠，鲍叔牙事奉公子小白。

当时齐国的公族子弟大多受到齐僖公的宠爱，嫡系、旁支都享受同样的待遇。齐国人忧惧由此而发生内乱。于是管仲和召忽陪着公子纠逃往鲁国，鲍叔牙则事奉着公子小白逃奔莒国。不久公孙无知作乱杀死齐襄公，齐国没有了君主，两位公子就争相回到齐国抢夺王位。管夷吾和公子小白在莒国交战，途中，管夷吾发箭射中小白的带钩。

小白立为齐桓公后，胁迫鲁国杀死了公子纠，召忽殉主而死，管夷吾则被囚禁起来。

鲍叔牙对齐桓公进言：“管夷吾有卓越的才能，可以用他来治理国政。”

桓公说：“他是我的仇人，我要杀了他。”

كان قوان ييوو[1] وباوشو يا[2] صديقيْن حميميْن يعيشان معاً في مملكة تشي (Qi). وكان قوان ييوو يعمل عند الأمير جيو[3] في حين كان باوشو يا يخدم الأمير شياو باي[4].

وكان الملك شي قونغ (Xi Gong) لمملكة تشي يقرّب كلّ الأمراء سواء أكانوا مولودين من ملكته أم من حظاياه، وكان الشعب في مملكة تشي خائفاً من الاضطرابات التي قد تترتّب على ذلك. فرافق قوان تشونغ وشاو هو[5] الأميرَ جيو هاربين إلى مملكة لو، وكذلك رافق باوشو يا الأميرَ شياو باي هاربيْن إلى مملكة جيوي[6]. وسرعان ما تمرّد قونغسون وو تشي[7] وعصى على الملك شيانغ قونغ، حتى صارت مملكة تشي لا حاكم فيها، فتنافس الأميران في العودة إليها ليتنازعا على العرش. وكان قوان ييوو في حرب ضدّ الأمير شياو باي في مملكة جيوي، وأصاب بسهمه إبزيمَ العباءة للأمير شياو باي.

---

1 قوان ييوو (Guan Yiwu) كان يُسمَّى أيضاً بـ قوان تشونغ (Guan Zhong)، وهو وزير كان يؤازر الملك هوان قونغ (Huan Gong) لمملكة تشي ليحقّق له هيمنته بين الأمراء الإقطاعيّين في عصر الربيع والخريف.

2 باوشو يا (Baoshu Ya) كان وزيراً لمملكة تشي في عصر الربيع والخريف ومشهوراً بمعرفة القادرين والفاضلين في العالم القديم.

3 الأمير جيو (Jiu) كان أخاً صغيراً للملك شيانغ قونغ لمملكة تشي وأخاً كبيراً للملك هوان قونغ لمملكة تشي.

4 الأمير شياوباي (Xiaobai) هو الملك هوان قونغ لمملكة تشي.

5 شاو هو (Shao Hu) كان وزيراً من الوزراء في مملكة تشي.

6 مملكة جيوي (Jü) اسم المملكة التي تأسّست في عام 1046ق.م، وقضتْ عليها مملكة تشو (Chu) في عام431ق.م، وهي تقع حاليّاً في مقاطعة شاندونغ. أما غزو مملكة جيوي فهو ما قام به الملك هوان قونغ لمملكة تشي ورئيس وزرائها قوان تشونغ.

7 قونغسون وو تشي (Gongsun Wu zhi، عام ؟-685ق.م) كان ابن الأخ للملك شي قونغ لمملكة تشي، وابن العمّ للملك شيانغ قونغ والملك هوان قونغ لمملكة تشي، ومن النبلاء لمملكة تشي في عصر الربيع والخريف. وكان يتحالف مع ليان تسنغ (Lian Cheng) وقوان تشي فو (Guan Zhifu) ليغتال الملك شيانغ قون في عام 686 قبل الميلاد ليقيم نفسه ملكاً. بيد أن الوزير يونغ لين (Yong Lin) قتل قونغسون وو تشي عام 685 قبل الميلاد في رحلته في غابة يونغ لين، فعاد الأمير شياو باي بعد ذلك إلى مملكة تشي ليكون الملك هوان قونغ.

【原文】

鲍叔牙曰:“吾闻贤君无私怨，且人能为其主，亦必能为人君。如欲霸王,非夷吾其弗可。君必舍之!”遂召管仲。

鲁归之齐,鲍叔牙郊迎,释其囚。桓公礼之,而位于高、国之上,鲍叔牙以身下之,任以国政,号曰仲父。桓公遂霸。

管仲尝叹曰:“吾少穷困时，尝与鲍叔贾，分财多自与;鲍叔不以我为贪，知我贫也。吾尝为鲍叔谋事而大穷困，鲍叔不以我为愚,知时有利不利也。吾尝三仕,三见逐于君,

【今译】

鲍叔牙说:“我听说贤明的君主没有一己的仇怨，况且一个人能够为他的主人效力，也一定能够为君王您效力。如果想要成就王霸天下的鸿图，非管夷吾辅佐不可。国君一定要赦免他!”于是齐桓公召回管仲。

鲁国放管仲归还齐国，鲍叔牙亲自到城郊迎接，解除他的桎梏。桓公以隆重的礼节接待了他，让他的地位超越了高、国两家世族，鲍叔牙也身居其下，并把国政委任于管仲，称他为仲父。齐桓公由此成为诸侯的霸主。

管仲曾经感慨道:“我年轻时穷苦贫寒，曾与鲍叔一同做买卖，分配钱财时往往自己多拿一些;鲍叔并不由此而认为我贪婪，因为他知道我贫困。我曾经为鲍叔谋划事业而遭遇重大挫折，鲍叔并不由此而认为我愚笨，因为他知道时机有好有坏。我曾经三次出仕为官,却三次被君王驱逐,

عندما اعتلى الأميرُ شياو باي العرشَ في مملكة تشي، هدّد مملكة لو بقتل الأمير جيو، وأجبر شاو هو (Shao Hu) على قتل نفسه، واعتقل قوان يي وو.

فقال باوشو يا للملك هوان قونغ: "إن قوان يي وو رجل قادر، يمكنكم أن تعتمدوا عليه في تنظيم المملكة."

أجابه الملك هوان قون: "لكنه عدوّي، وأريد أن أقتله."

فقال باوشو يا: "سمعت أن الحاكم الفاضل لا حقدَ شخصيَّ له، وإن يكن الإنسان قادراً على خدمة ربّه، فلا بدّ أن يكون قادراً على خدمة حاكمه أيضاً. فإذا أردْت، يا جلالة الملك، أن تكون ملك الملوك، فلا مفرّ لك من مؤازرة قوان يي وو. فلا بدّ لك من إعفائه!" فاستدعاه الملك هوان قونغ للعودة إلى مملكته.

فأفرجتْ مملكة لو عن قوان يي وو، واستقبله باوشو يا في ضاحية المدينة، وأخرجه من عربة السجناء، وعامله الملكُ هوان قونغ بكلّ أدب، ورفع مكانته إلى الأعلى ممّا كان لأسرة قاو (Gao) وأسرة قوه (Guo)، وكان باوشو يا يحبّ أن يتواضع. فنوّط الملك هوان قونغ شؤون المملكة بقوان يي وو، حتى لقَّبه بالعمّ تشونغ، الأمر الذي أدّى بالملك هوان قونغ إلى تحقيق هيمنته بين الأمراء الإقطاعيّين.

قال قوان تشونغ بتنهّد عميق: "عندما كنت أعاني من الفقر والضائقة في شبابي، قمت بالتجارة مع باوشو يا، فقسّمت لنفسي أرباح التجارة أكثر منه، إلاّ أنه لم يعدّني طمّاعاً، إذ إنه عرف أنني فقير؛ وكنت قد خطّطت لباوشو يا أمراً، وتعرّضت فيه لانتكاسة كبيرة، إلاّ أنه لم يعدّني غبيّاً، إذ إنه عرف أن العصر له ما هو صالح وغير صالح؛ وكنت قد تولّيْت المناصب الحكوميّة ثلاث مرّات، ورُفِضْتُ من الحاكم ثلاث مرّات، إلاّ أن باوشو يا لم يعدّني عاجزاً، إذ إنه عرف أنني لم أجد عصراً يليق بي؛ وكنت قد مرَرْت بحروب ثلاث وتعرّضت فيها لهزائم ثلاث، إلاّ أن باوشو يا لم يعدّني جباناً، إذ إنه عرف أن في بيتي أمّاً متقدّمة في عمرها؛ ومع أنني كنت حبيساً في السجن

【原文】

鲍叔不以我为不肖，知我不遭时也。吾尝三战三北，鲍叔不以我为怯，知我有老母也。公子纠败，召忽死之，吾幽囚受辱；鲍叔不以我为无耻，知我不羞小节而耻名不显于天下也。生我者父母，知我者鲍叔也！”

此世称管、鲍善交者，小白善用能者。

然实无善交，实无用能也。实无善交实无用能者，非更有善交，更有善用能也。召忽非能死，不得不死；鲍叔

【今译】

鲍叔并不由此而认为我没出息，因为他知道我还没遇上好时机。我曾经三次作战三次落败而逃，鲍叔并不由此而认为我怯懦无勇，因为他知道我家里还有老母亲。公子纠垮台，召忽殉主，我却幽禁在牢中甘受屈辱；鲍叔并不因此而认为我没有廉耻，因为他知道我不羞于小节，只是唯恐声名不能显赫于天下。生育我的是父母，理解我的人是鲍叔啊！”

这就是世人所称道的管仲、鲍叔善于交友，小白善用贤能的故事。

然而事实上并无所谓善于交友，也无所谓善用贤能。事实上并无所谓善于交友，也无所谓善用贤能的缘故，在于没有更值得结交的人，也没有更值得任用的贤能。召忽并非能够殉主而死，而是在当时的情形下不得不死；鲍叔

مستذَلّاً بعد هزيمة الأمير جيو وانتحار شاو هو، إلاّ أن باوشو يا لم يعدّني وقحاً صفيق الوجه، إذ إنه عرف أنني أتسامى عن الصغائر والتوافه، وأستذلّ عدمَ الإذاعةِ لسمعتي وشهرتي في العالم. فإن من ولدني هو أبي وأمّي، ومن فهمني هو باوشو يا."

وذلك هو ما كان العالم يمدحه من مهارة قوان وباو في معاملة الصديق ومن مهارة شياو باي في تنصيب القادر.

ولكن المهارة في معاملة الصديق لا وجود لها في الواقع، والمهارة في تنصيب القادر لا وجود لها في الواقع أيضاً، وذلك لا يعني وجود مَنْ هو أمهر منهما في معاملة الصديق، ومَنْ هو أمهر منه في تنصيب القادر. فإن شاو هو لم يكن قادراً على قتل نفسه، بل لا بدّ له أن يقتل نفسه؛ وباوشو يا لم يكن قادراً على ترشيح الفاضلين، بل لا بدّ له أن يرشّح الفاضلين؛ وشياو باي لم يكن

【原文】

非能举贤，不得不举；小白非能用仇，不得不用。

及管夷吾有病，小白问之，曰："仲父之病病矣，可不讳。云至于大病，则寡人恶乎属国而可？"

夷吾曰："公谁欲欤？"

小白曰："鲍叔牙可。"

曰："不可。其为人也，洁廉善士也。其于不己若者不比之人，一闻人之过，终身不忘。使之理国，上且钩乎君，下且逆乎民。其得罪于君也，将弗久矣。"

小白曰："然则孰可？"

【今译】

并非能够举荐贤才，而是在当时的情形下不得不举荐；小白并非能够任用仇人，而是在当时的情形下不得不任用。

到了管夷吾重病的时候，小白前去探望，问他道："仲父的疾病非常严重了，我也用不着避讳什么。如果你就这么一病不起，那我将国政托付给谁合适呢？"

夷吾反问："您想托付给谁呢？"

小白说："鲍叔牙应当可以。"

管夷吾说："不行。鲍叔牙的为人，洁身自好，廉洁奉公，确实是贤良之士。但他对于德行才能不及自身的人就不去亲近，一旦听闻他人的过失，终身不忘。如果让他来治理国政，对上会忤逆君主，对下则违背民心。他得罪君王的日子，不会太久了。"

小白问道："那么谁可以委以重任呢？"

قادراً على تنصيب عدوّه، بل لا بدّ له أن ينصّب عدوّه.

عندما أصاب قوان ييوو مرض خطير، سأله شياو باي قائلاً: "إن مرض العمّ تشونغ خطير، ولا داعي لي أن أتحاشى ذكر ذلك. فإذا أقعدك هذا المرض، فمن هو الشخص المناسب الذي أفوّضه بشؤون مملكتي؟"

"فمن تريدون أن تفوّضوه بها؟" سأله قوان ييوو.

"باوشو يا بالطبع." أجابه شياو باي.

قال قوان يي وو: "لا يمكن. إذ إنه رجل فاضل يحافظ على طهارته ونزاهته، إلاّ أنه لا يقرّب من يكون أقلّ منه خلقاً وكفاءةً، وإن سمع عن أخطاء غيره، فإنه لن ينساها على مدى حياته. وإن تعتمدوا عليه في تنظيم مملكتكم، يطلب الكمال من الحاكم في الأعلى، ويخالف إرادة الشعب في الأسفل، ولا تنتظرون وقتاً طويلاً، إلاّ وقد أغضبكم وأغاظكم."

"فمن هو الشخص المناسب إذن؟" سأله شياو باي.

【原文】

对曰：“勿已，则隰朋可。其为人也，上忘而下不叛，愧其不若黄帝而哀不已若者。以德分人谓之圣人，以财分人谓之贤人。以贤临人，未有得人者也；以贤下人者，未有不得人者也。其于国有不闻也，其于家有不见也。勿已，则隰朋可。”

然则管夷吾非薄鲍叔也，不得不薄；非厚隰朋也，不得不厚。厚之于始，或薄之于终；薄之于终，或厚之于始。厚薄之去来，弗由我也。

【今译】

管仲答道：“如果我的病好不了，那么隰朋可以接任。隰朋的为人，能使在上的人忘掉自己，在下的人不叛离自己。他惭愧自己的仁德比不上黄帝，又同情那些不如自己的人。以仁德来感化他人的人叫做圣人，用财物来接济他人的人叫做贤人。因为贤能而盛气凌人的人，从没有得人心的；因为贤能而谦逊待人的人，从没有不得人心的。他对于国政有所不闻，对于家事有所不见。我若是一病不起，那么隰朋可以接替我执政。”

然而管夷吾并非有意鄙薄鲍叔，而是在当时的情势下不得不鄙薄他；并非有意厚待隰朋，而是在当时的情势下不得不厚待他。开始厚待的，或许到头来便成了薄待；最终薄待的，或许开始是厚待。厚待与薄待的转化，并不是个人意志所能决定的。

أجابه قوان يي وو قائلاً: "إن لم أشْفَ من مرضي، يكن شي بنغ شخصاً مناسباً، إذ إنه قادر على نسيان نفسه إذا كان في الأعلى، وعلى عدم تمريد من في الأسفل وهو خَجُولٌ بأنّه لا يضاهي هوانغ دي رحمةً، وعَطُوفٌ على من هو أقلّ منه قُدْرَةً. فمن يؤثّر في غيره بأخلاقه، يكن إنساناً حكيماً؛ ومن يؤثر في غيره بأمواله، يكن إنساناً فاضلاً. فالذين يتعالَون على غيرَهم بفضائلهم، لا أحد منهم قادر على نيل قلوب غيرهم؛ ومن يتواضعون مع غيرِهم بفضائلهم، لا أحد منهم عاجز عن نيل قلوب غيرهم. فلهم في ممالكهم ما لا يسمعون عنه، وفي بيوتهم ما لا ينظرون إليه. فإن لم أشْفَ من مرضي، فإن شي بنغ سيكون شخصاً مناسباً."

بيد أن قوان يي وو لم يكن راغباً في تحقير باوشو يا، إلاّ أنه كان مضطرّاً إلى تحقيره؛ ولم يكن راغباً في تمجيد شي بنغ، إلاّ أنه كان مضطرّاً إلى تمجيده. فقد يتحوّل التمجيد في البداية إلى التحقير في النهاية؛ وقد يتغيّر التحقير في البداية إلى التمجيد في النهاية. والتعاقب أو التتابع بين التمجيد والتحقير لا يقرَّر بإرادة الإنسان.

【原文】

邓析操两可之说，设无穷之辞，当子产执政，作《竹刑》。郑国用之，数难子产之治。子产屈之，子产执而戮之，俄而诛之。

然则子产非能用《竹刑》，不得不用；邓析非能屈子产，不得不屈；子产非能诛邓析，不得不诛也。

【今译】

邓析秉持着自己模棱两可的学说，创设出一套巧辩圆滑的辞令，在子产执政期间，制定了一部《竹刑》。郑国采用了《竹刑》，却屡屡妨碍子产的治理。子产被弄得理屈词穷，于是子产逮捕了邓析并对他进行羞辱，不久便将他诛杀。

然而子产并非乐意采用《竹刑》，而是在当时的形势下，不得不采用；邓析并非能够使子产理屈，而是在当时的形势下不得不使他理屈；子产也并非有意要杀死邓析，而是在当时的形势下不得不诛杀他。

كان دنغ شي ممسكاً بنظريّة متأرجّحة بين الصواب والخطأ، ومبدِعاً لسفسطات لا نهاية لها. وعندما كان تسي تشان[1] حاكماً في ممكلة تشنغ، وضع له دنغ شي قانون البامبو[2]، الذي كانت مملكة تشنغ تطبّقه فيها، إلاّ أنه قد عسّر حكم تسي تشان فيها دائماً، حتى أفحم وأسكت تسي تشان، الذي أضطرّ إلى القبض على دنغ شي لتعريضه للإذلال والإهانة، وإعدامه بعد مدّة قصيرة.

بيد أن تسي تشان لم يرغب في تطبيق قانون البامبو وتنفيذه، بل اضْطُرّ إلى تطبيقه وتنفيذه؛ ودنغ شي لم يرغب في إفحام تسي تشان وإسكاته، بل اضْطُرّ إلى إفحامه وإسكاته؛ وتسي تشان لم يرغب في إعدام دنغ شي وقتله، بل اضْطُرّ إلى إعدامه وقتله.

1 تسي تشان (Zi Chan) كان سياسيّاً في عصر الربيع والخريف، ووزيراً للملك جيان قونغ (Jian Gong) لمملكة تشنغ، حتى صار حاكماً فيها عام 543 قبل الميلاد، حيث قام بالإصلاحات.

2 قانون البامبو هو الذي وضعه دنغ شي بعد إصدار تسي تشان لـ كتاب العقوبات بما يزيد على ثلاثين سنة، ونحته على لوائح البامبو.

【原文】

可以生而生，天福也；可以死而死，天福也。可以生而不生，天罚也；可以死而不死，天罚也。可以生，可以死，得生得死有矣；不可以生，不可以死，或死或生，有矣。然而生生死死，非物非我，皆命也。智之所无奈何。故曰，窈然无际，天道自会；漠然无分，天道自运。天地不能犯，圣智不能干，鬼魅不能欺。自然者，默之成之，平之宁之，将之迎之。

【今译】

应当生存而得到生存，是上天赐予的福分；应当死亡而得到死亡，也是上天赐予的福分。应当生存而不能生存，这是上天给予的惩罚；应当死亡而不能死亡，这也是上天给予的惩罚。应当生存，应当死亡，而得到相应的生存与死亡，这种情形是存在的；不应当生存，不应当死亡，却不相应地死去或生存，这种情形也是存在的。然而生生死死，并非听凭外物或任由己愿，而都是天命所定。人类的智力对它无可奈何。所以说，幽远深邃、无边无际的天道是自行融会的；寂静淡漠、没有分际的天道是独立运转的。天地不能违犯它，圣人智者不能干预它，鬼怪幽灵不能欺瞒它。自然而然的天道，在静默中渐渐形成，在平和安宁中无所作为，在送往迎来中顺应万物。

الحياة لما يمكنه أن يحيى نعمة من السماء؛ والموت لما يمكنه أن يموت نعمة من السماء أيضاً. وعدم الحياة لما يمكنه أن يحيى عقوبة من السماء؛ وعدم الموت لما يمكنه أن يموت عقوبة من السماء أيضاً. وما يمكنه أن يحيى يجد حياته، وما يمكنه أن يموت يجد موته، وذلك له وجود؛ وما لا يمكنه أن يحيى قد يجد حياته، وما لا يمكنه أن يموت قد يجد موته، وذلك له وجود أيضاً. لكن الحياة والموت غيرُ مقرَّريْن بالشيء، ولا بالذات، بل بالقدر، والعقول لا حولَ ولا قوَّة لها فيهما. فإن الطاو الطبيعيّة، وهي بعيدة عميقة بلا حدود، تتجمّع بنفسها؛ وهي هادئة ساكنة بلا فواصل، تتحرّك بنفسها. وهي التي لا تقدر السماء والأرض على الاعتداء عليها؛ والتي لا يقدر الحكماء والعقلاء على التدخّل فيها؛ والتي لا تقدر الشياطين والعفاريت على غشّها. والطاو الطبيعيّة هي التي تكوّن نفسها في هدوء وسكون؛ وهي التي لا تفعل شيئاً في سلام وأمن؛ وهي التي لا تُهْمِلُ شيئاً في توديع واستقبال.

【原文】

杨朱之友曰季梁。季梁得病，七日大渐。其子环而泣之，请医。季梁谓杨朱曰："吾子不肖如此之甚，汝奚不为我歌以晓之？"

杨朱歌曰："天其弗识，人胡能觉？匪祐自天，弗孽由人。我乎汝乎！其弗知乎！医乎巫乎！其知之乎？"

其子弗晓，终谒三医。一曰矫氏，二曰俞氏，三曰卢氏，诊其所疾。

矫氏谓季梁曰："汝寒温不节，虚实失度，病由饥饱色欲。精虑烦散，非天非鬼。虽渐，可攻也。"

【今译】

杨朱有个朋友名叫季梁。季梁患病，七天后病情急剧恶化。他的孩子们围着病榻哭泣，请求为他延医诊治。季梁对杨朱说："我这些孩子怎么这样不明事理，你何不为我唱首歌来开导他们？"

于是，杨朱唱道："上天不知道，凡人怎明了？福分不靠天，罪孽非人造。我也好，你也好，谁也不知道！医生也好，巫师也好，谁又能分晓？"

季梁的孩子们不明就里，终于还是请来三位医生。一位姓矫，一位姓俞，一位姓卢，都来诊治他所患的疾病。

矫医生对季梁说："你冷热没有调节好，体内虚实失去平衡，这疾病主要是由于饥饱不均加上纵欲过度引起的。思虑烦扰，精神涣散，既不是上天也不是鬼神在作乱。病势虽然严重，但还是可以治好的。"

كان ليانغ تشو صديق اسمه جي ليانغ، وقد أصيب بالمرض، الذي اشتدّ كثيراً بعد سبعة أيّام. وكان أبناؤه يحيطون به، وهم يبكون، واستدعوا الطبيب. فقال جي ليانغ ليانغ تشو: "إن أبنائي عاقّون إلى هذا الحدّ، فلِمَ لا تُغَنِّي عني أغنيَّة ليفهموا؟"

قالت أغنيّة يانغ تشو: "كيف يفهم الإنسان ذلك، والسماء لم تعرفه بعد؟ والبركة لا تنزل من السماء، والمحنة لا تنشأ من الإنسان. أنا لا أعرفه وأنت لا تعرفه أيضاً! فكيف يعرفه الطبيب؟ وكيف يعرفه المشعوذ؟"

لكن ابنه لم يفهم ذلك، واستدعى أخيراً ثلاثة أطبّاء، أوّلهم يُسَمَّى بـ جياو شي (Jiao Shi)، وثانيهم يُسمَّى بـ يوي شي (Yu Shi)، وثالثهم يُسمَّى بـ لو شي (Lu Shi)، ليشخّصوا ما أصابه من المرض.

فقال جياو شي لجي ليانغ: "أنت غير معدّل فيما هو بارد وما هو حارّ، ومتجاوز الحدود فيما هو فارغ وما هو واقع. فإن مرضك ناتج عن جوعك وشبعك وجنسك وشهوتك، ممّا يؤدّي إلى تعقّدك في الروح وتشرّدك في الذهن، وليس ناشئاً عن الطبيعة ولا عن الشيطان. ومع أنه خطير، إلاّ أنه قابل للعلاج."

【原文】

季梁曰:“众医也。亟屏之!”

俞氏曰:“女始则胎气不足,乳湩有馀。病非一朝一夕之故,其所由来渐矣,弗可已也。”

季梁曰:“良医也。且食之!”

卢氏曰:“汝疾不由天,亦不由人,亦不由鬼。禀生受形,既有制之者矣,亦有知之者矣。药石其如汝何?”

季梁曰:“神医也。重贶遣之!”

俄而季梁之疾自瘳。

【今译】

季梁说:“真是庸医。快赶出去!”

俞医生说:“你先天胎气不足,乳汁又喝得太多。这病也不是一朝一夕所致,而是逐渐形成和加深的,没法子治愈了。”

季梁说:“真是良医。姑且请他吃顿饭吧!”

卢医生说:“你的病既不是上天,也不是人力,也不是鬼怪所造成的。自从禀承天命获得了生命,接受了形骸,就已经有了制宰它的存在,也有了知晓它的存在。药物针石又能对你起什么作用呢?”

季梁说:“神医啊。重重地奖赏他,礼送他回去!”

不久,季梁的病就自行痊愈了。

فقال جي ليانغ: "هو طبيب مبتذل، فأخرجوه بسرعة!"

قال يوي شي: "كنت في رحم أمّك ناقصاً في أعراض الحمل، وبعد ولادتك زائداً في الحليب، فإن مرضك ليس ناشئاً بين ليلة وضحاها، بل تزداد شدّته بشكل تدريجيّ، وهو غير قابل للعلاج."

فقال جي ليانغ: "هو طبيب جيّد، فأَطْعِمُوه الآن!"

قال لو شي: "مرضك ليس ناشئاً عن الطبيعة، ولا عن الإنسان، ولا عن الشيطان، بل مشكَّل منذ ولدت، فله ما يتقيّد به، وما يتكهّن به. فماذا يمكن للأدوية أو الحقن أن تفعل به؟"

فقال جي ليانغ: "هو طبيب ساحر، فاطردوه بعد مكافأته بكثرة.

وقد شفي جي ليانغ من المرض بنفسه بعد وقت قصير جداً.

【原文】

生非贵之所能存，身非爱之所能厚；生亦非贱之所能夭，身亦非轻之所能薄。故贵之或不生，贱之或不死；爱之或不厚，轻之或不薄。此似反也，非反也；此自生自死，自厚自薄。或贵之而生，或贱之而死；或爱之而厚，或轻之而薄。此似顺也，非顺也；此亦自生自死，自厚自薄。

【今译】

生命并非珍惜它就能长存，身体并非爱护它就能强壮；生命也并非贱待它就会夭亡，身体也并非轻视它就会虚弱。所以珍惜生命或许不得生存，贱待生命或许不会死亡；爱护身体或许不得强壮，轻视身体或许不会虚弱。这前因后果看似相悖，却并没有相悖；它不过是自然地生自然地死，自然地强壮自然地虚弱。生命或许因为珍惜它而得以长存，或许因为贱待它而死亡；身体或许因为爱护它而得以强壮，或许因为轻视它而变得虚弱。这前因后果看似互相顺应，却并没有互相顺应；它也只是自然地生自然地死，自然地强壮自然地虚弱。

الحيوات لا يمكنها أن تكون طويلة إذا كانت مكرَّمة، والأجسام لا يمكنها أن تكون قويّة إذا كانت محبَّبة؛ والحيوات لا يمكنها أيضاً أن تكون قصيرة إذا كانت محقَّرة، والأجسام لا يمكنها أن تكون هزيلة إذا كانت مخفَّفة. لذا قد لا تحيى الحيوات بعد أن تكون مكرَّمة، وقد لا تموت بعد أن تكون محقَّرة؛ والأجسام قد لا تقوى بعد أن تكون محبَّبة، وقد لا تهزل بعد أن تكون مخفَّفة؛ وذلك يبدو أنه خارق للطبيعة، إلاّ أنه غير خارق للطبيعة، إذ إن الحيوات تحيى بنفسها وتموت بنفسها، والأجسام تقوى بنفسها وتهزل بنفسها. والحيوات قد تحيى بعد أن تكون مكرَّمة، وقد تموت بعد أن تكون محقَّرة؛ والأجسام قد تقوى بعد أن تكون محبَّبة، وقد تهزل بعد أن تكون مخفَّفة؛ وذلك يبدو أنه لائق بالطبيعة، إلاّ أنّه غير لائق بالطبيعة، إذ إن الحيوات تَحْيَى بنفسها وتَمُوتُ بنفسها أيضاً، والأجسام تَقْوَى بنفسها وتهزل بنفسها أيضاً.

【原文】

鬻熊语文王曰:“自长非所增，自短非所损。算之所亡若何？”老聃语关尹曰:“天之所恶，孰知其故？”言迎天意，揣利害，不如其已。

【今译】

鬻熊对文王说:“自然要变长的，并非是由于外力的增加；自然要变短的，并非是由于外力的减损。人的智谋对此又有什么办法呢？”老聃对关尹说:“天所厌恶的，谁又知道其中的缘故呢？”意思就是说与其迎合天意，揣摩利害，还不如任其自然，趁早罢手。

فقال يوي شيونغ (Yu Xiong) للملك ون لمملكة زو: "الذي يطول بنفسه لا يمكنه أن يزيد بفعل غيره، والذي يقصر بنفسه لا يمكنه أن ينقص بفعل غيره. فما هي المنافع لتدابير الإنسان في ذلك؟"

وقال لاو دان (Lao Dan) لقوان ين (Guan Yin): "من يعرف ما هي الأسباب فيما تكرهه الطبيعة؟" وذلك يعني أنه من الأحسن أن تتخلّى عن الأفكار في التمشّي مع إرادة الطبيعة والتأمّل في المنافع والمضارّ.

【原文】

杨布问曰:“有人于此，年兄弟也，言兄弟也，才兄弟也，貌兄弟也；而寿夭父子也，贵贱父子也，名誉父子也，爱憎父子也。吾惑之。”

杨子曰:“古之人有言，吾尝识之，将以告若。不知所以然而然，命也。今昏昏昧昧，纷纷若若，随所为，随所不为。日去日来，孰能知其故？皆命也夫。信命者，亡寿夭；信理者，亡是非；信心者，亡逆顺；信性者，亡安危。则谓之都亡所信，都亡所不信。真矣悫矣，奚去奚就？奚哀

【今译】

杨布问他的哥哥杨朱，说:“有两个人在这里，年龄差不多，资历差不多，才能差不多，形貌也差不多；而他们的寿命长短相差很大，地位高低相差很大，名誉好坏相差很大，受人爱憎喜恶也相差很大。我对此感到疑惑。”

杨朱答道:“古人有句话，我曾经记下来，现在拿来告诉你。不知道为什么会这样而这样，就是天命。现如今世间种种昏昏昧昧，纷纷扰扰，任凭你做些事情，或者什么也不做。旧日子流逝了，新日子照样到来，谁又能明白其中的缘由？这都是命啊。相信天命的人，无所谓长寿夭折；相信天理的人，无所谓是非对错；相信本心的人，无所谓逆境顺境；相信天性的人，无所谓安危祸福。这就叫做什么都不信，又什么都相信。真诚的态度，哪里还去考虑何去何从？为何悲哀又为何欢喜？究竟有什么该做又有什么

سأل يانغ بو[1] قائلاً: "كان هنا رجلان متشابهان كالأخويْن في العمر والموهبة والقدرة والملامح، إلاّ أنهما متفاوتان كالأب والابن في الأجل والوفاة، وفي النبالة والحقارة، وفي السمعة والشهرة، وفي الحبّ والكره، فكنت متحيّراً بذلك."

فأجابه يانغ تشو: "قد حفظت قولاً قديماً، فلأخبرك الآن به. وإن يكن ما لا تعرف لِمَ يكونُ كذا هو كذا، فهو قدر؛ وإن يكن ما يظلّ اليوم غائباً غامضاً، ويظلّ محيّراً مضلّلاً، سواء أكنت قد فعلت له شيئاً أم لم تفعل له شيئاً، وأنت غير قادر على معرفة الأسباب المؤدّية إليه، مع أن الأيّام القديمة فاتت والأيّام الجديدة جاءت، فهو قدر أيضاً. فإن المؤمن بالقدر هو الذي لا يهمّه العمر الطويل أو الموت المبكّر؛ والمؤمن بالسُّنَّة هو الذي لا يهمّه ما هو صائب وما هو خاطئ؛ والمؤمن بالضمير هو الذي لا يهمّه ما هو مورّط وما هو موفّق؛ والمؤمن بالطبيعة هو الذي لا يهمّه ما هو في الأمن وما هو الخطر؛ وذلك هو ما يُسمَّى بخلوّه ممّا يؤمن به أو بخلوّه ممّا لا يؤمن به.

1 يانغ بو (Yang Bu) كان أخاً صغيراً ليانغ تشو في عصر الممالك المتحاربة.

【原文】

奚乐？奚为奚不为？黄帝之书云：‘至人居若死，动若械。’亦不知所以居，亦不知所以不居；亦不知所以动，亦不知所以不动。亦不以众人之观易其情貌，亦不谓众人之不观不易其情貌。独往独来，独出独入，孰能碍之？”

【今译】

不该做？《黄帝书》写道：‘得道的至人静坐着如同死灰，行动时好比木偶。’也不知道为什么坐着，也不知道为什么不坐；也不知道为什么行动，也不知道为什么不动。也不因为众人的看法而改变他的性情容貌。独往独来，独出独进，谁能阻碍他呢？”

فأين ذهب الأمن؟ وأين رجع الصدق؟ ولِمَ الترح؟ ولِمَ الفرح؟ وما هو ما تفعله؟ وما هو ما لا تفعله؟ كما قال كتاب هوانغ دي: إن الإنسان الأسمى يجلس كالميّت، ويحرك كالدُّمْيَة، وهو لا يعرف لماذا يجلس، كما لا يعرف لماذا لا يجلس؛ ولا يعرف لماذا يحرك، كما لا يعرف لماذا لا يحرك؛ ولا يغيّر عواطفه ولا ملامحَه حين يشاهده الناس، كما لا يغيّر عواطفه ولا ملامحه حين لا يشاهده الناس، وهو يَقْدِمُ وحدَه ويرْحَلُ وحدَه، ويَخْرُجُ وحدَه ويَدْخُلُ وحدَه، فمَنْ هو قادر على منعه من ذلك؟"

【原文】

墨屎、单至、啴咺、憋懯四人相与游于世，胥如志也；穷年不相知情，自以智之深也。

巧佞、愚直、婩斫、便辟四人相与游于世，胥如志也；穷年而不相语术，自以巧之微也。

狎伢、情露、謇极、凌谇四人相与游于世，胥如志也；穷年不相晓悟，自以为才之得也。

【今译】

虚伪狡诈的墨屎、轻举妄动的单至、迂阔迟缓的啴咺、急躁冲动的憋懯，四人同时在世间游荡，各自称心如意；多少年来互不了解情况，自以为智慧是最高深的。

巧言佞色的巧佞、质朴憨厚的愚直、懵懂不悟的婩斫、逢迎周旋的便辟，四人同时在世间游荡，各自称心如意；多少年来不相探讨道术，自以为机巧是最微妙的。

哀怨郁结的狎伢、心事不藏的情露、口吃性急的謇极、动辄谩骂的凌谇，四人同时在世间游荡，各自称心如意；多少年来不相启发点拨，自以为才华是最卓越的。

كان مي تشي (Mei Chi) جاهلاً وخادعاً، وتشان تشي (Zhan Zhi) طائشاً وهائجاً، وتشان شيوان (Chan Xuan) بليداً وبطيئاً، وبيه فو (Bie Fu) متعجّلاً ومتضجّراً، وهم الأربعة يتجوّلون في العالم في آن واحد، ويفعلون كما يشاؤون، ولا تعارف بينهم في أحوالهم على مدى السنوات، حتى يزعم كلٌّ منهم أنّه أكثر حكمةً.

وكان تشياو نينغ (Qiao Ning) فصيحاً وبليغاً، ويوي تشي (Yu Zhi) بسيطاً وصريحاً، وآن تشوه (An Zhuo) عنيداً ومتعجرفاً، وبيان بي (Pian Pi) مُداجِياً ومُرائِياً، وهم الأربعة يتجوّلون في العالم في آن واحد، ويفعلون كما يشاؤون، ولا تحادث بينهم عن الفنون على مدى السنوات، حتى يزعم كلٌّ منهم أنّه أدقّ مهارةً.

وكان تشياو تشيا (Qiao Qia) ماكراً وخائناً، وتشينغ لو (Qing Lu) منشرح الصدر ومنفتح النفس، وجيان جي (Jian Ji) منفعلاً ومتلعثماً، ولينغ سوي (Ling Sui) مُؤنّباً مُوبّخاً، وهم الأربعة يتجوّلون في العالم في آن واحد، ويفعلون كما يشاؤون، ولا تبادل بينهم في الإيحاءات على مدى السنوات، حتى يزعم كلٌّ منهم أنّه أبرزُ مَوْهِبَةً.

【原文】

眠娗、諈诿、勇敢、怯疑四人相与游于世，胥如志也；穷年不相谪发，自以行无戾也。

多偶、自专、乘权、只立四人相与游于世，胥如志也；穷年不相顾眄，自以时之适也。

此众态也。其貌不一，而咸之于道，命所归也。

【今译】

羞涩腼腆的眠娗、不堪重任的諈诿、果敢英勇的勇敢、胆怯犹豫的怯疑，四人同时在世间游荡，各自称心如意；多少年来不相指摘揭发，自以为行为毫无乖张之处。

随和谦逊的多偶、刚愎自用的自专、趋炎附势的乘权、孤芳自赏的只立，四人同时在世间游荡，各自称心如意；多少年来彼此不相瞻顾，自以为是适时走运的。

这就是大千世界的众生相。他们的面貌各不相同，却都符合于天道，这就是天命的安排啊。

وكان ميان تيان (Mian Tian) خجولاً ومستحياً، وتشوي وي (Zhui Wei) متنصّلاً ومتهرّباً، ويونغ قان (Yong Gan) حازماً باسلاً، وتشيه يي (Qie Yi) متردّداً ومتشكّكاً، وهم الأربعة يتجوّلون في العالم في آن واحد، ويفعلون كما يشاؤون، ولا تبادل بينهم في الانتقادات على مدى السنوات، حتى يزعم كلٌّ منهم أنّه أكثر خلوّاً من الأخطاء في أفعاله.

وكان دوه أو (Duo Ou) ودوداً بشوشاً، وتسي تشوان (Zi Zhuan) معتدّاً بنفسه ومُصِرّاً على رأيه، وتسنغ تشيوان (Cheng Quan) متزلّفاً إلى النفوذ ومتقرّباً من السلطة، وتشي لي (Zhi Li) منعزلاً ومكتفياً، وهم الأربعة يتجوّلون في العالم في آن واحد، ويفعلون كما يشاؤون، ولا تبادل بينهم في النظرات على مدى السنوات، حتى يزعم كلٌّ منهم أنّه أكثر تمشّياً مع عصره.

وهذه هي الوجوه المتعدّدة للناس في العالم، ومع أن ملامحها مختلفة، إلاّ أن كلّها لائق بالطاو، وراجع إلى القدر.

【原文】

佹佹成者，俏成也，初非成也。佹佹败者，俏败者也，初非败也。故迷生于俏，俏之际昧然。于俏而不昧然，则不骇外祸，不喜内福；随时动，随时止，智不能知也。信命者于彼我无二心。于彼我而有二心者，不若掩目塞耳，背坂面隍亦不坠仆也。故曰：死生自命也，贫穷自时也。

【今译】

差不多要成功了，看似成功，但原本并非成功。差不多要失败了，看似失败，但原本并非失败。所以迷惑产生于相似，在相似的边界上事物变得蒙昧不清，难以分辨。如果能不迷惑于相似性，就不会因为外来的灾祸而惊骇，也不会为自身的福泽而欣喜；顺应时势而动，顺应时势而止，这单凭智力是不能明了的。相信天命的人对于外物和自身没有喜惧之心。对于外物和自身存在喜惧之心的人，不如闭目塞听，这样背对城墙面朝城壕也不至于坠落下去。所以说：死生定自天命，贫穷源于时机。抱怨短命夭折的人，不明白天命；抱怨贫穷困苦的人，不明白时机。面对着死

النجاح بالصدفة شبيه بالنجاح، وليس نجاحاً في الأصل؛ والفشل بالصدفة شبيه بالفشل، وليس فشلاً في الأصل. فإن الحيرة ناشئة عن التشابه، الذي حدوده غامضة. وإن يكن الإنسان غير غامض فيما هو شبيه بالنجاح وما هو شبيه بالفشل، لا يكن مرغَّباً بما في خارجه من التعاسة، ولا مفرَّحاً بما في داخله من السعادة؛ وهو يتحرّك مع ما يليق بعصره؛ ويتوقّف مع ما يليق بعصره. وذلك هو ما لا يقدر العقل على فهمه. فإن المؤمن بالقدر لا يضمر الفرح والترح في غيره ونفسه. والذي يضمر الفرح والترح في غيره ونفسه، ليس خيراً من الذي يغمض عينيه ويسدّ أذنيه، وهو لا يقع ولا يسقط في الخندق، ولو أدار ظهره للسور، وولّى وجهه إلى الخندق.

【原文】

怨夭折者，不知命者也；怨贫穷者，不知时者也。当死不惧，在穷不戚，知命安时也。其使多智之人量利害，料虚实，度人情，得亦中，亡亦中。其少智之人不量利害，不料虚实，不度人情，得亦中，亡亦中。量与不量，料与不料，度与不度，奚以异？唯亡所量，亡所不量，则全而亡丧。亦非知全，亦非知丧，自全也，自亡也，自丧也。

【今译】

亡而不恐惧，身处于穷困而不悲戚，是洞达天命随遇而安的表现。假使让足智多谋的人去衡量利害，预料虚实，揣度人情，行事正确的是一半，失误的也是一半。假使让愚笨无计的人不衡量利害，不预料虚实，不揣度人情，行事正确的也是一半，失误的也是一半。衡量与不衡量，预料与不预料，猜度与不猜度，又有什么差别呢？只有对什么都不去估量，而又无所不估量，才能保全本性而无所丧失。也并非凭借着智识得以保全，也并非由于智识而导致丧失，它们都是自然而然地保全，自然而然地消亡，自然而然地丧失的。

فيقال: إن الموت والحياة مقرَّران بالقدر، والفقر والغنى محدَّدان بالعصر. فمن يكن شاكياً من الموت المبكّر، لا يعرف قدره؛ ومن يكن شاكياً من الفقر والفاقة، لا يعرف عصره؛ ومن لا يكن خائفاً في وجه الموت، ولا حزيناً في بيت الفقر، يكن عالِماً بقدره وقانِعاً بعصره. وإن يكن الكثيرُ المواهب محاسباً لما هو نافع وما هو ضارّ، ومتوقّعاً لما هو فارغ وما هو واقع، ومقدّراً لما هو للإنسان وما هو للسليقة، فما يكسبه هو النصف، وما يخسره هو النصف أيضاً؛ وإن يكن القليلُ المواهب غيرَ محاسب لما هو نافع وما هو ضارّ، وغير متوقّع لما هو فارغ وما هو واقع، وغير مقدّر لما هو للإنسان وما هو للطبيعة، فما يكسبه هو النصف، وما يخسره هو النصف أيضاً. فما الفوارق بين الحساب وعدم الحساب، وبين التوقّع وعدم التوقّع، وبين التقدير وعدم التقدير؟ فلا يمكن إكمال الطبيعة من دون إضاعة أيّ شيء منها، إلاّ بلا حساب لأيّ شيء منها وبحساب لكلّ شيء منها؛ كما لا يمكن إكمال الطبيعة بالمواهب، ولا إضاعتها بالمواهب أيضاً، لأنها تكون كاملة بنفسها، وهالكة بنفسها، وضائعة بنفسها.

【原文】

齐景公游于牛山，北临其国城而流涕曰："美哉国乎！郁郁芊芊，若何滴滴去此国而死乎？使古无死者，寡人将去斯而之何？"

史孔、梁丘据皆从而泣曰："臣赖君之赐，疏食恶肉可得而食，驽马棱车可得而乘也，且犹不欲死，而况吾君乎！"

晏子独笑于旁。

公雪涕而顾晏子曰："寡人今日之游悲，孔与据皆从寡人而泣，子之独笑，何也？"

【今译】

齐景公在牛山游览时，向北眺望他的国都而感慨落泪："多么美好的国家啊！草木丰茂，郁郁葱葱，可为什么生命匆匆流逝，我总有一天要离开这片国土而孤独地死去呢？假使自古以来就没有死亡这回事，我难道还会离开这儿到别处去吗？"

大臣史孔、梁丘据都跟着齐景公流泪说："臣等仰仗君主恩赐，有粗陋的饭食可吃，有劣马栈车可乘，尚且不愿死去，更何况是我们的国君您呢！"

晏子却独自在一旁发笑。

齐景公擦干眼泪，回过头来对晏子说："我今天登临游览，触景伤情，史孔、梁丘据都跟着我哭泣，而你却独自发笑，为什么啊？"

كان الملك جينغ قونغ (Jing Gong) لمملكة تشي يقوم برحلة في جبل نيو (Niu)، وهو مطلّ شمالاً على عاصمته ويصرخ بصوت باكٍ: "يا لها من مملكة جميلة! فلِمَ تختفي الحياةُ بسرعة، حتى أموت وحيداً، وأرحل عن هذا المملكة، التي ظلّت أعشابُها ناضِرةً وأشجارُها وارِفةً؟ وإذا لم يكن الموت منذ القدم، فهل يمكنني أن أرحل عنها لأذهب إلى مكان آخر؟"

وكان وزيراه شي كونغ (Shi Kong) وليانغ تشيو جيوي (Liang Qiuju) يبكيان معه قائليْن: "إننا لا نريد أن نموت، رغم أننا نستطيع، بفضل ما تمنحونه، أن نأكل ما هو بسيط من الأطعمة واللحوم، ونركب ما هو وضيع من العربات التي تجرّها الأحصنة الضعيفة، فماذا عن حاكمنا؟"

كان يان تسي يضحك وحده في الجانب.

فالتفت الملك جينغ قونغ إلى يان تسي بعد أن مسح دموعه، وقال له: "قد شعرت بحزن شديد في رحلتي اليوم، وكانشي كونغ وليانغ تشيو جيوي يبكيان معي. فلِمَ تضحك أنت وحدك؟"

【原文】

晏子对曰:“使贤者常守之，则太公、桓公将常守之矣；使有勇者而常守之，则庄公、灵公将常守之矣。数君者将守之，吾君方将被蓑笠而立乎畎亩之中，唯事之恤，行假念死乎？则吾君又安得此位而立焉？以其迭处之迭去之，至于君也，而独为之流涕，是不仁也。见不仁之君，见谄谀之臣。臣见此二者，臣之所为独窃笑也。”

景公惭焉，举觞自罚。罚二臣者各二觞焉。

【今译】

晏子答道:“假使让贤明的君主恒久地统治齐国，那么太公、桓公将会恒久地统治这个国家；假使让英勇的君主恒久地统治齐国，那么庄公、灵公将会恒久地统治这个国家。如果这几位国君永远统治着齐国，那么国君您就只能披着蓑衣、戴着斗笠，站在田野之中，只顾为农事收成担忧，哪里还会像现在有空暇来担忧死亡的问题呢？而且您又从哪儿继承王位得以成为今天的国君呢？正是因为历代国王相继登基又相继逝世，才轮到您呀！现在您却单单为一己的生死而落泪，这是没有仁德的表现。看见没有仁德的君王，又看见阿谀谄媚的大臣。我看见这样两种人，所以才独自暗暗发笑。”

齐景公为此感到十分惭愧，举起酒杯自己罚酒。同时也罚史孔、梁丘据两位大臣各饮两杯。

أجابه يان تسي قائلاً: "إن يكن الحاكم الفاضل قادراً على حكم مملكته إلى الأبد، يكن الملك تاي قونغ (Tai Gong) والملك هوان قونغ (Huan Gong) قادريْن على حكم مملكتهما إلى الأبد؛ وإن يكن الحاكم الباسل قادراً على حكم مملكته إلى الأبد، يكن الملك تشوانغ قونغ (Zhuang Gong) والملك لينغ قونغ (Ling Gong) قادريْن على حكم مملكتهما إلى الأبد. وإن يكن هؤلاء الحكّام يحكمون مملكة تشي إلى الأبد، فكيف تجد جلالتُك اليوم وقتَ فراغٍ لتقلق على الموت، وأنت لا تشغل بالَك إلاّ الشؤونُ الزراعيّةُ عندما تضطرّ إلى الوقوف في الحقول مع المعطف والقبّعة؟ وكيف تجد جلالتُك سبيلاً إلى هذا العرش لتكون حاكماً؟ فلا يجيء دورك إلاّ بعد أن كانوا حكّاماً بالتعاقب، ولقوا حتفهم بالتتابع، بيد أنّك تبكي وحدك على حياتك أو وفاتك، وتلك علامة لخلوّك من الرحمة. فكنت أضحك وحدي إذ إنّني رأيْتُ حاكماً بلا رحمة وعدالة، ووزيريْه الماهريْن في التملّق والمداهنة."

شعر الملك جينغ قونغ بخجل شديد، فعاقب نفسه بكأس من الخمر، كما عاقب وزيريْه بكأسيْن من الخمر لكلّ واحد منهما.

【原文】

魏人有东门吴者，其子死而不忧。

其相室曰:“公之爱子,天下无有。今子死不忧,何也？”

东门吴曰:“吾常无子，无子之时不忧。今子死，乃与向无子同，臣奚忧焉？”

【今译】

魏国有个叫东门吴的人，他的儿子死了，而他并不伤心。

管家问他:“您对儿子的疼爱，天下无人能及。现在儿子死了，您却不伤心，为什么呢？”

东门吴说:“我曾经没有儿子，没有儿子的时候我并不伤心。现在儿子死了，就和过去没有儿子的时候一样，我又有什么可伤心的呢？”

كان في مملكة وي (Wei) رجل اسمه دونغمن وو، وهو لا يحزن على موت ابنه.

فقال له أحد خدمه: "إن حبّكم لابنكم لا مثيل له في العالم، فلم لا تحزن عليه، وقد مات اليوم؟"

أجابه دونغمن وو قائلاً: "لم أكن حزيناً قبل أن أكون بلا ابن دائماً، وموت ابني اليوم قد أعادني إلى ما كنتُ عليه بلا ابن، فلِمَ لا بدّ أن أكون حزيناً؟"

【原文】

农赴时，商趣利，工追术，仕逐势，势使然也。然农有水旱，商有得失，工有成败，仕有遇否，命使然也。

【今译】

农民抢赶时令，商人追逐利益，工匠讲究技艺，官吏争夺权势，是情势使得他们这样的。然而务农会遇上旱涝之灾，经商会有盈利亏损，做工难免成功失败，当官也有顺逆之境，这都是命运造成的。

الفلاّحون يسايرون المواسم، والتجّار يسعون للمنافع، والصنّاع يهتمّون بالفنون، والمثقّفون يلجؤون إلى السلطة، وذلك هو ما تقتضيه الظروفُ، بيْد أن الفلاّحين قد يعانون من الفيضان والقحط، والتجّار قد يخاطرون بالربح والخسارة، والصنّاع قد يتفرّقون بالنجاح والفشل، والمثقّفين قد يتميّزون بالفأل والشؤم. وذلك هو ما يقرّره القدر.

第七章 杨朱

【原文】

杨朱游于鲁。舍于孟氏。

孟氏问曰:“人而已矣。奚以名为?”

曰:“以名者为富。”

“既富矣,奚不已焉?”

曰:“为贵。”

“既贵矣,奚不已焉?”

【今译】

杨朱在鲁国游历,住在孟氏家里。

孟氏问他:“人不过就是这样,还要名声做什么呢?”

杨朱答道:“靠名声来发财致富。”

孟氏又问:“已经富足了,为什么还不肯罢休呢?”

杨朱答道:“为了获得尊贵的地位。”

孟氏再问:“已经获得尊贵的地位了,为什么还不罢休呢?”

الفصل السابع يانغ تشو

كان يانغ تشو (Yang Zhu) يقوم برحلة في مملكة لو، ويبيت في بيت السيّد منغ (Meng).

سأله السيّد منغ قائلاً: "ماذا يفعل الإنسان بشهرته، وهو ليس إلاّ هكذا فقط؟"

أجابه يانغ تشو: "ليكون غنيّاً بشهرته."

"لم لا يتوقّف عنها، وهو قد صار غنيّاً؟"

"ليكون نبيلاً." أجاب يانغ تشو.

"لم لا يتوقّف عنها، وهو قد صار نبيلاً؟"

【原文】

曰:"为死。"

"既死矣。奚为焉?"

曰:"为子孙。"

"名奚益于子孙?"

曰:"名乃苦其身。燋其心。乘其名者。泽及宗族,利兼乡党;况子孙乎?"

"凡为名者必廉,廉斯贫;为名者必让,让斯贱。"

曰:"管仲之相齐也,君淫亦淫。君奢亦奢。志合言从,道行国霸。死之后,管氏而已。田氏之相齐也,君盈则己降,

【今译】

杨朱答道:"为了自己死后。"

孟氏问:"人已经死了,还为什么呢?"

杨朱答道:"为了子孙后代。"

孟氏问:"名声对子孙有什么好处呢?"

杨朱答道:"名声这东西让人身体劳苦,心情焦躁。凭借着名声,其福泽可以施及宗族,利益可以兼顾乡党;更何况是自己的子孙后代呢?"

孟氏说:"但凡追求名声的人必定要廉洁,廉洁则会导致贫困;追求名声的人必定要谦让,谦让则会导致地位卑贱。"

杨朱说:"管仲辅佐齐桓公的时候,国君淫逸他也淫逸,国君奢侈他也奢侈。顺合君王的意愿,听从君王的言语,他的治国之道才得以推行,齐国才得以称霸诸侯。但他死后,管氏家族不过了了。田成子出任齐国的国相,国君骄盈,他

قال يانغ تشو: "من أجل ما بعد موته."

"ماذا يفعل بها، وهو قد مات؟"

"من أجل أبنائه وأحفاده." أجاب يانغ تشو.

"ما فوائد الشهرة للأبناء والأحفاد؟"

قال يانغ تشو: "الشهرة هي التي تعذّب الجسم، وتحرّق القلب، فمن يعتمد على شهرته، تمتدّ نعمتُها إلى طائفته، وتقترب مصلحتُها من قريته، فماذا عن أبنائه وأحفاده؟"

قال السيّد منغ: "لا بدّ لكلّ ساعٍ للشهرة أن يكون نزيهاً، وإن يكن نزيهاً، يكن فقيراً؛ ولا بدّ لكلّ ساعٍ للشهرة أن يكون متواضعاً، وإن يكن متواضعاً، يكن حقيراً."

فأجابه يانغ تشو: "عندما كان قوان تشونغ (Guan Zhong) رئيس الوزراء لمملكة تشي (Qi)، كان فاسقاً، إن يكن حاكمه فاسقاً؛ ومترفاً، إن يكن حاكمه مترفاً؛ وطائعاً لإرادة حاكمه، وسامعاً لكلام حاكمه، حتى صارت مبادئه سائدة، ومملكة حاكمه مُهَيْمِنَةً، إلاّ أن شهرة قوان تشونغ انتهتْ بعد وفاته. وعندما كان تيان تسنغ تسي (Tian Chengzi) رئيسَ الوزراء لمملكة تشي، كان متواضعاً إنْ يكنْ حاكِمُه متغطرساً، ووهّاباً إنْ يكنْ حاكِمُه نهّاباً،

【原文】

君敛则已施。民皆归之，因有齐国；子孙享之，至今不绝。”

“若实名贫，伪名富。”

曰：“实无名，名无实。名者，伪而已矣。昔者尧舜伪以天下让许由、善卷，而不失天下，享祚百年。伯夷、叔齐实以孤竹君让而终亡其国，饿死于首阳之山。实伪之辩，如此其省也。”

【今译】

就谦逊；国君聚敛财货，他就施舍济贫。民心都归顺于他，因此便据有了齐国；子孙后代享用其福泽，至今也不曾中断。”

孟氏说：“这样看来，真实的名声使人贫困，虚假的名声倒使人富贵！”

杨朱说道：“真实的人没有名声，有名声的人不真实。名声不过是虚假作伪罢了。从前尧舜虚伪地把天下让给隐士许由、善卷，却并没有真正失去天下，从而安享天子之位达百年之久。伯夷、叔齐真心实意地谦让孤竹国的王位，结果反而亡国，还双双饿死在首阳山上。真实与虚伪的分别，就是这样明白啊。”

حتى عاد إليه كلّ شعبه، وخضعت له مملكة تشي، التي ما زال أبناؤه وأحفاده يتمتّعون بنعمتها حتى اليوم بلا انقطاع."

قال السيّد منغ: "وهكذا تؤدّي الشهرة الحقيقيّة إلى الفقر، والشهرة الزائفة إلى الغنى."

فقال يانغ تشو: "الحقيقة لا شهرةَ لها، والشهرة لا حقيقةَ لها. ولا تكون الشهرةُ إلاّ ما هو زائف. وفي الماضي كان الإمبراطور ياو (Yao) والإمبراطور شون (Shun) قد تنازلا منافقيْن عن عرشهما لشيوي يو[1] (Xu You) وشان جوان[2] (Shan Juan)، إلاّ أنهما لم يفقدا إمبراطوريّتهما، بل تربّعا على عرشهما لمدّة مئة سنة. أمّا بوه يي (Bo Yi) وشو تشي[3] (Shu Qi) قد تنازلا بصدق عن عرشهما في مملكة قوتشو[4] (Guzhu)، حتى ماتا من الجوع في جبل شويانغ (Shouyang)، والفوارق بين الحقّ والباطل واضحة إلى هذا الحدّ."

1 شيوي يو (Xu You) كان رجلاً ناسكاً في عصر الإمبراطور ياو، يروى أنه رفض العرش الذي أراد الإمبراطور ياو أن يتخلّى عنه له، وهرب إلى جبل جي (Ji) ليعيش فيه على الزراعة؛ وحين دعاه ليكون قائداً للولايات التسع، غسل أذنيه على ضفّة نهر ينغشوي (yingshui) تعبيراً عن رفضه.

2 شان جوان (Shan Juan) كان رجلاً ناسكاً في عصر الإمبراطور شون، يروى أنه رفض العرش الذي أراد الإمبراطور شون أن يتخلّى عنه له وهرب إلى جبل وانغ (wang) الذي يقع حالياً في مدينة تسانغده (Changde) في مقاطعة خونان (Hunan).

3 بوه يي (Bo Yi) وشو تشي (Shu Qi) كانا أميريْن لحاكم مملكة قوتشو في أواخر عصر شانغ، وهو أقام شو تشي خليفة له. لكن شو تشي أراد بعد وفاة والده أن يتخلّى عن عرشه لأخيه الكبير بوه يي، الذي رفض ذلك أيضاً. فهربا معا إلى مملكة زو لجوءاً إلى الملك ون لمملكة تشو، التي بدأ حاكمها الملك وو (Wu) بعد وفاة الملك ون بالهجوم على العاتي شانغ تشو (Shang Zhou)، إلاّ أنّ بوه يي وشو تشي ركعا أمام حصان الملك وو طالبين بإيقاف الحملة الحربيّة أثناء جنازة الملك ون، وهربا بعد قضاء الملك وو على العاتي شانغ تشو.

4 مملكة قوتشو (Guzhu) اسم مملكة صينيّة قديمة فيما بين عصر أسرة شانغ الملكيّة وأسرة زو الملكيّة، وهي تقع حالياً في مقاطعة خهبي.

【原文】

杨朱曰:"百年，寿之大齐。得百年者千无一焉。设有一者，孩抱以逮昏老，几居其半矣。夜眠之所弭，昼觉之所遗,又几居其半矣。痛疾哀苦,亡失忧惧,又几居其半矣。量十数年之中，逌然而自得亡介焉之虑者，亦亡一时之中尔。则人之生也奚为哉？奚乐哉？为美厚尔，为声色尔。而美厚复不可常厌足，声色不可常翫闻。乃复为刑赏之所禁劝，名法之所进退；遑遑尔竞一时之虚誉，规死后之馀

【今译】

杨朱说:"一百岁，是人生寿命的大限。能够活到一百岁的，一千个人里很难挑出一个。即使有这么一个人活到一百岁，那么从孩提襁褓到衰弱老迈的阶段，几乎就占据了他生命中的一半时间。晚上睡觉所消耗的，再加上白天觉醒时所浪费的，又几乎占据了剩余时间的一半。病痛哀愁劳苦，失意忧伤惊惧，又几乎占据了剩余时间的一半。算起来在这剩下的十几年里，能够怡然自得，心中没有丝毫挂虑的，也不过是短暂的刹那罢了。那么人生一世，究竟为的是什么呢？究竟有什么喜乐呢？不过是为了锦衣玉食，为了歌舞美色罢了。然而锦衣玉食又不可能总是得到满足，歌舞美色也不可能常常得以玩赏。而且人生来还要受到刑罚的禁止、赏赐的诱导，名教的督促、礼法的束缚；惶惶不安地去竞得一时的虚名，还得谋算着死后留下的荣

وقال يانغ تشو: "المئة سنة هي أقصى حدّ لعمر الإنسان، فالقادرون على العيش مئة سنة يصعب وجودُهم بواحد من الألف. وإن يكن هناك رجل يقدر على العيش مئة سنة، تكد المرحلة بين طفولته وشيخوخته تكون نصفاً من عمره، وما يقضيه ليلاً في النوم ويضيّعه نهاراً في اليقظة يكون نصفاً ممّا يتبقّى له من عمره، وما يعانيه من الألم والمرض والحزن والتعب واليأس والقنوط والقلق والفزع يكون نصفاً ممّا يتبقّى له من عمره. أمّا في البضع عشرة سنة الباقية، فلا يكون الوقت الذي يمكنه أن يعيش فيه حياة هادئة مريحة، خالية من القلق في قلبه، سوى لحظات قصيرة أيضاً. فلِمَ حياةُ الإنسان بالضبط؟ وما هي السعادة فيها بالضبط؟ وهي فقط من أجل الألبسة الجميلة والأطعمة اللذيذة، ومن أجل الأصوات المسلّية والألوان المرفّهة، إلاّ أن الألبسة الجميلة والأطعمة اللذيذة لا يمكن للإنسان أن يكتفي بهما دائماً، والأصوات المسلّية والألوان المرفّهة لا يمكن للإنسان أن يلتهي بهما دائماً، وهو كذلك يُمْنَعُ بالمعاقبات، ويُغْرَى بالمكافآت؛ ويُشجَّع بالرُّتَب، ويُقيَّد بالقوانين؛ ويسعى بفزع وهلع للألقاب الزائفة في حياته، ويحسب للأمجاد الباقية بعد وفاته؛

【原文】

荣；偶偶尔顺耳目之观听，惜身意之是非；徒失当年之至乐，不能自肆于一时。重囚累梏，何以异哉？太古之人知生之暂来，知死之暂往；故从心而动，不违自然所好；当身之娱非所去也，故不为名所劝。从性而游，不逆万物所好，死后之名非所取也，故不为刑所及。名誉先后，年命多少，非所量也。”

【今译】

耀；在人生路上孤单审慎地观察聆听，顾惜着身心的是是非非；徒然丧失了有生之年的最大快乐，不能给自己片刻的肆意放纵。这同关进深牢戴上沉重的手铐脚镣，有什么不一样呢？远古时期的人们懂得生命不过是迅疾的到来，懂得死亡不过是迅疾的离开；所以顺从心愿行动，从来不违背自己天性的喜好；对于现世的欢愉决不放弃，因此能够不受名誉的诱惑。放纵天性，优游世间，不违逆万物的喜好，不追求死后的虚名，因此也不会触及刑罚。名誉的先来后到，寿命的长短多少，并非是他们所思量的。”

ويحذر بوحدة ووحشة فيما تصغي إليه أذناه وتنظر إليه عيناه، ويقلق على ما هو صائب أو خاطئ في جسده وعقله، حتى يضيّع لنفسه أسمى سعادة في حياته، عاجزاً عن إطلاق شهواته ولو لحظة واحدة. فهل يختلف ذلك عن التقيّد بسلاسل ثقيلة والتكبّل بأغلال محكمة؟ وقد فهم الناس في العصور الموغلة في القدم أن الحياة هي قدوم مؤقّت، والوفاة هي رحيل مؤقّت، فتحرَّكوا في العالم حسب ما في قلوبهم، دون أن يخالفوا ما ترغب فيه غريزتُهم، ولا يتخلّوا عن الأفراح في حياتهم، حتى لا يُغْرَوْا بالسمعة والشهرة؛ وتجوَّلوا في العالم حسب ما في طبيعتهم، دون أن يخالفوا ما يرغب فيه كلّ الكائنات، ولا يطمعوا في الألقاب الزائفة بعد وفاتهم، حتى لا يمسّهم العقاب والجزاء. فإن التقدّم أو التأخّر في الألقاب والأمجاد، والكثرة أو القلة في الأعمار والآجال ليست ما يفكّرون فيه."

【原文】

杨朱曰:“万物所异者生也，所同者死也。生则有贤愚、贵贱，是所异也；死则有臭腐、消灭，是所同也。虽然，贤愚、贵贱非所能也；臭腐、消灭亦非所能也。故生非所生，死非所死；贤非所贤，愚非所愚，贵非所贵，贱非所贱。

【今译】

杨朱说:“万物的差异在于生命的过程，万物的共同点则在于死亡的终点。活着的时候分作贤明和愚昧、尊贵与卑贱，这就是差异；死了以后都要腐臭、消亡，这就是相同。即便如此，贤明愚昧、尊贵卑贱也不是自己能够做主的；同样，腐臭消亡也不是自己能够做主的。所以生存并非是自己做主的生存，死亡也不是自己做主的死亡；贤明并非是自己做主的贤明，愚昧也不是自己做主的愚昧，尊贵并非是自己做主的尊贵，卑贱也不是自己做主的卑贱。

قال يانغ تشو: "كلّ الكائنات مختلفة في الحياة، ومتّفقة في الموت. فهي مختلفة في ما هو فاضل أو جاهل، وما هو نبيل أو حقير، إذا كانت حيّة؛ ومتّفقة في ما هو فاسد أو عفن، وما هو مختفٍ أو مختبئ، إذا كانت ميّتة. ومع ذلك، إلاّ أن ما هو فاضل أو جاهل وما هو نبيل أو حقير هما ممّا لا يقدر عليه الإنسان؛ وما هو فاسد أو عفن، وما هو مختفٍ أو مختبئ، هما ممّا لا يقدر عليه الإنسان أيضاً. فإن الحياة ليست الحياة التي يريدها الإنسان، والموت ليس الموت الذي يريده الإنسان أيضاً؛ والفضل ليس الفضل الذي يريده الإنسان، والجهل ليس الجهل الذي يريده الإنسان أيضاً؛ والنبالة ليست النبالة التي يريدها الإنسان، والحقارة ليست الحقارة التي يريدها الإنسان أيضاً.

【原文】

然而万物齐生齐死，齐贤齐愚，齐贵齐贱。十年亦死，百年亦死。仁圣亦死，凶愚亦死。生则尧舜，死则腐骨；生则桀纣，死则腐骨。腐骨一矣，孰知其异？且趣当生，奚遑死后？”

【今译】

然而事实上，万物的生死是齐等的，贤明与愚昧是齐等的，尊贵与卑贱也是齐等的。活十年是一死，活上一百年也是一死。仁人圣贤会死，凶顽愚劣的人也会死。活着的时候是尧舜，死后不过是腐骨；活着的时候是桀纣，死后一样也是腐骨。腐朽的骨殖统统一样，又有谁知道它们生前的差异呢？姑且享受今生的乐趣，哪里还有空理会死后的世界？”

لكن كلّ الكائنات متساوية في الحياة والموت، ومتكافئة في الفضل والجهل، ومتعادلة في النبالة والحقارة. فيموت من عاش عشر سنوات، ويموت من عاش مئة سنة أيضاً؛ ويموت من هو رحيم، ومن هو حكيم، ويموت من هو قاسٍ، ومن هو جاهل أيضاً؛ وقد يكون الإمبراطور ياو أو الإمبراطور شون في حياته، إلاّ أنه جمجمة فاسدة بعد موته؛ وقد يكون العاتي شيا جيه أو الطاغي شانغ تشو إلاّ أنه جمجمة فاسدة أيضاً بعد موته. فإن الجماجم الفاسدة واحدة، فمن يعرف الفوارق بينها؟ فتمتّع بملذّات ما في الحياة، فكيف تجد لنفسك متّسعاً من الوقت للحديث عمّا بعد الموت؟"

【原文】

杨朱曰:“伯夷非亡欲，矜清之邮，以放饿死。展季非亡情，矜贞之邮，以放寡宗。清贞之误善之若此!”

【今译】

杨朱说:“伯夷并非是没有欲望，只是过分地矜持清高，以至于饿死在首阳山上。展季并非是缺乏感情，只是过分地矜持贞洁，以至于寡子少孙。清高贞洁耽误善良的人们竟然到了如此地步!”

قال يانغ تشو: "إن بوه يي (Bo Yi) لم يكن خالِياً من الشهوات، بل مسرِفاً في نزاهته وطهارته، حتى مات من الجوع؛ وتشان جي (Zhan Ji) لم يكن خالِياً من العواطف، بل مسرِفاً في عدالته وإنصافه، حتى كان نادِراً في أبنائه وأحفاده. فإن الخسارة التي تنزل بالصالح بسبب نزاهته وعدالته قد وصلت إلى هذا الحدّ!"

【原文】

杨朱曰:“原宪窭于鲁，子贡殖于卫。原宪之窭损生，子贡之殖累身。”

“然则窭亦不可，殖亦不可，其可焉在?”

曰:“可在乐生，可在逸身。故善乐生者不窭，善逸身者不殖。”

【今译】

杨朱说:“原宪在鲁国挨饿受穷，子贡在卫国经商发财。原宪的贫寒损害了自己的生命，子贡的经商劳累了自己的身心。”

有人问:“既然穷苦也不合适，经商也不合适，那么还有什么合适的事呢?”

杨朱答道:“在于让生命体验到快乐，让身心体验到安逸。所以说善于使生命得到快乐的人不会让贫穷伤生，善于使身心得到安逸的人不会为发财而累垮。”

قال يانغ تشو: "كان يوان شيان (Yuan Xian) فقيراً في مملكة لو، وتسي قونغ تاجراً في مملكة وي (Wey). فإن فقر يوان شيان آذى حياته، وتجارةُ تسي قونغ قد أرهقت جسمه.

فسأله سائل: "إذا كان الفقر غير صالح، والتجارة غير صالحة، فما هو الأمر الصالح؟"

أجابه يانغ تشو: "هو فيما يسعد حياته، وفيما يريح جسده. فمن يكن ماهراً فيما يُسْعِد حياته، لا يكن مُؤْذًى بفقره؛ ومن يكن بارعاً فيما يُرِيح جسده، لا يكن مُرْهَقاً بتجارته."

【原文】

杨朱曰："古语有之：'生相怜，死相捐。'此语至矣。相怜之道，非唯情也；勤能使逸，饥能使饱，寒能使温，穷能使达也。相捐之道，非不相哀也；不含珠玉，不服文锦，不陈牺牲，不设明器也。晏平仲问养生于管夷吾。管夷吾曰：'肆之而已，勿壅勿阏。'晏平仲曰：'其目奈何？'夷吾曰：

【今译】

杨朱说："古时候有句话说：'活着的时候互相怜爱，死去以后捐弃释怀。'这话真是有水平。相互怜爱的途径，不仅仅是动之以情；还要让勤苦的人得享安逸，让饥饿的人得到饱餐，寒冷的时候给他温暖，穷困的时候使他显达。相互捐弃的途径，并非是不为死者哀伤；而是不让死者口中衔含珍珠美玉，不在死者身上穿着锦衣华服，不在灵前陈设祭祀供品，不在坟内埋置殉葬冥器。晏平仲向管夷吾询问养生之道。管夷吾说：'不过是肆意放纵自己的欲望罢了，不要去堵塞它，不要去遏制它。'晏平仲问：'具体有

قال يانغ تشو: "المثل القديم يقول: التعاطف في الحياة، والتنابذ بعد الوفاة. وقد بلغ هذا القول مبلغه. فإن الطريق للتعاطف ليس مجرّد تبادل العواطف بين الأحياء، بل إراحة الكادح، وإشباع الجائع، وإدفاء البارد، وإثراء الفقير؛ والطريق للتنابذ ليس خلوّاً من الأحزان للموتى، بل عدم إدخال اللآلئ واليشم إلى أفواههم، وعدم إلباس جثثهم بالمقصّبات والمطرّزات، وعدم تزويد مآتمهم بالضحايا والقرابين، وعدم إرفاق قبورهم بالأواني الخزفيّة أو الخشبيّة." وكان يان بينغ تشونغ[1] يسأل قوان يي وو عن تغذية الحياة، فأجابه قوان يي وو: "مجرد إطلاق شهواتك، من دون كبتها وضبطها!"

---

1 يان بينغ تشونغ (Yan Pingzhong، عام 578-500ق.م) هو يان ينغ (Yan Ying) الملقَّب بـ يان تسي (Yan Zi)، وهو كان سياسيّاً ومفكّراً ودبلوماسيّاً مشهوراً برؤيته السياسيّة وقدرته الدبلوماسيّة وبفطانته وبلاغته، إلاّ أنه لم يعاصر قوانغ يي وو، وبينهما أكثر من مئة سنة.

【原文】

‘恣耳之所欲听，恣目之所欲视，恣鼻之所欲向，恣口之所欲言，恣体之所欲安，恣意之所欲行。夫耳之所欲闻者音声，而不得听，谓之阏聪；目之所欲见者美色，而不得视，谓之阏明；鼻之所欲向者椒兰，而不得嗅，谓之阏颤；口之所欲道者是非，而不得言，谓之阏智；体之所欲安者美厚，而不得从，谓之阏适；意之所欲为者放逸，而不得行，谓之阏性。凡此诸阏，废虐之主。去废虐之主，熙熙

【今译】

哪些细则？’管夷吾说：‘放任耳朵想听什么就听什么，放任眼睛想看什么就看什么，放任鼻子想闻什么就闻什么，放任嘴巴想说什么就说什么，放任身体想怎么舒服就怎么舒服，放任意念想怎么做就怎么做。耳朵想要听的是美妙的声音，却不让听，这就叫做遏制听觉的灵敏；眼睛想要看的是美好的姿色，却不让看，这就叫做遏制视觉的明锐；鼻子想要闻的是香料香花的味道，却不让闻，这就叫做遏制嗅觉的审辨；嘴巴想说的是人间的是是非非，却不让说，这就叫做遏制头脑的智慧；身体想要享受的是锦衣玉食，却不让得到，这就叫做遏制人身的安乐；意念想做的是放纵逸乐，却不让做，这就叫做遏制天性的本真。凡此种种

فقال له يان بينغ تشونغ: "ماذا عن تفاصيل ذلك؟" أجابه قوان يي وو قائلاً: "لتصغِ أذنُك إلى ما تريد أن تصغي إليه، وتنظر عينك إلى ما تريد أن تنظر إليه، ويشمّ أنفك ما يريد أن يشمّ، ويتكلّم لسانُك بما يريد أن يتكلّم به، ويرتاح جسمُك بما يريد أن يرتاح به، ويفكّر عقلُك فيما يريد أن يفكّر فيه. فما تريد الأذن أن تصغي إليه هو أصوات رنّانة، إن تكن ممنوعة منها، فذلك يُسمَّى بسدّ رهافتها؛ وما تريد العين أن تنظر إليه هو ألوان جذّابة، إن تكن ممنوعة منها، فذلك يُسمَّى بسدّ بصيرتها؛ وما يريد الأنف أن يشمّه هو رياحين أو عطور، إن يكن ممنوعاً منها، فذلك يُسمَّى بسدّ حدّته؛ وما يريد اللسان أن يتكلّم به هو ما هو صائب وما هو خاطئ، إن يكن ممنوعاً منهما، فذلك يُسمَّى بسدّ بلاغته؛ وما يريد الجسم أن يرتاح به هو ما هو جميل وما هو وثير، إن يكن ممنوعاً منهما، فذلك يُسمَّى بسدّ هناءته؛ وما يريد العقل أن يحقّق لنفسه هو ما هو طليق وما هو مُرِيحٌ، إن يكن ممنوعاً منهما، فذلك يُسمَّى بسدّ غريزته.

【原文】

然以俟死，一日、一月、一年、十年，吾所谓养。拘此废虐之主，录而不舍，戚戚然以至久生，百年、千年、万年，非吾所谓养。’管夷吾曰：‘吾既告子养生矣，送死奈何？’晏平仲曰：‘送死略矣，将何以告焉？’管夷吾曰：‘吾固欲闻之。’平仲曰：‘既死，岂在我哉？焚之亦可，沉之亦可，瘗之亦可，露之亦可，衣薪而弃诸沟壑亦可，衮衣绣裳而纳诸石椁亦可，唯所遇焉。’管夷吾顾谓鲍叔、黄子曰：‘生死之道，吾二人进之矣。’”

【今译】

遏制，都是残害身心的主要因素。摒除这些残害身心的根本原因，欢欢喜喜一直到死，哪怕只活上一天、一月、一年、十年，也算是我所谓的养生。拘泥在这些残害身心的事情里，甘愿受束缚也不加以摒弃，悲悲戚戚地活上很久，哪怕是一百年、一千年、一万年，也不算是我所谓的养生。’管夷吾说完，反问道：‘我既然告诉了你养生之道，那么你说给死人送葬又该如何呢？’晏平仲说：‘送葬就简单了，有什么可以说的呢？’管夷吾说：‘我就是想听一听。’晏平仲说：‘人都死了，还由得了他自己吗？把尸体焚化也可以，沉入水中也可以，埋到地里也可以，抛在露天也可以，裹上柴草丢到沟里也可以，锦衣绣服安置到石棺里也可以，遇上什么就是什么了。’管夷吾听罢，回头对鲍叔、黄子说：‘养生之道与送死之道，我和晏子算是彻底领悟了。’”

فكلّ هذه الأنواع من السدّ هي المصادر للتشويش والتخريب، التي إن أتخلّ عنها، وأنا أنتظر وفاتي بفرح ومرح، ولو كنت على قيد الحياة لمدّة يوم واحد أو شهر واحد أو سنة واحدة أو عشر سنوات، فذلك هو ما أسمّيه بتغذية الحياة؛ وإن أتقيَّد بها، وأنا لا أودّ أن أتخلّى عن أغلالها، حتى أعيش طويلاً بحزن وأسى، ولو لمدّة مئة سنة أو ألف سنة أو عشرة آلاف سنة، فذلك ليس ما أسمّيه بتغذية الحياة." فسأله قوان يي وو: "ماذا عن توديع الموتى بعد أن أخبرتكم بما يتعلّق بتغذية الحياة؟" أجابه يان بينغ تشونغ: "ماذا يمكنني أن أقول لكم عن توديع الموتى وهو أمر بسيط؟" "أنا أريد أن أسمع ذلك فقط." قال قوان يي وو. فأجابه يان بينغتشونغ قائلاً: "هل يمكن للإنسان أن يقرّر شيئاً بعد وفاته؟ فقد يُحْرَق، أو يُغْرَق، أو يُدْفَن، أو يُكْشَف، أو يُلَفّ بالهشيم ليُلْقَى في الترعة أو الهاوية، أو يُلْبَس بالمقصَّبات والمطرَّزات ليُوضَع في النعش أو التابوت، أو يتمّ التصرُّف به حسب الظروف." فالتفت قوان يي وو إلى باوشو وهوانغ تسي[1] قائلاً لهما: "أمّا الطريق لتغذية الحياة وتوديع الموتى، فقد فهمته أنا ويان تسي فهْماً تامّاً."

1 هوانغ تسي (Huang Zi) كان وزيراً لمملكة تشي وهو يعاصر قوان تشونغ.

【原文】

子产相郑，专国之政；三年，善者服其化，恶者畏其禁，郑国以治。诸侯惮之。

而有兄曰公孙朝，有弟曰公孙穆。朝好酒，穆好色。朝之室也聚酒千钟，积麴成封，望门百步，糟浆之气逆于人鼻。方其荒于酒也，不知世道之安危，人理之悔吝，室内之有亡，九族之亲疏，存亡之哀乐也。虽水火兵刃交于前，弗知也。穆之后庭比房数十，皆择稚齿婑媠者以盈之。方其耽于色也，屏亲昵，绝交游，逃于后庭，以昼足夜；三月一出，意犹未惬。乡有处子之娥姣者，必贿而招之，媒

【今译】

子产担任郑国国相，独揽着国家政权；经过三年，好人服从他的教化，坏人畏惧他的禁令，郑国因此得到长治久安。各国诸侯都害怕郑国的强大。

但子产有个哥哥名叫公孙朝，有个弟弟名叫公孙穆。公孙朝偏爱喝酒，公孙穆偏爱女色。公孙朝的家里藏着千钟美酒，酒曲堆放得像小土坡，离他家大门一百步，酒浆的香气就扑鼻而来。当他沉迷于喝酒的时候，就不知道世道的安危，人情的厚薄，家业的有无，亲族的远近，存亡的哀乐。就算面前水火兵刃交加，也毫无知觉。公孙穆的后庭有几十间房屋鳞次栉比，全都住满了挑来的年轻美貌的女子。当他沉溺于女色的时候，就摒退一切亲属，断绝所有朋友交游，逃避在后庭之中，日以继夜地纵情享乐；三个月才从里头出来一次，还觉得意犹未尽，不甚惬意。

كان تسي تسان يتولى رئاسة الوزراء في مملكة تشنغ، وهو يحتكر المملكة وحدَه. ومضت على ذلك ثلاث سنوات، حتى خضع الأخيارُ لتحويله، وخاف الأشرار من تحريمه، وحقَّقت مملكة تشنغ لنفسها الانتظام، وفزعت كلّ الإقطاعات من قوتها.

وكان لتسي تسان أخ كبير اسمه قونغسون تساو (Gongsun Chao) الذي كان مُدْمِناً على الخمور، وأخ صغير اسمه قونغسون مو (Gongsun Mu) الذي كان مُولَعاً بالحسناوات. وكان بيت مو يُخْزَنُ فيه ألفُ جرّة من الخمور، متراكمة كالتلال، متدفّق عبيرُها إلى الأنوف، ولو كانت بعيدة عن بيته بمئة خطوة. فلمّا كان مغموساً في ملذّات الخمور، لم يعرف ما في العالم من الأمن والخطر ولا ما لعواطف الإنسان من الندم والبخل، ولا ما للأسرة من الكمال والخراب، ولا ما بين الأهالي والأقارب من التقارب والتباعد، ولا ما للبقاء والفناء من الأحزان والأفراح؛ ولم يشعر بشيء من المياه والنيران والرماح والسيوف، ولو كانت متشابكة أمامه. وكان خلف بيت قونغسون مو عشرات من القصور المصفوفة، ممتلئة بمن وقع عليه الاختيار من الحسناوات الرشيقات في عنفوان الشباب. فلمّا كان مغموساً في الملذّات الجنسيّة، ابتعد عن كلّ آهاليه وأقاربه، وانعزل عن كلّ أصدقائه وأصحابه، واختبأ في قصوره الخلفيّة، وأطلق شهواته ليلاً ونهاراً، وهو ما زال غير شاعر برضى وقناعة حتى أنه لم يخرج منها مدّة ثلاثة أشهر. وإن عثر على عذراء جميلة مليحة، فلا بدّ له من استدعائها بدفع الرشاوى، أو إغرائها بوسيطة الزواج، وهو لا يتوقّف عن ذلك إذا كان فاشلاً فيه. وكان تسي تسان قلقاً على أفعالهما ليلاً ونهاراً، فزار دنغ شي في سرّه وخفائه، ليتشاور معه حولها قائلاً: "سمعت أن

【原文】

而挑之，弗获而后已。

子产日夜以为戚，密造邓析而谋之，曰："侨闻治身以及家，治家以及国，此言自于近至于远也。侨为国则治矣，而家则乱矣。其道逆邪？将奚方以救二子？子其诏之！"

邓析曰："吾怪之久矣，未敢先言。子奚不时其治也，喻以性命之重，诱以礼义之尊乎？"

子产用邓析之言，因间以谒其兄弟，而告之曰："人之所以贵于禽兽者，智虑。智虑之所将者，礼义。礼义成，

【今译】

但凡乡间有面目姣好的未嫁姑娘，他必定要用财物来招引，请媒人来挑诱，不弄到手绝不罢休。

子产整天整夜为这兄弟二人的行为担忧，于是私底下造访邓析，同他商量说："我听说治理好自身才能治理好家，治理好家才能治理好国，这是说做事得按照从近到远的次序。我对于国家可以说是治理得十分像样，可是自己家却弄得一团糟。这不是把修身、齐家、治国的道理颠倒了吗？有什么办法可以挽救我这两位兄弟呢？您替我出出主意啊！"

邓析说道："我对这情况早就感到奇怪了，只是没敢先说罢了。你为什么不找个恰当的时机管教他们一下，劝谕他们认识性命的重要，启发他们明白礼义的尊贵呢？"

子产采纳了邓析的意见，找机会去见了兄弟俩，并劝告他们说："人之所以比飞禽走兽高贵，在于人有理智和思

تهذيب النفس قبل تنظيم الأسرة، وتنظيم الأسرة قبل تنظيم المملكة، وذلك يعني أن كلّ أمر لا بدّ من إتمامه ممّا هو قريب إلى ما هو بعيد، بيدَ أنني منتظم في مملكتي، ومضطرب في أسرتي. أليس ذلك طريقاً مقلوباً أو معكوساً؟ وما هو الطريق لإنقاذ هذيْن الأخويْن من ذلك؟ وأرجو أن تُرْشِدني فيه!"

فقال دنغ شي: "لقد استغربت من ذلك منذ زمن طويل، إلاّ أنّني لم أجرؤ على الكلام عنه أوّلاً. فلم لا تجد لنفسك فرصة لائقة بتهذيبهما، حيث تُفْهِمُهما بأهمّيّة الطبيعة والحياة، وتُوجِيهما بشرف الأدب والخلق؟" اتّخذ تسي تسان ما قال دنغ شي، وانتهز فرصة لزيارة أخويْه، حيث قال لهما: "ما يجعل الإنسان أشرف من الطيور والحيوانات، هو العقل والفكر؛ وما يعتمد عليه العقل والفكر، هو الأدب والخلق. فمن يكن كاملاً في الأدب والخلق، تَصِلْ

【原文】

则名位至矣。若触情而动，耽于嗜欲，则性命危矣。子纳侨之言，则朝自悔而夕食禄矣。”

朝、穆曰：“吾知之久矣，择之亦久矣，岂待若言而后识之哉？凡生之难遇而死之易及。以难遇之生，俟易及之死，可孰念哉？而欲尊礼义以夸人，矫情性以招名，吾以此为弗若死矣。为欲尽一生之欢，穷当年之乐。唯患腹溢而不得恣口之饮，力惫而不得肆情于色；不遑忧名声之丑，性命之危也。且若以治国之能夸物，欲以说辞乱我之心，荣禄喜我之意，不亦鄙而可怜哉？我又欲与若别之。夫善治外者，物未必治，而身交苦；善治内者，物未必乱，

【今译】

虑。理智和思虑所依托的，便是礼义。礼义具备了，名誉地位就会随之而来。如果一味地感情用事，沉溺于个人嗜好，那么性命就危险啦。你们要是听从我的劝告，那早上改悔自信，到晚上就能居官吃俸禄了。”

公孙朝和公孙穆答道：“这道理我们知道了很久，也抉择了很久，难道还要等你说了才明白吗？大凡生命是难以得到的，死亡却很容易到来。以难得的生命，去等待容易到来的死亡，还有什么可以顾忌的呢？你想通过尊重礼义来向人夸耀，矫饰性情来招致美名，我们认为这样还不如死了好呢。生而为人，就要享尽一生的欢愉，穷极有生之年的快乐。只怕肚子太饱而不能让嘴巴恣意吃喝，只怕是精力疲惫而不能纵情于声色；顾不上担忧什么名声的丑恶，性命的危险。而你凭着治国的才干向社会夸耀，还想用说

إليه الشهرةُ والمكانةُ. وإن يفعل مستسلماً لعواطفه ومشاعره، ومستغرقاً في رغباته وشهواته، يهدّد طبيعتَه وحياتَه بالمخاطر؛ وإن تكونا طائعيْن لما قلت لكما، تأخذا ما لكما من الرتب والأرزاق في المساء بعد أن تندما بنفسيْكما في الصباح."

فقال تساو (Chao) ومو (Mu): "قد عرفنا ذلك منذ زمن طويل، واخترنا ذلك منذ زمن طويل أيضاً، فكيف لا نفهم ذلك إلاّ بعد أن ننتظر ما قلت؟ وإن الحياة لقاؤها عسيرٌ، بيدَ أن الوفاة قدومها يسيرٌ، فماذا يشغل بالك إن تنتظر الوفاة التي قدومها يسيرٌ بالحياة التي لقاؤها عسيرٌ؟ وإن تمجّد الأدب والعدل لتتفاخر بهما بين الناس، وتزيّن السليقة والغريزة لتحقّق بهما الشهرة، أعتبر ذلك أكثر تفاهة من الوفاة. فإنّ رغبة الإنسان في الاستمتاع بكلّ ما يُسْعِدُه في حياته، واستنفاد كلّ ما يُفْرِحُه في عمره، تُخِيفُه فقط من ملء بطنه حتى يعجز فمه عن الإسراف في أكله وشربه، ومن ضعف قوّته حتى يعجز جسمه عن إطلاق العنان لفسوقه وفجوره، ولا تُقْلِقه من تشوّه شهرته وسمعته وتأزّم فطرته وحياته؛ بيدَ أنك تتباهى أمامنا بكفاءتك في تنظيم المملكة، وتشتّت أذهاننا بالبلاغة والفصاحة، وتُغْرِي عقولَنا بالعزّة والمنفعة، أفلا تكون بذلك وضيعاً تعيساً؟ فنريد أيضاً أن نبيّن لك ذلك ونوضّحه، وهو أن البارع في تنظيم ما في خارجه متْعَبٌ مرْهَقٌ في جسمه، وقد يكون ما في خارجه غير

【原文】

而性交逸。以若之治外，其法可暂行于一国，未合于人心；以我之治内，可推之于天下，君臣之道息矣。吾常欲以此术而喻之，若反以彼术而教我哉？”

子产忙然无以应之，他日以告邓析。

邓析曰：“子与真人居而不知也，孰谓子智者乎？郑国之治偶耳，非子之功也。”

【今译】

辞来扰乱我们的心思，功名利禄来诱惑我们的意志，岂不是太卑鄙太可怜了吗？我们还想替你把道理分辨清楚。善于治理外物的人，外物未必治理得好，而自己却累得心力交瘁；善于治理内心的人，外物未必会发生混乱，而本性却自然得以安逸。以你治理外物的方法，或许暂时能在一国奏效，却未必合乎人心；以我们调治内心的方法，则可以推广到整个天下，连君臣之间的一切纲常教律也一概可以废除了。我们常常想用这治内心的方法来开导你，结果你倒用你治外物的方法教训起我们来了？”

子产茫茫然无言以对，改天把这事告诉邓析。

邓析说：“你和得道的真人住在一起却不知道，谁说你是个聪明人？郑国治理得好不过是偶然而已，并不是你的功劳啊。”

منظَّم؛ والبارع في تنظيم ما في داخله مرِيحٌ ممْتِعٌ لطبيعته، وقد يكون ما في خارجه غير مشوَّش. فإن تنظيمك لما في خارجك بما هو مُتْعِب مُرْهِق، تكون طرائقُه قابلة للتنفيذ المؤقّت في مملكة واحدة، إلاّ أنه غير متطابق مع قلوب الشعب؛ وتنظيمنا لما في داخلنا تكون وسائله قابلة للتعميم في كلّ العالم، حتى تصير الطاوُ بين الحاكم والوزراء مُلْغَاة مُبْطَلَة. فعندما نريد دائماً أن نوجِّهك بهذه الطريقة، لماذا تؤدِّبُنا بتلك الطريقة؟"

وكان تسي تسان حائراً تائهاً من دون جواب، بل أخبر دنغ شي بذلك بعد أيّام.

فأجابه دنغ شي قائلاً: "من يقول إنك رجل عاقل، وأنت لا تعرف أنك تعيش مع صاحب الحقّ؟ فإن الانتظام في مملكة تشنغ مجرّد صدفة، وليس بفضل تنظيمك."

【原文】

卫端木叔者，子贡之世也。藉其先赀，家累万金。不治世故，放意所好。其生民之所欲为，人意之所欲玩者，无不为也，无不玩也。墙屋台榭，园囿池沼，饮食车服，声乐嫔御，拟齐楚之君焉。至其情所欲好，耳所欲听，目所欲视，口所欲尝，虽殊方偏国，非齐土之所产育者，无不必致之；犹藩墙之物也。及其游也，虽山川阻险，涂径修远，无不必之，犹人之行咫步也。宾客在庭者日百住，庖厨之下不绝烟火，堂庑之上不绝声乐。奉养之馀，先散

【今译】

卫国有个端木叔，是子贡的后代。凭借祖先的遗产，积累了万贯家财。他不经营社会事务，恣意放任自己的嗜好。只要是人们想做的，意念中想玩的，无所不为，无所不玩。他家的高墙深院、楼阁台榭，花苑兽园、池塘水沼，美酒玉食、华车锦服，歌舞声乐、嫔御侍妾，都可以和齐、楚两国的国君媲美。至于他感情上所喜好的，耳朵想听到的，眼睛想看到的，嘴巴想尝到的，即使远在异国他乡，并非是齐国本土所产育的，也非要弄到不可；就像是对待自家围墙里的东西一般。要说他外出游玩，即便是山川险阻，路途遥远，都一定要到达，就好像普通人走上几步路一样。聚集在他家庭院里的宾客每天数以百计，厨房里烟火不熄，厅堂廊屋之上声乐不断。奉养宾客之外，还有多馀财物，他先散发给宗族本家；散发给宗族本家之外，还有多馀，再散发给乡里乡亲；

كان دوانمو شو (Duanmu Shu) من مملكة وي (Wey) خلفاً من أخلاف تسي قونغ، وقد جمع في بيته ثروةً طائلةً معتمداً على أملاك أسلافه، حتى لا يُشْغِلُ بالَه بما في الدنيا من التوافه والسفاسف، بل يُطْلِقُ عِنَانَه لِما في قلبه من الرغبات والشهوات، فيفعل كلَّ ما تبتغي عامّة الناس أن تفعل، ويلعب كلّ ما تشتهي عقول الناس أن تلعب، وما له من الأسوار والأفنية والمصاطب والجواسق والبساتين والحدائق والبرك والترع والأشربة والأطعمة والعربات والألبسة والأصوات والألحان والزوجات والجواري يمكنه أن يضاهي ما للحاكميْن في مملكة تشي (Qi) ومملكة تشو (Chu). أمّا ما تريد عاطفتُه أن تميل إليه، وأذنُه أن تصغي إليه، وعينُه أن تنظر إليه، وفمه أن يذوقه، ولو كان بعيداً في بلد آخر أو مملكة أخرى، وغيرَ منتَج في مملكته، فلا بدّ له من إحضار كلّه، كأنّه شيء داخل أسواره؛ وعندما يخرج لرحلة، ولو كانت فيها جبالٌ فاصلة، وأنهارٌ عائقة، وطرقٌ طويلة، ودروبٌ بعيدة، لا بدّ له من أن يُكْمِلها، كأنّه إنسان يتنزّه أو يتفسّح بخطوات معدودة. وزاره مئة ضيْف في قصوره كلّ يوم، حتى لا تنطفئ النيرانُ والأدخنةُ في مواقده وأفرانه، ولا تنقطع الأصواتُ والألحانُ في قاعاته وممرّاته. وقد أعال وأكرم الطفيليّين بأمواله الوافرة، التي تصدّق بما يتبقّى منها على أقاربه أوّلاً، وعلى جيرانه

【原文】

之宗族；宗族之馀，次散之邑里；邑里之馀，乃散之一国。行年六十，气干将衰，弃其家事，都散其库藏、珍宝、车服、妾媵。一年之中尽焉，不为子孙留财。及其病也，无药石之储；及其死也，无瘗埋之资。一国之人受其施者，相与赋而藏之，反其子孙之财焉。

禽骨釐闻之，曰：“端木叔，狂人也，辱其祖矣。”

段干生闻之，曰：“端木叔，达人也，德过其祖矣。其所行也，其所为也，众意所惊，而诚理所取。卫之君子多以礼教自持，固未足以得此人之心也。”

【今译】

散发给乡里乡亲之外，还有多馀，于是散发到全国民众。到了六十岁上下，他的气血体力渐渐衰竭，干脆放弃家业，将府库中储藏的物资、珍宝、车服、妾婢，统统遣散出去。一年之内家产荡然无存，没给子孙留下任何财产。等到他生病的时候，已没有治病买药的积蓄；等到他去世的时候，也没有置地安葬的钱财。国内凡是接受过他施舍的人，一同按人口凑钱将他安葬了，并把财产返还给他的子孙。

禽骨釐听闻此事，说：“端木叔真是个狂妄之人，把他的祖宗都辱没了。”

魏国的段干木听闻此事，说：“端木叔真是个通达之人，他的德行超过了他的祖先。他的所作所为，大家心中都感到惊讶，却实在是符合情理的。卫国的君子大多以礼教来约束自己，自然不足以理解他的内心。”

ثانياً، وعلى أهل حارته ثالثاً، حتى على كلّ الشعب في مدينته. وعندما بلغ ستّين سنة من عمره، أوشك أن يكون ضعيفاً في روحه وجسده، فتخلّى عن أموره المنزليّة، ووزّع ودائعه وخزائنه وجواهره ونفائسه وعرباته وأثوابه وجواريه وحظاياه، حتى انتهى من توزيع كلّها في سنة واحدة، ولم يخلف لأبنائه وأحفاده شيئاً من أمواله. وحينَ أصابه مرض، لا وديعة له للأدوية والعقاقير؛ وحينَ فارق الدنيا، لا مالَ له للتابوت والجنازة. فتعاون كلّ من كان يتصدّق عليه في مدينته في دفع الأموال ليدفنوه في المقبرة، ويعيدوا أمواله إلى أبنائه وأحفاده.

وحينَ سمع تشين قو لي[1] عن ذلك، قال: "دوانمو شو رجل مجنون، قد أهان أسلافَه وأذلّهم."

وحينَ سمع دوان قان شنغ[2] عن ذلك، قال: "دوانمو شو رجل شهْم، قد فاق أسلافه في أخلاقه، وأَدْهَشَ كلَّ الناس بما فعل وعمل، إلاّ أنه كان بالفعل متطابقاً مع المبادئ الطبيعيّة. أمّا الذين عاشوا في مملكة وي (Wey) من أصحاب الفضائل، وهم يضبطون أنفسهم بالطقوس والمراسم، فلا يكفيهم بالطبع أن يفهموا ما في قلب هذا الرجل."

1 تشين قو شي (Qin Guxi) كان رجلاً في أوائل عصر الممالك المتحاربة، وتتلمذ على تسي شيا (Zi Xia)، فعلى موه تسي (Mo Zi)، الذي كان يعمل على نشر تعاليمه.

2 دوان قان شنغ (Duan Gansheng) كان رجلاً من مملكة وي (Wei) في أوائل عصر الممالك المتحاربة، وتتلمذ على تسي شيا، وقد رفض ما منحه الملك ون هو (Wen Hou) لمملكة وي (Wei) من الرتب والمناصب.

【原文】

孟孙阳问杨子曰:“有人于此，贵生爱身，以蕲不死，可乎?”

曰:“理无不死。”

“以蕲久生，可乎?”

曰:“理无久生。生非贵之所能存，身非爱之所能厚。且久生奚为?五情好恶，古犹今也;四体安危，古犹今也;世事苦乐，古犹今也;变易治乱，古犹今也。既闻之矣，既见之矣，既更之矣，百年犹厌其多，况久生之苦也乎?”

【今译】

孟孙阳问杨朱:“假使有这么个人，珍惜自己的生命爱护自己的身体，以祈求不死，可能吗?”

杨朱答道:“按道理人没有不死的。”

孟孙阳又问:“以此来祈求长生，可能吗?”

杨朱答道:“按道理人不可能长生不老。生命并非是珍惜它就能长存的，身体也不是爱护它就能强壮起来的。况且要长生干什么?人们的喜怒哀乐怨，古代和现代是一样的;身体的安危，古代和现代是一样的;世事的悲欢，古代和现代是一样的;社会的变革治乱，古代和现代是一样的。既然已经听说过了，已经见识过了，已经经历过了，活上一百年尚且嫌它太多，何况长久地活下去该有多痛苦?”

سأل منغسون يانغ[1] يانغ تشو: "إذا كان رجل يثمّن حياته ويدلّل جسده طمعاً في عدم الموت، فهل ذلك ممكن تحقيقه؟"

أجابه يانغ تشو: "ليس هناك من لا يموت من حيث المبدأ."

فسأله منغسون يانغ مرّة أخرى: "هل يمكنه أن يحقّق بذلك خلود حياته؟"

أجابه يانغ تشو: "لا خلودَ للحياة من حيث المبدأ، وذلك لأن الحياة لا يمكنها أن تكون باقية رغم أنها مثمَّنة، والجسم لا يمكنه أن يكون قويّاً رغم أنه مدلَّل، فلِمَاذا الحياة الطويلة؟ وإن ما يضمره الإنسان للعواطف الخمسة من الحبّ والكره، هو على السواء قديماً وحديثاً؛ وما يحدث للأطراف الأربعة من الأمن والخطر، هو على السواء قديماً وحديثاً؛ وما تأتي به أمور الدنيا من الفرح والترح، هو على السواء قديماً وحديثاً؛ وما يطرأ على مجتمعه من التغيّر والتبدّل والانتظام والاضطراب، هو على السواء قديماً وحديثاً. فما أكثر الآلام المترتّبة على الحياة الطويلة، إن كنت تسأم من طول الحياة بمئة سنة، بعد أن سمعت فيها كثيراً، ورأيت فيها كثيراً، وجرّبت فيها كثيراً!"

1 منغسون يانغ (Mengsun Yang) كان أحد الأتباع ليانغ تشو.

【原文】

孟孙阳曰:“若然，速亡愈于久生；则践锋刃，入汤火，得所志矣。”

杨子曰:“不然。既生，则废而任之，究其所欲，以俟于死。将死，则废而任之，究其所之，以放于尽。无不废，无不任，何遽迟速于其间乎?”

【今译】

孟孙阳说:“如果这样，倒是快点死比长寿更好；那么去触碰刀锋斧刃，投进沸水烈火，就可以满足心愿了。”

杨朱说:“不是的。既然已经活着，不如听之任之，尽量满足所有的欲望，以等候死亡的到来。即将死亡的时候，也要听之任之，让生命愿意去哪儿就去哪儿，直到命终。没有什么舍弃不下的，也没有什么不能放任的，何苦为生死之间的迟缓或迅疾而惶恐担忧呢?”

فقال منغسون يانغ: "إن تكن الحال عندك هكذا، والوفاة سريعةً خير من الحياة طويلةً، يكن ما يُرْضِيك هو أن تطأ حدود السيوف القاطعة، وتدوس نصال السكاكين الحادّة، وتلقي نفسك في المياه الساخنة والنيران الحارقة."

فقال يانغ تشو: "أنت مخطئ في هذا القول. وإن تكن على قيْد الحياة، اتركها وشأنها، وأطلِقْ كلّ ما ترغب فيه الحياةُ، لتنتظر الوفاة؛ وإن تقترب من الوفاة، اتركها وشأنها، وأطلِقْ كلّ ما تطلب منه الوفاةُ لينتهي بك الأجلُ. وعندما لا شيء عندك إلاّ يُتْرَكُ، ولا شيء عندك إلاّ يُطْلَقُ، لِمَ الخوْفُ على السرعة أو البطء لما بين الحياة والوفاة؟"

【原文】

杨朱曰："伯成子高不以一毫利物，舍国而隐耕。大禹不以一身自利，一体偏枯。古之人损一毫利天下不与也，悉天下奉一身不取也。人人不损一毫，人人不利天下，天下治矣。"

禽子问杨朱曰："去子体之一毛以济一世，汝为之乎？"

杨子曰："世固非一毛之所济。"

禽子曰："假济，为之乎？"

杨子弗应。

禽子出语孟孙阳。孟孙阳曰："子不达夫子之心，吾请言之。有侵若肌肤获万金者，若为之乎？"

【今译】

杨朱说："伯成子高不肯拿出一根毫毛来施惠外物，因此舍弃王位，隐居山野，耕田度日。大禹不愿为自身谋利益，以至于劳累过度，半身不遂。古代的人，对于损伤一根毫毛来施惠于天下的事，他不愿意去付出；对于把整个天下拿来奉养自身的事，他也不愿去获取。如果人人都不损失一根毫毛，人人都无须有利于天下，那么天下就大治了。"

禽骨釐问杨朱："去掉你身上的一根毫毛来救济全社会，你干不干？"

杨朱说："全社会不是靠一根毫毛就能救济的。"

禽骨釐又问："假如能够救济，你愿意干吗？"

杨朱不搭理他。

禽骨釐出门将此事告诉了孟孙阳。孟孙阳说："你不能领会先生的心意，还是让我来说说看吧。假设有人侵害你

قال يانغ تشو: "إن بوتشنغ تسيقاو[1] لم يجرؤ على إفادة غيره بشُعَيْرَةٍ من جسمه، فتخلّى عن عرشه، ليزرع الحقول في منسكه؛ والإمبراطور يوي لا يرغب في إفادة نفسه، فأرهق جسده، حتى أصيب بالشلل النصفيّ. وكان الإنسان القديم راغباً عن قطْع شُعَيْرَةٍ من جسده ليفيد بها كلَّ العالم، وراغباً أيضاً عن أخْذ كلّ ما في العالم ليغذّي به جسده فقط. وإذا كان كلّ إنسان لا تخسره شعيرةٌ من جسده، ولا يُطْلَبُ منه بإفادة كلّ العالم، فسيسود العالمَ انتظامٌ شاملٌ."

فسأله تشين قولي: "إذا كانت شُعَيْرَةٌ من جسمك كافية لإنقاذ المجتمع، فهل ترغب في قطعها؟"

أجابه يانغ تشو: "إلاّ أن شُعَيْرَة واحدة لا تقدر على إنقاذ المجتمع في الأصل."

فأعاد تشين قولي سؤاله: "إذا كانت قادرة على ذلك، فهل ترغب فيه؟" ولم يُجِبْه يانغ تشو.

خرج منه تشين قو لي ليخبر منغسون يانغ، الذي قال له: "لأحدّثك عن ذلك، وأنت لم تفهم ما في قلب المعلّم. فهل توافق على إيذاء عضلتك أو بشرتك، وأنت تُمْنَحُ بعشرة آلاف رطل من الذهب؟"

---

1 بوتشنغ تسيقاو (Bocheng Zigao) كان أميراً إقطاعياً في عصر الإمبراطور ياو، إلاّ أنه كان يظنّ أن عصر الإمبراطور يوي عصر بدأت الأخلاق فيه تنحطّ، وبدأت العقوبات فيه تتشدّد، وبدأت منه عصور الاضطرابات، فصار ناسكاً ليقوم بالزراعة والحراثة.

【原文】

曰："为之。"

孟孙阳曰："有断若一节得一国，子为之乎？"

禽子默然有间。

孟孙阳曰："一毛微于肌肤，肌肤微于一节，省矣。然则积一毛以成肌肤，积肌肤以成一节。一毛固一体万分中之一物，奈何轻之乎？"

禽子曰："吾不能所以答子。然则以子之言问老聃、关尹，则子言当矣；以吾言问大禹、墨翟，则吾言当矣。"

孟孙阳因顾与其徒说他事。

【今译】

的肌肤而同时让你获得万金，你干不干？"

禽骨釐说："愿意干。"

孟孙阳接着说："假如有人砍断你一段肢体而同时让你获得一个国家的补偿，你干不干？"

禽骨釐沉默了一会，没有回答。

于是孟孙阳说："一根毫毛比肌肤轻微，肌肤又比一段肢体轻微，这是明摆着的。然而正是一根根毫毛累积起来，形成了肌肤；一寸寸肌肤累积起来，形成了肢体。一根毫毛固然只占了身体的万分之一，可又怎能轻视它呢？"

禽骨釐说："我没什么道理来回答你。然而拿你的话去询问老聃、关尹，那么你的话是恰当的；而拿我的话去询问大禹、墨翟，那么我的话也是恰当的。"

孟孙阳听罢，就回过头去和他的学生讲其他事情了。

"أنا موافق." قال تشين قو لي.

سأله منغسون يانغ: "وهل توافق على قطع طرف من أطرافك، وأنت تُمْنَحُ بمملكة واحدة؟"

ولزم تشين قولي الصمت لمدّة طويلة.

فقال له منغسون يانغ: "الواضح أن الشعيرة الواحدة أخفّ من العضلة أو البشرة، والعضلة أو البشرة أخفّ من طرف من الأطراف، غيرَ أن الشعيرة إن تجمع واحدة واحدة، تكن عضلة وبشرة؛ والعضلة أو البشرة إن تجمع واحدة واحدة، تكن طرفاً من الأطراف. فكيف تستخفّ بشعيرة واحدة، رغم أنها في الأصل مجرَّد واحدة في عشرة آلاف من جسدك؟"

أجابه تشين قو لي: "لا أستطيع إجابتك بأيّ شيء، إلاّ أن كلامك صائب، إن تسأل به لاو ران وقوان ين[1]؛ وكلامي صائب، إن تسأل به الإمبراطور يوي وموه دي."

فأدار منغسون يانغ رأسه إلى أتباعه ليُحَدِّثَهم عن الأمور الأخرى.

1 قوان ين (Guan Yin) كان وزيراً في عصر الملك كانغ لأسرة زو الملكية وهو من الممثّلين للمدرسة الطاويّة في مرحلتها الأولى.

【原文】

杨朱曰:“天下之美归之舜、禹、周、孔,天下之恶归之桀、纣。然而舜耕于河阳,陶于雷泽,四体不得暂安,口腹不得美厚;父母之所不爱,弟妹之所不亲。行年三十,不告而娶。及受尧之禅,年已长,智已衰。商钧不才,禅位于禹,戚戚然以至于死:此天人之穷毒者也。鲧治水土,绩用不就,殛诸羽山。禹纂业事雠,惟荒土功,子产不字,过门不入;身体偏枯,手足胼胝。及受舜禅,卑宫室,美绂冕,戚戚然以至于死:此天人之忧苦者也。武王

【今译】

杨朱说:“天下的美誉都归于虞舜、夏禹、周公、孔子,天下的恶名都归之于夏桀、商纣。可是舜在河阳耕种,在雷泽制陶,手足得不到片刻的安闲,嘴巴肚子也得不到丰盛的美食;父母不喜爱他,弟弟妹妹不亲近他。到了三十岁,不禀告父母就自娶妻室。等到接受尧的禅让登上帝位,年纪也大了,智力也衰退了。他儿子商钧没有治国之才,他只得再禅位于大禹,忧忧戚戚直到死去:这真是天底下受苦受难最多的人。鲧治理洪水,方法不当没有成功,被舜杀死在羽山。大禹继承了父亲的事业,事奉着杀父仇人,一心治理洪水,儿子出生了不去关爱,三过家门而不入;以至于弄得自己半身瘫痪,手上脚上都长满老茧。等到接受舜的禅让登上帝位,为了俭省而住在低矮的宫室,祭祀时却华服美冠,忧忧戚戚直到死去:这真是天底下忧愁痛苦最多的人。周武王死后,成王尚且年幼弱小,周公旦代

قال يانغ تشو: "كلّ المحاسن في العالم ترجع إلى شون ويوي وتشو قونغ[1]، وكونفوشيوس؛ في حين كلّ المساوئ في العالم تُنْسَب إلى الطاغي شيا جيه[2] والعاتي شانغ تشو[3]. بيدَ أن شون كان يحرث الأرض في خهيانغ[4]، ويصنع الخزف في ليتسه[5]، ولم تأخذ أطرافُه الأربعةُ قسطاً من الراحة، ولا يجد فمُه وبطنُه شيئاً من المتعة؛ ولم يحبّه أبوه وأمّه، ولا يقرّبه إخوانه وأخواته؛ ولم يعلم والديه بزواجه إلاّ وقد بلغ ثلاثين سنة من عمره؛ ولم يعتلِ عرشه بعد أن تخلّى عنه شون وقد تقدّم عمرُه، وضعف عقلُه؛ واضطرّ إلى التخلّي عن عرشه ليوي، إذ إن ابنه شانغ جون[6] لم يكن مَوْهُوباً، حتى لقي حتفه حزيناً كئيباً، وهو من أكثر الناس محنةً وبلاءً في العالم. وكان قون[7] يقوم بمعالجة الفيضان والتربة وهو لم ينجح فيها بسبب طريقته غير الفعّالة، وقُتِلَ بيد شون في جبل يوي[8]. فتابع يوي عملَ والده، لخدمة عدوّه، منهمكاً في معالجة الفيضان والتربة، حتى لا يعتني بابنه بعد ولادته، ولا يدخل بيته رغمَ مروره به؛ وكان مُصاباً بالشلل النصفيّ في جسمه، وجاسئاً في يديْه وقدميْه، حتى اعتلى عرشه بعد

1 تشو قونغ (Zhou Gong) قد ساعد الملك وو في القضاء على أسرة شانغ الملكيّة، ثم ناصر الملك تشنغ (Cheng) في تنظيم شؤون الأسرة الملكيّة، ويخمد نيران الاضطرابات الداخليّة حتّى يحقّق لأسرة زو الملكيّة سيادتها.

2 الطاغي شيا جيه (Xia Jie، عام ؟-1600ق.م) كان آخر ملك في عصر أسرة شيا الملكيّة، وهو غشوم شهير في تاريخ الصين القديم، وانتهت أسرته الملكيّة بعد أن قبض عليه الملك تانغ لأسرة شانغ (Shang) الملكيّة.

3 العاتي شانغ تشو (Shang Zhou، عام 1105–1046ق.م) هو آخر ملك لأسرة شانغ الملكيّة في الصين القديمة.

4 خهيانغ (Heyang) اسم مكان قديم يقع حاليّاً في غربيّ منغ شيان في مقاطعة خهنان.

5 ليتسه (Leize) اسم نهر يُسمَّى أيضاً بـ ليشيا (Leixia)، ويقع حاليّاً في شمال الشرق لمدينة خه تسه (Heze) في مقاطعة شاندونغ الصينيّة.

6 شانغ جون (Shang Jun) كان الابن الأكبر للإمبراطور شون، الذي تنازل عن عرشه للإمبراطور يوي بسبب قلّة المواهب لشانغ جون.

7 قون (Gun) يقال إنه كان أباً للإمبراطور يوي.

8 جبل يوي (Yu) يقع حاليّاً في مقاطعة شاندونغ الصينيّة.

【原文】

既终，成王幼弱，周公摄天子之政。邵公不悦，四国流言。居东三年，诛兄放弟，仅免其身，戚戚然以至于死：此天人之危惧者也。孔子明帝王之道，应时君之聘，伐树于宋，削迹于卫，穷于商周，围于陈、蔡，受屈于季氏，见辱于阳虎，戚戚然以至于死：此天民之遑遽者也。凡彼四圣者，生无一日之欢，死有万世之名。名者，固非实之所取也。虽称之弗知，虽赏之不知，与株块无以异矣。桀藉累世之资，居南面之尊，智足以距群下，威足以震海内；恣耳目之所

【今译】

行天子的政令。邵公对此不满，四处传播着对他不利的流言蜚语。周公因此东征三年，诛杀哥哥管叔鲜，放逐弟弟蔡叔度，才保全自身免受其害，忧忧戚戚直到死去：这真是天底下担忧恐惧最多的人。孔子深谙帝王之道，受到当时多个诸侯国君的聘请，但却在宋国遭到大司马桓魋砍断大树的威胁，被驱逐出国；在卫国遭到别人造谣中伤，只得销声匿迹；在商周地方被囚禁，在陈、蔡之间受围困，在季孙氏手下受委屈，还遭到季孙氏家臣阳货的羞辱，忧忧戚戚直到死去：这真是天底下最为凄惶窘迫的人。所有这四位圣贤，生前没享受过一天的欢乐，死后却获得了万世的荣耀。所谓名声，本来就不是实际所需要的。死了以后，纵然得到称赞，也不会察觉；纵然获得奖赏，也不会知晓，和草木土块没什么两样。桀凭借着祖宗基业，高居帝王之位，他的才智足以抗衡群臣，他的声威足以震慑海

أن تخلّى عنه شون، وهو مُقِيمٌ في قصره البسيط وكُوخِه الوضِيع، ومُلْبَسٌ بثوبه الجميل وتاجه الأنيق، حتى لقي حتفه حزيناً كئيباً، وهو من أكثر الناس قلقاً ونكداً في العالم. وعندما توفّي الملك وو[1] لأسرة زو الملكيّة، ما زال الملك تشنغ[2] صغيراً ضعيفاً، فتولّى تشو قونغ شؤون الحاكم بدلاً عنه، وذلك لمْ يُرْضِ تشاو قونغ[3] ولا يقنعه، حتى تفشّت الإشاعاتُ والأكاذيبُ في كلّ أنحاء المملكة. فلجأ تشو قونغ إلى عاصمته الشرقيّة لمدّة ثلاث سنوات، قتل فيها أخاه الكبير[4] المارد، ونفى أخاه الصغير[5] العاصي[6]، وحقّق سلامة لجسمه فقط، حتى لقي حتفه حزيناً كئيباً، وهو من أكثر الناس خوفاً وفزعاً في العالم. وكان كونفوشيوس مُلِمّاً بمبادئ الأباطرة، ومدعوّاً بحكّام عصره، إلاّ أنه كان مُهَدَّداً بقطع الدوحة عند مملكة سونغ، حتى ارتحل عنها، ومُعَرَّضاً للافتراء والاعتداء في مملكة وي (Wey)، حتى اختفى فيها؛ ومسجوناً في مملكة شانغ ومملكة تشو، ومورَّطاً في تشن ومملكة تساي؛ ومُثبَّطاً بأسرة جي، ومُذَلَّلاً بيانغ هو[7]، حتى لقي حتفه حزيناً كئيباً، وهو من أكثر الناس شقاوةً وتعاسةً في العالم.فإن كلّ الحكماء الأربعة ليس لهم في حياتهم يوْمٌ واحدٌ من البهجة، بل لهم بعد وفاتهم أجيالٌ متعاقبةٌ من الشهرة، إلاّ

1 الملك وو (Wu، عام 1087–1043ق.م) هو ملك لأسرة زو الملكيّة، وقد هزم العاتي شانغ تشو وأقام أسرة زو الملكيّة.

2 الملك تشنغ (Cheng، عام 1055-1021ق.م) كان ابناً للملك وو لأسرة زو الملكيّة، وهو الحاكم الثاني لها لمدّة واحدة وعشرين سنةً، حيث كان الأمير قونغ دان (Gongdan) يناصره عندما كان طفلاً صغيراً.

3 تشاو قونغ (Zhao Gong) كان مؤسّساً لمملكة يان (Yan) في عصر أسرة زو الملكيّة، وكان يناصر الملك وو في القضاء على أسرة شانغ الملكيّة.

4 الأخ الكبير هو قوانشون شيان (Guanshu Xian).

5 الأخ الصغير هو تسايشو دو (Caishu Du).

6 كان قوانشو شيان (Guanshu Xian) وتسايشو دو (Caishu Du) يتعاونان مع وو قنغ (Wu Geng) ابن العاتي شانغ تشو (Shang Zhou) ليقوموا بالانتفاضة ضدّ أسرة زو الملكيّة إلاّ أن الأمير قونغ دان أفشلها، حتى قتل قوانشو شيان، ونفى تسايشون دو.

7 يانغ هو (Yang Hu) كان خادماً في أسرة جي في أواخر عصر الربيع والخريف.

【原文】

娱，穷意虑之所为，熙熙然以至于死：此天民之逸荡者也。纣亦藉累世之资，居南面之尊；威无不行，志无不从；肆情于倾宫，纵欲于长夜；不以礼义自苦，熙熙然以至于诛：此天民之放纵者也。彼二凶也，生有从欲之欢，死被愚暴之名。实者，固非名之所与也。虽毁之不知，虽称之弗知，此与株块奚以异矣？彼四圣虽美之所归，苦以至终，同归于死矣。彼二凶虽恶之所归，乐以至终，亦同归于死矣。”

【今译】

内；恣意享受感官娱乐，费尽心思为所欲为，欢欢喜喜直到死去：这真是天底下最舒适放荡的人。纣也凭借着祖宗基业，高居帝王之位；他威严的法令没有不实施的，他的意志没有不服从的；在深宫后庭肆意地寻欢作乐，在漫漫长夜无休止地放纵情欲；他不拿礼义来为难自己，欢欢喜喜直到死去：这真是天底下最任性纵情的人。这两个凶徒，生前享尽纵欲的欢乐，死后背负起愚蠢残暴的恶名。所谓实际，本来就不是名声所能给予的。死了以后，纵然遭到诋毁，也不会察觉；纵然受到称誉，也不会知晓，这和草木土块又有什么两样。那四位圣贤虽然集天下美誉于一身，但却艰难苦恨一辈子，最后一样面临死亡的结局。那两个凶徒虽然集天下恶名于一身，但却快活一辈子，最后也一样面临死亡的结局。”

أن الشهرة ليست ما يطلبه الواقعُ في الأصل، ولا تُعْرَفُ رغم أنها تُحْمَدُ، ولا تُعْرَفُ رغم أنها تُكَافَأُ، فما الفرق بينها وبين الشجرة أو الطينة؟

وكان شيا جيه يعتلي عرشه معتمداً على ما خلّفه أسلافُه من الأملاك، وموهبته كافية لتنافس كلّ وزرائه، وسلطته كافية لتهزّ كلّ العالم؛ وكان منغمساً فيما يسلّي أذنيْه وعينيْه، ومنغمراً فيما يشتهيه عقله وقلبه، حتى لقي حتفه سعيداً بهيجاً، وهو من أكثر الناس رغداً وفسوقاً في العالم. وكان شانغ تشو يعتلي عرشه أيضاً معتمداً على ما خلّفه أسلافُه من الأملاك، ولم تجد أوامره إلاّ فاعلين بها، ولا تجد إراداتُه إلاّ طائعين لها؛ وكان يشبع رغباته في القصور العميقة، ويطلق شهواته في الليالي الطويلة، ولا يعذّب نفسه بالأدب والعدل، حتى لقي مصرعه سعيداً بهيجاً، وهو من أكثر الناس فجوراً ومجوناً في العالم. فإن الخبيثيْن كان لهما في حياتهما فرح صادر من مجونهما وفسوقهما، ولهما بعد وفاتهما لقب ناجم من جهلهما وعنفهما. إلاّ أن الواقع ليس ما يمنحه اللقبُ في الأصل، وهو لا يُعْرَفُ رغم أنه يُشَوَّهُ، ولا يعرف رغم أنه يُقَدَّرُ، فما الفرق بينه وبين الشجرة أو الطينة؟ فإن الحكماء الأربعة رغم أن المحاسن ترجع إليهم، إلاّ أنهم كانوا مكدودين مدى حياتهم، حتى انتهى كلُّهم بالموت على السواء؛ وإن الخبيثيْن رغم أن المساوئ تُنْسَبُ إليهما، إلاّ أنهما كانا مسروريْن، حتى انتهى كلاهما بالموت على السواء أيضاً."

【原文】

杨朱见梁王，言治天下如运诸掌。

梁王曰：“先生有一妻一妾而不能治，三亩之园而不能芸；而言治天下如运诸掌，何也？”

【今译】

杨朱晋见梁惠王，称自己治理天下就像在手掌上翻转东西那么容易。

梁惠王说：“先生您有一妻一妾尚且不能管治好，三亩大的园子尚且不能耕耘好；却号称治理天下就像在手掌上翻转东西那么容易，这是为什么？”

ذهب يانغ تشو إلى مقابلة الملك هوي[1] لمملكة ليانغ[2]، وقال له إن تنظيم العالم سهل مثل تقليب شيء في الكفّ.

فقال الملك هوي: "يا معلّمي، لماذا تقول إن تنظيم العالم سهل مثل تقليب شيء في كفّك، وأنت عاجز عن تنظيم العلاقة بين زوجتك وجاريتك، وعاجز عن حراثة المزرعة بمساحة ثلاثة مو[3]؟"

1 الملك هوي (Hui، عام 400-319ق.م) كان حاكماً لمملكة وي (Wei) في مدّة ما يتراوح بين 369-319ق.م في عصر الممالك المتحاربة، وهو ابن الملك وو هو (Wuhou) لمملكة وي، وصار يُسَمَّى بالملك هوي لمملكة ليانغ بعد نقل العاصمة لمملكة وي إلى داليانغ (مدينة كايفنغ اليوم).

2 مملكة ليانغ (Liang) من الممالك السبع الكبرى في عصر الممالك المتحاربة، وتُسمَّى أيضاً في تاريخ الصين بمملكة وي (Wei) بعد أن نقل ملكها هوي (Hui) عاصمتها إلى مدينة دا ليانغ (تُسمَّى أيضاً بكايفنغ التي تقع حالياً في مقاطعة خهنان) وذلك بعد أن هزمه جيشُ مملكة تشي في معركة قويلينغ (Guiling) عام 353ق.م ومعركة مالينغ (Maling) عام 341ق.م.

3 مو (mu) وحدة مساحة صينيّة.

【原文】

对曰:“君见其牧羊者乎?百羊而群,使五尺童子荷箠而随之,欲东而东,欲西而西。使尧牵一羊,舜荷箠而随之,则不能前矣。且臣闻之:吞舟之鱼不游枝流;鸿鹄高飞,不集洿池。何则?其极远也。黄钟大吕不可从烦奏之舞,何则?其音疏也。将治大者不治细,成大功者不成小,此之谓矣。”

【今译】

杨朱答道:“大王您见过别人牧羊么?百来头羊汇成一群,让一个五尺高的孩童提着鞭子跟随在羊群后面,要它们往东就往东,要它们往西就往西。如果让尧牵着一头羊,再让舜提着鞭子跟随在羊后面,就没办法顺利前行了。而且我听说:吞得下舟船的大鱼,不在小河里游弋;高飞于苍天的鸿鹄,不在水塘边栖集。为什么呢?因为它们的志向极其高远。黄钟大吕不能为节奏繁促的舞蹈伴奏。什么缘故呢?因为它们的音调低沉而舒缓。将要治理大事务的人不处理小事情,成就大功业的人不建立小事业,说的就是这个道理啊!”

فأجابه يانغ تشو: "هل رأيت راعي الغنم؟ فإذا كان طفل صغير بطول خمس بوصات يتبع قطيعاً من مئة غنم، وبيده سوط، فهو قادر على توجيهها إلى الشرق أو إلى الغرب كما يشاء. وإذا كان ياو يقود غنمة واحدة، وشون يتبعها وبيده سوط، فهو لا يقدر على التقدّم بها إلى الأمام. وسمعت أيضاً أن الأسماك التي تبلع السفينة لا تسبح في فروع النهر، والأوزّات التي تحلّق عالياً لا تحشد في ركود البركة، ولماذا؟ لأن طموحاتها سامية عالية؛ والألحان المهيبة لهوانغ تشونغ[1] (Huang Zhong) ودا ليوي[2] (Da Lü) غير صالحة لمصاحبة الرقصات مع الإيقاعات المتسارعة، ولماذا؟ لأن أصواتها خفيضة بطيئة. فمن ينظّم ما هو كبير، لا ينظّم ما هو صغير؛ ومن ينجز نجاحاً كبيراً، يهمل نجاحاً صغيراً؛ وذلك قد عبّر عمّا أقصد."

1 هوانغ تشونغ (Huang Zhong) نوع من الآلات الموسيقيّة النقريّة يستخدم دائماً في المعابد الصينيّة القديمة؛ أو هو اسم اللحن من الألحان في الصين القديمة.

2 دا ليوي (Da Lü) اسم الجرس في الصين القديمة وهو تحفة من التحف النفيسة في أسرة زو الملكيّة؛ أو هو اسم اللحن من الألحان في الصين القديمة.

【原文】

杨朱曰:“太古之事灭矣,孰志之哉?三皇之事若存若亡,五帝之事若觉若梦,三王之事或隐或显,亿不识一。当身之事或闻或见,万不识一。目前之事或存或废,千不识一。太古至于今日,年数固不可胜纪。但伏羲已来三十馀万岁,贤愚、好丑,成败、是非,无不消灭;但迟速之间耳。矜一时之毁誉,以焦苦其神形,要死后数百年中馀名,岂足润枯骨?何生之乐哉?”

【今译】

杨朱说:“远古的事情早已湮灭,谁还记得呢?三皇时代的事,仿佛存在又仿佛消亡,五帝时代的事,如同清醒又如同梦幻,三王时代的事或者隐没或者彰显,亿万桩事中未必能识别其一。当代的事有些听闻也有些见识,一万桩事中却未必能识别其一。眼前的事有的仍然存在有的却已废弃,千百桩事中未必能识别其一。从远古到今日,年数本已无法计算清楚。仅仅从伏羲氏到现在已经历了三十多万年,贤明的、愚蠢的,美好的、丑陋的,成功的、失败的,正确的、错误的,无不消亡湮灭;只不过或迟或早而已。挂念一时的荣誉毁谤,使身心陷于焦灼苦楚,以追求死后数百年间能够留下名声,名声又如何足以滋润枯朽的尸骨?这样活着又有什么乐趣呢?”

قال يانغ تشو: "من ما زال يسجّل ما قد تلاشى في العصور البعيدة من الأمور؟ فإنّ الأمور في عصور الأباطرة الثلاثة[1] تشبه ما بين البقاء والفناء، والأمور في عصور الأباطرة الخمسة[2] تشبه ما بين اليقظة والحلم؛ والأمور في عصور الملوك الثلاثة[3] تشبه ما بين الخافي والبارز، فلا يُعْرَف واحدٌ من ملياراتها؛ والأمور في العصور الراهنة إمّا مسموعة، وإمّا مَرْئِيّة، فلا يُعْرَف واحدٌ من عشرة آلافها؛ والأمور التي تحدث اليوم، إمّا محفوظة، وإمّا مفسوخة، لا يُعْرَف واحدٌ من ألفها. ومع أن عدد السنوات من العصور البعيدة إلى عصرنا اليوم لا يُعَدّ ولا يُحْصَى في الأصل، إلاّ أن كلّ من عاشوا على مدى أكثر من 300 ألف سنة منذ عصر فو شي من عاقل وجاهل، وجميل وقبيح، وناجح وفاشل، وصائب وخاطئ لا أحد منهم إلاّ وقد اختفى وانقرض، والفرق بينهم هو في السرعة أو البطء فقط. فإن الحريص على ما هو عابر وزائل من النقد والمدح، حتى تتحرّق به روحه ويتألّم به جسده، يرغب في تحقيق شهرته الزائدة بعد وفاته بمئات السنين، فهل ذلك كافٍ لترطيب جمجمته الجافّة؟ وما هي السعادة لحياته؟"

---

1 الأباطرة الخمسة كما جاء في الأسطورة الصينيّة القديمة هم سوي رن (Sui Ren)، وفو شي (Fu Xi)، وشن نونغ (Shen Nong).

2 الأباطرة الخمسة كما جاء في الأسطورة الصينيّة القديمة هم وهوانغ دي (Huangdi)، تشوان شو (Zhuan Xu) ودي كو (Di Ku)، وياو (Yao)، وشون (Shun).

3 الملوك الثلاثة هم المؤسّسون للأسر الملكيّة الثلاث، أي الإمبراطور يوي لأسرة شيا الملكيّة، والملك تانغ لأسرة شانغ الملكيّة والملك ون لأسرة زو الملكيّة في تاريخ الصين القديم.

【原文】

杨朱曰:"人肖天地之类，怀五常之性，有生之最灵者也。人者，爪牙不足以供守卫，肌肤不足以自捍御，趋走不足以从利逃害，无毛羽以御寒暑，必将资物以为养，任智而不恃力。故智之所贵，存我为贵；力之所贱，侵物为贱。然身非我有也，既生，不得不全之；物非我有也，既有，不得而去之。身固生之主，物亦养之主。虽全生，不可有其身；虽不去物，不可有其物。有其物，有其身，是横私

【今译】

杨朱说:"人就像天地一样具备阴阳之分，怀有五常之性，是所有生命中最有灵性的种类。人，指甲和牙齿不足以用来守护保卫自身，肌肉和皮肤不足以用来捍卫抵抗外侵，奔跑疾走不足以趋利避害，也没有皮毛羽翼来抵御严寒酷暑，所以必定要依靠外物来供养自身，运用智慧而不依凭蛮力。因此，智慧之所以高贵，就在于它能使我们保全自身；力气之所以卑贱，就在于它会使我们侵害外物。然而身体并不归我们自己所有，但出生了，就不得不保全它；外物也不归我们所有，但拥有了，就不能随便抛弃它。身体固然是生命的主体，外物也应当算作养护生命的主体。虽说要保全生命，却不能因此占有身体；虽说不要舍弃外物，却也不能因此占有外物。占有外物，占有身体，是强行独占本属于天下的身体，是强行独占本属于天下的外物。

قال يانغ تشو: "إن الإنسان كالسماء والأرض، يتفرّد بـ ين ويانغ، ويتميّز بالعناصر الخمسة[1]، وهو أذكى الكائنات الحيّة، إلاّ أنه لا يكفيه أن يدافع عن نفسه بأظافره وأسنانه، ولا يكفيه أن يقي نفسه من الهجومات الخارجيّة بعضلته وبشرته، ولا يكفيه أن يلحق بما هو نافع ويهرب ممّا هو ضارّ بجرْيه وسيْره. وليس له فرو أو ريش يقي نفسه من القرس أو القيْظ، فلا بدّ له من اللجوء إلى الأشياء لحماية نفسه، معتمداً على عقله لا على قوّته. فإن العقل يُحْتَرَمُ بقدرته في إبقائي، والقوّة تُحْتَقَرُ بضرره بالأشياء، بيدَ أن جسمي لا ينتمي إليَّ، وإن وُلِدَ، فلا بدّ من حمايته؛ والأشياء لا تنتمي إليّ أيضاً، وإن ظهرت، فمن المستحيل إهمالها. فإن الجسم في الأصل ركيزة الحياة، والأشياء هي الأخرى ركيزة الغذاء. ومع أن الحياة مَحْمِيَّة، إلاّ أن الجسم لا يمكنه أن يكون مملوكاً؛ ومع أن الأشياء غير مهملة، إلاّ أنها لا يمكنها أن تكون مملوكة. فإن الحيازة للأشياء والجسم هي الطغيان على الأجسام في العالم، والطغيان

1 العناصر الخمسة هي التي تتكوّن منها كافة الكائنات في الكون في حركاتها وتغيّراتها من الموادّ الأساسيّة، وهي الخشب والنار والأرض والمعدن والماء. وهي عبارة عمّا يتميّز به الإنسان من الفضائل الخمس، وهي الرحمة والعدل والأدب والحكمة والوفاء.

【原文】

天下之身，横私天下之物。不横私天下之身，不横私天下物者，其唯圣人乎！公天下之身，公天下之物，其唯至人矣！此之谓至至者也。”

【今译】

不强行独占本属于天下的身体，不强行独占本属于天下的外物，大概只有圣人才能做到吧！将本属于天下的身体还归公有，将本属于天下的外物还归公有，大概只有圣人才能做到吧！这就叫做达到至人的最高境界了。”

على الأشياء في العالم؛ ولا يكون الذي لا يطغى على الأجسام في العالم ولا يطغى على الأشياء في العالم، إلاّ الإنسان الحكيم؛ ولا يكون الذي يقدر على تعميم الأجسام في العالم ويقدر على تعميم الأشياء في العالم إلاّ الإنسان السامي؛ وذلك هو أعلى غاية يبلغها الإنسان السامي."

【原文】

杨朱曰："生民之不得休息，为四事故：一为寿，二为名，三为位，四为货。有此四者，畏鬼，畏人，畏威，畏刑：此谓之遁民也。可杀可活，制命在外。不逆命，何羡寿？不矜贵，何羡名？不要势，何羡位？不贪富，何羡货？此之谓顺民也。天下无对，制命在内。故语有之曰：'人不婚宦，情欲失半；人不衣食，君臣道息。'周谚曰：'田父可坐杀。'晨出夜入，自以性之恒；啜菽茹藿，自以味之极；肌肉粗厚，筋节腃急，一朝处以柔毛绨幕，荐以粱肉兰橘，心痟

【今译】

杨朱说："人们之所以得不到休息，是为了四件事的缘故：一是为长寿，二是为名誉，三是为地位，四是为财货。有这四件事，就会怕鬼、怕人、怕权势、怕刑罚：这就叫做违背自然本性的人。或死或生，他们的命运受着外界的支配。不违逆天命，何必羡慕长寿？不看重显贵，何必羡慕声名？不追求权势，何必羡慕地位？不贪图富贵，何必羡慕财富？这就叫做顺从自然本性的人。他们天下无敌，命运完全由自己控制。所以有这么一句话说是：'人不结婚和做官，七情六欲会减半；人不穿衣和吃饭，君臣之道从此断。'周代谚语说：'闲坐闷煞老农夫。'农夫们早出晚归，自以为是人之常情；喝豆粥、嚼豆叶，自以为是美味极品；皮肤粗糙，肌肉厚实，青筋饱绽，骨节突出，一旦让他们盖上柔软的毛皮，躺进丝绸的帐幕，再进献以精美的饭菜，

قال يانغ تشو: "لا يجد الناس سبيلهم إلى الراحة، وذلك من أجل الأمور الأربعة، وهي العمر أوّلاً، والشهرة ثانياً، والمكانة ثالثاً، والثروة رابعاً. والذين يسعَوْن لهذه الأمور الأربعة خائفون من الشيطان وخائفون من الإنسان، وخائفون من السلطة، وخائفون من العقوبة، ويُسمَّون بالشعوب المتخالفين مع طبيعتهم، فهم قابلون لإعدامهم أو إحيائهم، ومصائرهم مُقيَّدة بما في خارجهم. وإن لم يعْصَوْا على مصائرهم، فلِمَ يصبُون إلى العمر المديد؟ وإن لم يحرصوا على النبالة، فلِمَ يصبُون إلى الشهرة؟ وإن لم يسعوا إلى السلطة، فلِمَ يصبُون إلى المكانة؟ وإن لم يطمعوا في الغنى، فلِمَ يصبُون إلى الثروة؟ وهم يُسمَّون بالشعوب المتوافقين مع طبيعتهم، حتى لا خصم لهم في العالم، ومصائرُهم محدَّدة بما في داخلهم. فقد كان هناك من يقول: من لا يطلب زواجاً أو منصباً، يفقد نصفاً من رغباته وشهواته؛ ومن لا يطلب لباساً أو طعاماً، يهمل علاقة بين الحاكم والوزير؛ كما قال المثلُ الشائع في مملكة زو: قد يُقْتَلُ الفلاّحُ بقُعُودِه. إذ إنه يعتقد أن خروجَه من بيته في الصباح ورجوعَه إليه في المساء هما من عاداته الدائمة، وأن أكْل الفول ومضْغ الورق هما من الأطايب الحلوة، وأنه ببشرته الخشنة وعضلاته المكتنزة وعروقه الملتوية، إن يلتحف الفراء الناعمة، ويفترش الحرائر اللامعة، ويستمتع بالأطعمة اللذيذة والفواكه الحلوة، يكن قلبُه قلقاً وجسده ضجراً، حتى أصيب بالمرض بفعل الحرارة في جسده.

【原文】

体烦，内热生病矣。商鲁之君与田父侔地，则亦不盈一时而惫矣。故野人之所安，野人之所美，谓天下无过者。昔者宋国有田夫，常衣缊黂，仅以过冬。暨春东作，自曝于日，不知天下之有广厦隩室，绵纩狐貉。顾谓其妻曰：'负日之暄，人莫知者；以献吾君，将有重赏。'里之富室告之曰：'昔人有美戎菽，甘枲茎芹萍子者，对乡豪称之。乡豪取而尝之，蜇于口，惨于腹，众哂而怨之，其人大惭。子，此类也。'"

【今译】

香甜的水果，反而会心烦意乱，内热生病。让宋国、鲁国的君王去和农夫们一样耕地，用不着一时三刻就疲惫不堪了。所以山野农夫安身的住所，山野农夫喜好的事物，自以为天下再不会有更好的了。从前宋国有个农夫，常穿着乱麻破絮，勉强过冬。开春以后，他下地耕作，自个儿在日头底下曝晒，不知道天底下还有高楼大厦暖屋深室，丝绸棉衣狐皮貉裘。他回过头对妻子说：'晒太阳来取暖的法子，别人没一个知道；我把它进献给国君，准保能得到重赏。'同乡的一户富裕人家告诉他说：'过去有个人，自以为大豆、麻茎、蒿苗是天底下最香甜的美味，就对乡里的富豪啧啧称道。乡里的富豪拿来一尝，嘴巴被刺了，肚子也痛了，大家就一面讥笑、一面埋怨那个人，那人于是十分羞愧。你呀，就是这种人。'"

وإن يوضع الحكّام في مملكة سونغ ومملكة لو في موضع الفلاّحين، لا يكونُوا مُرْهَقين أيضاً إلاّ بعد أقلّ من ساعة واحدة. لذا فإن الفلاّحين في البادية يظنّون لا شيء في العالم أحسن ممّا يطمئنّون إليه من الأكواخ، وما يتلذّذون به من الأطعمة.

وفي الماضي كان في مملكة سونغ فلاّح، لم يقْضِ شتاءَه دائماً إلاّ بارتداء معطف رثّ مبطّن بالكتّان البالي، فلما جاء الربيع، كان يزرع في الحقول، ويدفّئ نفسَه تحت نور الشمس، دون أن يعرف أن العالم فيه مبانٍ عالية وقصور دافئة، وملابس من القطن والحرير ومعاطف من الفرو والجلد، فالتفت إلى زوجته قائلاً: لا أحد يعرف كيف يستدفئ بالشمس، وإن أتقدّم بذلك إلى حاكمنا، يكن لي مكافأة وفيرة. فقال له أحد الأغنياء في قريته: كان في الماضي رجل، يظنّ أن فول الصويا وساق السمسم والقوقحان من أحلى الأطعمة في العالم، ويثني عليها أمام أحد الأغنياء في قريته، فأخذها ليتذوّقها، دون أن يتوقّع أنها أدخلت الأشواكَ إلى فمه والآلامَ إلى بطنه، فضحك عليه الناس من حوله وشكَوْا منه، حتى أشعروه بخجل شديد، وهو يقول: أنت رجل من هذا النوع."

【原文】

杨朱曰:“丰屋美服,厚味姣色,有此四者,何求于外?有此而求外者,无厌之性。无厌之性,阴阳之蠹也。忠不足以安君,适足以危身;义不足以利物,适足以害生。安上不由于忠,而忠名灭焉;利物不由于义,而义名绝焉。君臣皆安,物我兼利,古之道也。鬻子曰:‘去名者无忧。’老子曰:‘名者实之宾。’而悠悠者趋名不已。名固不可去?名固不可宾邪?今有名则尊荣,亡名则卑辱。尊荣则逸乐,卑辱则忧苦。忧苦,犯性者也;逸乐,顺性者也。斯实之

【今译】

杨朱说:“高大的房屋,华丽的服饰,丰盛的美食,姣好的女色,有这四样东西,还向外寻求什么呢?有了这些再去向外追求的人,实在是本性贪得无厌。贪得无厌的本性,是天地间的祸害。忠诚不足以保卫君王的安宁,却恰恰足以危害自身;仁义不足以使外物得利,却恰恰足以贻害生命。保卫国君不是依靠忠诚,那么忠诚的名声就消亡了;施惠外物不是依靠仁义,那么仁义的名声就灭绝了。君主与臣下都得到了安宁,外物与自身都收获了利益,这是古代的做法。鬻子说:‘摒弃名声的人没有忧愁。’老子说:‘名声是实体的附庸。’然而芸芸众生始终都在不懈地追求名声。名声本就不可抛弃么?名声本就不可当作附庸么?如今是有名声就尊贵显要,没名声就卑下屈辱。尊贵显要,就能安逸享乐;卑下屈辱,就要忧愁困苦。忧愁困苦,违

قال يانغ تشو: "البيوت العالية، والثياب الفاخرة، والأطعمة اللذيذة، والحسناوات الجميلات، إذا كان لك هذه الأربعة، فلِمَ تطلب غيرَها؟ فالذي له هذه الأربعة وما زال يطلب، هو الذي لا يعرف الكفاية والقناعة، والذي لا يعرف الكفاية والقناعة هو الدودة التي تسوّس ين ويانغ. والوفاء لا يكفي لإراحة الحاكم، بل يكفي لإيقاع جسمه في الخطر؛ والعدالة لا تكفي لإفادة الأشياء، بل تكفي لإلحاق حياتها بالضرر. وإن لا تنبع إراحة الحاكم من الوفاء، تختفِ أسماء الوفاء؛ وإن لا تصدر إفادة الأشياء من العدالة تنقرض أسماء العدالة. فإن الإراحة للحاكم والوزراء، والإفادة للغير والذات هما من الطاو السائدة في العصور القديمة. وقال يوي تسي: "من يبعد عن الشهرة، يبعد عن القلق. وقال لاو تسي: الشهرة هي ضيف الواقع. إلاّ أن الدهماء الغفيرة لا تنقطع في السعي وراء الشهرة، فهل الشهرة في الأصل مستحيلٌ التخلّي عنها؟ وهل الشهرة في الأصل مستحيل اعتبارُها ضيفاً؟ واليوم من يكن له شهرة، يكن نبيلاً شريفاً؛ ومن ليس له شهرة، يكن وضيعاً حقيراً. فمن يكن نبيلاً شريفاً، يكن رغيداً سعيداً؛ ومن يكن وضيعاً حقيراً، يكن كئيباً تعيساً. والكآبة والتعاسة تتخالفان مع سليقة الإنسان؛ والرغادة والسعادة تتلاءمان مع

【原文】

所系矣。名胡可去？名胡可宾？但恶夫守名而累实。守名而累实，将恤危亡之不救，岂徒逸乐忧苦之间哉？”

【今译】

背了人的天性；安逸享乐，顺从着人的天性。照这样，那名声倒是实体所倚赖的了。名声怎么可以抛弃？名声又怎能当作附庸？只是厌弃那些死守名声而损害实体的做法罢了。死守着名声以至于危害到实体，未来就要忧虑世事的危险败亡、无可挽救，这难道仅仅是安逸享乐和忧愁困苦之间的事吗？”

غريزة الإنسان؛ وإن يكن كلّ ذلك له صلة وثيقة بالواقع، فكيف يتمّ للشهرة التخلّي عنها؟ وكيف يتمّ للشهرة اعتبارها ضيفاً؟ لكن ذلك ليس إلاّ كرهاً للذود عن الشهرة على حساب الواقع، إذ إن الذود عن الشهرة على حساب الواقع قد يؤدّي إلى القلق الشديد على عدم تخليص ما هو في العالم من الخطر والدمار، فهل ذلك مجرد ما هو بين الرغادة والسعادة وبين الكآبة والتعاسة؟"

第八章 说符

【原文】

子列子学于壶丘子林。壶丘子林曰:“子知持后，则可言持身矣。”

列子曰:“愿闻持后。”

曰:“顾若影，则知之。”

列子顾而观影：形枉则影曲，形直则影正。然则枉直随形而不在影，屈申任物而不在我，此之谓持后而处先。

【今译】

列子向壶丘子林学道。壶丘子林说:“你只有懂得保持谦退后让，才可以谈修身的道理。”

列子说:“愿意听听保持谦退的道理。”

壶丘子林说:“回头看看你的影子，就知道了。”

列子回过头去观察自己的影子：身体弯曲影子就跟着弯曲，身体端直影子就跟着端直。然而影子的端正曲直取决于形躯动作而不取决于它本身，人们处世境遇的窘迫顺利取决于外物而不取决于自我，这就叫做保持谦退才能获得领先。

الفصل الثامن   شرح الطوالع

كان المعلّم ليه تسي يتعلّم عند هوتشيو تسيلين، الذي قال له: "إن تعرف الالتزام بالتأخّر، تقدرْ على الحديث عن تهذيب نفسك."

قال المعلّم ليه تسي: "أودّ أن أسمع كيف ألتزم بالتأخّر؟"

فقال: " أَدِرْ رأسَك وانْظُرْ إلى ظلّك، تعرفْ ذلك."

أدار ليه تسي رأسه لينظر إلى ظلّه، فإن يكن الجسم متعرّجاً، يكن الظلّ أعوج؛ وإن يكن الجسم مستقيماً، يكن الظلّ مستقيماً. وذلك يعني أن التعرّج والاستقامة يتغيّران مع الجسم، وليس مع الظلّ، والانكماش والامتداد للإنسان يتوقّفان على غيره، وليس على نفسه، وذلك يُسمَّى بالالتزام بالتأخّر قبل تحقيق التقدّم.

【原文】

关尹谓子列子曰:“言美则响美，言恶则响恶；身长则影长，身短则影短。名也者，响也；身也者，影也。故曰：慎尔言，将有和之；慎尔行，将有随之，是故圣人见出以知入，观往以知来，此其所以先知之理也。度在身，稽在人。人爱我，我必爱之；人恶我，我必恶之。汤武爱天下，故王；桀纣恶天下，故亡，此所稽也。稽度皆明而不道也，譬之出不由门，行不从径也。以是求利，不亦难乎？尝观之神农、有炎之德，稽之虞、夏、商、周之书，度诸法士贤人之言，

【今译】

关尹对列子说:“言辞美妙，回音就动人，言辞粗鄙，回音就难听；身体修长，影子就修长，身体短小，影子就短小。名声好比是回音；举止相当于身影。所以说：小心你的言论，将会有人应和；谨慎你的举止，将会有人跟从。因此圣人听见言论便能知道回响，观察历史便能预知未来，这就是圣人先知先觉的道理。掌握法度在于自身，验证的效果则在于他人。别人喜爱我，我必定也喜爱他；别人厌恶我，我必定也厌恶他。成汤、周武热爱天下，所以成王；夏桀、商纣嫌恶天下，所以亡国，这就是历史的验证。外在的验证与自身的法度都已明确，行事却不去遵循，就好比外出不经过大门，走路不沿着道路一样。这样去追求利益，不是很困难么？我曾经考察神农氏与炎帝的德行，验证虞、夏、商、周的典籍，思量崇法之士贤明之人的言论，

وقال قوان ين للمعلّم ليه تسي: "إن يكن القولُ جميلاً، يكن صداه جميلاً؛ وإن يكن القولُ كريهاً، يكن صداه كريهاً؛ وإن يكن الجسمُ طويلاً، يكن ظلُّه طويلاً؛ وإن يكن الجسمُ قصيراً، يكن ظلُّه قصيراً. والصيت هو الصدى؛ والفعل هو الظلّ. فيقال: "إن تكن حذراً في قولك، يكن لك مجيب له؛ وإن تكن حذراً في فعلك، يكن لك متّبع له. لذا يعرف الحكيم ما هو داخل ممّا هو خارج، ويعرف ما هو آتٍ ممّا هو ماضٍ، وذلك هو ما يجعل الحكيم بعيد النظر ونافذ البصيرة. وإن التكهّن بالأمور يتوقّف على نفسك، والبرهنة على نتائجها تتوقّف على غيرك. فإن يحبّني غيري، فلا بدّ أن أحبّه؛ وإن يكرهني غيري، فلا بدّ أن أكرهه. وكان الملك تانغ والملك وو يحبّان العالم، فهما ملكان؛ وكان الطاغي شيا جيه والعاتي شانغ تشو يكرهان العالم، فهما هالِكان، وذلك هو ما برهن عليه التاريخ. وإذا كانت التكهّنات والبراهين واضحتيْن من دون أن تجدا أحداً يلتزم بهما، فذلك مثلما الإنسان لا يخرج من بوّابته، ولا يسير على طريقه. أليس صَعْباً إن يتمّ السعي وراء المنافع بمثل هذه الطريقة؟ وكنت أتفحّص في أخلاق شن نونغ ويان دي، وأراجع المؤلّفات في عصور يوي (Yu) وشيا (Xia) وشانغ (Shang) وزو (Zhou)، وأتأمّل في أقوال العديد

【原文】

所以存亡废兴而非由此道者，未之有也。”

严恢曰:“所为问道者为富，今得珠亦富矣，安用道?”

子列子曰:“桀纣唯重利而轻道，是以亡。幸哉余未汝语也！人而无义，唯食而已，是鸡狗也。强食靡角，胜者为制，是禽兽也。为鸡狗禽兽矣，而欲人之尊己，不可得也。人不尊己，则危辱及之矣。”

【今译】

发现不遵循这条规律的生存、灭亡、废弃、兴盛，从来也没有过。”

严恢说:“学道是为了富有。现在获得珠宝也能够富有，何必再用道?”

列子说:“夏桀、商纣只看重利益而轻视道，所以身死而国亡。幸好我还没对你说什么呢。生而为人却无情无义，只知道填饱肚子，简直就是鸡狗。为了争食而互相角斗，胜利的一方控制一切，也不过是禽兽罢了。干的是鸡狗禽兽的勾当，却要别人来尊重自己，根本不可能。人们都不尊重自己，那么危难和耻辱就要到来了。”

من الممجّدين للقوانين والفضائل، حتى وجدت أن كلّ ما لا يترتّب على هذه الطاو من البقاء والفناء والانحطاط والازدهار، لا وجودَ له."

قال يان هوي: "إن الإنسان يطلب الطاو من أجل تحقيق الثروة فقط، فماذا يفعل بالطاو اليوم ما دام قادراً على تحقيق ثروته باللآلئ والجواهر؟

أجابه المعلّم ليه تسي قائلاً: "إن الطاغي شيا جيه والعاتي شانغ تشو كانا يهتمّان فقط بالمنافع، ويستخفّان بالطاو، وقد أدّى ذلك بهما إلى الهلاك. ومن حسن الحظّ أنّني لم أخبرك بذلك! وإن يكن الإنسان خالِياً من العدالة وذوّاقاً للطعام فقط، فهو من الديوك والكلاب؛ وإن يكن متسابقاً ومتصارعاً في الأكل، ويكن الفائز سائداً، فهو من الطيور والوحوش؛ وإن يكن من الديوك والكلاب أو من الطيور والوحوش، ويطمع في أن يكون محترماً عند غيره، فذلك مستحيلٌ تحقيقُه؛ وإن يكن غير محترم عند غيره، يأْتِ إليه الخطرُ والذلُّ."

【原文】

列子学射中矣，请于关尹子。

尹子曰：“子知子之所以中者乎？”

对曰：“弗知也。”

关尹子曰：“未可。”

退而习之。三年，又以报关尹子。

尹子曰：“子知子之所以中乎？”

列子曰：“知之矣。”

关尹子曰：“可矣；守而勿失也。非独射也，为国与身，亦皆如之。故圣人不察存亡，而察其所以然。”

【今译】

列子学习射箭射中了靶心，便请关尹子指点。

关尹子问：“你知道你为什么能射中靶心吗？”

列子答道：“不知道。”

关尹子说：“那你的射技还不行。”

列子回去后反复练习。过了三年，又去向关尹子汇报。

关尹子问：“你知道你为什么能射中靶心了吗？”

列子说：“知道了。”

关尹子说：“这回行了，保持这种技巧，不要遗忘了。不仅是射箭，治国与修身也是这个道理。所以圣人不考究存亡兴废的表面现象，而是着重研究造成这种种现象的内在原因。”

كان ليه تسي يتعلّم الرماية بالأسهم حتى صار قادراً على إصابة الأهداف، فأراد أن يأخذ آراء قوان ين تسي، الذي قال له: "هل تعرف لماذا تقدر على إصابة الأهداف؟"

أجابه ليه تسي قائلاً: "لا أعرف."

فقال له قوان ين تسي: "لا يكفي!"

عاد ليه تسي إلى بيته ليستمرّ في التمارين، ورجع مرّة أخرى إلى قوان ين تسي بعد ثلاث سنوات ليخبره بما فعل.

سأله قوان ين تسي: "هل تعرف لماذا تقدر على إصابة الأهداف؟"

فأجابه ليه تسي: "نعم، قد عرفتُ."

قال له قوان ين تسي: "هذا يكفي! احفظه ولا تنسه! هذا ليس صالحاً للرماية بالأسهم فقط، بل لتنظيم الدولة وتهذيب النفس أيضاً. لذا لا يتفحّص الحكيم في ظواهر البقاء والفناء، بل فيما يؤدّي إليهما."

【原文】

列子曰:“色盛者骄,力盛者奋,未可以语道也。故不班白语道失,而况行之乎?故自奋则人莫之告。人莫之告,则孤而无辅矣。贤者任人,故年老而不衰,智尽而不乱。故治国之难在于知贤而不在自贤。”

【今译】

列子说:“血气方刚的人容易骄傲,体力充沛的人容易逞强,没法和他们谈论大道。所以头发尚未斑白的人来谈论道,必定有所违失,更何况去实行道呢?所以谁若是逞强,就没有人来劝告他。没有人来劝告,就会变得孤立无援。贤明的人善于任用他人,所以即便上了年纪,治事的能力也不会衰退,即便智力用尽,思想也不会混乱。所以治理国家难就难在知贤善任,而不是自认贤明。”

قال ليه تسي: "من يكن مفْعَماً بالحيويّة، يكن فخوراً بنفسه، ومن يكن مفْعَماً بالقوّة يكن مغروراً بنفسه، فلا تُحَدِّثْهما عن الطاو! فإن من ليس أشيْبَ في شعره، إذا تكلَّم عن الطاو، أخْطأ فيها، فماذا عن ممارسته لها؟ فإن يكن الإنسان مغروراً بنفسه، فلا أحدَ يريد أن ينْصَحه؛ وإن لم يكن أحد يريد أن ينصحه، يكن معزولاً بلا أنصار. أمّا الفاضل، فماهر في توظيف غيره، وهو ليس ضعيفاً رغم أنه طاعن في السنّ، ولا غبيّاً رغم أنه ناضب في العقل. لذا تكمن الصعوبةُ لتنظيم المملكة في اكتشاف الفضلاء، وليس في اعتبار نفسه من الفضلاء."

【原文】

宋人有为其君以玉为楮叶者，三年而成。锋杀茎柯，毫芒繁泽，乱之楮叶中而不可别也。此人遂以巧食宋国。

子列子闻之，曰:“使天地之生物，三年而成一叶，则物之叶者寡矣。故圣人恃道化而不恃智巧。”

【今译】

宋国有一个人，用玉石来为他的国君雕刻楮树叶，经过三年才完成。茎脉和叶柄肥瘦得当，叶片上细毛密布，光泽盈润，就是放置在真的楮树叶里也难以分辨。于是这个人就凭着雕刻技术获得了宋国的俸禄。

列子听闻此事，说:“假使天地生养万物，三年才长出一片叶子，那么万物之中有叶子的树木就很少了。所以圣人凭借大道来推行教化，而不倚仗个人的智慧与技巧。”

كان في مملكة سونغ رجل ينحت لحاكمه ورقة توت باليشم، وأنجزها بعد ثلاث سنوات، وهي إذا كانت مخلوطة مع أوراق التوت الحقيقيّة، غيرُ مفرَّقة ومميّزة في سمانتها ونحافتها، وساقها وعرقها، ووبرها وشوكتها، وبريقها ولمعانها. فعاش هذا الرجل على مهارته وبراعته في مملكة سونغ.

وعندما سمع المعلّم ليه تسي عن ذلك، قال: "إذا كانت السماء والأرض تغذيان كلّ الكائنات الحيّة، وتحتاجان إلى ثلاث سنوات لإنماء ورقة واحدة، فالأشجار المورقة بينها نادرة. فإن الحكيم يعتمد في التثقيف والتأديب على الطاو العظيمة، وليس على الحكمة والمهارة."

【原文】

子列子穷，容貌有饥色。客有言之郑子阳者曰："列御寇盖有道之士也，居君之国而穷。君无乃为不好士乎？"郑子阳即令官遗之粟。子列子出，见使者，再拜而辞。使者去。

子列子入，其妻望之而拊心曰："妾闻为有道者之妻子，皆得佚乐，今有饥色，君过而遗先生食。先生不受，岂不命也哉？"

子列子笑谓之曰："君非自知我也。以人之言而遗我粟，至其罪我也，又且以人之言，此吾所以不受也。"

其卒，民果作难而杀子阳。

【今译】

列子穷困，面带饥色。有门客对郑国国相子阳说："列御寇是有道德的人才，在您的国家中却受穷挨饿，您难不成不爱惜人才吗？"子阳听了，当即派遣官员去给列子送粮食。列子出门会见了使者，拜了又拜，谢绝了赠予的粮食。使者便走了。

列子进屋，他的妻子怨恨地望着他，捶着胸口说："我听说做有道之士的妻子儿女，都能过上安逸快乐的日子，现在穷得面黄肌瘦，国相派人探望，还送给先生粮食。先生不接受，难不成是命里注定要挨饿吗？"

列子笑着对她说："国相并非自己了解我，而是听信了别人的话来赠送粮食给我，等到他要加罪于我，又会凭着别人的话语，这就是我不接受粮食的缘由啊。"

后来，郑国民众果然发动叛乱杀死了子阳。

كان المعلّم ليه تسي فقيراً حتى بدا الجوع في وجهه، فقال رجل للملك تسي يانغ لمملكة تشنغ: "إن ليه يوي كو هو صاحب الطاو العظيمة، الذي يعيش فقيراً في مملكتكم، أفلا تحبّ أصحاب المواهب؟" فأمر الملك تسي يانغ موظّفه الرسميّ فوراً بإيصال الحبوب إلى المعلّم ليه تسي، الذي خرج من بيته ليقابل المبعوث، واعتذر عن قبول الحبوب بعد أن شكره على ذلك مراراً وتكراراً، فغادره المبعوث.

دخل ليه تسي بيتَه، ووجد زوجته تنظر إليه ساخطةً شاكيةً، وتضرب صدرها قائلة: "سمعت أن كلّ الزوجات والأبناء لأصحاب الطاو يمكنهم أن يعيشوا حياةً هنيئةً سعيدةً، لكننا اليوم جياع في وجوهنا، ومع أن الملك جاءك، وأوصل إليك الحبوبَ، إلاّ أنك رفضْتها، أليس ذلك هو القدرُ؟"

فقال لها ليه تسي باسماً: "إن الملك نفسه لم يعرف عني شيئاً، فأوصل إليّ الحبوبَ بعد أن سمع قول غيره فقط. وقد ينسب إليَّ تهمة بعد أن سمع قول غيره أيضاً، وذلك هو ما أدّى إلى رفضي لحبوبه."

وما لبث أن تمرّد شعبُه على تسي يانغ بالفعل، وقضوا عليه.

【原文】

鲁施氏有二子，其一好学，其一好兵。好学者以术干齐侯；齐侯纳之，以为诸公子之傅。好兵者之楚，以法干楚王；王悦之，以为军正。禄富其家，爵荣其亲。

施氏之邻人孟氏，同有二子，所业亦同，而窘于贫。羡施氏之有，因从请进趋之方。二子以实告孟氏。

【今译】

鲁国的施家有两个儿子，一个爱好儒学，一个爱好兵法。爱好儒学的用儒术去齐侯那儿谋求任用，齐侯接纳了他，让他担任公子们的老师。爱好兵法的到了楚国，用兵法向楚王求取职位；楚王十分赏识他，让他担任了军队的长官。他们的俸禄使全家富足，他们的爵位让亲戚们感到荣耀。

施家的邻居孟家也有两个儿子，学的和施家儿子相同，却陷在贫穷的窘境。他们羡慕施家的富有，便去施家请教谋求功名利禄的方法。施家的两个儿子把实际情况告诉了孟家父子。

كان لأسرة شي (Shi) في مملكة لو ابنان أحدهما مولع بدراسة العلوم، والآخر بفنون الحرب. فقد طلب ذاك المولع بدراسة العلوم منصبه في المركيز تشي بعلومه الواسعة، حتى قبله المركيز تشي، وعيَّنه معلّماً لأمرائه الصغار؛ وسافر المولع بفنون الحرب إلى مملكة تشو (Chu)، وطلب من الملك تشو منصبه بفنونه في الحرب، حتى رضي به الملك تشو، وعيَّنه ضابطاً عسكريّاً. فإن أجرتهما أغْنَتْ أهالِيَهما، ورُتْبَتهما أمْجَدَتْ أقاربَهما.

وكان لأسرة شي أسرة مجاورة تُسمَّى بمنغ (Meng)، فيها أيضاً ابنان يدرسان العلوم نفسها التي كان الابنان لأسرة شي يدرسانها، بيد أنهما كانا مبتلييْن بالفقر والفاقة. وكانا يغبطان ما حقَّقته أسرة شي من الثروة والغنى، ويذهبان إليها ليسألاها عن طريقة لإحراز الشهرة، فأخبرهما الابنان لأسرة شي بحقيقة ما حدث لهما.

【原文】

孟氏之一子之秦，以术干秦王。秦王曰：“当今诸侯力争，所务兵食而已。若用仁义治吾国，是灭亡之道。”遂宫而放之。

其一子之卫，以法干卫侯。卫侯曰：‘吾弱国也，而摄乎大国之间。大国吾事之，小国吾抚之，是求安之道。若赖兵权，灭亡可待矣。若全而归之，适于他国。为吾之患不轻矣。”遂刖之，而还诸鲁。

【今译】

孟家的一个儿子便到秦国去，用儒学向秦王求取任用。秦王说：“如今各国诸侯以武力来争夺天下，当务之急是预备兵马粮草。如果用仁义道德来治理我国，必定是一条自取灭亡的道路。”于是将他处以宫刑后驱逐出境。

孟家的另一个儿子到了卫国，用兵法去游说卫侯。卫侯说：“我们是一个弱国，夹在几个大国之间勉强生存。强大的国家我们得事奉它，弱小的国家我们得安抚它，这才是谋求安定的方法。若是倚赖军事策略，那么亡国便指日可待了。要是让你全身而退，到了其他国家，一定会对我国造成严重的祸害。”于是将他处以刖刑后放回鲁国。

فذهب أحد الابنيْن لأسرة منغ إلى مملكة تشين، ليطلب منصبه بعلومه من ملكها، الذي قال له: "تتنافس كلّ الإقطاعات الآن على العالم بقوّاتها، وما يلحّ عليَّ هو مجرد الأسلحة والأغذية. وإذا كنّا ننظّم مملكتي بالرحمة والعدالة، فذلك طريق يؤدّي إلى الخراب والدمار." فخصاه الملكُ قبل أن يطرده من مملكته.

وسافر ابنها الآخر إلى مملكة وي (Wey)، ليطلب منصبه بفنونه الحربيّة من مركيزها، الذي قال له: "إن مملكتنا مملكة ضعيفة، ترزح تحت نير الممالك الكبيرة، فطريقها إلى الأمن هو الاستسلام للممالك الكبيرة، والاسترضاء للممالك الصغيرة. وإن نلجأ إلى القوّات العسكريّة والفنون الحربيّة، ينتظرنا الهلاك والفناء. فإن نُرْجِعْك إلى بيتك سليماً لتسافر إلى مملكة أخرى، تكن كارثة خطيرة تهدّدنا." فقطع المركيز قدميْه قبل إرجاعه إلى مملكة لو.

【原文】

既反，孟氏之父子叩胸而让施氏。施氏曰:“凡得时者昌，失时者亡。子道与吾同，而功与吾异，失时者也，非行之谬也。且天下理无常是，事无常非。先日所用，今或弃之；今之所弃，后或用之。此用与不用，无定是非也。投隙抵时，应事无方，属乎智。智苟不足，使若博如孔丘，术如吕尚，焉往而不穷哉?”

孟氏父子舍然无愠容，曰:“吾知之矣，子勿重言!”

【今译】

回家后，孟家父子捶胸顿足地跑去指责施家。施家父子说:“凡是顺应时机的就昌盛，违逆时势的就败亡。你们所学的和我们一样，功效却和我们不同，这是违逆时势的缘故，并非你们的做法有什么错谬。况且天底下没有永远正确的道理，也没有永远错误的事情。先前采纳的，现在或许被废弃了；现在废弃的，将来或许还会被采纳。这里头的用或者不用，并没有一定的是非对错。迎合时机，抓住机遇，应对事变，不拘成法，才是智慧的表现。如果智慧不足，就算你像孔子那么博学多才，像姜太公那么善用兵法，到哪儿去会不穷困潦倒呢?”

孟家父子就此释然，脸上不再有怨恨恼怒的神色，并说:“我们懂了。您不用再说了!”

وعندما عاد الابنان للسيّد منغ إلى بيتهما، دقّ الوالد وابناه على صدورهم وألقوا اللوْمَ على السيّد شي، الذي قال لهم: "من يتزامن مع عصره، يزدهر؛ ومن يتخالف مع عصره ينحطّ. ومع أنكم ملتقون معنا في الفنون، إلاّ أنكم مختلفون عنّا في النتائج، وذلك بسبب تخالفكم مع العصر، وليس بسبب أخطائكم في الأفعال. وكذلك لا مبادئ في العالم صائبة دائماً، ولا أمور فيه خاطئة دائماً. وما كان صالحاً في الماضي قد يكون منبوذاً في الحاضر؛ وما يكون منبوذاً في الحاضر قد يكون مقبولاً في المستقبل؛ وما يكون مقبولاً أو منبوذاً ليس ثابتاً في صوابه وخطئه. فإن الانتهاز للفرصة، والتواكب مع العصر، والتعامل مع الأمر، إن يكن مقيَّداً بطريقة معيَّنة، يكن نوعاً من العقل. وإن يكن العقل غير كافٍ، ولو كان واسع المعارف مثل كونغ تشيوي (كونفوشيوس)، وواسع الحيل مثل ليوي شانغ، فكيف لا يعاني صاحبُه من الفاقة والفقر؟"

صار الوالد والابنان لأسرة منغ فاهمين، ولم ترتسم على وجوههم علامات الغضب والحقد، وهم يقولون: "قد فهمنا، فلا داعي لمزيد من الكلام!"

【原文】

晋文公出会，欲伐卫，公子锄仰天而笑。公问何笑。曰："臣笑邻之人有送其妻适私家者，道见桑妇，悦而与言。然顾视其妻，亦有招之者矣。臣窃笑此也。"公寤其言，乃止。引师而还，未至，而有伐其北鄙者矣。

【今译】

晋文公出兵会师，想讨伐卫国，公子锄在一旁仰天而笑。晋文公问他笑什么。公子锄说："我笑我的一位邻居送他妻子去走亲戚，路上遇见一个采桑的女子，心生好感便与她攀谈。然而回头看自己的妻子，也有别的男子在那儿招引她了。我暗笑的就是这件事。"晋文公领悟了他话中的寓意，于是停止出兵讨伐。他领着部队回国，还没有抵达，就有他国来侵犯晋国的北部边境了。

عندما خرج الملك ون قونغ لمملكة جين لتشكيل التحالف، الذي أراد أن يفتح به مملكة وي (Wey)، رفع الأمير تشو (Chu) وجهه إلى السماء، وأغرق نفسه في الضحك. فسأله الملك عن أسباب ضحكه. فأجابه قائلاً: "أضحك على أحد جيراني، وهو عندما أوصل زوجته إلى بيت أمّها، صادف في طريقه إمرأة تقطف أوراق التوت، فتحدّث معها بفرح ومرح، بَيْدَ أنه عندما التفت إلى زوجته، وجد رجلاً آخر يتبادل تحيّاته معها أيضاً. وذلك ما كنت أضحك عليه في الخفاء." وقد فهم الملك ما قال الأمير تشو، فألغى حملته العسكريّة، وقد أُعْلِمَ بهجومات حدثت في الحدود الشماليّة من مملكته قبل أن يعود بجيشه إليها.

【原文】

晋国苦盗，有郄雍者，能视盗之貌，察其眉睫之间而得其情。晋侯使视盗，千百无遗一焉。

晋侯大喜，告赵文子曰:“吾得一人，而一国盗为尽矣，奚用多为？”

文子曰:“吾君恃伺察而得盗，盗不尽矣，且郄雍必不得其死焉。”

【今译】

晋国苦于盗贼为患。有个叫郄雍的人，能够审视盗贼的相貌，只要观察他们的眉目神情，就能判别实情。晋侯派他去识别盗贼，千百个当中没一个遗漏的。

晋侯大为高兴，告诉赵国的文子说:“我得到一个人，全国的盗贼就被捉光了，还要那么多捕盗的人干什么呢？”

文子说:“您依靠窥伺观察来捉拿盗贼，看来盗贼是捉不完了，而且郄雍一定不得好死。”

كانت مملكة جين مُزْعَجَة من كثرة السارقين، وكان شي يونغ قادراً على كشف السارقين بالنظر إلى ملامحهم، وبمعرفة حقائقهم بفحص ما بين حواجبهم وأهدابهم. فأرسله المركيز لمملكة جين لكشف السارقين، وهو لم يغفل واحداً من بين الألف منهم.

فرح المركيز لمملكة جين فرحاً كبيراً، وأخبر تشاو ونتسي بذلك قائلاً: "وجد رجلاً، اختفى بفضله كلُّ السارقين في المملكة، فلماذا توظيف هذا العدد الكبير من الناس في كشف السارقين؟"

أجابه تشاو ون تسي: "إن يعتمد حاكمنا على التفتيشات السريّة لكشف السارقين، فلا نهاية لهم. وهكذا لا بدّ لشي يونغ أن يلقى حتفَه بشكل مأساويّ."

【原文】

俄而群盗谋曰："吾所穷者，郄雍也。"遂共盗而残之。

晋侯闻而大骇，立召文子而告之曰："果如子言，郄雍死矣！然取盗何方？"

文子曰："周谚有言：察见渊鱼者不祥，智料隐匿者有殃。且君欲无盗，莫若举贤而任之；使教明于上，化行于下，民有耻心，则何盗之为？"

于是用随会知政，而群盗奔秦焉。

【今译】

过了不久，盗贼们聚在一起，商量着说："我们之所以走投无路，都是因为郄雍啊。"于是盗贼们合伙杀死了郄雍。

晋侯听说以后大为惊骇，立刻召见文子，并对他说："果真像你说的那样，郄雍死了！然而往后还怎么捉拿盗贼呢？"

文子说："周代谚语说道：眼力能察见深渊里游鱼的人不吉祥，智慧能预料藏匿之事的人有灾殃。国君您想要消灭盗贼，不如任用举荐的贤才；在上，政教昌明；在下，教化风行，民众有了羞耻之心，还会做什么盗贼吗？"

于是晋侯任用随会来主持政务，盗贼们便纷纷逃到秦国去了。

ما لبث أن تشاور السارقون قائلين: "إن شي يونغ هو الذي سدّ السبل في وجوهنا." فتآمروا عليه وقتلوه.

اندهش المركيز لمملكة جين كثيراً بمقتل شي يونغ، واستدعى تشاو ون تسي فوراً، وأعلمه بذلك قائلاً: "قد مات شي يونغ كما كنت تتوقّع سابقاً! لكن ما هو أحسن طريقة نعاقب هؤلاء السارقين بها؟"

أجابه تشاو ون تسي: "قال المثل في مملكة زو: من تبصر عينُه أسماكاً في الهاوية لا يكن له بركة، ومن يتوقّع عقلُه أشياءً في الخفاء، يكن له محنة. فإذا أردْتم أن تتخلّصوا من السارقين، فلا طريقة أحسن من ترقية الفاضلين وتنصيبهم. ومن يودّ أن يكون سارقاً إذا كان التعليمُ عاقلاً في الأعلى، والتهذيبُ سائداً في الأسفل، والشعب مالِكاً للقلوب الطاهرة."

فعيّن المركيزُ السيّدَ سوي هوي مسؤولاً عن شؤون المملكة، حتى هرب السارقون متّجهين إلى مملكة تشين.

【原文】

孔子自卫反鲁，息驾乎河梁而观焉。有悬水三十仞，圜流九十里，鱼鳖弗能游，鼋鼍弗能居，有一丈夫方将厉之。孔子使人并涯止之，曰："此悬水三十仞，圜流九十里，鱼鳖弗能游，鼋鼍弗能居也。意者难可以济乎？"丈夫不以错意，遂度而出。

【今译】

孔子从卫国返回鲁国，在河梁上歇下马车，眺望景色。只见瀑布从三十仞的高处泻下，激起的漩涡急流有九十里，鱼和鳖不能在其中游动，鼋鼍不能在其中停留，却有一个男子正要涉水泅渡。孔子忙派人沿着河岸过去阻止他，说："这瀑布高达三十仞，激流长达九十里，鱼鳖不能在这里游动，鼋鼍不能在这里停留。想来是难以渡过的吧？"那男子不以为意，便渡过河上了岸。

كان كونفوشيوس في طريق عودته من مملكة وي (Wey) إلى مملكة لو، يُوقِف عربتَه على جسر فوق النهر، ليشاهد شلالاً عالياً بثلاثين رن، وجارياً مع الدوَّامات إلى تسعين لي (نصف كيلومتر)، حتى تعجز الأسماك والسلاحف عن السباحة فيه، والرقوق واللجآت عن البقاء فيه، إلاّ أنه وجد رجلاً قويّاً يحاول أن يعبره. فأسرع كونفوشيوس إلى طلب خادمَه الذي يسير والنهرَ، بأن يمنع الرجل من ذلك، وقال له: "هذا الشلال عال ارتفاعه ثلاثون رن، يجري مع الدوّامات إلى تسعين لي، حتى تعجز الأسماك والسلاحف عن السباحة فيه، وعن البقاء فيه. فهل تظنّ أنه من الصعب أن تعبره؟" غير أن الرجل لم يحسب لقول كونفوشيوس حساباً، وخرج من النهر بعد عبوره.

【原文】

孔子问之曰："巧乎？有道术乎？所以能入而出者，何也？"

丈夫对曰：'始吾之入也，先以忠信；及吾之出也，又从以忠信。忠信错吾躯于波流，而吾不敢用私，所以能入而复出者，以此也。"

孔子谓弟子曰："二三子识之！水且犹可以忠信诚身亲之，而况人乎？"

【今译】

孔子问他道："你是靠技巧吗？你有道术吗？你这样在水中进进出出，是什么原因呢？"

那男子答道："一开始我跃入水中，就抱着忠诚的信念；等到我从水里浮起，依然怀着忠诚的信念。忠诚的信念将我安置在汹涌的波涛中，而我不敢怀有任何私心杂念，我之所以能够跃入水中又轻易浮起，就是这个道理。"

孔子对他的弟子们说："你们给我记住了！连水都可以用忠心诚心去亲近它，何况是人呢？"

فسأله كونفوشيوس قائلاً: "ألديك مهارة، أم طاو؟ وما الذي مكّنك من دخول النهر والخروج منه؟"

أجابه الرجل قائلاً: "كنتُ مخلِصاً وواثقاً بالتيّارات قبل أن أدخل إليها، كما كنتُ مخلصاً واثقاً بها أيضاً بعد أن خرجت منها. وإن الإخلاص والثقة هما اللذان أُنِيطُ جسمي إلى الأمواج والتيّارات، وأنا لا أجرؤ على إضمار أيّ شيء من الأنانيّة. وذلك هو الذي مكّنني من الخروج منها بعد الدخول إليها."

فقال كونفوشيوس لأتباعه: "احفظوا ذلك! إذا كان الماء يمكن للإنسان أن يقترب منه بإخلاصه وثقته، فماذا عن الإنسان؟"

【原文】

白公问孔子曰:“人可与微言乎?”

孔子不应。

白公问曰:“若以石投水,何如?”

孔子曰:“吴之善没者能取之。”

曰:“若以水投水何如?”

孔子曰:“淄、渑之合,易牙尝而知之。”

【今译】

白公问孔子道:“可以与别人密谋吗?”

孔子不搭理他。

白公问道:“如果把石头投到水里,会怎么样?”

孔子答道:“吴国善于潜水的人能够把它捞上来。”

白公又问:“如果把水倒进水里,又会怎么样?”

孔子答道:“淄水和渑水混合在一起,易牙只要尝尝就能分辨出来。”

توجَّه باي قونغ شينغ الوزير لمملكة تشو (Chu) بسؤال إلى كونفوشيوس قائلاً: "هل يمكن للإنسان أن يتآمر مع غيره؟"

فلم يُجِبْه كونفوشيوس.

سأله باي قونغ شينغ سؤالاً ثانياً: "ماذا سيحدث إذا أُلْقِيَتْ حَجَرَةٌ في الماء؟"

قال له كونفوشيوس: "الماهر في الغطس من مملكة وو قادر على إخراجها من الماء."

سأله باي قونغ شينغ سؤالاً ثالثاً: "ماذا سيحدث إذا صُبَّ الماء في الماء؟"

قال له كونفوشيوس: "إن يختلط نهر تسي بنهر شنغ[1]، يميّز يي يا[2] بينهما بتذوقهما فقط."

1 تسي(Zi) وشنغ (Sheng) اسما نهريْن يقعان حاليّاً في مقاطعة شاندونغ الصينيّة.

2 يي يا (Yi Ya) كان طبّاخاً مشهوراً في عصر الربيع والخريف وهو من المتقرّبين للملك هوان قونغ لمملكة تشي. ويقال إنه طبخ ابنه لإرضاء حاكمه.

【原文】

白公曰："人故不可与微言乎？"

孔子曰："何为不可？唯知言之谓者乎！夫知言之谓者，不以言言也。争鱼者濡，逐兽者趋，非乐之也。故至言去言，至为无为。夫浅知之所争者，末矣。"

白公不得已，遂死于浴室。

【今译】

白公再问："难道一定不可以和别人密谋吗？"

孔子答道："有什么不可以呢？只要领会言谈中的深意就可以了！所谓领会言谈中的深意，就是不用言语来表达。捉鱼的人会被水沾湿，追逐野兽的人要拼命奔跑，并非是他们乐意这么做。所以说最高妙的言论就是抛却言论，最高妙的行为就是无所作为。那些知识浅薄的人所争执的不过是细枝末节罢了。"

白公没能领会孔子话中的含义，依旧密谋造反，最终失败，被迫缢死在浴室里。

سأله باي قونغ شنغ سؤالاً رابعاً: "أفلا يمكن للإنسان أن يتآمر مع غيره؟"

أجابه كونفوشيوس: "ولِمَ لا؟ إلاّ إذا فهمت ما يعنيه القولُ! فمن يفهمْ ما يعنيه القولُ، لا يُعَبِّرْ عنه بالقول. والصيّاد للأسماك لا بدّ أن يكون مبلَّلاً؛ والطرّاد للوحوش لا بدّ أن يكون راكضاً؛ وذلك ليس ما يرتضي به. فإن أَعْمَق قَوْلٍ لا يُقَالُ بِقَوْلٍ؛ وأَسْمَى فِعْلٍ لا يُفْعَلُ بِفِعْلٍ. وما يتنازع عليه قليلون في العلم والمعرفة هو مجرَّد الفروع."

كان باي قونغ شنغ عاجزاً عن فهم قول كونفوشيوس مُصِرّاً على تنفيذ مؤامرته، حتى شنق نفسه في الحمّام.

【原文】

赵襄子使新穉穆子攻翟，胜之，取左人、中人；使遽人来谒之。襄子方食而有忧色。左右曰：“一朝而两城下，此人之所喜也；今君有忧色，何也？”

襄子曰：“夫江河之大也，不过三日；飘风暴雨不终朝，日中不须臾。今赵氏之德行，无所施于积，一朝而两城下，亡其及我哉！”

【今译】

赵襄子派遣新穉穆子攻打翟人部族，取得胜利，占下左人、中人两座城池；新穉穆子派信使来向赵襄子报捷。赵襄子正在用餐，听了捷报，流露出忧虑的神色。左右近臣问道：“一天就攻下两座城池，这是让人高兴的事；现在您却面带忧色。为什么呢？”

襄子说：“江河潮水大，不会过三天；暴风骤雨烈，不能一整天，太阳当空照，片刻就倾斜。到如今赵家的德行还没什么积累，却一天之内连克两城，危亡的命运恐怕就要降临到我头上啦！”

أرسل الملك شيانغ تسي لمملكة تشاو خادمه شينتشي موتسي (Xinzhi Muzi) ليهجم على قبيلة دي (Di)، فانتصر عليها، واستولى على مدينة تسوهران (Zuoren) ومدينة تشونغرن (Zhongren). وعندما وصل المبعوث بخبر الانتصار إلى تشاو شيانغ تسي، كان يتناول الطعام، وبدا قلقاً من وجهه. فسأله حاجبه: "يا مولاي، لماذا تبدو قلقاً اليوم، والاستيلاء على مدينتيْن في صباح واحد هو بشرى تسرّ كلَّ الناس؟"

قال تشاو شيانغ تسي: "تنسحب التيّارات الكبيرة في الأنهار بعد ثلاثة أيّام فقط؛ وتنقطع الرياح العاتية والأمطار الهاطلة في صباح واحد فقط؛ وتميل الشمس الساطعة عند الظهر بعد لحظات معدودة فقط. أمّا أسرة تشاو، فمع أنها لم تنجز حتى اليوم كثيراً من المناقب والمآثر، إلاّ أنها استولت على مدينتيْن في صباح واحد، فقد يهدّدني الهلاك والخراب!"

【原文】

孔子闻之曰："赵氏其昌乎！夫忧者所以为昌也，喜者所以为亡也。胜非其难者也；持之，其难者也。贤主以此持胜，故其福及后世。齐、楚、吴、越皆尝胜矣，然卒取亡焉，不达乎持胜也。唯有道之主为能持胜。"

孔子之劲能拓国门之关，而不肯以力闻。墨子为守攻，公输般服，而不肯以兵知。故善持胜者以强为弱。

【今译】

孔子听闻此事，说道："赵氏恐怕要昌盛起来啦！忧虑会带来未来的昌盛，喜悦会导致今后的灭亡。取得胜利并不是一桩难事，保持胜果，才是最困难的。贤明的君主用这个道理来保持胜果，所以他们的福泽可以延及后代。齐国、楚国、吴国、越国都曾经获得胜利，然而最终也都走向灭亡，就是因为不懂得保持胜利的道理。只有明白这道理的君主才能够维护胜果。"

孔子的力气能够举起国都城门上的门闩，但他不愿意靠力气出名。墨子为宋国制订攻防策略，公输般为之心悦诚服，但他不愿意凭借兵术出名。所以说善于保持胜利的人总是把自己的强大视作弱小。

وعندما سمع كونفوشيوس عن ذلك، قال: "ستكون أسرة تشاو مزدهرة! إذ إن القلق يؤدّي إلى الرخاء، في حين الفرح يفضي إلى الخراب؛ وتحقيق الانتصار ليس بأمر صعب، بل الحفاظ على الانتصار. فإن الحاكم العاقل يحافظ على الانتصار بهذا المبدأ، حتى تمتدّ نعمته إلى أجياله اللاحقة. وكانت مملكة تشي (Qi) ومملكة تشو (Chu) ومملكة وو ومملكة يوه (Yue) قد حققت انتصارها، إلاّ أنها انتهت بالهلاك والخراب، وذلك لأنها لم تفهم معنى الحفاظ على انتصارها. ولا يكون قادراً على حفظ الانتصار إلاّ الحاكمون الذين يفهمون هذا المبدأ."

مع أن كونفوشيوس كان قادراً على رفع المزلاج لبوّابة المدينة بقوّته، إلاّ أنه لم يرغب في تحقيق شهرته بقوّته؛ ومع أن موه تسي (Mo Zi) كان يدعو إلى تخفيف الهجوم بالدفاع، الذي أطاع قونغشو بان[1]، إلاّ أنه رفض أن يكون مشهوراً بفنونه الحربيّة. لذا يكون الماهر في حفظ الانتصار هو الذي يعدّ القويّ ضعيفاً.

---

1 قونغشو بان (Gongshu Ban) كان نجّاراً مشهوراً في مملكة لو (Lu) في عصر الربيع والخريف، وملقّباً بـ لو بان (Luban) بين الشعب الصينيّ.

【原文】

宋人有好行仁义者，三世不懈。家无故黑牛生白犊，以问孔子。

孔子曰："此吉祥也，以荐上帝。"

居一年，其父无故而盲。

其牛又复生白犊，其父又复令其子问孔子。

其子曰："前问之而失明，又何问乎？"

父曰："圣人之言先迕后合。其事未究，姑复问之。"其子又复问孔子。

【今译】

宋国有个喜好施行仁义的人，三代相传毫无懈怠。一天他家黑牛无缘无故生出一头白色的小牛犊，便拿这事去问孔子。

孔子说："这是吉祥的好事，可以把它进献给天帝。"

过了一年，这家的父亲无缘无故眼睛就瞎了。

后来那头牛又生了一头白色小牛犊，父亲又叫他儿子去问问孔子。

儿子说："上回问了他，您眼睛就瞎了，再去问他干嘛？"

父亲说："圣人的话语往往先与现实悖逆，后来才会应验。这事还没个究竟，姑且再去问问。"儿子便又去问了孔子。

وكان في مملكة سونغ رجل يحبّ أن يطبّق الرحمة والعدالة، ويستمرّ في ذلك بلا كلل ولا ملل على مرّ أجياله الثلاثة. وفاجأه ذات يوم أن البقرة السوداء في بيته ولدت عجلة بيضاء بلا سبب، فسأل كونفوشيوس عن ذلك.

قال له كونفوشيوس: "إنها ستأتي ببركة، يمكنك أن تتقدّم بها إلى الإله السماويّ."

ومضت سنة واحدة، وفاجأه فقدان أبيه لبصره بلا سبب.

وولدت بقرتُه عجلة بيضاء أخرى، فطلب الأب ابنه بأن يسأل كونفوشيوس عن ذلك.

قال الابن: "قد فقدتم بصركم بعد أن سألته في المرّة السابقة، فلماذا أسأله مرّة أخرى؟"

فقال له أبوه: "إن قول الإنسان الحكيم في الغالب يتطابق مع الواقع بعد أن يتخالف معه، فاسأله مرّة ثانية طالما لم يكشف هذا الأمر عن نتيجته الأخيرة." فذهب الابن إلى كونفوشيوس ليسأله مرّة أخرى.

【原文】

孔子曰:“吉祥也。”复教以祭。

其子归致命。其父曰:“行孔子之言也。”

居一年,其子无故而盲。

其后楚攻宋,围其城;民易子而食之,析骸而炊之;丁壮者皆乘城而战,死者大半。此人以父子有疾皆免。及围解而疾俱复。

【今译】

孔子说:“这是吉祥的好事。”并且再教他把小白牛进献给天帝。

儿子回家转达了孔子的话。父亲说:“就按孔子的话去做吧。”

过了一年,儿子的眼睛又无缘无故瞎了。

后来,楚庄王攻打宋国,包围了宋国的国都;人们只得互相交换孩子来充饥,劈开尸骨当柴烧;成年男子都登上城墙守御作战,死者超过一大半。这户人家因为父亲儿子都是瞎子而幸免于难。等到包围解除,他们的眼睛就都痊愈复明了。

قال له كونفوشيوس: "إنها ستأتي ببركة." وطلبه مرّة أخرى بتقديم العجلة البيضاء إلى الإله السماويّ.

عاد الابن إلى بيته ليبلّغ ما قاله كونفوشيوس إلى أبيه، الذي قال له: "اعمل بما قاله كونفوشيوس!"

ومضت سنة واحدة، وفقد الابن بصره أيضاً بلا سبب.

ثم هجمت مملكة تشو (Chu) على مملكة سونغ، وحاصرت مدينتها، وذلك أجبر شعبها على تبادل الأولاد ليأكلوهم، وقطع الجثث ليطبخوها، كما أجبر كلّ البالغين على الدفاع عن المدينة على أسوارها، حتى لقيت الغالبيّة الساحقة منهم مصرعها. ولكن كلاًّ من الأب والابن لهذه الأسرة قد نجا من الكارثة بفضل العمي الذي أصابهما. وعندما تمّ فكّ الحصار على المدينة، عاد إليهما بصرهما.

【原文】

宋有兰子者，以技干宋元。宋元召而使见。其技以双枝，长倍其身，属其胫，并趋并驰，弄七剑迭而跃之，五剑常在空中。元君大惊，立赐金帛。

又有兰子又能燕戏者，闻之，复以干元君。元君大怒曰："昔有异技干寡人者，技无庸，适值寡人有欢心，故赐金帛。彼必闻此而进复望吾赏。"拘而拟戮之，经月乃放。

【今译】

宋国有个走江湖的人，凭自己的杂技求见宋元君。宋元君便召他进来，并观看他的表演。他把两根比身体还长一倍的木棍绑在小腿上，疾走快跑，同时手中舞弄着七把剑，将它们轮流抛掷飞起，其中五把始终在空中上下翻腾。宋元君大为惊奇，当即赏赐他金银丝帛。

又有一个走江湖的人，会表演轻功，听说这件事，也去求见宋元君。宋元君勃然大怒，说道："上次有个人凭着奇异的杂技来求见我，其实他的技巧并没有什么实际用处，正巧碰上我心情好，所以赐给他金帛。这人一定是听说此事才来的，是期望得到我的赏赐吧。"于是把那人抓了起来预备处死，过了一个月才把他释放。

كان في مملكة سونغ بهلوانيّ متجوّل، أراد بمهارته أن يجد لنفسه منصباً عند الملك يوان (Yuan) لمملكة سونغ، فاستدعاه الملكُ لاستعراض مهارته، وهي أنه يربط بساقيْه عصويْن خشبيَّتيْن، أطول من جسمه بضعفيْن، ويجري بهما سريعاً، في حين يقفز بتتابع السيوف السبعة، التي تطير خمسة منها في الهواء دائماً. وقد تعجب الملك يوان من ذلك كثيراً، فمَنَحَ صاحبَه الذهب والحرير فوراً.

وكان فيها بهلوانيّ متجوِّل آخر، قادر على تقليد السنونو، وأراد أيضاً حين سمع ذلك الخبر، أن يجد لنفسه منصباً عند الملك يون، الذي كان يغضب غضباً شديداً، حتى قال: "كان في الماضي رجل أراد أن يجد لنفسه بمهارته العجيبة منصباً عندي، إلاّ أنها ليس لها أيّ فائدة، فمنحته الذهب والحرير، حين كنْتُ في فرح وسرور. أمّا هذا الرجل، فلا بدّ أنه قد سمع عن ذلك الأمر، وجاء إليَّ متمنّياً أن أمنحه مرة أخرى." فأراد الملك يون أن يُعْدِمَه بعد أن قبض عليه، إلاّ أنه أفرج عنه بعد شهر واحد.

【原文】

秦穆公谓伯乐曰:“子之年长矣，子姓有可使求马者乎?”

伯乐对曰:“良马可形容筋骨相也。天下之马者，若灭若没，若亡若失，若此者绝尘弭辙。臣之子皆下才也，可告以良马,不可告以天下之马也。臣有所与共担纆薪菜者,有九方皋，此其于马非臣之下也。请见之。”

穆公见之，使行求马。

三月而反报曰:“已得之矣，在沙丘。”

穆公曰:“何马也?”

对曰:“牝而黄。”

【今译】

秦穆公对伯乐说:“您的年纪大了，子孙中可有没有能派去访求良马的人呢?”

伯乐答道:“良马可以通过它的形体、外貌、筋节、骨骼来判断识别。至于天下无双的宝马则不然，它的神气迷离恍惚，似有似无，这样的马一旦飞快奔驰，四蹄似乎离开地面不沾尘土，车马过处也不留痕迹。我的子孙都是下等人才，只能教他们识别良马，没法教他们如何识别天下之马。我有一位一同挑担劈柴的朋友，名叫九方皋，他相马的本领不在我之下。请让我为您引见他。”

秦穆公召见了九方皋，让他去寻求天下之马。

三个月后,九方皋回来报告:“已经找到了,就在沙丘。”

秦穆公问:“什么样的马呢?”

九方皋答道:“是一匹黄色的母马。”

قال الملك مو لمملكة تشين لبوه له[1]: "قد تقدّم بك العمر، فهل يمكنك أن ترشّح أحد أبنائك وأحفادك للبحث عن فحول الجياد؟"

أجابه بوه له قائلاً: "يمكن التفرّس في فحول الجياد من خلال مظاهرها وملامحها وعضلاتها وعظامها. وإن الفحول التي لا مثيل لها في العالم، يبدو كأنها خافية أو خابئة، وكأنها هاربة أو ضائعة؛ وإن تكن هكذا، تكن غير ملطّخة بالأتربة وغير مخلّفة وراءها بالآثار. ولكن كلّ أبنائي لهم مواهب عاديّة تمكّنهم من التفرّس في الجياد، ولا من التفرّس في الفحول التي لا مثيل لها في العالم، إلاّ أن جيوي فانغ آو[2]، الذي كان يشاركني في قطع الأحطاب وحملها، هو ليس أقلّ مني قدرةً في فراسة الجياد، فأرجو منكم أن تتقابلوا معه."

تقابل معه الملك مو، وأرسله للبحث عن الجواد.

رجع جيوي فانغ آو بعد ثلاثة أشهر، وقال: "قد وجد الجواد، وهو في شاتشيو[3]."

سأله الملك مو: "ماذا عن الجواد؟"

أجاب قائلاً: "أنثى ذات لون أصفر."

1 بوه له (Bo Le) كان رجلاً مشهوراً بفراسة الخيول في عصر الربيع والخريف.

2 جيوي فانغ قاو (Jiu Fanggao) كان رجلاً مشهوراً بفراسة الخيول في عصر الربيع والخريف.

3 شاتشيو (Shaqiu) اسم مكان قديم يقع حالياً في مقاطعة خهبي الصينيّة.

【原文】

使人往取之，牡而骊。

穆公不说，召伯乐而谓之曰：“败矣，子所使求马者！色物、牝牡尚弗能知，又何马之能知也？”

伯乐喟然太息曰：“一至于此乎！是乃其所以千万臣而无数者也。若皋之所观天机也，得其精而忘其粗，在其内而忘其外；见其所见，不见其所不见；视其所视，而遗其所不视。若皋之相者，乃有贵乎马者也。”

马至，果天下之马也。

【今译】

秦穆公派人去取马，却是一匹黑色的公马。

穆公很不高兴，召见伯乐并对他说：“真糟糕啊，你所推荐的那个相马人。连马的毛色、公母尚且分辨不清，又怎么能鉴别马的优劣呢？”

伯乐长叹一声道：“竟然达到这种境界了！这正是他比我高明何止千万倍的地方啊。像九方皋所观察的，是马的天机禀赋，他观察到马的精髓，也就忘记了表象；注重的是马的内在品性，也就忽略了外在皮毛；看到应当看的，不看不必看的；观察应当观察的，忽略不应当观察的。像九方皋这样的相马，还有着比宝马更可贵的地方。”

马送来了，果然是一匹天下无双的宝马。

فأرسل الملك مو رجلاً ليُحْضِرَ الجواد، ووجده ذكراً باللون الأسود.

غضب لذلك الملك مو، فاستدعى بوه له، وقال له: "ما ذلك الرجل الذي أرسلته للبحث عن الجواد؟ وهو لا يقدر على التمييز بين ما للجواد من الأصفر والأسود وبين الأنثى والذكر، فكيف يقدر على التمييز بين خير الجياد وشرّها؟"

أطلق بوه له تنهّداً عميقاً، وهو يقول: "قد وصل إلى هذا الحدّ! وهو أكثر منّي مهارةً بعشرات الآلاف من الأضعاف. وقد لاحظ ما للجواد من الموهبة والعبقريّة؛ فوجد ما له من الجواهر، حين نسي ما له من القشور؛ وأُعْجِبَ بما هو في داخله، حين أَهْمَلَ ما في خارجه؛ ونظر إلى ما يرغب في النظر إليه، حين لم ينظر إلى ما يرغب عن النظر إليه؛ وفحص ما لا بدّ من فحصه، حين أهمل ما لا داعي لفحصه. فإن فراسة جيوي فانغ آو للجياد أهمّ من فراسة الجياد نفسها!"

وعندما جاء الجواد، لم تكن فحولتُه خارجةً عن كلّ التوقّعات.

【原文】

楚庄王问詹何曰："治国奈何？"

詹何对曰："臣明于治身而不明于治国也。"

楚庄王曰："寡人得奉宗庙社稷，愿学所以守之。"

詹何对曰："臣未尝闻身治而国乱者也，又未尝闻身乱而国治者也。故本在身，不敢对以末。"

楚王曰："善。"

【今译】

楚庄王问詹何："怎样治理国家？"

詹何答道："我懂得修养自身，却不懂得如何治理国家。"

楚庄王说："我得以供奉宗庙、掌管王权，希望能学到如何保持它的办法。"

詹何答道："我不曾听说有人自身修养完善而国家混乱不堪的，也不曾听说过自身修养不好而国家治理得井井有条的。所以治国的根本在于自身，其他细枝末节我就不敢对您说什么了。"

楚庄王说："好啊。"

سأل الملك تشوانغ[1] لمملكة تشو (Chu) تشان خه قائلاً: ماذا عن تنظيم المملكة؟"

أجابه تشان خه قائلاً: "إنني فاهم لتهذيب النفس، وغير فاهم لتنظيم المملكة."

فقال الملك تشوانغ: "أتمنّى أن أستوعب ما أحمي به معابد أسلافي ومملكتي، إذ إنني مضطَرّ إلى ذلك."

أجابه تشان خه قائلاً: "لم أسمع عمّن يهذّب نفسَه بيدَ أنه يشوّش مملكتَه، كما لم أسمع عمّن يشوّش نفسه بيدَ أنه ينظّم مملكتَه. فإن الأصول لتنظيم المملكة تقوم على الإنسان نفسه، ولا أجرؤ على أن أحدّثكم عن فروعه."

قال الملك: "أحسنت!"

1 الملك تشوانغ (Zhuang، عام ؟-591ق.م) لمملكة تشو (Chu) كان حاكماً لمملكة تشو بين عامي 613 ق.م و591ق.م، وهو من الملوك الخمسة المشهورة في عصر الربيع والخريف وكان له نفوذ كبير في السهول الوسطى.

【原文】

狐丘丈人谓孙叔敖曰:“人有三怨,子知之乎?”

孙叔敖曰:“何谓也?”

对曰:“爵高者,人妒之;官大者,主恶之;禄厚者,怨逮之。”

孙叔敖曰:“吾爵益高,吾志益下;吾官益大,吾心益小;吾禄益厚,吾施益博。以是免于三怨,可乎?”

【今译】

狐丘地方的长老对孙叔敖说:“有三件事常会招人怨恨,您知道吗?”

孙叔敖问:“是什么呢?”

狐丘长老答道:“爵位高的,人们妒忌他;官衔大的,君主猜忌他;俸禄厚的,怨恨就会临头。”

孙叔敖说:“我的爵位越高,我的为人越谦卑;我的官衔越大,我的内心越谨慎;我的俸禄越丰厚,我的施舍越广泛。以此来免除三怨,行吗?”

قال شيخ من هوتشيو (Huqiu) لسونشو آو (Sunshu Ao): "هل تعرفون أن الإنسان له أمور ثلاثة يحقد عليها؟"

فسأله سونشو آو: "ما هي؟"

أجابه قائلاً: "العالي في رتبته يحقد عليه غيرُه؛ والعالي في منصبه يرغب عنه حاكمُه؛ والوافر في أجرته يصل إليه حاقدُه."

فقال سونشو آو: "كلّما كانت رتبتي أعلى، صار طموحي أقلّ؛ وكلَّما كان منصبي أعلى، صار قلبي أصغر؛ وكلّما كانت أجرتي أوفر، صار إحساني أوسع. فهل أستطيع بذلك أن أتجنَّب الأحقاد الثلاثة؟"

【原文】

孙叔敖疾，将死，戒其子曰："王亟封我矣，吾不受也，为我死，王则封汝。汝必无受利地！楚越之间有寝丘者，此地不利而名甚恶。楚人鬼而越人禨，可长有者唯此也。"

孙叔敖死，王果以美地封其子。子辞而不受，请寝丘，与之，至今不失。

【今译】

孙叔敖病重，即将去世，告诫他的儿子说："楚王屡次要封给我土地，我推辞不受。假如我死了，楚王就会封给你。你一定不要接受丰沃肥美的土地！在楚国和越国交界的地方有个寝丘，这片土地无利可图而且名声也不好。楚国人相信鬼神不会要它，越国人祈福祷祥也不会要它，可以长久拥有的唯有这片土地了。"

孙叔敖死后，楚王果然把肥地良田封给他的儿子。他的儿子坚决推辞，不肯接受；请求改封寝丘，楚王便赐给了他，直到现在也没有丧失。

عندما احتضر سونشو آو من مرضه، كان يعظ ابنه قائلاً: "أراد الملك تشو (Chu) عدّة مرّات أن يمنحني إقطاعة، إلاّ أنّني لم أقبلها. وإذا فارقت الدنيا، فسيمنحك إقطاعة، فلا بدّ لك من رفض الأرض الخصبة. وبين مملكة تشو (Chu) ومملكة يوه (Yue) أرض تسمّى بـ تشين تشيو (Qinqiu، تعني تلّة المقابر)، وهي أرض مجدبة، واسمها شرّير جدّاً. فهي أرض وحيدة يمكنك أن تحفظها طويلاً، نظراً لأن الشعب في مملكة تشو كان مُؤْمِناً بالشياطين، والشعب في مملكة يوه مؤمِناً بالفؤول."

توفّي سونشو آو، فأراد الملك بالفعل أن يمنح أرضاً خصبةً لابن سونشو آو، الذي اعتذر عنها ولم يقبلها، بل طلب منه تشين تشيو، التي منحه الملك إيّاها، وهي ما زالت محفوظة لابن سونشو آو حتى الآن.

【原文】

牛缺者，上地之大儒也，下之邯郸，遇盗于耦沙之中，尽取其衣装车，牛步而去。视之欢然无忧悋之色。盗追而问其故。曰：“君子不以所养害其所养。”盗曰：“嘻！贤矣夫！”既而相谓曰：“以彼之贤，往见赵君。使以我为，必困我。不如杀之。”乃相与追而杀之。

燕人闻之，聚族相戒，曰：“遇盗，莫如上地之牛缺也！”皆受教。

【今译】

牛缺是秦国上地的大儒，往东到赵国的都城邯郸去，在耦沙遇上强盗，抢光了他的衣物车马，牛缺便步行而去。看起来丝毫没有忧伤吝惜的神色。强盗追上去问他原因。牛缺说：“君子不因为身外之物而损害自己的身心道德。”强盗说：“嘻！真贤良啊！”过了一会儿强盗们互相议论道：“以他的贤良，去拜见了赵国国君，要是派来对付我们，必定要围困我们。不如杀了他。”于是一起追上去杀死了牛缺。

燕国有人听说此事，就聚集全族人相互告诫说：“若是遇上强盗，千万别像上地的牛缺那样！”大家都接受了这一教训。

كان نيو تشيوه (Niu Que) مثقّفاً كونفوشيّاً عظيماً في شانغدي[1]، وهو يسافر جنوباً إلى هاندان[2]. وصادف في طريقه إلى أوشا[3] قطّاع طريق، نهبوا منه عربته وكلّ ما فيها من الأثواب، إلاّ أنه تركهم ليتابع سيره على القدميْن. وحين وجدوه مسروراً بلا أيّ قلق وحزن على وجهه، لحقوا به ليسألوه عن أسباب ذلك. فقال لهم نيو تشيوه: "إن صاحب الفضيلة لا يُؤْذِي ما يغذّي خلقَه بما يغذّي جسمَه." فقال قطّاع الطريق: "آه، يا له من رجل فاضل!" ثم تحادثوا وتشاوروا قائلين: "إنه سيسافر بفضائله ليتقابل مع ملك مملكة تشاو، الذي إذا أرسل جيشه إلينا، فلا بدّ أن يُوقِعنا في المأزق، فمن الأحسن أن نقتله." فلحقوا به وقتلوه.

حين سمع رجل في مملكة يان عن ذلك، حشد قومه ليحذّرهم من ذلك قائلاً: "إن تصادفْ قطّاعَ الطريق، لا تقلّدْ ما فعله نيو تشيو من شانغدي!" وقبل كلّ قومه هذه النصيحة.

1 شانغدي (Shangdi) اسم مكان في مملكة تشين القديمة.

2 هاندان (Handan) كانت عاصمة لمملكة تشاو في عصر الممالك المتحاربة، وهي تقع حالياً في مقاطعة خهبي الصينيّة.

3 أوشا (Ousha) اسم نهر يقع حالياً في مقاطعة خهبي الصينيّة.

【原文】

俄而其弟适秦，至关下，果遇盗；忆其兄之戒，因与盗力争；既而不如，又追而以卑辞请物。盗怒曰：“吾活汝弘矣，而追吾不已，迹将箸焉。既为盗矣，仁将焉在？”遂杀之，又傍害其党四五人焉。

【今译】

不久，燕人的弟弟到秦国去。行至函谷关下，果然遇上强盗；他想起哥哥的训诫，就和强盗奋力争夺起来。争夺不过，又追上去低声下气地乞求强盗把抢去的财物归还。强盗勃然大怒，说：“我们让你活着已经够宽宏大量了，你还要不停地追我们，踪迹都要暴露了。既然做了强盗，还有什么仁慈之心？”说着就把他杀了，又附带着杀死了他的四五个同伴。

وما لبث أن سافر أخو رجل من مملكة يان إلى مملكة تشين، وصادف بالفعل قطّاع الطريق حين وصل إلى معبر هانقو (Hangu)، محاولاً أن يتقاتل معهم بكلّ قوّته، وفي ذاكرته نصيحة أخيه. لكن محاولته باءت بالفشل، فلحق بهم ليتضرّع إليهم في ذلّة وخضوع بإعادة أمتعته. فغضب قطّاع الطريق غضباً شديداً، وصرخوا بوجهه: "نحن كرماء لإبقائك على قيد الحياة، ولكنك ما زلت تلحق بنا، حتى تنكشف لك آثارُنا. فلم هذه الرحمة بك ونحن قطّاع طريق؟" فقتلوه هو ورفقاءه الأربعة أو الخمسة.

【原文】

虞氏者，梁之富人也，家充殷盛，钱帛无量，财货无訾。

登高楼，临大路，设乐陈酒，击博楼上，侠客相随而行，楼上博者射，明琼张中，反两榻鱼而笑。飞鸢适坠其腐鼠而中之。侠客相与言曰：“虞氏富乐之日久矣，而常有轻易人之志。吾不侵犯之，而乃辱我以腐鼠。此而不报，无以立慬于天下。请与若等戮力一志，率徒属必灭其家为等伦。”皆许诺。

至期日之夜，聚众积兵以攻虞氏，大灭其家。

【今译】

有个姓虞的是梁国的富人，家业殷实兴盛，金钱、丝帛难以计数，财宝、货物无法估量。

一天，虞家的人登上高楼，面临大街，设置乐队，摆开酒席，在楼上下棋赌博。有一群侠客正相伴着经过楼下。楼上的赌客掷骰子中彩，因为连胜两着而放声大笑。这时空中飞过的老鹰爪下掉落了一只腐烂的老鼠，恰巧砸中楼下路过的一位侠客。侠客们互相议论着说：“姓虞的富足安乐的日子过得太久，所以常常有轻视别人的念头。我们不去侵犯他，他却拿腐烂的死老鼠来侮辱我们。此仇不报，就没法子在天下树立我们的勇武之名。希望和大家齐心协力，率领各自部下，一定要灭绝他一家才算报仇雪恨。”众侠客都同意了。

到了约定的那天晚上，侠客们召集同伙，纷纷拿着兵器攻打虞家，彻底毁灭了虞氏全家。

كانت أسرة يوي غنيّة في مملكة ليانغ[1]، وفيرة في ممتلكاتها، ولها ما لا يُعَدّ من النقود والحرائر، وما لا يُحْصَى من الأموال والسلع.

وكانت المآدب تقام دائماً مع الموسيقى والشطرنج والقمار في المبنى العالي لأسرة يوي، وهو مطلّ على الشارع الكبير، الذي كانت جماعة من الصعاليك تمرّ به مترافقة متصاحبة، حين ألقى المقامرون النرد، وحظوا بالنمرة الرابحة مرّتيْن، ممّا جعلهم يطلقون ضحكات عالية. وفجأة سقطت فأرة فاسدة من النسر الطائر فوق المبنى لتصيب أحد الصعاليك الذين قالوا بعد أن تحادثوا وتشاوروا: "لقد عاشت أسرة يوي حياة غنيّة منذ زمن طويل، فحاولت دائماً أن تستخفّ بغيرها. ومع أننا لم ننتهكها، إلاّ أنها أذلّتْنا بالفأرة الفاسدة. وإن لم ننتقم على ذلك، فلا مكان لإذاعة شجاعتنا وبسالتنا في العالم. فأرجو منكم أن تتّحدوا في الجهود والقلوب، وتقودوا من يتبعونكم، حتى تدمّروا هذه الأسرة وكلّ أفرادها." فاتّفق كلّ الصعاليك على ذلك.

وفي ليلة اليوم الموعود، حشد الصعاليك أعوانهم، وأخذوا بأسلحتهم، ليهجموا على أسرة يوي، حتى قضوا على كلّ أفرادها قضاءً تامّاً.

1 مملكة ليانغ (Liang) من الممالك السبع الكبرى في عصر الممالك المتحاربة، وتُسَمَّى أيضاً في تاريخ الصين بمملكة وي (Wei) بعد أن نقل ملكها هوي (Hui) عاصمتها إلى مدينة دا ليانغ (تُسمَّى أيضاً بكاي فنغ التي تقع حاليّاً في مقاطعة خهنان) وذلك بعد أن هزمه جيشُ مملكة تشي في معركة قويلينغ (Guiling) عام 353ق.م ومعركة مالينغ (Maling) عام 341ق.م.

【原文】

东方有人焉曰爰旌目，将有适也，而饿于道。狐父之盗曰丘，见而下壶餐以餔之。爰旌目三餔而后能视，曰：“子何为者也？”曰：“我狐父之人丘也。”爰旌目曰：“譆！汝非盗耶？胡为而食我？吾义不食子之食也。”两手据地而欧之，不出，喀喀然，遂伏而死。

狐父之人则盗矣，而食非盗也。以人之盗因谓食为盗而不敢食，是失名实者也。

【今译】

东方有个人，名叫爰旌目，将要去他方，饿倒在路旁。狐父地方的强盗名叫丘，见状便解下随身携带的一壶水泡饭来喂他。爰旌目吃了几口才能张开眼看人，他问道：“你是什么人？”丘答道：“我是狐父地方的人，名叫丘。”爰旌目说：“啊！你不是强盗吗？为什么喂饭给我吃？我是坚决不吃你们强盗的东西的。”说完他两手按在地上呕吐起来，呕不出来，喉咙里喀喀作响，接着就趴在地上死去了。

狐父地方的人虽然是强盗，可食物并非是强盗。因为人是强盗就顺带着把食物也当作强盗而不敢吃，这是弄错了名称与实质的关系。

كان في الشرق رجل، اسمُه يوانجينغ مو (Yuanjing Mu)، وقد أُغْمِيَ عليه من الجوع الشديد في طريقه إلى مكان ما. وكان في هوفو[1] سارقاً، اسمه تشيو (Qiu)، فحينَ وجد يوانجينغ مو، أخرج ما في إبريقه من الأطعمة ليطعمه بها. وتمكّن يوانجينغ مو من فتح عينيْه بعد أن أُطْعِمَ بعدَّة لقمات منها، وسأل: "من أنت؟" فأجابه تشيو: "أنا تشيو من هوفو." قال يوانجينغ مو: "آه! ألست سارقاً؟ فلِمَ تطعمني بالطعام؟ أنا رجل ملتزم بالعدالة، ولن آكل الطعام من السارق." فقبع على الأرض بيديْه، وباءت محاولاته في إخراج الطعام بالفشل، حتى لقي مصرعه على الأرض بعد أن احتضر مع صوت مخنوق في حنجرته.

مع أن الرجل من هوفو سارق، إلاّ أن الطعام منها ليس مسروقاً. فمَنْ لا يجرؤ على أكل الطعام الذي يعدّ مسروقاً، إذ إن صاحبه سارق، يَكُنْ مخطئاً في العلاقة بين الاسم والواقع.

1 هوفو (Hufu) اسم مكان يقع حالياً في مقاطعة آنهوي الصينيّة.

【原文】

柱厉叔事莒敖公，自为不知己，去，居海上。夏日则食菱芰，冬日则食橡栗。莒敖公有难，柱厉叔辞其友而往死之。

其友曰："子自以为不知己，故去。今往死之，是知与不知无辨也。"

柱厉叔曰："不然；自以为不知，故去。今死，是果不知我也。吾将死之，以丑后世之人主不知其臣者也。"

凡知则死之，不知则弗死，此直道而行者也。柱厉叔可谓怼以忘其身者也。

【今译】

柱厉叔事奉莒敖公，自认为不被理解，便离开到海边居住。夏天就吃吃菱角，冬天则嚼嚼橡栗。莒敖公遭遇危难，柱厉叔就向朋友辞行打算拼死为莒敖公效力。

他的朋友说："你自认为不被理解，所以才离开莒敖公。现在却去为他献身，这样理解和不理解的区别就没法分辨了。"

柱厉叔说："不是的；我自认为不被理解，所以离开莒敖公。现在为他献身，可见他果真不理解我。我将为他而死，以此来羞辱后世那些不能理解自己臣子的国君。"

凡是理解自己的人就为他而死，不理解自己的人就不为他付出，这是遵循正道的人们的做法。柱厉叔可谓是一个为了怨恨而不顾惜自己生命的人。

كان تشولي شو (Zhuli Shu) يخدم الملك آو قونغ[1] لمملكة جيوي (Ju)[2]، زاعماً أن الملك لم يفهمْه، فرحل عنه ليقيم قريباً من البحر، حيث يأكل كستناء الماء في أيّام الصيف، وجوزة البلوط في أيّام الشتاء. عندما كان الملك آو قونغ مهدَّداً بالخطر، استأذن تشولي شو صديقَه بالانصراف، عازِماً على التضحية بنفسه من أجله.

فقال له صديقه: "كنت تظنّ أن الملك آو قونغ لم يفهم نفسك، فرحلت عنه، ولكنك اليوم تعود إليه لتضحّي له بنفسك. وإن تكن هكذا، فلا فرق بين أن يفهمك وألا يفهمك."

أجابه تشولي شو: "لا. رحلت عنه لأنني ظننْته لا يفهمني؛ وسأضحّي له اليوم بنفسي، لأن ذلك سيدلّ على أنه لم يفهمني بالفعل. وسأضحّي له بنفسي، لكي أُذِلَّ بذلك الحاكمين اللاحقين الذين لا يفهمون وزراءهم."

من يفهمك، تُضَحِّ له بنفسك؛ ومن لا يفهمك، لا تُضَحِّ له بنفسك. وذلك طريق صحيح لمن يلتزم بالصراط المستقيم. أمّا تشولي شو، فهو من ينسى حياته من أجل الحقد.

1 آو قونغ (Ao Gong) كان حاكماً لمملكة جيوي (Ju) في عصر الربيع والخريف.

2 مملكة جيوي (Ju) كانت مملكة صغيرة في عصر الربيع والخريف وهي تأسّست عام 1046 قبل الميلاد، وكان الملك هوان قونغ لمملكة يلجأ إليها عندما كان أميراً. وقضت عليها مملكة تشو (Chu) عام 431 قبل الميلاد، واستأنفت مملكةُ يان (Yan) مملكة جيوي عام 284 قبل الميلاد.

【原文】

杨朱曰："利出者实及，怨往者害来。发于此而应于外者唯请：是故贤者慎所出。"

【今译】

杨朱说："将利益施给别人，实惠自会到来；将怨恨发泄给别人，祸害就会降临。从自身发出而能在外界得到反应的，只有内心的情感：所以贤明的人对自己的言行举止十分小心谨慎。"

قال يانغ تشو: "من يهبْ لغيره مصالحَ، تَعُدْ عليه فضائل؛ ومن يصبّ على غيره حقداً، تنزل به محنة. وما يصدر من داخله وينعْكس على خارجه، لا يكون إلاّ عواطف في قلبه، لذا يكون الفاضل حذراً فيما يخرج منه.

【原文】

杨子之邻人亡羊，既率其党，又请杨子之竖追之。

杨子曰：“嘻！亡一羊何追者之众？”

邻人曰：“多歧路。”

既反，问：“获羊乎？”

曰：“亡之矣。”

曰：“奚亡之？”

曰：“歧路之中又有歧焉。吾不知所之，所以反也。”

杨子戚然变容，不言者移时，不笑者竟日。

门人怪之，请曰：“羊，贱畜；又非夫子之有，而损言笑者，何哉？”

【今译】

杨朱的邻居丢了一头羊，他领着一家子出去寻找，又请了杨朱的童仆帮忙追寻。

杨朱说：“嘻！丢了一头羊怎么要这么多人去追？”

邻居说：“因为有好多岔路。”

他们回来后，杨朱问：“找到羊了吗？”

邻居说：“找不到啦。”

杨朱问：“怎么会找不到呢？”

邻居说：“岔路之中又有岔路，我们不知道它跑到哪儿去了，所以只好回来。”

杨朱听了，脸色变得十分忧愁，好久也没有讲话，整天都不露笑容。

弟子们感到奇怪，问他说：“羊是低贱的牲畜，而且又不是先生的羊，可您却不说不笑，为什么呢？”

هرب خروف من جار يانغ تشو، فقاد كلّ أسرته، ودعا خَدَم يانغ تشو أيضاً ليبحثوا عنه.

فقال يانغ تشو: "يا رجل! لقد فقدت خروفاً واحداً فقط، فلماذا تستخدم هذا العدد من الناس للبحث عنه؟"

أجابه جاره: "لأن هناك فروعاً كثيرة."

وحين عاد، سأله يانغ تشو: "هل وجدت خروفك؟"

"لا." أجابه جاره.

"لم لا؟" سأله يانغ تشو.

"في الفروع فروع أيضاً، وأنا لا أعرف إلى أين هرب، فرجعت."

صار يانغ تشو كئيباً وحزيناً على ذلك، وهو لم يتفوّه بكلمة لوقت طويل، ولا يرسم ابتسامة على وجهه كلّ اليوم.

تعجَّب أتباعه من ذلك، فسأله أحدهم قائلاً: "الخروف دابّة حقيرة، وليس لكم أيضاً، فلماذا تفقدون له كلماتكم وابتساماتكم؟"

【原文】

杨子不答。门人不获所命。弟子孟孙阳出以告心都子。

心都子他日与孟孙阳偕入，而问曰："昔有昆弟三人，游齐鲁之间，同师而学，进仁义之道而归。其父曰：'仁义之道若何？'伯曰：'仁义使我爱身而后名。'仲曰：'仁义使我杀身以成名。'叔曰：'仁义使我身名并全。'彼三术相反，而同出于儒。孰是孰非邪？"

杨子曰："人有滨河而居者，习于水，勇于泅，操舟鬻渡，利供百口。裹粮就学者成徒，而溺死者几半。本学泅，

【今译】

杨朱没有回答。弟子们便得不到先生的指教。弟子孟孙阳出门后把这事告诉了心都子。

心都子过了几天和孟孙阳一起进屋，向杨朱问道："从前有兄弟三人，在齐鲁两国游学，拜的是同一位先生，将仁义之道修习完毕方才回家。他们的父亲问：'仁义之道是什么样的？'大儿子说：'仁义让我首先爱惜生命而把名誉放在次要的位置。'二儿子说：'仁义使我不惜用生命的代价来成就荣誉。'三儿子说：'仁义教会我同时保全生命与名誉。'他们三人的观点完全相反，却同样出自儒家。谁对谁错呢？"

杨朱说："有人靠着河边居住，熟习水性，善于泅渡，靠着撑船摆渡营生，收入可以供养一百口人。背着粮食来向他学习的人成群结队，可其中淹死的几乎占到一半。本

لم يجبه يانغ تشو، حتى أعجز أتباعه عن معرفة تعاليمه. فخرج أحد أتباعه منغ سون يانغ (Meng Sunyang) ليخبر شيندو تسي (Xindu Zi) بذلك.

دخل شيندو تسي مع منغ سون يانغ بعد أيّام، وسأل يانغ تشو قائلاً: "كان في الماضي إخوان ثلاثة يسافرون إلى مملكة تشي (Qi) ومملكة لو، وهم يتتلمذون على يد معلّم واحد، ثم يعودون بعد أن يستكملوا الطاو للرحمة والعدالة، فسألهم والدهم قائلاً: "ماذا عن الطاو للرحمة والعدالة؟" أجابه أكبرهم: "الرحمة والعدالة هما اللاتان تجعلانني أُحِبُّ حياتي قبل شهرتي." وأجابه أوسطهم: "الرحمة والعدالة هما اللاتان تجعلانني أُحْرِزُ شهرتي على حساب حياتي." وأجابه أصغرهم: "الرحمة والعدالة هما اللاتان تجعلانني أكمل حياتي وشهرتي في آن واحد." ومع أن أفكارهم الثلاثة متفاوتة ومتباينة، إلاّ أنها ناشئة من الكونفوشيوسيّة الواحدة، فأيّتها صائبة وأيّتها خاطئة؟"

قال يانغ تشو: "كان هناك رجل يقيم بجوار النهر، وكان عالِماً بالمياه، وماهِراً في السباحة، ويعيش على البواخر والمعابر، ويكفيه أن يعول مئة فرد بعوائده. فتدفّقت إليه جماعات تحمل معها الأزودة لتتعلّم منه السباحة، بيدَ أن عدد الغرقى قد وصل إلى ما يقرب من نصفها، وكانت تريد أن تتعلّم منه السباحة في الأصل، لا الغرق، إلاّ أن الفرق بين المنافع والمضارّ كبير إلى

【原文】

不学溺，而利害如此。若以为孰是孰非？”

心都子嘿然而出。

孟孙阳让之曰：“何吾子问之迂，夫子答之僻？吾惑愈甚。”

心都子曰：“大道以多歧亡羊，学者以多方丧生。学非本不同，非本不一，而末异若是。唯归同反一，为亡得丧。子长先生之门，习先生之道，而不达先生之况也，哀哉！”

【今译】

来是学游泳的，不是来学溺死的，可结果利害反差竟是这样大。你觉得怎样算对怎样算错呢？”

心都子默不作声地走了出来。

孟孙阳责备他说：“你怎么问得那么拐弯抹角，先生又答得那么稀奇古怪？我愈发迷惑了。”

心都子说：“大道因为有太多岔道而使羊丢失，治学的人因为有太多途径方法而迷失了方向。各类学说并非根源不同，并非根本观点不一致，而结论却相差悬殊。只有回归到相同的本原上去，返回到一致的观点上去，才不会迷失方向。你是先生的大弟子，修习先生的思想，却不明白先生的比喻，真可悲啊！”

هذا الحدّ. فمَنْ أصاب، ومَنْ أخطأ فيما تظنّ؟"

خرج شيندو تسي بصمت وسكوت.

فعاتبه منغ سون يانغ قائلاً: "لماذا سألت معلّمنا بلفّ ودوران، حتى أجابك بغموض عجيب؟ وقد شعرت بمزيد من الحيرة والضبابيّة."

أجابه شيندو تسي قائلاً: "تؤدّي كثرة الفروع في الطريق الكبير إلى ضياع الخروف، وكثرة الفنون تؤدّي إلى هلاك الدارسين للسباحة. ومع أن الدراسات ليست مختلفة في أصولها، ولا مفرَّقة في أفكارها، إلاّ أن نتائجها متفاوتة ومتباينة إلى هذا الحدّ. فلا يمكن الوصول إلى ما هو ضائع وما هو هالك، إلاّ بالرجوع إلى الاتّفاق والعودة إلى الوحدة. وأنت بصفتك أول تابع لمعلّمنا، ومع أنك تعلمْتَ منه أفكاره، إلاّ أنك لم تفهم ما شبّه به، وذلك حقّاً أمرٌ مُحْزِنٌ مُتْرِحٌ!"

【原文】

杨朱之弟曰布，衣素衣而出。天雨，解素衣，衣缁衣而反。其狗不知，迎而吠之。杨而怒，将扑之。杨朱曰:“子无扑矣！子亦犹是也。向者使汝狗白而往，黑而来，岂能无怪哉？”

【今译】

杨朱的弟弟叫杨布，一天他穿着白衣服出门去。天下雨了，他就脱掉白衣服，穿着黑衣服回来了。家里的狗认不出来，迎上去对着他狂叫。杨布十分生气，要追打它。杨朱说:“你不要打它了！你也是这样的。假使先前让你的狗白着出去，黑着回来，难道你能不觉得奇怪吗？”

كان ليانغ تشو أخ صغير، اسمه يانغ بو، وقد خرج من بيته مرتدياً ثوبَه الأبيضَ. وحينَ أمطرت السماءُ فجأة، خلع ثوبه الأبيض، وعاد إلى بيته بثوبه الأسود. لكن كلبه لم يتعرف عليه، واستقبله بنباحه. وحينَ غضب يانغ بو على كلبه، وأراد أن يضربه، قال له يانغ تشو: "لا تضربه! أنت كذلك مثله. أفلا تستغرب بأن كلبك خرج باللون الأبيض، وعاد باللون الأسود؟"

【原文】

杨朱曰："行善不以为名，而名从之；名不与利期，而利归之；利不与争期，而争及之：故君子必慎为善。"

【今译】

杨朱说："做善事不是为了求名，而名誉却随之而来；名誉不曾与利益相约，而利益却归附而来；利益不曾与争斗相约，而争斗却会自己到来：所以，君子做善事务必要小心谨慎。"

قال يانغ تشو: "إن لم تكن الإحسانات ساعية للشهرة، تكن الشهرة لصاحبها تابعة؛ وإن لم تكن الشهرة طامعة في المنافع، تكن المنافع لصاحبها راجعة؛ وإن لم تكن المنافع عالقة بالنزاعات، تكن النزاعات لصاحبها حادثة. فلا بدّ لصاحب الفضيلة أن يكون حَذِراً في الإحسانات.

【原文】

昔人言有知不死之道者，燕君使人受之，不捷，而言者死。燕君甚怒，其使者将加诛焉。幸臣谏曰："人所忧者莫急乎死，己所重者莫过乎生。彼自丧其生，安能令君不死也？"乃不诛。

有齐子亦欲学其道，闻言者之死，乃抚膺而恨。富子闻而笑之曰："夫所欲学不死，其人已死而犹恨之，是不知所以为学。"

【今译】

从前有个人，自称通晓长生不死的道术，燕国国君派人受业于他，还没成功，说那话的人就死了。燕国国王非常生气，眼看那派去的使者就要被处死。身边的宠臣劝谏他说："人最担忧的事没有比死亡更急迫的了，自己所看重的没有比生命更重要的。那个人自己都丢了命，又怎么能让君王长生不死呢？"使者这才被赦免。

有个叫齐子的，也想学那人长生不死的道术，听说他死了，就捶胸顿足大为遗憾悔恨。富子听说了就嘲笑他说："你想要学的是不死，那个人自己都死了，你还要追悔莫及，简直不知道自己要学的是什么。"

كان في الماضي رجل يزعم أنه يعرف السرّ لإطالة العمر، فبعث الحاكم لمملكة يان رسوله إليه ليتعلّم منه، بيدَ أنه لم ينجح في ذلك قبل أن يموت الرجل. فغضب الحاكم على رسوله غضباً شديداً، وأمر بقتله، إلاّ أن وزيره المقرّب كان يقنعه قائلاً: "إن ما يقلق عليه الإنسان ليس أشدّ من الموت، وما تهتمّ به نفسه ليس أهمّ من الحياة. فكيف يقدر ذلك الرجل على إطالة عمر الملك، وهو نفسه قد فقد حياته؟" وهكذا لم يقتل الملك رسوله.

وكان هناك رجل اسمه تشي تسي (Qi Zi)، أراد أيضاً أن يدرس ما زعمه ذلك الرجل من سرّ إطالة العمر، فحينَ سمع عن موته، شعر بأسف شديد ودقّ على صدره بيديْه. وحينَ سمع فو تسي (Fu Zi) عن ذلك، ضحك عليه قائلاً: "إن ما تريد أن تدرسه هو سرّ لإطالة العمر، وأنت ما زلت تشعر بأسف شديد على صاحبه، وقد مات هو نفسُه، وذلك يعني أنك لا تعرف ماذا تريد أن تدرس."

【原文】

胡子曰:"富子之言非也。凡人有术不能行者有矣,能行而无其术者亦有矣。卫人有善数者,临死,以诀喻其子。其子志其言而不能行也。他人问之,以其父所言告之。问者用其言而行其术,与其父无差焉。若然,死者奚为不能言生术哉?"

【今译】

胡子评论道:"富子的话错了。一般来说,掌握道术而不会施行的人是存在的,能够实行却不明白道术的人也是存在的。卫国有个擅长术数的人,快要死的时候,把要诀传授给他的儿子。他的儿子牢记他的话却不会使用。别人问起来,他就把父亲的话告诉那人。问话的人依着他的传授进行术数,和他父亲没什么差别。如果是这样,那个死去的人为什么就不能懂得长生不死的道术呢?"

قال هو تسي (Hu Zi): "إن قول فو تسي خاطئ، وفي الغالب إن الذي لا يقدر على تطبيق ما استوعبه من الفنون موجود، والذي لا يفهم الفنون التي يقدر على تطبيقها موجود أيضاً. وكان في مملكة وي (Wey) رجل ماهر في التكهّن، وقد أخبر ابنه بأسراره قبل موته. وحفظ الابن ما قال والده، غير أنه لم يقدر على تطبيقه. وحينَ سأله رجل آخر عن ذلك، أخبره بما قاله والده. وطبّق السائل فنونه بما قال له الابن، وهي لا تختلف عمّا قال الوالد. وإذا كانت الحال هكذا، فلماذا لا يمكن للرجل الذي مات نفسه ألاّ يتكلّم عن الأسرار لإطالة العمر؟"

【原文】

邯郸之民，以正月之旦献鸠于简子，简子大悦，厚赏之。

客问其故。简子曰：“正旦放生，示有恩也。”

客曰：“民知君之欲放之，故竞而捕之，死者众矣。君如欲生之，不若禁民勿捕。捕而放之，恩过不相补矣。”

简子曰：“然。”

【今译】

邯郸民众在正月初一那天向赵简子进献斑鸠，赵简子非常高兴，重赏了他们。

有门客问他其中的缘故。简子说：“正月初一放生，表示对生命有恩德。”

门客说：“人们知道您想要放生，就抢着去捉斑鸠，被弄死的斑鸠反而多了。您如果真想让那些斑鸠活下去，还不如禁止人们去捕捉。捉来了又放回去，放生的恩德终究补偿不了伤生的罪过。”

简子说：“说的是。”

كان الشعب في هاندان (Handan) يتقدّمون بالحمامات المطوَّقة إلى جيان تسي (Jian Zi) لمملكة تشاو في أوّل يوم من عيد الربيع، ممّا جعله في غاية السرور، وأغدق عليه بمكافآت وافرة.

فسأله أحد ضيوفه عن الأسباب في ذلك، فقال له جيان تسي: "إطلاق الكائنات الحيّة في أول يوم من عيد الربيع يدلّ على أنني صاحب فضائل."

أجابه الضيف: "يعرف الشعب أن الحاكم يريد أن يطلقها، فيتسابقون إلى صيدها، حتى قتلوا كثيراً منها. وإذا أراد الحاكم أن يُبْقِيها حيّة، فمن الأحسن أن يمنع الشعب من صيدها؛ وإذا أطلقها بعد صيدها، ففضائله لا تعوِّض جرائمه.

فقال جيان تسي: "نعم، هو كذلك."

【原文】

齐田氏祖于庭，食客千人。中坐有献鱼雁者，田氏视之，乃叹曰:“天之于民厚矣！殖五谷，生鱼鸟，以为之用。”众客和之如响。

鲍氏之子年十二，预于次，进曰:“不如君言。天地万物与我并生，类也。类无贵贱，徒以小大智力而相制，迭相食；非相为而生之。人取可食者而食之，岂天本为人生之？且蚊蚋噆肤，虎狼食肉，非天本为蚊蚋生人、虎狼生肉者哉？”

【今译】

齐国的田氏在厅堂上设宴祭祖，赴宴宾客多达千人。坐席中有人进献鱼和鹅，田氏看了，就感叹说:“上天对待下民真是优厚！它繁殖五谷，生养鱼鸟，以供人们享用。”众位宾客像回声一般纷纷应和他。

鲍家的孩子年仅十二，也来参加宴会，他进言道:“不像您说的。天地万物与我们共同生存，各成其类。类与类之间并没有高低贵贱的差别，仅仅是凭着个头大小、智慧以及体力的不同而相互制约，更迭相食；并没有谁为谁存在的道理。人不过是拿了可以吃的东西来吃，怎么会是上天为了人类而特意生养这些生命呢？况且蚊虫叮咬人的皮肤，虎狼吞噬人的骨肉，莫非上天本是为了蚊虫而生出人来、为了虎狼提供人肉的吗？”

وكان السيّد تيان (Tian) من مملكة تشي (Qi) يقيم في فنائه حفلة كبيرة يتقدّم فيها بالقرابين إلى أسلافه، وقد حضرها ألف ضيف، منهم رجل يتقدَّم بالأسماك والأوزّات، التي نظر إليها السيّد تيان، وقال بتهنّد عميق: "ما أكرم السماء في تعاملها مع الإنسان! وقد نمَّت الحبوب الخمسة، وربَّت الأسماك والطيور، لكي يتمتّع بها الإنسان." واستجاب له كلّ الضيوف فوْراً بأصداء مدوّية.

وكان من الضيوف ابن لأسرة باو (Bao) بلغ 12 من عمره، وقد شارك في الحفلة أيضاً، وقال: "الواقع ليس كما قلت. إن كلّ الكائنات في السماء والأرض تتعايش مع الإنسان، مع أنها تختلف عنه في الأنواع، إلاّ أنها لا تختلف عنه في النبالة والحقارة، إذ لا يسيطر بعضُها على بعضها الآخر، ويأكل بعضها بعضها الآخر، إلاّ بأحجامها وعقولها وقوّاتها فقط، ولا يعيش بعضُها من أجل بعضها الآخر. فقد أخذ الإنسان ما هو قابل للأكل ليأكله فقط، فكيف يعني ذلك أنّ الطبيعة خلقتْه في الأصل من أجل الإنسان؟ والناموسات والبعوضات تلدغان بشرة الإنسان، والنمور والذئاب تبلعان لحمه، فهل يعني ذلك أن الطبيعة خلقت الإنسان من أجل الناموسات والبعوضات، ومن أجل النمور والذئاب اللتيْن تبلعان لحمه؟"

【原文】

齐有贫者，常乞于城市。城市患其亟也，众莫之与。遂适田氏之厩，从马医作役而假食。郭中人戏之曰：“从马医而食，不以辱乎？”乞儿曰：“天下之辱莫过于乞。乞犹不辱，岂辱马医哉？”

【今译】

齐国有个穷人，常常在城里的集市上乞讨。集市上的人厌恶他屡次三番的打扰，大家都不再施舍给他。于是来到田家的马厩，跟着马医干点杂活来混口饭吃。城里人嘲弄他说：“跟着马医混饭吃，不觉得耻辱吗？”乞儿说：“天下的耻辱莫过于乞讨。我乞讨时尚且不觉得耻辱，难道替马医打杂还会觉得耻辱吗？”

كان في مملكة تشي رجل فقير، يتسوّل دائماً في أسواق المدينة، التي سئمت من تكرار إزعاجاته، حتى لم يتصدّق عليه أحد. فذهب إلى الاصطبل لأسرة تيان ليكسب رزقه بأعماله المتنوّعة عند طبيب الحصان. فقال له رجل في المدينة ساخراً: "ألا تشعر بالإهانة وأنت تكسب رزقك من طبيب الحصان؟" أجابه المتسوّل: "لا إهانة في العالم أكبر من التسوّل، فكيف أشعر بالإهانة من كسب الرزق عند طبيب الحصان، وأنا لم أشعر بالإهانة حينَ كنت متسوّلا؟"

【原文】

宋人有游于道，得人遗契者，归而藏之，密数其齿。告邻人曰:“吾富可待矣。”

【今译】

宋国有个人在大路上闲逛，拣到一片别人丢掉的废契，拿回家藏了起来，还暗暗细数着契据上的齿印。他告诉邻居说:“我发财的日子就要到啦。”

كان في مملكة سونغ رجل يتجوّل على الطريق، فوجد وثيقة تعاقديّة لاغية، وعاد بها ليحفظها في بيته، وعدّ في الخفاء ما هو فيها من الأسنان[1]، وأخبر جاره قائلاً: "سيأتي يومٌ أصير فيه غنيّاً."

1 كانت الوثيقة التعاقديّة في الصين القديمة مَنْحُوتَةً على خشبة تُقَسَّمُ إلى قطعتَيْن، يكون الفاصل بينهما بشكل مسنّن، ويحمل الطرفان واحدةً منهما معتمديْن عليها.

【原文】

人有枯梧树者，其邻父言枯梧之树不祥。其邻人遽而伐之。邻人父因请以为薪。其人乃不悦，曰：“邻人之父徒欲为薪，而教吾伐之也。与我邻，若此其险，岂可哉？”

【今译】

有个人的梧桐树枯萎了，邻居家的老头说，枯萎的梧桐树是不祥之物，他立刻将枯树砍了下来。邻家老头于是求取砍下来的树枝当柴烧。那人便很不高兴，说：“邻家老头只是想要柴火才教我把树砍了的。和我比邻而居，却这样阴险，做人难道可以这样吗？”

كان رجل له شجرةُ ذابلة من البارسول الصينيّ، وقال له شيخ مجاور إنها علامة للشؤم، فقطعها فوراً. وحينَ أرادها الشيخ لتكون حطباً له، قال له غاضباً: "طلب منّي الشيخ المجاور بقطع الشجرة لتكون حطباً له فقط. وكيف كان خبيثاً هكذا، وهو جاري؟"

【原文】

人有亡铁者，意者邻之子，视其行步，窃铁也；颜色，窃铁也；言语，窃铁也；动作态度无为而不窃铁也。俄而扣其谷而得其铁，他日复见其邻人之子，动作态度无似窃铁者。

【今译】

有个人丢了一把斧头，怀疑是邻居家的孩子偷的，看那孩子走路，像是偷斧头的；面目神色，像是偷斧头的；说话语调，像是偷斧头的；动作态度没有一样不像偷斧头的人。不多久，这个人去山里挖土时找到了自己的斧头，改天再见到邻居家的孩子，动作态度，丝毫不像是偷斧头的人。

كان رجل قد ضاع منه فأس فشكَّ في ولد جاره. فلما نظر إلى مِشْيَته، ظنّ أنه سارق الفأس؛ ولما نظر إلى ملامح وجهه، ظنّ أنه سارق الفأس؛ ولما استمع إلى صوت قوله، ظنّ أنه سارق الفأس. فلا شيء في حركته وموقفه إلاّ يثبت أنه سارق للفأس. وسرعان ما وجد فأسه في مستودع حبوبه عندما حفر فيه، فحينَ رأى ابن جاره مرة أخرى بعد أيّام، وجد لا شيء في حركته وموقفه يكشف أنه كان سارقاً للفأس.

【原文】

白公胜虑乱，罢朝而立，倒仗策，錣上贯颐，血流至地而弗知也。

郑人闻之曰："颐之忘，将何不忘哉？"

意之所属箸，其行足蹶株坎，头抵植木，而不自知也。

【今译】

白公胜满心谋划着叛乱的事，散朝后，仍然站在原地不动，他手中倒持着驱马用的杖策，杖端的针刺戳穿了他的面颊，鲜血直淌到地上，而他却毫无知觉。

郑国人听闻此事，说："自己的脸面都忘记了，还有什么忘不掉的呢？"

只要意念专注集中，即使走路时脚绊着树根，腿崴进凹坑，脑袋撞到树干上，自己也不会知道。

كان باي قونغ شينغ (Bai Gongsheng) يركّز ذهنه في تدبير مؤامرة، وما زال واقفاً في مكانه بعد انسحابه من البلاط، وهو يأخذ السوط مقلوباً، حتى يخرق مهمازٌ في أعلى ذلك السوط، ذقنَه الذي يسيل الدم منه إلى الأرض، وهو لا يعلم بذلك.

فقال رجل من مملكة تشنغ بعد أن سمع عن ذلك: "إذا نسي الإنسان ذقنه، فهل له شيء لا ينساه؟"

وإذا كان الإنسان يركّز انتباهَه فيما يهمّه، فقد يتعثّر حين يسير، بوتدة أو حفرة، أو يصطدم رأسُه بشجرة، وهو لا يعلم.

【原文】

昔齐人有欲金者，清旦衣冠而之市，适鬻金者之所，因攫其金而去。吏捕得之，问曰："人皆在焉，子攫人之金何？"对曰："取金之时，不见人，徒见金。"

【今译】

从前齐国有个想得到金子的人，清早起来穿戴整齐后赶往市集，走进卖金子的店堂里，顺手抓起一块金子就跑开去。官吏捕获了他，问他："大家都在那儿，你抢人家金子干什么？"那人答道："拿金子的时候，没看见人，光看见金子了。"

كان في مملكة تشي رجل يريد أن يحصل على الذهب. فذهب إلى السوق في الصباح الباكر بعد أن يرتدي ثوبه وقبّعته، واتّجه إلى المحلّ الذي يُباع فيه الذهبُ، ونهب منه الذهب، ولاذ بالفرار. فسأله الضابط بعد أن قبض عليه: "كيف تنهب الذهب من غيرك، وهو موجود في المحلّ؟" أجابه قائلاً: "عندما أخذتُ الذهب، ما رأيتُ الإنسان، بل رأيتُ الذهب فقط."

图书在版编目（CIP）数据

列子：汉阿对照 /（战国）列御寇著；叶蓓卿今译；王有勇阿译. --北京：中国人民大学出版社，2025. 1.
（大中华文库）. -- ISBN 978-7-300-33653-4

Ⅰ. B223. 2

中国国家版本馆 CIP 数据核字第 2025FE8697 号

出版策划： 刘光宇
责任编辑： 李　红　臧伊茗
阿文编辑： 王海青

大中华文库
列子
（战国）列御寇　著
叶蓓卿　今译
王有勇　阿译

出版发行：
中国人民大学出版社
（北京中关村大街 31 号）
邮政编码 100080
http://www.crup.com.cn
电话：008610-62511242（总编室）
008610-62515195（发行公司）
008610-62514303（版权部）
排版：
希克迈特（宁夏）文化传播有限公司
印刷：
深圳市彩美印刷有限公司
开本： 960mm × 540mm　1/16　　**印张：** 38.25
2025 年2月第 1 版第 1 次印刷
（汉阿）
ISBN 978-7-300-33653-4
（精装）
定价：168.00 元